Nuevos retos
del Periodismo Especializado

Francisco Esteve Ramírez
Juan Carlos Nieto Hernández
(editores)

Nuevos retos
del Periodismo Especializado

·SCHEDAS·

Esta edición está licenciada bajo

ⓒ creative
commons

Atribución–SinDerivadas 3.0 Unported (CC BY-ND 3.0)

Usted es libre para:

- Compartir – copiar y redistribuir el material en cualquier medio o formato.
- Para cualquier propósito, incluso comercialmente.
- El licenciante no puede revocar estas libertades en tanto usted siga los términos de la licencia.

Bajo los siguientes términos:

- **Atribución** – Usted debe reconocer el crédito de una obra de manera adecuada, proporcionar un enlace a la licencia, e indicar si se han realizado cambios. Puede hacerlo en cualquier forma razonable, pero no de forma tal que sugiera que tiene el apoyo del licenciante o lo recibe por el uso que hace.
- **SinObraDerivada** – Si usted mezcla, transforma o crea un nuevo material a partir de esta obra, usted no podrá distribuir el material modificado.
- **No additional restrictions** – Usted no puede aplicar términos legales ni medidas tecnológicas que restrinjan legalmente a otros para hacer cualquier uso permitido por la licencia.

Aviso:

- Usted no tiene que cumplir con la licencia para los materiales en el dominio público o cuando su uso esté permitido por una excepción o limitación aplicable.
- No se dan garantías. La licencia no le puede dar todos los permisos necesarios para su uso previsto. Por ejemplo, otros derechos como publicity, privacy or moral rights, la publicidad, privacidad o derechos morales pueden limitar la forma en que utilice el material.

© 2014, de los textos de los capítulos, los autores
© 2014, de la obra, IECE

Título: Nuevos retos del Periodismo Especializado
Colección Universidad
Editores: Francisco Esteve Ramírez y Juan Carlos Nieto Hernández
Edición: SCHEDAS, S.L.
   Paseo Imperial 43C, 6ºD. 28005-Madrid.
   www.schedas.com Tel. 911264770 ofi@schedas.com
Diseño de cubierta , infografía y corrección: MMB
Impresión: CreateSpace
ISBN (papel): 978-84-942256-0-4
ISBN (EPUB): 978-84-942256-2-8
ISBN (MOBI Kindle): 978-84-942256-1-1

ÍNDICE GENERAL

PRÓLOGO

Nuevos retos del Periodismo Especializado
Francisco Esteve Ramírez y Juan Carlos Nieto Hernández   15

I. EL PERIODISMO ESPECIALIZADO EN LOS GRADOS Y POSGRADOS

Periodismo Especializado y áreas de especialización en el currículo de los Grados de Periodismo en las Universidades españolas
Carlos Elías y María Luengo   23

El nuevo panorama del Periodismo Especializado en los estudios de Grado adaptados al EEES
Francisco Cabezuelo Lorenzo y Joaquín Sotelo González   35

El desarrollo de competencias profesionales en el ámbito del Periodismo Especializado. Propuesta de coordinación académica para los estudios de Grado y Máster
Pablo López Rabadán y Hugo Doménech Fabregat   51

Periodismo Turístico y formación especializada de tercer ciclo
Ángeles Rubio Gil   69

La puesta en marcha del Máster Oficial de Periodismo Cultural y Nuevas Tendencias en la Universidad Rey Juan Carlos
Gloria Gómez-Escalonilla   87

El Periodismo Cultural en Grado y Postgrado
María Teresa Mercado Sáez 101

II. FUNDAMENTOS Y MEDIOS

Nuevos horizontes en la crítica epistemológica de la información periodística
José Francisco Serrano Oceja 111

Consideraciones en torno al Periodismo de Fuentes Masivas en el Periodismo Especializado
Elvira García de Torres y Blanca Nicasio Varea 123

¿Vino o botella?: Periodismo Especializado
Antonio Parra Pujante 149

Pasado y presente de la prensa gratuita en España. Análisis comparativo de los diarios *Metro Directo, Qué!, 20 Minutos* y *ADN*
Margarita Antón Crespo 161

Las redes sociales para canalizaciones periodísticas especializadas
Noelia García Estévez 181

Los canales televisivos, la cibernética, la especialización y los Consejos de Contenido en los medios de comunicación públicos de cercanía
José Manuel Gómez y Méndez y Sandra Méndez Muros 199

Fotoperiodismo, especialización y crisis
Diego Caballo 215

La ética en el fotoperiodismo
Daniel Caballo Méndez 221

El Periodismo de datos como especialización en los medios generalistas con presencia en Internet
Jesús Flores Vivar y Cecilia Salinas Aguilar 241

Retórica, divulgación y especialización periodística en el entorno multimedia
Lourdes Martínez Rodríguez 261

III. ÁREAS DE ESPECIALIZACIÓN TEMÁTICA

Periodismo de Innovación. Hacia un nuevo campo de especialización
Elena Blanco Castilla 279

Presencia del Periodismo Especializado en los medios generalistas: contenidos y estructura productiva
Montse Quesada 295

La enseñanza del Periodismo Político. Más allá de enfoques descriptivistas
Cristóbal Ruitiña Testa 303

La partícula mediática. El descubrimiento del bosón de Higgs en cinco diarios de información general
Ignacio Bravo Alonso 317

Periodismo Institucional. La experiencia en el Ayuntamiento de Madrid como una forma de Periodismo Especializado
María José Cavadas Gormaz 335

"Curiosity" en el planeta rojo: la NASA informa
Guadalupe González García 353

Características de la especialización periodística en política en el tratamiento de los escándalos en la prensa española
Laura Teruel Rodríguez 367

Deporte, educación y Periodismo Especializado
Ramón Cobo Arroyo 381

Derechos Humanos y su tratamiento especializado en Periodismo
Concha Turón Padial 393

La influencia del Gabinete de Comunicación en las rutinas productivas de los periodistas deportivos
MIGUEL FERNANDO OLABE ... 411

Periodismo Especializado en Salud con enfoque de género
IDOIA CAMACHO MARKINA ... 429

Periodismo Especializado en Golf en España
JOSÉ GABRIEL FERNÁNDEZ FERNÁNDEZ ... 443

Estrategias para generar alarma en el Periodismo Económico
CARMEN HERRERO AGUADO ... 451

Política y economía en la información sobre la crisis. El papel del periodista especializado
MARITZA SOBRADOS LEÓN ... 467

Los blogs de nuestra clase política como modelo de comunicación e información
SANTIAGO MARTÍNEZ ARIAS Y Mª MERCEDES ZAMARRA LÓPEZ ... 481

INFORME FINAL

Informe del Instituto de Estudios de Comunicación Especializada
JAVIER FERNÁNDEZ DEL MORAL ... 503

Prólogo

Nuevos retos del Periodismo Especializado

FRANCISCO ESTEVE RAMÍREZ
Universidad Complutense de Madrid
esteve18@hotmail.com

JUAN CARLOS NIETO HERNÁNDEZ
Universidad CEU San PAblo
nietoher@ceu.es

La crisis del Periodismo y los medios de comunicación es ya un clásico en los debates académicos y profesionales en torno a la función y el ejercicio de la tarea informativa en la sociedad actual. Muchos han sido los diagnósticos y muchas las propuestas que se han formulado para superar esta crisis. No vamos a caer nosotros en la tentación de ofrecer la panacea para esta enfermedad casi endémica que está padeciendo la profesión periodística. Sin embargo, desde el Instituto de Estudios de Comunicación Especializada (IECE) nos sentimos obligados a aportar nuestra reflexión en este debate que se viene realizando desde hace ya tiempo sobre el papel de los medios y los profesionales de la comunicación en la actual encrucijada de transformación estructural y sistémica de la sociedad.

Desde el I Encuentro, realizado el 6 de diciembre de 1992 en el Real Monasterio de Santa María del Paular (Madrid), venimos aportando material de estudio y reflexión sobre la especialización periodística. Fruto de esta actividad han sido las distintas publicaciones editadas por este Instituto con la colaboración de diversas Universidades españolas y varias editoriales. Esperamos que esta nueva aportación bibliográfica resulte de utilidad para docentes, alumnos y profesionales de la comunicación.

Durante los días 23 y 24 de noviembre de 2012 se celebró en Madrid el X Encuentro de profesores universitarios de Periodismo Especializado, cuyas aportaciones y resultados ofrecemos en esta publicación.

En este Encuentro se pudo constatar la inquietud del profesorado universitario de Ciencias de la Información/Comunicación por el ejercicio de las tareas informativas cada vez más condicionado por la crisis económica del sector, la precariedad del trabajo profesional, el estallido de la burbuja tecnológica mediática, la prioridad de la inmediatez sobre la calidad, el avance de nuevas modalidades de censura informativa, etc.

Todos estamos sorprendidos por la abrupta interrupción de algunas tendencias positivas que debían haberse consolidado en las redacciones. Era de esperar que en su seno se desarrollaran actividades muy vinculadas con las metodologías del Periodismo Especializado. Por ejemplo, un importante desarrollo de las habilidades documentales debería haberse incorporado al perfil del periodista especializado. El Periodismo de Datos parecía el siguiente horizonte en los retos que empezaron con el Periodismo de Precisión. La profundización en las investigaciones debería haberse instalado en equipos de investigación periodística estables. La diferenciación de los medios por sus contenidos debería de haberse convertido en la seña de identidad de las cabeceras. El acceso universal *online* debería habernos llevado a dar al lector lo que es de interés porque conocemos lo que le interesa. Sin embargo, nada de esto parece estar sucediendo. Muy al contrario, la crisis económica mundial y la de modelo de función y de negocio del propio Periodismo, nos ha puesto en el sendero que desciende de la montaña y no en el que la sube. Las redacciones adelgazan cuando deberían engordar, las herramientas tecnológicas se infrautilizan cuando no se rehúyen y la credibilidad desciende sin parar cuando la sociedad no nos reconoce como sus agentes capacitados. Si el reto es quedarnos como estábamos descubriremos que ya no hay un lugar al que volver porque ha habido un terremoto que ha cambiado la geografía de la profesión y la Academia debe dar cuenta de ello. Hay que construir con otros materiales para cumplir la misma función de siempre.

La implantación de los nuevos planes de estudio del Espacio Europeo de Educación Superior (EEES) en las Universidades españolas ha supuesto un importante reto académico que ha incidido en el diseño curricular de los estudios universitarios potenciando, sobre todo, la mejora en el desarrollo de las capacidades y habilidades del alumnado para el ejercicio de su actividad profesional. También hay elementos positivos, en este sentido, los másters especializados ofrecidos por cada centro universitario han supuesto una clara apuesta por la formación profesional en cada área académica.

En el caso de las Facultades españolas, tanto públicas como privadas, de Ciencias de la Información/Comunicación, se han prodigado las ofertas docentes en los Posgrados Universitarios potenciando, sobre todo, la formación especializada del alumno, secundando así la normativa europea que establece que las enseñanzas del Máster tienen como finalidad la adquisición por el estudiante de una formación avanzada de carácter especializado o multidisciplinar, orientada a la especialización académica o profesional, según se recoge en el Real Decreto 1393/2007, por el que se regulan las enseñanzas universitarias oficiales.

La amplia variedad de ofertas docentes de Másters especializados en distintas ramas de la comunicación en los distintos centros universitarios españoles manifiesta la necesidad de una formación del periodista adaptada a las exigencias reales en este campo profesional en constante transformación.

En la presente obra, fruto de las distintas ponencias y comunicaciones presentadas por los participantes en el X Encuentro del Instituto de Estudios de Comunicación Especializada, se ofrece un amplio análisis de la implantación de los estudios sobre Periodismo Especializado en los Grados y Posgrados de las distintas Facultades de Información/Comunicación. El estudio de las distintas ofertas educativas en este campo de la especialización periodística son un reflejo de la creciente presencia que ha ido adquiriendo esta parcela de la formación periodística en la planificación docente.

Por otra parte, se estudia en esta publicación la importante aportación de los nuevos canales mediáticos en la transmisión de los contenidos especializados. A través de estas nuevas plataformas tecnológicas se posibilita una difusión más especializada y más próxima a los intereses de los receptores.

Lo que algunos han llamado *el problema del canal* es el más visible y enmarañado actualmente de los retos a abordar. Se necesita un esfuerzo enorme para el análisis profundo del cambio que supone la llegada de un canal multisoporte, multimedia y multiusuario. Acostumbrados a ver un esquema claro de identidad entre el trío radio-prensa-televisión y su análogo Periodismo escrito-hablado-visto, aún no hemos conseguido plantearnos con claridad las nuevas categorías que exige una realidad esencialmente nueva en lo que corresponde a la arquitectura del mensaje y esencialmente antigua en lo que se refiere a las funciones informativas a cumplir. Si el objetivo ya puesto sobre blanco desde los años ochenta es profundizar, la red ha llegado como un nuevo canal que las mayorías están usando para obtener conocimiento muy superficial, si es que lo usan para obtener algún conocimiento, y las minorías no le dan otro uso que la obtención de información experta directamente de las fuentes sin que en ningún momento la estructura del Periodismo haga papel alguno.

Asimismo, se ofrecen en este volumen diversos estudios sobre áreas de especialización periodística como la información política, económica, local, sanitaria, deportiva, educativa, científica, etc. A través de distintos análisis se constata la incidencia de la especialización en las principales parcelas de la información y su evolución en el tratamiento de las mismas. La plasticidad de la red ha convertido las secciones de los medios en compartimentos muy heterogéneos, fragmentados y sobre todo mucho más volátiles que antaño. Y esta oportunidad, confusa como todas las actuales, está permitiendo explorar nuevas áreas temáticas de especialización en las que aparecen más o menos nítidas las estructuras de fuentes y las agendas propias. Una amalgama de miles y miles de micromedios temáticos producidos para todos los niveles divulgativos o de programas insospechados se constituye en un nuevo "metamedio" en el que se transmiten las aportaciones más interesantes de la información periodística especializada.

En el Informe final de este X Encuentro se subraya la necesidad de incorporar en los Planes de Estudio del Grado de Periodismo una asignatura obligatoria sobre los Fundamentos de la Información Periodística Especializada a fin de facilitar a los alumnos de Periodismo las herramientas necesarias para un mejor tratamiento de las distintas áreas de especialización periodística dejando para distintas asignaturas optativas la aplicación de los instrumentos apropiados para cada área concreta de especialización.

Sólo una preocupación extrema sobre los fundamentos y la epistemología de la IPE podría dotar a los futuros profesionales de la comunicación de las metodologías y herramientas con las que cumplir adecuadamente la función asignada al periodista.

Otro de los aspectos recogido en el Informe final de este Encuentro es el que hace referencia a la necesaria aplicabilidad del Periodismo Especializado mediante la aplicación adecuada de las técnicas periodísticas a los mensajes especializados a fin de hacerlos accesibles a los receptores no especialistas. En este sentido, el periodista debe realizar una labor de divulgación e interpretación de los contenidos expertos acercando su conocimiento al mayor número de receptores. Por ello, el periodista especializado debe tener en cuenta su tarea de mediador entre las fuentes expertas y los receptores finales del mensaje informativo. De esta manera se garantizará una mayor calidad y credibilidad en la transmisión de los mensajes facilitando así un avance en la superación de la actual crisis mediática.

Tras la publicación en PDF de *Internet como fuente generadora de contenidos especializados* como fruto de los materiales del IX Encuentro en la Universidad Pompeu Fabra, el propio Instituto ha querido esta vez abordar el reto de la publicación en nuevos formatos y con nuevas licencias. Esta nueva publicación se hace, además de en PDF, en impresión bajo demanda y en los formatos electrónicos epub y mobi con una licencia "Creative Commons" que asegura su máxima difusión y acceso en el mundo académico y profesional. Pretendemos ofrecer a los profesores y alumnos de las Facultades de Ciencias de la Información/Comunicación, así como a los profesionales de la información, un material útil tanto para la formación académica como para el ejercicio de la profesión.

I. El Periodismo Especializado en los Grados y Posgrados universitarios

Periodismo Especializado y áreas de especialización en el currículo de los Grados de Periodismo en las Universidades españolas

CARLOS ELÍAS
Universidad Carlos III de Madrid
carlos.elias@uc3m.es

MARÍA LUENGO
Universidad Carlos III de Madrid
maria.luengo@uc3m.es

1. Introducción

Los estudios de Grado de Bolonia ya están implantados en la totalidad de las universidades españolas. Periodismo Especializado es una de las materias que se ofrecen en los planes de estudio de la mayoría de Universidades que ofertan el Grado de Periodismo. Esta materia ha formado parte de la troncalidad de segundo ciclo en la licenciatura de Periodismo, según fue aprobada en el Real Decreto 1428/1991, de 30 de agosto (BOE, nº 243 de 10 de noviembre de 1991). En 2004, profesores de Periodismo Especializado de Universidades públicas y privadas acordaron la elaboración del "Texto argumental sobre Periodismo Especializado" (VV.AA., 2005) que propone mantener esta materia en la formación de Grado de los periodistas y apunta una serie de criterios a tener en cuenta para implantar la disciplina en los nuevos planes de estudio. No obstante, esta adaptación, según ha advertido recientemente la profesora Montserrat Quesada (2012), "está siendo todavía más un empeño personal de cada docente individual que un trabajo colectivo y consensuado que garantice la salvaguarda de los preceptos teóricos y científicos de esta disciplina".

Tras valorar la importancia del Periodismo Especializado y definir sus objetivos, este trabajo analiza la presencia de la disciplina del Periodismo Especializado en los distintos planes de estudios de las Universidades con grado de Periodismo. En algunos casos se ha incluido el Grado en Comunicación y dobles grados si añadían el término "Periodismo" en el título del Grado. El estudio abarca un total de 77 Universidades, de las cuales 32 tenían Grado en Periodismo vigente en el curso 2012/2013. Los resultados arrojan que el 56% de las Universidades con Grado de Periodismo incluye la asignatura concreta de "Periodismo Especializado"; mientras que un 37% recoge estos contenidos como áreas de especialización. Tan sólo un 6% (dos Universidades) no contempla ninguna de estas dos opciones. Asimismo, se han analizado las áreas de especialización que aparecen en los planes de estudio para determinar la frecuencia de las mismas.

2. Importancia del Periodismo Especializado

En una de las últimas monografías sobre Periodismo Especializado (2010), el profesor Francisco Esteve considera que la creciente parcelación de saberes y la segmentación de los públicos exigen a los nuevos profesionales de la información una mayor formación y cualificación. Según afirma Esteve (2010, 8), "a este nuevo comunicador le corresponde la función de ser un intermediario entre los especialistas en las distintas áreas de conocimiento y los receptores de los medios de comunicación, adaptando los conceptos técnicos y especializados a un lenguaje periodístico que haga posible la comprensión de los mismos a los recetores no especializados".

Recientemente, la profesora Monsterrat Quesada (2012, 34) también ha destacado estas dos características, fragmentación de las audiencias y alto grado de especialización, que la autora entiende como realidades contrapuestas de nuestra sociedad del conocimiento. "Nuevas audiencias sectoriales, por un lado, y expertos hiperespecializados, por otro, que persiguen un mismo objetivo: compartir la información que los primeros desean conocer y que los segundos quieren difundir". En su opinión, la distancia entre estos dos polos podría acotarse si los periodistas mostrasen una mayor capacidad para interpretar, valorar y comunicar estos saberes especializados a un público que no está preparado para comprenderlos en toda su complejidad.

Por otro lado, desde los primeros trabajos de formulación de esta disciplina hasta hoy, los profesores Javier Fernández del Moral y Francisco Esteve (1993, 1999) han venido insistiendo en la importancia de la información periodística especializada como forma de contrarrestar los efectos perversos del especialismo. Ya en 1929 Ortega y Gasset criticaba la "barbarie del especialismo" (1966). Según el filósofo español, el científico se estaba especializando tanto que, en realidad, sólo conocía muy bien una parte cada vez más ínfima del saber al tiempo que se hacía más inculto de un saber completo, que es el verdadero conocimiento: "El especialista 'sabe' muy bien su mínimo rincón de universo; pero ignora de raíz todo el resto" (Ortega y Gasset, 1966, 218). De entrada, esta situación resulta nociva para cualquier universitario, máxime si se tiene en cuenta que el estudiante de hoy se halla inmerso en una sociedad cada vez más quebradiza o "líquida", en términos del pensador Zygmunt Bauman (1999), donde el avance del "especialismo" (y del tecnicismo) pone en peligro la vital conexión del saber del que se es experto con el sentido de la realidad estudiada. En concreto, este "expertismo" amenaza capacidades tan genuinas del saber universitario como las de comprender los fenómenos a largo plazo, profundizar en el porqué de los acontecimientos o contextualizar e integrar las diversas parcelas del saber. Además, el especialismo se convierte en absolutamente nefasto para el periodista cuyo objetivo primordial consiste precisamente en situar el hecho noticioso en su contexto así como en traducirlo para integrarlo en la generalidad del conocimiento del ciudadano.

Ortega arremete de forma muy dura, y a nuestro juicio de manera muy acertada, contra los especialistas: "No es un sabio, porque ignora formalmente cuanto no entra en su especialidad; pero tampoco es un ignorante, porque es un 'hombre de ciencia' y conoce muy bien su porciúncula del universo. Habremos de decir que es un sabio-ignorante, cosa sobremanera grave, pues significa que es un señor el cual se comportará en todas las cuestiones que ignora, no como un ignorante, sino con toda la petulancia de quien en su cuestión especial es un sabio" (Ortega y Gasset, 1966, 218).

Si esta reflexiones las hacía Ortega y Gasset en el año 1929, época en la que ya alertaba del peligro que se cernía en la sociedad si se la dejaba en manos de estos "especialistas", ahora que incluso los planes de estudios, no sólo de las Universidades, sino también de las enseñanzas medias, se han hecho cada vez más especializados el filósofo español hubiese quedado espantado.

Nada más alejado de los objetivos de una asignatura como Comunicación Especializada o Periodismo Especializado o Información Periodística Especializada que formar periodistas que respondan a la definición de especialista o "sabio-ignorante" de Ortega. Por ello resulta muy esclarecedora la matización que hacen Javier Fernández del Moral y Francisco Esteve sobre lo que deben ser las IPE y, especialmente, lo que no deben ser.

"Hay que tener en cuenta que la Información Periodística Especializada nace justamente para hacer frente a la especialización del conocimiento. No se trata por tanto de ofrecer una disciplina específica acerca de la especialización en la información, cosa a todas luces absurda, como absurdo sería plantear disciplinas de medicina especializada, de derecho especializado o de economía especializada. Se trata, por el contrario, de hacer posible al Periodismo su penetración en el mundo de la especialización, no para formar parte de ese mundo, no para convertir a nuestros profesionales en falsos especialistas, no para obligar al Periodismo a parcelarse, a subdividirse, a compartimentarse, sino al contrario: para hacer de cada especialidad algo comunicable, objeto de información periodística, susceptible de codificación para mensajes universales" (Fernández del Moral y Esteve Ramírez, 1993, 11).

Esto implica que existen unas características y unos procesos que gobiernan la IPE y lo que, desde nuestro punto de vista es más importante, estos principios son generales a todas las áreas de comunicación. Respecto a este asunto los autores mencionados, que se encuentran entre los pioneros en la introducción de esta disciplina en España, son más explícitos: "[...] el propósito de esta disciplina, que viene a justificar un eje central de comunicación para todas las áreas de especialización objeto de estudio periodístico, un *corpus* único, aplicable después a cada materia en concreto, las actuales o las futuras. Nuestro objetivo, por lo tanto, al definir esta disciplina deja fuera la descripción del objeto de comunicación, para centrarnos en la comunicación misma. No nos interesan las demás ciencias sino como materias comunicables, como emisoras de hechos o acciones susceptibles de ser comunicados" (Fernández del Moral y Esteve Ramírez, 1993, 11).

De este modo, la importancia –y también el reto– del Periodismo Especializado no reside tanto en la preparación de expertos conocedores de sus respectivas parcelas de saber, como en la urgente preparación de comunicadores que sean capaces de poner en común con el gran público los hallazgos especializados en las más diversas ramas del conocimiento científico, social, tecnológico o cultural. Los futuros periodistas han de ser "expertos" en comunicación. Es cierto que el conocimiento de área específico llevará al periodista incluso a invertir la relación con la fuente experta, y convertirse él en fuente de información para dicho ámbito. No obstante, según advierte Montserrat Quesada (2012, 71), "en contra de lo que en general se tiende a pensar, la información periodística especializada no se genera automáticamente por el hecho de cubrir un determinado ámbito temático [...] durante un periodo de tiempo más o menos largo". Es necesario dotar a los futuros profesionales de la información de herramientas que les capaciten para responder a los niveles más exigentes de especialización, tratar con fuentes expertas y elaborar textos claros, amplios y divulgativos de los conocimientos específicos.

También es preciso que en otras áreas del conocimiento se tenga en cuenta que no pueden seguir por ese camino de la ultraespecialización sin tener una asignatura que permita dar una visión global y situar su ultraespecialidad en el contexto del conocimiento global. Éste es el enfoque europeo de este asunto. Un enfoque en el que se tiene en cuenta, algo muy raro en Europa, a un filósofo español: a Ortega y Gasset. En este sentido, la disciplina de Periodismo Especializado podría significar una relevante aportación de España a los estudios de Periodismo en otros países. Como disciplina académica, ofrecería a los futuros periodistas las herramientas para producir noticias especializadas en los diferentes ámbitos periodísticos –*beats*– de la política, la economía, la ciencia o la sociedad en los que el ejercicio de la profesión se ha ido organizando. Además, la disciplina aportaría los elementos comunes a la práctica periodística en cada una de las especialidades (Elías, 2007, 89).

En un estudio reciente sobre hacia dónde debe dirigirse la enseñanza universitaria del Grado de Periodismo en Europa (Drok, 2012), se concluye que uno de los principales retos debe ser ofrecer capacidad de análisis a los futuros periodistas así como sentido de la urgencia/relevancia. Sin duda, la disciplina del Grado de Periodismo que más ayuda a obtener estas habilidades es la de Periodismo Especializado.

Sin pretender abordar ahora cuestiones de historia del Periodismo, sí cabría señalar que el inmediato precursor del Periodismo Especializado ha sido el Periodismo Explicativo, que contextualiza y explica los hechos noticiosos. Esta modalidad reconvertida en Periodismo Especializado ha salvado a la prensa de perecer ante la inmediatez de la radio y la televisión y, lo que aún es más importante, ha mejorado la imagen y el prestigio de una profesión que en muchas ocasiones se caracteriza por la frivolidad, la falta de rigor, el sensacionalismo o el desconocimiento de los temas que trata.

"La exigencia de la especialización periodística es ya un hecho incontrovertible. El actual es un Periodismo con distintos niveles de especialización, pero casi por definición podría decirse que es especializado. El Periodismo no se entiende sin especialización" (Diezhandino Nieto, 1997, 86).

Para Diezhandino la complejidad de la sociedad actual obliga al periodista a especializarse para poder informar, en el verdadero sentido periodístico, del hecho noticioso. Porque, en su opinión, el periodista del siglo XXI no debe conformarse con describir el hecho noticioso:

"Además de describir los hechos básicos que permitan entender nuestro mundo y lo que esos hechos significan, hay que indicar por qué son importantes, en qué contexto hay que situarlos, adónde nos conducen. Se dice a los lectores lo que sucedió, por qué sucedió, qué significa lo que sucedió y qué es probable que suceda a continuación" (Diezhandino Nieto, 1997, 87).

Montserrat Quesada entiende que además de todo esto el periodista especializado tiene un componente de periodista de investigación, es decir que no sólo se limita a contextualizar los hechos noticiosos conocidos sino, incluso, en su labor también está develar aquellos que muchos sectores de la sociedad preferirían que estuvieran ocultos.

"Periodismo Especializado es el que resulta de la aplicación minuciosa de la metodología periodística de investigación a los múltiples ámbitos temáticos que conforman la realidad social, condicionada siempre por el medio de comunicación que se utilice como canal para dar respuesta a los intereses y necesidades de las nuevas audiencias sectoriales" (Quesada, 1998, 23).

José Manuel de Pablos Coello cuando habla de Periodismo Especializado introduce una nueva premisa: "la línea de trabajo". En su opinión, un verdadero periodista especializado no debe guiarse únicamente por la *Agenda Setting* sino que debe saber imponerse a ella y estar capacitado para establecer sus propios criterios de noticiabilidad.

"La línea de trabajo es un concepto frente a la información que nos sale al paso de forma espontánea –y grata para muchos– que poco tiene que ver con nuestras intenciones informativas y nuestro personal plan de trabajo" (De Pablos Coello, 1997, 91).

De Pablos introduce otro concepto muy interesante cuando se habla de Periodismo Especializado, el de la información como "materia prima" (De Pablos Coello, 1997, 92). Y en este sentido critica que el periodista no vaya a buscar su "materia prima" como haría cualquier empresa industrial, sino que espere a que esa "materia prima" le llegue sin saber si existe otra mejor para elaborar su producto pero que no ha tenido el interés explícito pero de intenciones veladas de llegar por sus propios medios a la redacción. De Pablos sugiere que cualquier periodista pero sobre todo el especializado debe ir a por su materia prima, una materia bruta sin apenas elaboración, y que debe ser el periodista el que debe darle la forma adecuada. Rechaza por tanto el abuso de los gabinetes de prensa y de la *Agenda Setting* impuesta por determinadas fuentes en el buen Periodismo. Pero todo ello sólo es posible hacerlo desde una buena formación en Periodismo Especializado en la que el alumno aprende a tener, como veremos más adelante, la principal virtud de un periodista, que no es saber escribir, como piensan algunos. La principal virtud es el criterio periodístico. Éste sólo se consigue con una amplia formación en comunicación especializada que le permita descubrir dónde está la noticia tras recorrer con su mirada todos los rincones de la sociedad.

Todo lo anterior son razones más que de sobra para que Comunicación Especializada se constituya como asignatura fundamental y vehicular dentro de los estudios de Grado de Periodismo. Obvia decir que Comunicación Especializada debe ser también el foco iluminador de los estudios de Postgrado en Periodismo.

3. Objetivos de la asignatura

Entre los objetivos generales de esta disciplina estarán aquellos que pretenden consolidar al periodista como profesional (Elías, 2007):

- Comprender, interpretar y producir textos de diferentes áreas de especialización con adecuado desenvolvimiento.
- Adiestramiento en la búsqueda y selección de fuentes. Debe aprender a tratarlas de una forma crítica así como a transcribir de forma organizada e inteligente las declaraciones.
- Elaborar estrategias de identificación y resolución de problemas periodísticos en los distintos campos del conocimiento y áreas de especialización. Para conseguirlo es necesario el estímulo de lecturas comentadas así como favorecer el debate y la reflexión en grupo.
- La carrera de Periodismo, y por tanto también esta disciplina, deberá estimular la capacidad de pensar y promover una actitud valiente y activa ante los acontecimientos. Un periodista no es un simple transcriptor, ni siquiera un redactor. Un periodista es alguien que tiene la valiosa capacidad de informar a la sociedad sobre lo que sucede en la realidad y para eso hace falta valentía.
- Estimular una mente abierta y participativa. Obviamente no es lo mismo un ingeniero nuclear que un periodista. La actitud ante la vida de un periodista debe ser especial: luchadora, abierta, acogedora, defensora de las víctimas y causas perdidas. Pero también debe estar expectante a todo lo nuevo. La mayor virtud que debe tener un periodista y que debe potenciarse desde la Universidad es la curiosidad.
- Sería interesante que aprendieran a participar y coordinar actividades en grupo. La capacidad de trabajo en equipo, la organización y el reparto de tareas y el análisis de resultados obtenidos por un grupo son capacidades muy valiosas para el desarrollo profesional del Periodismo. La comunicación especializada, al estudiar precisamente cómo ir de los concreto a lo general, dota a los alumnos de esta capacidad de trabajo en equipo.
- Sería muy importante que los alumnos potenciaran la expresión oral. Muchos trabajarán en radio o televisión y todos tendrán que realizar entrevistas y preguntas inteligibles en una rueda de prensa. Aprender a exponer y expresar un pensamiento, tanto de forma escrita como oral, constituye una de las piedras angulares de la formación de todos los periodistas. El entrenamiento en lo que la Comunicación Especializada ha producido en este ámbito de cómo hacer atractivo un conocimiento *a priori* muy técnico es muy útil para desarrollar esta aptitud en los alumnos. Deberá

estimularse el debate en clase para potenciar la participación. Debe romperse el hielo del silencio en el que se cobijan los alumnos, una tentación en la que pueden caer fácilmente cuando sean periodistas.
- Deben aprender a identificar las distintas estructuras de los diferentes géneros periodísticos. Aunque Periodismo Especializado no es una asignatura de redacción (aquí la redacción periodística es simplemente una herramienta más), es cierto que las áreas especializadas se prestan a géneros como el reportaje o la crónica cuyos principios pueden reforzarse en esta asignatura.
- Aplicar los medios de búsqueda, selección y acceso a las fuentes para elaborar una historia. Debe hacerse especial hincapié en las nuevas posibilidades que ofrece Internet.
- Reconocer los derechos y deberes del periodista, fuentes y público. Es muy importante que los alumnos conozcan los límites deontológicos del informador así como el respeto que le debe a sus fuentes y a la sociedad.

4. Resultados y conclusiones preliminares

Hemos analizado la presencia de la disciplina del Periodismo Especializado en los distintos planes de estudios de las Universidades con grado de Periodismo. En algunos casos se ha incluido el Grado en comunicación si añadía el término "Periodismo" en el título de Grado. En total se han analizado 77 Universidades (públicas y privadas), de las cuales 32 tenían Grado en Periodismo vigente en el curso 2012/2013. Los resultados arrojan que el 56% de las Universidades con Grado de Periodismo incluyen la asignatura concreta de "Periodismo Especializado"; mientras que un 37% recoge estos contenidos como áreas de especialización. Tan solo un 6% (dos Universidades) no recoge ninguna de estas dos opciones. En concreto, los datos indican que en 18 Universidades se imparte la asignatura con el nombre de "Periodismo Especializado" y en 12 no existe la asignatura como tal, sino que se reparte en áreas de especialización. Debe señalarse que la mayoría de las que tienen la materia de "Especializado" también suelen tener como optativa algún área concreta de especialización. Dos Universidades –Universidad de Lleida y Rey Juan Carlos– no tienen asignaturas con el nombre de Periodismo Especializado o Periodismo más el área de especialización.

ESPECIALIZADO/ÁREAS DE ESPECIALIZACIÓN

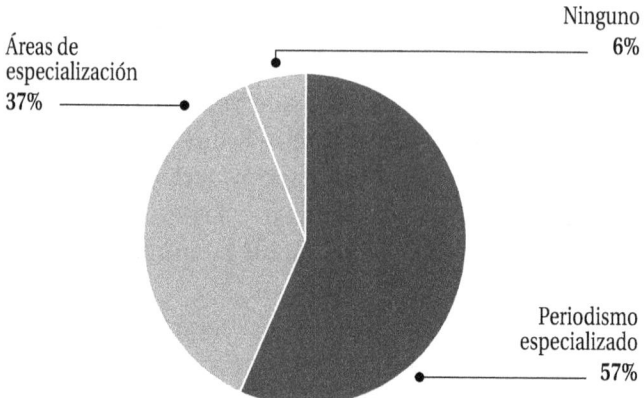

Por otra parte, también hemos analizado qué áreas concretas de especialización se imparten en las distintas Universidades españolas. En concreto, los datos obtenidos indican que el área más frecuente es Periodismo Económico con 17 Universidades que imparten la asignatura, seguida de Periodismo Científico con 16 Universidades más otra que lo incluye junto a Cultura. En tercer lugar se sitúa Periodismo Deportivo con 14 Universidades, en cuarto se sitúa Periodismo Cultural con 9 Universidades y otras dos que lo comparten en un caso con Periodismo Científico y en otro con Periodismo Social; y en quinto lugar se sitúa Periodismo Político con 10 Universidades. A partir de aquí, ya son áreas minoritarias y entre ellas tenemos: Judicial (7 Universidades); Internacional (5 Universidades); Social (5 Universidades); Local (5 Universidades) y otras especialidades que pueden ir desde Religioso hasta Moda.

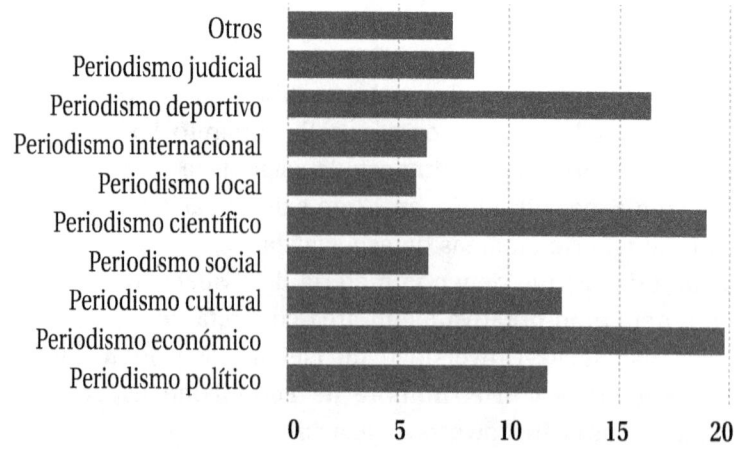

Como conclusiones más relevantes destacan las siguientes:
- No existe unanimidad entre la elección del contenido de la materia troncal de Periodismo Especializado de forma conjunta o repartida como áreas de especialización, teniendo en cuenta que poco más de la mitad (56%) recogen el epígrafe "Periodismo Especializado". En este sentido, el estudio confirma la observación hecha por la profesora Montserrat Quesada (2012) anteriormente apuntada sobre la falta de uniformidad en la adaptación a Bolonia de las materias propias del Periodismo Especializado.
- Se observa una importante presencia de dos áreas muy específicas como Periodismo Económico y Periodismo Científico así como la escasa presencia de áreas, en teoría más afines a los estudios tradicionales de Periodismo, como pueden ser Internacional y Local.
- Estos datos son muy preliminares y somos conscientes de la necesidad de profundizar entre las distintas Universidades para determinar por qué prefieren una u otra opción así como qué piensan los estudiantes y profesores sobre los diferentes itinerarios.
- Habrá que determinar si existen Universidades que no cumplen la troncalidad de "Especializado" porque disfrazan otras materias haciéndolas pasar por contenidos del área de "Especializado".
- Habría que determinar cuántos créditos tienen las Universidades de estas materias y cuántos exige el BOE.
- Asimismo habría que analizar si existen diferencias entre las Universidades públicas y privadas así como por comunidades autónomas.
- Habría que comparar estos grados y las áreas de especialización con los de otros países que forman parte del espacio europeo de educación superior.

5. Referencias

AA.VV. (2005). Texto argumentativo sobre periodismo especializado. *Revista latina de Comunicación Social.* http://www.ull.es/publicaciones/latina/txtpe.pdf.

Bauman, Z. (1999). *Modernidad líquida*. Buenos Aires: Fondo de Cultura Económica.

Diezhandino Nieto, P. (1997). Especialización y Periodismo de servicio. En F. Esteve (Coord.), *Estudios sobre Información Periodística Especializada* (pp. 83-90). Valencia: Fundación San Pablo-CEU.

De Pablos, J. M. (1997). Periodismo especializado en turismo. Necesidad de la reflexión y documentación. En F. Esteve (Coord.), *Estudios sobre Información Periodística Especializada* (pp. 90-102). Valencia: Fundación San Pablo-CEU.

Drok, N. (2012). Towards New Goals in Europe Journalism Education. *Journal of Applied Journalism and Media Studies, 1*(1), 55-68.

Elías, C. (2007). Definición y objetivos del periodismo especializado como asignatura fundamental dentro de los planes de convergencia de los estudios superiores en la UE. En F. Esteve y M. A. Moncholi (Eds), *Teoría y técnicas del periodismo especializado* (pp. 83-102). Madrid: Fragua.

Esteve, F. (2010). Fundamentos de la especialización periodística. En I. Camacho, (Coord.), *La especialización en el periodismo* (pp. 7-22). Zamora: Comunicación Social.

Quesada, M. (1998). *Periodismo Especializado*. Madrid: Ediciones Internacionales Universitarias.

—(2012). *Curso de periodismo especializado*. Madrid: Síntesis.

Ortega y Gasset, J. (1966). *Obras Completas*, Tomo IV. Madrid: Ediciones Castilla (sexta edición).

El nuevo panorama del Periodismo Especializado en los estudios de Grado adaptados al EEES

FRANCISCO CABEZUELO LORENZO
Universidad San Pablo CEU
francisco.cabezuelolorenzo@ceu.es

JOAQUÍN SOTELO GONZÁLEZ
Universidad Complutense de Madrid
joaquin.sotelo@ccinf.ucm.es

1. Introducción: la revisión de los planes de estudio en las diferentes comunidades autónomas españolas

En el inicio del curso 2012-2013, la Universidad española contaba con un total de 42 centros universitarios que imparten enseñanzas regladas y oficiales donde se pueden obtener las titulaciones oficiales de Periodismo, Comunicación Audiovisual o Publicidad y Relaciones Públicas. Son ya muy pocas las comunidades autónomas en las que no se ofrecen estos estudios, ya sea en Universidades públicas o privadas. De hecho, algunas Facultades han puesto en marcha nuevas titulaciones ligadas al campo de la Comunicación. Este mismo curso se acaba de poner en marcha con un notable éxito el nuevo Grado Oficial Universitario en Comunicación Digital en la Universidad San Pablo CEU (USP-CEU). La Comunidad de Madrid, Cataluña, Castilla y León y la Comunidad Valenciana son, por este orden, las comunidades autónomas españolas con mayor número de centros y titulaciones en materia de Periodismo (Ciencias de la Información). Realmente, todo el territorio nacional está cubierto, pues son varias las Universidades que ofrecen también estos estudios a distancia o en modo semipresencial. Gracias a las nuevas tecnologías, algunas nuevas Universidades –con campus virtual– a través de sus recién estrenados Grados están logrando que sea posible estudiar estas disciplinas salvando las limitaciones geográficas.

El trabajo que ahora tiene el lector ante sus ojos es una completa y actualizada revisión, a noviembre de 2012, que pretende determinar la ubicación de las materias vinculadas con el Periodismo Especializado en los nuevos planes de estudio de los diferentes Grados en Periodismo que ofrece la Universidad española bajo el paraguas del Espacio Europeo de Educación Superior (EEES). Para ello, se han revisado uno a uno los planes de estudio de las diferentes titulaciones de Periodismo que se pueden cursar en nuestro país, conforme a los documentos publicados en las páginas webs oficiales de las Universidades españolas.

2. Un repaso al Periodismo Especializado en las Universidades españolas

2.1. Andalucía

En el caso de la comunidad autónoma de Andalucía, tanto la Universidad de Sevilla como la Universidad de Málaga ofrecen estudios oficiales de Periodismo. En el caso hispalense, la Universidad de Sevilla ha ofrecido hasta el momento Periodismo Especializado en la Licenciatura. Lo ofrecía con nueve créditos LRU en cuarto curso. Como asignaturas optativas en el segundo ciclo de la Licenciatura ofrecía multitud de opciones, que iban desde Periodismo Deportivo a Periodismo Cultural, pasando por Periodismo de Viajes, Periodismo Económico, Periodismo de Sucesos y Tribunales o Periodismo Social y Educativo, entre otros.

En la actualidad, en la Universidad de Sevilla, en su nuevo Grado Oficial Universitario en Periodismo, el plan de estudios cuenta con la asignatura obligatoria de Periodismo Especializado en el segundo año, con 6 créditos ECTS. Del mismo modo, en el tercer curso, los alumnos cuentan de momento con tres optativas: Periodismo de Tribunales y Sucesos, Periodismo Cultural y Periodismo Deportivo. Estas asignaturas ya están vigentes y se han puesto en marcha en el tercer año. El próximo curso (2013-2014) están previstas otras optativas como Periodismo de Viajes y Periodismo Social y Educativo, pero a fecha de realización del presente trabajo todavía no estaban activadas.

Por su parte, en la Universidad de Málaga, Periodismo Especializado se ofrecía en la Licenciatura como Información Periodística Especializada en tercero y Comunicación Especializada en cuarto. En su plan de estudios del Grado en Periodismo, ya adaptado al EEES, la Universidad de Málaga cuenta en tercero con la materia obligatoria de Teoría y Práctica del Periodismo Especializado. En ese mismo curso, oferta las optativas de Periodismo y Construcción Europea, Periodismo Político y Económico, y Periodismo Ciudadano y Redes Sociales. Posteriormente, en el cuarto curso, oferta la materia optativa de Periodismo Científico y Medioambiental. También está la opción de hacer el curso de Fotoperiodismo e Imagen Digital, como materia optativa en el último año.

2.2. Aragón

En la comunidad autónoma de Aragón se ofrecen los Grados en Periodismo tanto en la Universidad pública, la Universidad de Zaragoza (UNIZAR), como en la privada, Universidad San Jorge (USJ). La Universidad pública oferta un itinerario con optatividad en el que se puede elegir entre un Proyecto de Comunicación Especializada o un Proyecto de Comunicación Digital. Igualmente, cuenta con las optativas de Periodismo Local, Reporterismo, Fotoperiodismo, Periodismo de Investigación y Precisión, Periodismo Económico, Periodismo Científico y Periodismo Deportivo.

Por su parte, en su Grado Oficial Universitario en Periodismo, la Universidad de San Jorge cuenta con materias como Fotoperiodismo, Periodismo Social y Cultural y Periodismo Económico en su tercer año de Grado. En cuarto curso, aparece Periodismo Político y un itinerario abierto de doce créditos ECTS de materias optativas con las que el alumno puede especializarse.

2.3. Baleares, Cataluña y Comunidad Valenciana

La costa mediterránea española cuenta con numerosas Facultades que ofertan un amplio abanico de titulaciones en el área de las Ciencias de la Comunicación. Cataluña y la Comunidad Valenciana concentran estas Facultades, aunque también las hay en las Islas Baleares. Es el caso de la Universitat de les Illes Balears (UIB), que oferta el Grau en Periodisme. Lo hace en el Centre de Ensenyament Superior "Alberta Jiménez", en Mallorca. Este centro, pionero en las islas, cuenta con las materias de Periodismo Especializado I y Periodismo Especializado II al final de la titulación.

Por su parte, Cataluña cuenta con varias Universidades y Grados en Periodismo repartidos por varias instituciones como son la Universitat Rovira i Virgili (URV) de Tarragona, la Universitat de Vic (UVIC) y la Universitat Autònoma de Barcelona (UAB) en Bellaterra. Más concretamente, en la Ciudad Condal, se encuentran la Universitat Pompeu Fabra (UPF), la Universitat Abat Oliba CEU (UAO-CEU), la Universitat Ramon Llull (URL) y la Universitat Internacional de Catalunya (UIC). Por su parte, la Universitat de Lleida ofertaba hasta hace poco la Licenciatura de segundo ciclo de Comunicación Audiovisual.

En Tarragona, la Facultat de Lletres de la Universitat Rovira i Virgili alberga el Grau en Periodisme, que centra las especializaciones en tres asignaturas obligatorias del tercer año, como son Teoria i Anàlisi de les Pràctiques Professionals en Periodisme, Periodisme a Internet y, finalmente, Organització i Praxi dels Gabinets de Comunicació. Como asignaturas optativas, oferta en cuarto curso Periodisme Especialitzat, Periodisme i Crítica Cultural, y también Periodisme d'Opinió.

Encontramos, por otro lado, ya en la provincia de Barcelona, el Grau en Periodisme de la Universitat de Vic, que deja para tercero y cuarto todas las especializaciones que se ofrecen a través de las materias obligatorias de Comunicació Digital Interactiva y Periodisme en Línia, en tercero, y Periodisme de Proximitat, Periodisme d'Investigació y Periodisme Institucional i d'Empresa como obligatorias de cuarto curso. Gracias a las asignaturas optativas, ofrece seis itinerarios optativos: Periodisme Polític i Institucional; Periodisme Cultural; Periodisme Social; Comunicació, Salut i Esports; Comunicació, Ciencia i Tecnología y, finalmente, Negocis i Comunicació.

La primera Universidad pública con estudios de Periodismo fue la Universitat Autònoma de Barcelona (UAB), que en su campus de Bellaterra oferta las titulaciones de Comunicación. La UAB, en su Grau en Periodisme, contempla en su plan de estudios cuatro grandes itinerarios para los que hay que cursar un mínimo de 30 créditos en esa especialidad (Menció de Periodisme Especialitzat en Política i Economia, Menció de Periodisme Especialitzat en Cultura i Societat, Menció d'Anàlisi i Planificació de la Comunicació, Menció de Ciberperiodisme i Noves Plataformes de Comunicació) gracias al Suplemento Europeo al Título. Común a todos los itinerarios es la asignatura obligatoria Teoria i Pràctica del Periodisme Especialitzat. Cada uno de los campos de especialización o menciones incluye multitud de opciones y materias optativas.

En la misma Ciudad Condal, encontramos la Universitat Pompeu Fabra (UPF), que cuenta con todas sus titulaciones adaptadas al EEES. En su segundo año del Grau en Periodisme cuenta con dos asignaturas obligatorias, como son Periodisme Especialitzat y Periodisme a Internet. En cuarto, es común y obligatoria Periodisme d'Investigació. A su vez, presenta varios itinerarios optativos con las siguientes nueve opciones: Periodisme Especialitzat en Informació Local, Periodisme Especialitzat en Ciència i Salut, Periodisme Especialitzat en Cultura, Periodisme Especialitzat en Economia, Periodisme Especialitzat en Informació Internacional, Periodisme Especialitzat en Informació Criminològica, Periodisme Especialitzat en Política, Periodisme Especialitzat en Esports, Periodisme Especialitzat en Tecnologia i Medi Ambient. Cada una de las anteriores optativas cuenta con cuatro créditos ECTS.

Dentro del panorama de las Universidades privadas situadas en la ciudad de Barcelona, encontramos la Universitat Abat Oliba CEU, la Universitat Internacional de Catalunya y la Universitat Ramon Llull-Blanquerna. La Universitat Abat Oliba CEU de Barcelona reserva las materias obligatorias de Periodisme Radiofònic y Periodisme Televisiu para tercer curso del Grau en Periodisme. En cuarto, ofrece las obligatorias de Comunicació Institucional i Corporativa, Periodisme Especialitzat I en el primer semestre y Periodisme Especialitzat II en el segundo.

Por su parte, la Universitat Internacional de Catalunya (UIC) implementa su Grado en Periodisme desde el curso 2010-2011. Según el plan de estudios que anuncia en su web, cuenta con un módulo dedicado a la especialización con las siguientes materias: Periodismo Deportivo, Comunicación de Moda y Tendencias, Periodismo Económico, Periodismo Científico, Periodismo Cultural, Periodismo Judicial, Periodismo de Asuntos Religiosos, Periodismo Internacional, Periodismo de Proximidad y, finalmente, Fotoperiodismo.

La Facultat de Ciències de la Comunicació Blanquerna de la Universitat Ramon Llull ofrece el Grau en Periodisme e incluye en segundo curso dos grandes seminarios de ocho créditos ECTS cada uno. Se trata del Seminari de Comunicació Professional y el Seminari d'Introdució a la Especialitat Professional. En tercero, oferta como materia obligatoria Comunicació Corporativa. En cuarto, que es el último año del Grado, son obligatorios el curso en Investigació Periodística i Reporterisme y el curso en Periodisme Digital, con cuatro créditos ECTS cada uno.

En la Comunidad Valenciana se ofrecen estudios de Periodismo en la Universidad Cardenal Herrera CEU de Valencia (UCH-CEU), en la Universitat de València-Estudi General (UV-EG), en la Universidad Miguel Hernández (UMH) de Elche, en la provincia de Alicante, y en la Facultad de Ciencias Sociales de la Universitat Jaume I de Castellón (UJI).

La UCH-CEU, primera universidad valenciana en ofrecer la titulación oficial de Periodismo, imparte en el Campus de Moncada (Valencia) desde hace unos años su Grado en Periodismo adaptado al EEES, en el que ha decidido concentrar la especialización en el tercer curso. Ese año se ofrece el módulo en Periodismo Especializado (12 créditos ECTS) desglosado en las materias Fundamentos de la Información Especializada (3 créditos ECTS) y Áreas de Especialización Periodística (9 créditos ECTS). Ese mismo año, se ofrece también el módulo de Periodismo en Radio y Televisión (12 créditos ECTS).

En la capital valenciana, encontramos los estudios de Periodismo en la Universitat de València-Estudi General a través de su Facultat de Filologia, Traducció i Comunicació. Este centro oferta el Grau en Periodisme con diferentes asignaturas obligatorias dispersas en su plan de estudios, en el que ya se apuesta por la especialización desde el primer año, con Agencies d'Informació. En segundo, cuenta con Periodisme Digital. En tercero, hay Gabinets de Premsa i Comunicació Corporativa, Periodisme Econòmic i el seu Tractament, Periodisme Local i Comarcal, Periodisme Polític i el seu Tractament, Periodisme de Societat i Cultura. Todas las materias anteriores son obligatorias, al igual que Divulgació d'Informació Científica i Tecnològica, Periodisme de Ciència i Tecnologia i el seu Tractament, Revistes i Magazins. Además, en cuarto curso, ofrece las optativas Comunicació Política i Opinió Pública, Cosmología i Exploració del Espai, Fotoperiodisme, Medicaments i Societat/Medicina i Salut, Periodisme Cinematogràfic, Periodisme Esportiu.

En la provincia de Castellón, la Universitat Jaume I ofrece en su nuevo Grau en Periodisme dos asignaturas obligatorias en el tercer año de estudios, como son Periodisme Especialitzat y Ciberperiodisme. En cuarto, su abanico de optativas ofrece Periodisme Científic i Mediambiental, Periodisme Cultural, Periodisme Institucional, Periodisme Econòmic, Comunicació Política, Periodisme Polític i Parlamentari, Periodisme Local, Periodisme Esportiu, Periodisme de Successos i Tribunals. La UJI cuenta también con los estudios de Publicidad y Relaciones Públicas y de Comunicación Audiovisual. El alumno de la UJI con uno de estos Grados obtiene otro Grado en el área con un año más de estudio y permanencia en la Universidad castellonense.

Por último encontramos, en la ciudad alicantina de Elche, la Universidad Miguel Hernández (UMH), que ya imparte el Grado y tiene la Licenciatura en extinción, en la que cuenta con Periodismo Especializado como asignatura obligatoria anual de quinto curso. Sin embargo, en el plan de estudios de Grado, más concretamente en tercero, oferta optativas como Periodismo Científico o Periodismo Deportivo.

2.4. Castilla-La Mancha y Castilla y León

La última Universidad española en sumar el Grado en Periodismo a su oferta de titulaciones nuevas bajo el paraguas del EEES ha sido la Universidad de Castilla-La Mancha (UCLM), que imparte el Grado en Periodismo en su campus de Cuenca. La UCLM anuncia en su plan de estudios, disponible en la Red, la asignatura de Periodismo Especializado para el tercer año. La UCLM oferta como asignaturas optativas de cuarto año las materias de especialización en Fotoperiodismo, Agencias de Información, Periodismo Cultural, Periodismo Local, Periodismo Económico, Periodismo Científico, Periodismo Político y Periodismo Deportivo.

Frente al caso de Castilla-La Mancha, que sólo cuenta con un centro para cursar los estudios de Periodismo, encontramos el de Castilla y León, que cuenta con cuatro Universidades que ofertan estos títulos. En Castilla y León, se ofrecen estudios de Periodismo en la Universidad de Valladolid (UVA), en la IE University en Segovia, en la Universidad Pontificia de Salamanca (UPSA) y en la Universidad Europea Miguel de Cervantes (UEMC) de Valladolid.

La UVA ya imparte el Grado en Periodismo. En la vieja Licenciatura, contaba con la materia obligatoria Periodismo Especializado, con ocho créditos teóricos y cuatro prácticos. Contaba, además, con asignaturas optativas de primer ciclo como Periodismo Científico, Fotoperiodismo y Gabinetes de Comunicación y Comunicación Institucional. La optativa Comunicación Política se impartía en el segundo ciclo. En el nuevo Grado, cuenta con un módulo que, bajo el título de Estructura y Producción del Mensaje Periodístico, abarca las materias de Redacción Periodística y Periodismo Especializado. Dentro del área de especialización periodística, cuenta con la materia obligatoria de Periodismo de Opinión (6 créditos ECTS), de Periodismo Especializado (6 créditos ECTS) y Periodismo de Investigación (6 créditos ECTS). Por otro lado, las optativas que oferta, todas ellas de 6 créditos ECTS, son Periodismo Cultural y Científico, Periodismo Económico, Periodismo Político y Periodismo Deportivo.

Por su parte, la UPSA, hasta hace muy poco mantenía la Licenciatura, que ya está en extinción. En estos viejos estudios contaba con la asignatura Áreas de Especialización, en quinto curso. Como particularidad, ofrecía antes tres itinerarios de especialización (A, B y C). El itinerario A era el más ligado al Periodismo Especializado y estaba compuesto de las siguientes cuatro materias: Comunicación Política, Periodismo de Precisión, Periodismos No Convencionales y Revistas. Sin embargo, en su nueva oferta de Grado, las materias son diferentes. Hoy en día, oferta Periodismo Gráfico (6 créditos ECTS) en segundo curso. En tercero cuenta con dos especializaciones temáticas, como son Periodismo Socio-Religioso y Periodismo Cultural y Artístico. Además, ese mismo año los alumnos tienen Periodismo Radiofónico y Periodismo Televisivo. En su cuarto año, los alumnos de la UPSA cuentan con otros dos cursos de especialización, como son Periodismo Digital y Periodismo Argumentativo.

Por su parte, la Universidad Europea Miguel de Cervantes también oferta el Grado en Periodismo, en cuyo plan de estudios cuenta con Periodismo Especializado como materia obligatoria en tercero. En cuarto, los alumnos deben cursar también de manera obligatoria cuatro cursos especializados: Fotoperiodismo, Periodismo Digital, Periodismo Radiofónico y Periodismo Televisivo. Como optativas, se ofrecen Periodismo Deportivo, Comunicación Política y Periodismo de Investigación.

Por último, en Segovia, encontramos la Universidad del Instituto de Empresa (IE), que comercialmente se presenta como IE University y que ofrece su Grado en Comunicación (*Bachelor in Communication*) conforme a las pautas de Grado del EEES, aunque con un estilo americano. Para ello, ofrece las clases en inglés y español. Su titulación no pertenece a las tradicionales delimitaciones entre Periodismo, Comunicación Audiovisual y Publicidad y Relaciones Públicas. Es un Grado genérico en Comunicación. Para aquellos que dentro de esta titulación más general opten por la especialización periodística, pueden cursar un módulo propio de especialización optativo (*Unit 8: Journalism*). Como obligatorios, todos los alumnos cuentan con algunos módulos especializados, como *Specialized Writing* (*Unit 7*), *Journalistic Writing* (*Unit 5*) y *Organizational Communication* (*Unit 4*). La especialización en Periodismo se centra en cinco asignaturas, como son I*nvestigative Reporting, Radio Announcing and TV Presenting, Photojournalism, World and Special Correspondents, Media Coverage and New Channels and Formats*.

2.5. Comunidad de Madrid

En el centro y alrededor de la capital de España se concentran más de media docena de Facultades de Comunicación. Concretamente, en el conjunto de la Comunidad de Madrid encontramos titulaciones oficiales de Periodismo en la Universidad Complutense de Madrid (UCM), en la Universidad Rey Juan Carlos (URJC), en la Universidad Carlos III (UC3M), en la Universidad San Pablo CEU (USP-CEU), en la Universidad Antonio de Nebrija (UAN), en la Universidad Europea de Madrid (UEM), en la Universidad Francisco de Vitoria (UFV) y en la Universidad Camilo José Cela (UCJC).

En Madrid, la Universidad Complutense, su Facultad de Ciencias de la Información, en su nuevo Grado, cuenta con la materia de Periodismo Especializado para el cuarto curso y la denomina Información Periodística Especializada (6 créditos ECTS). Igualmente, ofrece Información y Comunicación Política como asignatura optativa para el tercer curso. En cuarto curso, último año, ofrece las optativas Periodismo Especializado en Ciencia y Cultura, Periodismo Especializado en Deporte y Educación y Periodismo Especializado en Economía y Medio Ambiente. Es la opción más clásica frente a otras innovaciones como las puestas en marcha en otras Universidades de la Comunidad de Madrid, como pueda ser la Universidad Carlos III, con base en Getafe. Esta Universidad del sur de Madrid ofrece diferentes materias de Periodismo Especializado a lo largo de los cuatro años de su Grado en Periodismo. Se permite la opción bilingüe (en lengua inglesa y española). En segundo curso, hay que cursar Periodismo en la Red. En tercero se concentran varias asignaturas de especialización, todas obligatorias, como son Periodismo Interpretativo, Información Periodística sobre Situaciones, Tendencias y Problemas Sociales, Periodismo de Proximidad: la Información Local, Periodismo Internacional I: la Información Global, Periodismo Internacional II: las Grandes Organizaciones Mundiales. Se ofrecen como optativas de tercer curso Periodismo Económico, Información de Sucesos y Tribunales, y Periodismo Político y Parlamentario. Finalmente, en cuarto curso son obligatorias las materias de Periodismo Científico y Medioambiental, Información Institucional e Información y Conflicto. Se ofrecen como optativas Periodismo Deportivo, Periodismo Argumentativo y de Opinión y Fotoperiodismo.

Otra de las Universidades públicas que oferta Periodismo en la Comunidad de Madrid es la Universidad Rey Juan Carlos en sus campus de Vicálvaro y Fuenlabrada, donde se imparte el Grado en Periodismo con las materias obligatorias Periodismo Multimedia y Periodismo de Análisis y Opinión en tercer curso. En cuarto, son optativas otras dos materias: Periodismo Especializado y Perfiles Profesionales.

Dentro del ámbito de las Universidades privadas, destaca la Facultad de Humanidades y Ciencias de la Comunicación de la Universidad San Pablo CEU de Madrid, que imparte desde el curso 2009-2010 tanto el Grado en Periodismo en la opción en lengua española, como en la opción bilingüe (inglés). También ofrece este Grado combinado con otras titulaciones, como Humanidades, Comunicación Audiovisual o Publicidad y Relaciones Públicas. El Grado en Periodismo incluye las materias obligatorias Periodismo Especializado I y Periodismo Especializado II en tercero y cuarto, respectivamente. Además, en cuarto curso también es obligatorio cursar las materias de Comunicación Política y Comunicación Empresarial e Institucional. En las materias de Periodismo Especializado I y II, los alumnos tienen la opción de elegir entre Periodismo Científico, Periodismo Cultural, Periodismo Económico y Periodismo Político, entre las principales opciones de especialización.

Por último, en la Universidad privada madrileña, los estudios de Periodismo están también en la Universidad Europea de Madrid (UEM), en la Universidad Camilo José Cela (UCJC) y en la Universidad Antonio de Nebrija. El Grado en Periodismo de la UEM ofrece en segundo Gabinetes de Comunicación. En tercero, se concentran las especialidades con Comunicación Política Internacional, Periodismo Cultural, Periodismo Económico, Periodismo Deportivo, Periodismo Científico y Medioambiental, Comunicación de Eventos y Entretenimiento y, finalmente, Crónica Parlamentaria y de Tribunales. El Grado en Periodismo de la UCJC concentra por su parte casi todas las especializaciones en un único año. En su tercer curso, imparten como obligatorias las materias de Periodismo Televisivo, Periodismo Radiofónico, Periodismo Deportivo, Periodismo Económico, Periodismo Político y Periodismo Científico y Medioambiental. En cuarto, es obligatoria la asignatura de Periodismo de Investigación. La Universidad Antonio de Nebrija, en su Grado en Periodismo, cuenta con Periodismo Gráfico en primero, Comunicación Institucional en tercero, y reserva Periodismo Especializado I y II para cuarto curso.

Finalmente, la Universidad Francisco de Vitoria cuenta con la asignatura específica de Introducción al Periodismo Especializado

(6 créditos ECTS) en su cuarto año de Grado (séptimo semestre de su Grado) como materia de carácter obligatorio que forma parte del módulo Habilidades de Comunicación y de la materia general Expresión Escrita, según su plan de estudios aprobado por la ANECA. Paradójicamente, esta Universidad cuenta en su tercer año con una asignatura cuatrimestral que se imparte antes de Periodismo Especializado y que es Introducción al Periodismo Económico, también de 6 créditos ECTS. En su último año (cuarto curso, octavo semestre), cuenta con dos optativas de 3 créditos ECTS cada una. Una de ellas es Fundamentos del Periodismo Parlamentario y otra es Taller de Periodismo Digital. Ambas forman parte del módulo Organización y Producción Informativa.

2.6. Galicia

En la Comunidad Autónoma de Galicia se pueden cursar estudios oficiales de Periodismo en la Universidade de Santiago de Compostela (USC). Otras Universidades gallegas cuentan con otras titulaciones, pero no con Periodismo, como es el caso de la Universidade da Coruña, que cuenta con estudios de Comunicación Audiovisual, o la Universidade de Vigo, que cuenta con Publicidad y Relaciones Públicas en su campus de la Ciudad de Pontevedra.

La Universidade de Santiago, en su Facultade de Ciencias da Comunicación, situada en la capital gallega, cuenta con la asignatura de Xornalismo Especializado en el tercer curso y la materia de Áreas de Especialización Xornalística en cuarto año de su nuevo Grao en Periodismo ya adaptado al Espacio Europeo de Educación Superior.

2.7. Murcia

En la Región de Murcia se ofertan las titulaciones oficiales de Periodismo en la Universidad de Murcia (UM) y en la Universidad Católica San Antonio de Murcia (UCAM). La Universidad pública, en su Licenciatura de Periodismo a extinguir, mantenía hasta ahora su asignatura troncal de 12 créditos LRU bajo la denominación de Periodismo Especializado. Entre sus optativas, ofertaba Fotoperiodismo, Información Económica, Periodismo Local, Periodismo de Investigación o Agencias de Noticias.

En su nuevo plan de estudios conducente al Grado Oficial en Periodismo, la Universidad de Murcia ofrece ahora en su tercer año de

Grado la materia de Periodismo Especializado con el formato anual y 12 créditos ECTS y la materia de Periodismo Local con 6 créditos ECTS como materias obligatorias. Sin embargo, en su cuarto y último año, oferta un itinerario propio opcional de especialización en Periodismo sobre Ciencia y Tecnología, que está compuesto por tres asignaturas de 6 créditos ECTS cada una. Las materias son Comunicación Divulgativa, Periodismo sobre Ciencia y Tecnología y Periodismo sobre Salud y Medio Ambiente.

Por su parte, la UCAM oferta en el último curso de su nuevo Grado en Periodismo las materias de Periodismo Cívico (6 créditos ECTS), Periodismo Especializado I: Científico, Económico y Deportivo (6 créditos ECTS), Periodismo Especializado II: Internacional, Político y Cultural (6 créditos ECTS). Como optativas, oferta Periodismo de Análisis y Opinión, Periodismo y Literatura y Periodismo y Cine.

2. 8. Navarra y País Vasco

Otro de los centros más prestigiosos dentro del área de Periodismo en el ámbito de la Universidad privada española es la Facultad de Comunicación de la Universidad de Navarra (UNAV). Su Facultad de Comunicación ya ha comenzado a ofertar su nuevo Grado en Periodismo. Para tercer año de Grado, reserva las materias obligatorias de Fundamentos de Periodismo Económico, Ciberperiodismo, Fundamentos del Periodismo Científico y Comunicación Política.

En el norte de España, otras Universidades han optado también por planes de estudios ligados a la Comunicación. De hecho, la Universidad de Mondragón oferta el Grado en Comunicación Audiovisual. Y la prestigiosa Universidad de Deusto tiene en su campus de Donostia-San Sebastián una nueva titulación denominada Grado en Comunicación, dentro de su Facultad de Ciencias Sociales y Humanas, pero el plan de estudios no es propiamente un plan de estudios de Periodismo al uso, porque no incluye materias propias de Periodismo, en general, ni de Periodismo Especializado, en particular.

En el País Vasco, una Universidad que ha apurado hasta el final para implantar el Grado, como casi todas las grandes Universidades públicas españolas, ha sido la Universidad del País Vasco-Euskal Herriko Unibertsitatea (UPV-EHU) que, en su Facultad de Ciencias Sociales y de la Comunicación, oferta ya el Grado en Periodismo adaptado a las normas y exigencias del EEES. En la UPV-EHU, mientras se ha mantenido la Licenciatura, estos viejos estudios tenían en su tercer año la asignatura troncal Periodismo Especializado I: Elementos Generales y Figuras Especializadas. La troncal Periodismo Especializado II: Servicio e Información se ofrecía en cuarto curso. La UPV-EHU, en general, da la opción de cursar estas materias en castellano o en lengua vasca. Como optativas se ofertaban Periodismo Económico, Periodismo Cultural, Reporterismo o Periodismo de Investigación, entre otras opciones. En el curso 2012-2013, la Universidad pública vasca ya ha implantado el tercer año del nuevo plan de Grado. La asignatura de Periodismo Especializado se reserva para el segundo cuatrimestre del cuarto curso. Destaca la materia de Periodismo Social y Participativo en Internet, que sí se está impartiendo ya en tercero de Grado.

2.9. Canarias

Un caso especial con tradición en la enseñanza-aprendizaje del Periodismo, fuera de los casos citados anteriormente, es la Facultad de Ciencias de la Información de la Universidad de La Laguna (ULL), situada en la isla de Tenerife. En su nuevo y recién estrenado Grado en Periodismo, la ULL oferta en su tercer año Periodismo Especializado, Ciberperiodismo y Periodismo de Investigación: Información en profundidad. En su oferta de materias optativas, la ULL ofrece Comunicación Biomédica, Tecnológica y Ambiental, Comunicación y Educación y Periodismo Turístico de Viajes.

3. Conclusiones: un nuevo y dispar panorama académico para el Periodismo Especializado

A modo de reflexión final, cabe destacar algunas conclusiones generales y específicas para terminar este trabajo de revisión de la actual situación del Periodismo Especializado en los actuales planes de estudio de Grado en Periodismo de todas las Universidades españolas, objeto de estudio de este trabajo. Como conclusiones generales:
  • La naturaleza descentralizada de nuestro país o nuestra reciente evolución demográfica, económica o política, que sin duda ha favorecido el nacimiento de nuevas Universidades, hace que surjan nuevas instituciones educativas con diferentes planes de estudio más adaptados a la nueva realidad. El nuevo mapa o

panorama de Facultades de Comunicación nada tiene que ver con el de hace unos veinte años. Atrás quedaron aquellos años de periodistas formados en pocas promociones en tres, cuatro o cinco Facultades repartidas por toda la geografía nacional. Son muy pocas las comunidades autónomas de España que no cuentan hoy con centros donde se imparten las titulaciones oficiales de Ciencias de la Comunicación, entre las que destaca la disciplina del Periodismo.

• Desde la Universidad surgen así nuevos retos. El primero de ellos consiste en saber dar respuesta al obligado análisis y crítica moral frente al resto de la sociedad, desde la necesidad de una especialización periodística. El segundo reto hace referencia al desarrollo de una investigación de calidad en la actual y compleja sociedad del conocimiento en la que la cultura digital preside los primeros pasos del siglo XXI. Los profesionales de la Comunicación nos enfrentamos a numerosos retos de naturaleza ética, formativa y profesional.

Por otro lado, dentro del campo concreto del Periodismo Especializado, podríamos afirmar a modo de conclusiones específicas que:

• Los académicos españoles no hemos sido capaces de homogeneizar la presencia del Periodismo Especializado en los nuevos planes de estudio. Los tiempos cambian, las sociedades evolucionan, y a pesar de los avances en muchos campos, las Ciencias de la Información siguen perdiendo la oportunidad de unificar criterios, avanzar en la calidad y en la formación de profesionales de la información especializada.

• La realidad nos demuestra que el futuro periodista español contará con una formación y un bagaje o "background" muy diferente dependiendo del centro en el que haya recibido su formación. Paralelamente, el nuevo profesional formado bajo el EEES debe ser consciente de que su formación se desarrollará no sólo con las bases de la Universidad. Será un aprendizaje a lo largo de toda su vida. Tendrá que seguir estudiando y actualizándose ante nuevas propuestas de especialización.

• Desde el mundo académico, los investigadores y docentes debemos acompañar a los futuros profesionales dotándoles de herramientas y análisis útiles para su trabajo, que no es otro que el de informar y trasladar a la sociedad conocimiento para su desarrollo y progreso en un mundo que funciona en red y que cada vez requiere de mayores grados de especialización profesional. Al mismo tiempo que el periodista se enfrenta a retos profesionales, los formadores de los futuros periodistas nos enfrentamos a retos académicos marcados por la puesta en marcha del proceso de Bolonia. Por último, hay que decir que la pluralidad de la oferta nos muestra que nuestra disciplina está muy viva y vigente, pero al mismo tiempo que está muy desorganizada. Esa es la realidad actual del Periodismo Especializado bajo el nuevo paraguas del Espacio Europeo de Educación Superior.

4. Referencias

Cabezuelo Lorenzo, F., Sierra Sánchez, J., Sotelo González, J. (2010). Specialized press and journalism subjects under the EHEA umbrella: case-studies of Madrid, Catalonia, Valencian Region and Andalusia. En Mª T. Tortosa Ybáñez, J. D. Álvarez Teruel y N. Pellín Buades (Coords). *VIII Jornades de Xarxes d'Investigació en Docència Universitària: noves titulacions i canvi universitari/VIII Jornadas de Redes de Investigación en Docencia Universitaria: nuevas titulaciones y cambio universitario* (pp. 2172-2183). Alacant/Alicante: Servei de publicacions/Servicio de publicaciones, UA.
—(2012). La nueva configuración de las materias de especialización periodística bajo el Espacio Europeo de Educación Superior. En J. J. Fernández Sanz y A. L. Rubio Moraga (Coord.). *Prensa y Periodismo Especializado V*. Guadalajara: Editores del Henares.
Sanz Establés, C., Sotelo González, J., Rubio Moraga, Á. L. (Coords.) (2004). *Prensa y periodismo especializado II*. Guadalajara: Editores del Henares C. B., Asociación de la Prensa de Guadalajara.

El desarrollo de competencias profesionales en el ámbito del Periodismo Especializado. Propuesta de coordinación académica para los estudios de Grado y Máster [1]

PABLO LÓPEZ RABADÁN
UNIVERSITAT JAUME I
rabadan@uji.es

HUGO DOMÉNECH FABREGAT
UNIVERSITAT JAUME I
hdomenec@uji.es

1. Introducción. La especialización periodística como vértice del desarrollo profesional y de las competencias académicas

La especialización periodística ha alcanzado en las últimas décadas una relevancia sustancial como ámbito consolidado del Periodismo contemporáneo al dar respuesta a una situación comunicativa específica (Meneses, 2007). La exigencia del público de una información con mayor calidad de contexto y profundidad en los contenidos, unido a las posibilidades que facilitan las actuales herramientas digitales vinculadas a la profesión periodística (Ramírez, 1999; Murciano, 2005), son sin duda factores fundamentales que justifican el desarrollo actual del Periodismo Especializado. Así pues, no sorprende que esta tendencia se presente recurrentemente en el debate sobre la crisis y el futuro de la prensa al vislumbrarse como una interesante vía de

---
[1] Este trabajo forma parte del proyecto de investigación (P1-1B2010-53), dirigido por Andreu Casero Ripollés (Universitat Jaume I) y financiado por la Fundación Bancaja y la Universitat Jaume I (Plan de Promoción de la Investigación, 2011-2013).

desarrollo profesional y un modelo de negocio rentable tanto *online* como impreso (Quesada, 2012; Fernández del Moral, 2004; Meyer, 2009).

Consecuentemente, el Periodismo Especializado ha tenido un asentamiento progresivo en los estudios universitarios de Periodismo en nuestro país (Borrat, 1993; Álvarez Pousa, 2004). Por una parte, la especialización periodística representa un importante eje dentro de los planes de estudios de los Grados en Periodismo, tanto por el número de asignaturas relacionadas como por su conexión directa con la adquisición de importantes competencias profesionales (Moreno, 1998; Camacho, 2010).

Estas competencias profesionales, comprendidas habitualmente como la capacidad real del individuo para dominar el conjunto de tareas que configuran una función concreta (Sierra, 2010), se deben vincular fundamentalmente con el desarrollo de la capacidad del alumnado, sus habilidades y destrezas necesarias para el desempeño concreto y efectivo de las tareas laborales propias de una actividad profesional (Lévy-Levoyer, 1997; Moreno, 1998; García Avilés y Martínez, 2009).

La adaptación al Espacio Europeo de Educación Superior (EEES) supone que el plan de estudios de los nuevos Grados y Máster debe contener la relación de objetivos de formación y competencias que corresponde adquirir el estudiante. Por esta razón, se comprende que la enseñanza universitaria basada en competencias se relaciona con la adquisición de las herramientas metodológicas óptimas para que se desarrollen como profesionales integrales capaces de realizar un trabajo en el contexto de una ocupación concreta (Martínez Castro, 2006; García Avilés y Martínez, 2009). En este sentido, lo primordial del planteamiento y desarrollo de las competencias en educación es el hecho de que los conocimientos adquiridos en el aula puedan ser llevados a la práctica profesional mediante la transferibilidad de los saberes a los "haceres" (Aneas, 2005; Tobón, 2004; Tobón, Pimienta y Fraile, 2010).

Al mismo tiempo, el actual contexto académico implica replantear los sistemas de evaluación tradicionales implementados en la Universidad española (Gargurevich, 2001), enfocándolos a su adecuación a las competencias que configuran una función profesional concreta (Ibáñez-Martín, 1990; Mertens, 1996). El diseño de estas nuevas metodologías de evaluación enfocadas hacia el proceso enseñanza-aprendizaje deben centrarse tanto en la valoración formativa como en su relación con las competencias profesionales alcanzadas (Barnnett, 2001; García Avilés y Martínez, 2009).

2. Metodología

En el plano metodológico, este trabajo se plantea como objetivo básico realizar una propuesta de coordinación pedagógica que articule las asignaturas vinculadas a la especialización periodística dentro de los estudios de Grado actuales y, a su vez, con los estudios de Postgrado. En concreto, se pretende coordinar eficazmente la organización de tres elementos principales de sus prácticas formativas: las actividades a realizar, sus métodos de evaluación, y el conjunto de competencias profesionales (resultados de aprendizaje) a alcanzar por los alumnos.

Consideramos que esta coordinación resulta imprescindible para evitar solapamientos, optimizar el tiempo y ofrecer una distribución docente efectiva, en pos de alcanzar los resultados de aprendizaje planteados. Y en este sentido, resulta necesario acometer varios pasos previos para el desarrollo de nuestra investigación: definir un ámbito docente vinculado a la especialización periodística; seleccionar una muestra significativa de asignaturas; y, por último, concretar la planificación de su desarrollo.

2.1. Definición de un ámbito docente vinculado a la especialización periodística

Teniendo en cuenta la creciente importancia profesional de la especialización periodística, el plan de estudios del Grado en Periodismo de la Universitat Jaume I incluye una materia de formación básica llamada "Especialización periodística" y le reserva una importante y progresiva carga docente a este ámbito (42 créditos ECTS dentro del total de 240 de la titulación), entendido como una metodología profesional específica orientada al análisis e interpretación de la actualidad informativa (Quesada, 2012; Fernández del Moral, 2004; Berganza, 2005). En concreto, esta materia incluye nueve asignaturas que abordan la producción de información periodística especializada, tanto desde una perspectiva metodológica general en una asignatura en el tercer curso, como desde diferentes asignaturas que profundizan en ámbitos temáticos específicos (política, deportes, cultura, información local, información institucional, economía, científico y medioambiente, y sucesos y tribunales) dentro de la oferta de optativas a cursar en el cuarto curso.

Por otra parte, dentro del Máster Oficial en Nuevas Tendencias y Procesos de Innovación en Comunicación que oferta la Universitat Jaume I, y en concreto dentro de la especialidad "Periodismo Digital y Multimedia", encontramos un conjunto de ocho asignaturas que proyectan, en mayor o menor medida, la aplicación de la especialización periodística en el ámbito de la información en Internet.

Por motivos operativos únicamente seleccionaremos cinco asignaturas del grado como muestra de estudio para desarrollar inicialmente nuestra investigación. En primer lugar, escogemos la asignatura obligatoria de tercer curso PE0931-Periodismo Especializado (6 créditos ECTS) que profundiza en el estudio de la especialización periodística desde un punto de vista metodológico general. Y por otra parte, la muestra también incluye cuatro asignaturas optativas semestrales de cuarto curso (4,5 créditos cada una) que abordan desde una perspectiva teórico-práctica las áreas de especialización temática más consolidadas en la actualidad: PE0941-Periodismo Económico; PE0950-Periodismo Político y Parlamentario; PE0939-Periodismo Cultural; y PE0948-Periodismo Deportivo.

Y en caso de los estudios de máster, aunque encontramos varias asignaturas con una relación significativa con la especialización periodística (Análisis e Investigación de la Información Periodística; Innovación en Periodismo; Proyectos Periodísticos Innovadores; Redacción Periodística Digital), para nuestro estudio nos centraremos únicamente en las dos en donde está claramente programado un tratamiento específico de este ámbito (Periodismo de Autor; y Técnicas Avanzadas del Reportaje Periodístico).

Además, como culminación práctica de los estudios de Posgrado está programada la realización de una asignatura obligatoria de Trabajo final de Máster (TFM) que, entre sus diferentes modalidades, la especialidad de "Periodismo Digital y Multimedia" contempla la realización de un producto comunicativo. Entre los mismos destaca por su vinculación al territorio de la especialización periodística el siguiente tipo de trabajo: Producción y realización de un reportaje periodístico especializado. El producto original adaptado al contexto digital se presenta junto con una memoria justificativa y se defenderá públicamente frente a un tribunal nombrado a tal efecto que evaluará el cumplimiento de las competencias generales del título y de las específicas de la especialidad profesional.

2.2. Organización docente y evaluación de las prácticas

Estas cinco asignaturas del Grado seleccionadas se entienden como medulares dentro del plan de estudios ya que están directamente relacionadas con la adquisición de importantes competencias profesionales. Más allá de su fundamentación teórica, todas ellas se caracterizan por su abordaje eminentemente práctico, pues pretenden capacitar al estudiante en la elaboración de contenidos periodísticos especializados, y por su ubicación sucesiva en los dos últimos años del Grado. En consecuencia, el sistema de evaluación en este ámbito se centra principalmente en pruebas prácticas, ya que sólo se plantea un examen escrito (test, desarrollo y/o problemas), y con un peso evaluativo menor (35%) en la asignatura de tercer curso Periodismo Especializado. En el resto de asignaturas optativas de cuarto curso no establece este tipo de prueba y la parte práctica representa el 100% de la evaluación.

Así, el programa de prácticas de las asignaturas seleccionadas en ambas etapas se organiza a partir del desarrollo de diferentes actividades formativas englobadas dentro de las siguientes pruebas generales de evaluación (ver detalle en Tabla 1).

- En el caso de las asignaturas Máster, está programada la realización de un conjunto bastante variado de actividades: elaboración de trabajos académicos, resolución de ejercicios y problemas, desarrollo de prototipos y observación/ejecución de tareas y prácticas. Debido a su importancia y variedad, la coordinación de estas actividades requiere de una planificación progresiva, al tiempo que demanda una notable coordinación pedagógica en la adquisición de las competencias profesionales asociadas.
- Y en el caso de las asignaturas Máster, sólo encontramos dos tipos de pruebas generales de evaluación, las más dinámicas y complejas, con un carácter claramente práctico: presentaciones orales y posters, y desarrollo de prototipos.

3. Resultados

A continuación se presentan los principales resultados alcanzados. En primer lugar encontramos un programa de prácticas conjunto que sistematiza de forma operativa los aspectos docentes más relevantes de las cinco asignaturas de Grado seleccionadas y las dos de Máster. Y en segundo lugar, se ha elaborado un cronograma que articula el desarrollo coordinado de todas ellas a lo largo de los dos cursos finales del Grado y los estudios de Postgrado.

3.1. Programa de prácticas

El planteamiento de este programa de prácticas conjunto pretende establecer una eficaz correlación entre los trabajos a realizar por parte del alumno y las competencias profesionales estipuladas en las guías docentes de las diferentes asignaturas. En la siguiente tabla se desglosa la propuesta realizada.

TABLA I. Programa de prácticas. Asignaturas del ámbito de especialización periodística

ESTUDIOS DE GRADO PERIODISMO (5 asignaturas)

PE0931 - Periodismo Especializado		
Ponderación de prácticas dentro del sistema de evaluación (65%)		
Prácticas individuales		
Título práctica	Tipo prueba y peso evaluación (%)	Competencias específicas profesionales asignadas (resultado de aprendizaje)
P.1. Localización de piezas de Periodismo Especializado	Elaboración trabajos académicos (10%)	1. Capacidad para identificar y analizar los principales áreas del Periodismo Especializado: político, deportivo, cultural, local, institucional, económico, de sucesos y tribunales, científico y medioambiental 2. Competencia para entender y contextualizar las implicaciones de la especialización periodística en el trabajo profesional
P.2. Puesta en común carpeta de trabajo elaborada durante los primeros meses del curso	Presentaciones orales y posters (5%)	
P.3. Informe final. Análisis y valoración crítica de piezas de periodismo especializado	Elaboración trabajos académicos (10%)	

Prácticas en grupo		
P.4. Elaboración de una pieza de Periodismo de Servicio (500 palabras)	Prototipos (40%)	1. Competencia para elaborar productos informativos basados en los principios del Periodismo Especializado
P.5. Elaboración de una pieza de periodismo de precisión (500-800 palabras)		2. Capacidad para conocer desde una perspectiva teórico-práctica las características, lógicas y problemáticas del Periodismo de Servicio
P.6. Puesta en común resultados corrección piezas de Periodismo Especializado	Presentaciones orales y posters (5%)	3. Competencia para conocer desde una perspectiva teórico-práctica las características, lógicas y problemáticas del Periodismo de Precisión
P.7. Elaboración de un reportaje en profundidad (2000 palabras)	Prototipos (40%)	

PE0941-Periodismo Económico		
Ponderación de prácticas dentro del sistema de evaluación (100%)		
Título práctica	Tipo prueba y peso evaluación (%)	Competencias específicas profesionales asignadas (resultado de aprendizaje)
P.1. Análisis de la sección de información económica en la prensa local, nacional e internacional	Elaboración trabajos académicos (10%)	1. Capacidad para determinar los nuevos desafíos del Periodismo Económico en el nuevo contexto de la era digital
P.2. Comparación crítica de una cobertura periodística	Resolución ejercicios y problemas (10%)	2. Competencia para determinar y localizar las fuentes informativas específicas del Periodismo Económico

P.3. Elaboración de un artículo de análisis en calidad de expertos	Prototipos (70%)	1. Capacidad para conocer, entender y concretar la producción integral de la información económica en los medios tradicionales y digitales desde la óptica del Periodismo Especializado
P.4. Redacción de una noticia (en el ámbito nacional, local, o internacional)		2. Capacidad para redactar y producir piezas periodísticas siguiendo las normas de estilo del Periodismo Económico
P.5. Redacción de un perfil de un actor o agente económico		
P.6. Redacción de un reportaje en el ámbito de la información económica		3. Capacidad para dominar el lenguaje y la terminología económica desde una óptica divulgativa
Participación seminario asignatura	Observación y ejecución tareas y prácticas (10%)	1. Capacidad para determinar los nuevos desafíos del Periodismo Económico en el nuevo contexto digital

PE0939-Periodismo Cultural		
Ponderación de prácticas dentro del sistema de evaluación (100%)		
Título práctica	Tipo prueba y peso en evaluación (%)	Competencias específicas profesionales asignadas (resultado de aprendizaje)

P.1. Análisis de la sección de cultura (fuentes, temas, recursos utilizados y estilo informativo)	Elaboración trabajos académicos (10%)	1. Capacidad para comprender e identificar las características y elementos propios del Periodismo Cultural desde los parámetros del Periodismo Especializado 2. Competencia para analizar los procesos de producción y circulación del Periodismo Cultural a través de los diferentes medios de comunicación informativos 3. Competencia para identificar los medios, géneros y productos que abordan con propósito informativo el terreno cultural
P.2. Comparación crítica de una cobertura periodística	Resolución ejercicios y problemas (10%)	
P.3. Elaboración de un artículo de opinión en calidad de expertos	Prototipos (70%)	1. Capacidad para redactar noticias, reportajes, críticas y otras piezas periodísticas siguiendo las normas de estilo y lenguaje propios del periodismo cultural
P.4. Redacción de una noticia a elegir sobre alguno de los ámbitos culturales		
P.5. Redacción de una crítica de cultural a partir de la cobertura de un evento relacionado con este ámbito.		
P.6. Redacción de un reportaje periodístico basado en un caso real actual		

Participación seminario asignatura	Observación y ejecución tareas y prácticas (10%)	1. Capacidad para determinar los nuevos desafíos de la información cultural en el nuevo contexto

PE0950-Periodismo Político y Parlamentario		
Ponderación de prácticas dentro del sistema de evaluación (100%)		
Título práctica	Tipo prueba y peso en evaluación (%)	Competencias específicas profesionales asignadas (resultado de aprendizaje)
P.1. Análisis de la sección de información política en la prensa local, nacional e internacional	Elaboración trabajos académicos (10%)	1. Capacidad para determinar las características y los criterios básicos del Periodismo Político y Parlamentario en los diferentes medios y soportes comunicativos desde la óptica del Periodismo Especializado 2. Competencia para determinar y localizar las fuentes informativas y los criterios noticiables del Periodismo Político y Parlamentario
P.2. Comparación crítica de una cobertura periodística	Resolución ejercicios y problemas (10%)	

P.3. Elaboración de un artículo de opinión en calidad de expertos	Prototipos (70%)	1. Capacidad para conocer, entender y concretar la producción integral de la información política y parlamentaria en los medios tradicionales y digitales. 2. Capacidad para gestionar la información política teniendo en cuenta sus singularidades de contenido, de forma y sus rutinas profesionales 3. Competencia para elaborar productos periodísticos de calidad dirigidos a un público con intereses comunes y siguiendo los criterios propios del Periodismo Político
P.4. Redacción de una noticia sobre alguno de los ámbitos de información política (nacional, internacional, actualidad parlamentaria, etc.)		
P.5. Redacción de una crónica a partir de la cobertura de un acto político o una sesión parlamentaria real		
P.6. Redacción de un reportaje periodístico basado en el seguimiento de una campaña electoral u otro acontecimiento real dentro de la sección de política e información parlamentaria		
Participación seminario asignatura	Observación y ejecución tareas y prácticas (10%)	1. Capacidad para localizar y definir nuevo productos y ámbitos dentro del Periodismo Político y Parlamentario basados en la innovación y la calidad.

PE0948-Periodismo Deportivo		
Ponderación de prácticas dentro del sistema de evaluación (100%)		
Título práctica	Tipo de prueba y peso en evaluación (%)	Competencias específicas profesionales asignadas (resultado de aprendizaje)

P.1. Análisis sección de deportes	Elaboración trabajos académicos (10%)	1. Capacidad para conocer y determinar los hechos diferenciales del Periodismo Deportivo y las peculiaridades de su mercado dentro del actual panorama informativo
P.2. Comparación crítica de una cobertura periodística	Resolución ejercicios y problemas (10%)	2. Capacidad para conocer las características y elementos básicos de la información deportiva en los diferentes medios tanto audiovisuales como escritos desde la óptica del Periodismo Especializado
P.3. Elaboración de un artículo de opinión en calidad de periodista experto	Prototipos (70%)	1. Capacidad para gestionar las fuentes y la información sobre la práctica deportiva, así como valorar sus singularidades de contenido, forma y rutinas profesionales
P.4. Redacción de una noticia a elegir sobre alguno de los ámbitos deportivos		2. Competencia para identificar las nuevas posibilidades y métodos de trabajo que ofrecen los diferentes soportes en relación a la práctica del Periodismo Deportivo
P.5. Redacción de una crónica deportiva a partir de la cobertura de un acontecimiento real		3. Capacidad para redactar noticias, reportajes, crónicas y otras piezas periodísticas siguiendo las normas de estilo y lenguaje propios del Periodismo Deportivo
P.6. Redacción de un reportaje periodístico basado en un caso real actual		

Participación seminario asignatura	Observación y ejecución de tareas y prácticas (10%)	1. Capacidad para desarrollar una actitud crítica frente a las problemáticas que actualmente afectan al Periodismo Deportivo

ESTUDIOS DE POSTGRADO (2 asignaturas)

Periodismo de Autor
Ponderación de prácticas dentro del sistema de evaluación (100%)

Tipo de prueba y peso en evaluación (%)	Competencias específicas profesionales asignadas
Presentaciones orales y posters (20%)	CE04 - Comunicar ideas, informaciones y conclusiones –y los conocimientos y razones últimas que las sustentan– a públicos especializados y no especializados de un modo claro y sin ambigüedades en los campos de la publicidad, de la comunicación audiovisual y del Periodismo
Prototipos (80%)	CE09 - Aplicar las diferentes técnicas y herramientas para ofrecer servicios o para producir contenidos periodísticos, audiovisuales y publicitarios en los actuales entornos digitales y multimedia desde una perspectiva innovadora

Resultado de aprendizaje	- Crear todo tipo de contenidos periodísticos vinculados a la especialización periodística - Evaluar en profundidad las dinámicas de funcionamiento del Periodismo Especializado

Técnicas avanzadas del reportaje periodístico	
Ponderación prácticas dentro del sistema de evaluación (100%)	
Tipo de prueba y peso en evaluación (%)	Competencias específicas profesionales asignadas
Prototipos (100%)	- CE01 - Sintetizar conocimientos que aporten una base u oportunidad de ser originales e innovadores en el desarrollo y/o aplicación de ideas en el ámbito de la comunicación, tanto en el contexto profesional como de investigación - CE07 - Idear y poner en marcha proyectos de producción de nuevos servicios o productos audiovisuales, publicitarios, periodísticos y de animación infográfica. - CE08 - Aplicar dinámicas innovadoras en los procesos de comunicación, para llevar a cabo nuevos enfoques creativos en las tareas asignadas, y en los diferentes soportes y formatos audiovisuales, periodísticos y publicitarios
Resultado de aprendizaje	Crear reportajes para diferentes soportes y plataformas

Elaboración propia.

3.2. Cronograma

El objetivo de este cronograma es reforzar la coordinación entre el equipo docente, evitando el solapamientos de tareas y favoreciendo un aprendizaje más progresivo y eficaz. En las siguientes tablas se presenta nuestra propuesta.

TABLA II. Cronograma desarrollo docente. Asignaturas del ámbito de especialización periodística

ESTUDIOS DE GRADO PERIODISMO (5 asignaturas)

3er Curso – Segundo semestre	
	PE0931- Periodismo Especializado

4º Curso – Primer semestre		
	PE0941- Periodismo Económico	PE0939- Periodismo Cultural

4º Curso – Segundo semestre		
	PE0950 - Periodismo Político y Parlamentario	PE0948- Periodismo Deportivo

ESTUDIOS DE POSTGRADO (2 asignaturas)

Máster Oficial en Nuevas Tendencias y Procesos de Innovación en Comunicación
Especialidad "Periodismo Digital y Multimedia"

Primer semestre	Periodismo de Autor (asignatura específica)
	Análisis e Investigación de la Información Periodística
	Innovación en Periodismo
	Redacción Periodística Digital
Segundo semestre	Técnicas avanzadas del reportaje periodístico (asignatura específica)
	Proyectos periodísticos innovadores
Trabajo final Máster	Producción y realización de un reportaje periodístico especializado

Elaboración propia.

4. Conclusiones

Partiendo de la premisa básica de plantear una propuesta efectiva de coordinación docente para las asignaturas tanto de grado como de máster vinculadas al ámbito de la especialización periodística en los estudios ofertados en la UJI, se exponen las siguientes conclusiones generales:

• Definición de un ámbito docente vinculado a la especialización periodística. En un momento en que la especialización gana terreno en la oferta periodística global y consecuentemente en los planes de los estudios de Grado, consideramos oportuno organizar un ámbito común que, eficazmente coordinado, alcance las competencias profesionales estipuladas en su adaptación al Espacio Europeo de Educación Superior (EEES).

• Propuesta de herramientas pedagógicas para una coordinación docente efectiva. La planificación de un programa de prácticas conjunto y coherente junto a la organización de un cronograma general y progresivo desarrollado para las asignaturas que componen el ámbito de especialización periodística pretende optimizar el

tiempo, generar sinergias y, de forma general, contribuir a mejorar la calidad académica en el marco del EEES.
• La evaluación de las competencias profesionales como estrategia formativa. El objetivo de organizar una evaluación por competencias integral y progresiva ha supuesto la proyección y desarrollo de una serie de pruebas concretas basadas en ejercicios prácticos. De este modo se defiende una valoración continua, personalizada, formativa y sistémica de las asignaturas relativas a la especialización periodística dentro del espacio del EEES. En este sentido, consideramos que este tipo de evaluación aporta una valiosa información que permite reflexionar sobre los métodos de enseñanza-aprendizaje y reformular con agilidad el proceso didáctico y metódico.
• El Trabajo fin de Máster (TFM) como cierre efectivo de la formación práctica en el ámbito de la especialización periodística. Una vez completado el período de formación básico en el Grado y específico en el Máster consideramos que el planteamiento de un trabajo final de carácter práctico (Producción y realización de un reportaje periodístico especializado adaptado al contexto digital) y la defensa pública de sus principales resultados permite materializar los resultados de aprendizaje programados y evaluar de forma adecuada la adquisición de las competencias profesionales de la especialidad.

5. Referencias

Álvarez Pousa, L. (2004). La especialización en el tiempo de la globalización. En J. Fernández del Moral (Coord.), *Periodismo especializado* (pp. 63-84). Barcelona: Ariel.

Aneas, A. (2005). Competencias profesionales. Análisis conceptual y aplicación profesional. *Seminario Permanente de orientación Profesional del Departamento de métodos de investigación y diagnóstico en educación de la Universidad de Barcelona*. Disponible en http://www.ub.esgropDocs_SEPEROPA_Aneas.PDF. [Consultado el 29 de Agosto de 2011].

Barnnett, R. (2001). *Los límites de la competencia. El conocimiento, la educación superior y la sociedad*. Barcelona: Gedisa.

Berganza, M. (2005). *Periodismo especializado*. Madrid: Ediciones Internacionales Universitarias.

Borrat, H. (1993). Hacia una teoría de la especialización periodística. *Anàlisi*, (15).

Camacho, I. (Coord.) (2010). *La especialización en el periodismo. Formarse para informar.* Sevilla: Comunicación Social.

Fernández del Moral, J. (Coord.) (2004). *Periodismo especializado.* Barcelona: Ariel.

García Avilés, J. A. y Martínez, O. (2009). Competencias en la formación universitaria de periodistas a través de nuevas tecnologías. *Revista de la Facultad de Ciencias Sociales y Jurídicas de Elche, I*(4), enero, 239-250.

Gargurevich, J. (2001). Qué periodismo y cómo enseñarlo: una reflexión urgente. *Sala de Prensa,* Año III, *2*(30).

Ibáñez-Martín, J. A. (1990). Dimensiones de la competencia profesional del profesor de Universidad. *Revista española de pedagogía,* (186), mayo-agosto.

Lévy-Levoyer, C. (1997). *Gestión de las competencias. Cómo analizarlas, cómo evaluarlas, cómo desarrollarlas.* Barcelona: Gestión 2000.

Martínez Castro, M. E. (2006). Las competencias en el profesional de la comunicación. *UNIrevista, 1*(3), julho.

Meneses, M. (2007). En torno al periodismo especializado. Consensos y disensos conceptuales. *Anàlisi* (35), 137-152.

Mertens, L. (1996). *Competencia laboral: sistemas, surgimiento y modelos.* Montevideo: Cinterfor / OIT.

Meyer, Ph. (2009). El periódico elite del futuro. En A. Espada y E. Hernández Busto (Eds.). *El fin de los periódicos.* Barcelona: Duomo.

Moreno, P. (1998). Principios didáctico-pedagógicos de la redacción periodística. *Revista Latina de Comunicación Social* (12). Disponible en http://www.ull.es/publicaciones/latina/a/02bpastora.htm [Consultado el 03-03-2012].

Murciano, M. (2005). La enseñanza del periodismo, nuevos desafíos internos y externos. *Cuadernos de Periodistas* (5), diciembre, 89-100.

Quesada, M. (2012). *Curso de periodismo especializado.* Madrid: Síntesis.

Ramírez de la Piscina, T. (1999). Realidad y utopía de la especialización en el periodismo. *ZER* (6), 261-279.

Sierra, J. (2010). Competencias profesionales y empleo en el futuro periodista: el caso de los estudiantes de periodismo de la Universidad San Pablo CEU. *Icono 14* (2), 156-175.

Tobón, S. (2004). *Formación basada en competencias. Pensamiento complejo, diseño curricular y didáctica.* Bogotá: Ecoe Ediciones.

Tobón, S., Pimienta, J. y García Fraile, J. A. (2010). *Secuencias didácticas: aprendizaje y evaluación de competencias.* México DF: Pearson.

Periodismo Turístico y formación especializada de tercer ciclo

ÁNGELES RUBIO GIL
UNIVERSIDAD REY JUAN CARLOS
Angeles.rubio@urjc.es

1. Periodismo Turístico

El Periodismo Especializado en España ha ido ganando terreno, tanto desde la oferta, como desde la demanda informativa en sus distintos soportes (papel, electrónico, audiovisual). Y todo ello, a pesar de la falta de consenso sobre qué se entiende por especializado, cuáles son sus principales características, y sus diferencias con otros tipos de Periodismo (Meneses, 2007, 136).

En lo que sí parece que existe acuerdo, es en el hecho de considerar el Periodismo Especializado como un paradigma alternativo y una nueva disciplina académica (Belenguer, 2002), que sería la encargada de desarrollar un *corpus* teórico para facilitar al profesional los conocimientos aplicables a sus respectivas áreas informativas (Fernández del Moral, Esteve, Borrat, Moreno, Herero y Pérez Curiel, 2004).

Asimismo, en los últimos años se han producido un elevado número de investigaciones en el terreno de la especialización periodística, que han profundizado en el estudio de las metodologías de análisis aplicado a distintas áreas de la información especializada, (Esteve, 2005, 289). En ellas se emplea, sobre todo, la técnica del análisis de contenido.

Por otra parte, han proliferado en las diferentes Facultades de Ciencias de la Información asignaturas denominadas en principio Periodismo Especializado y, más adelante, Información Periodística Especializada, tanto en los nuevos planes de estudio de Grado, como de tercer ciclo. En cuanto a la formación Postgrado, cabe destacar el

Máster de Periodismo Económico de la Universidad Complutense, primero en su categoría, en el que además, el Periodismo Turístico era ya un módulo importante, impartido por el reconocido académico de la Economía del Turismo en España Manuel Figuerola Palomo.

En este proceso de evolución, y asimismo mayor especialización de la profesión periodística en general, de forma paralela a la elevación del nivel educativo de la población, y por tanto la demanda, y de la investigación y los estudios universitarios turísticos en particular, el Periodismo Turístico encuentra mayores dificultades aún de definición; siendo necesaria una formación interdisciplinaria para poder aprehender la complejidad de los movimientos y la industria de viajeros, y su trascendencia en la actualidad.

Por una parte, el turístico no debe ser separado del Periodismo de Viajes que, como tal, goza de una tradición literaria e informativa de gran calado y áreas limítrofes diversas, cuando no imprecisas, como la que le relaciona con el Periodismo Ambiental (Fernández Reyes, 2003), y que es un tipo de turismo especializado en la relación entre el hombre, el entorno y otros seres vivos; o el Periodismo de Guerra, desarrollado por corresponsales que cubren con sus viajes conflictos bélicos, herederos de las primeras crónicas en la antigüedad como las de Jenofonte (*Anábasis*), o Julio César (*Guerra de las Galias*).

En el Periodismo Especializado Turístico propiamente dicho, pueden observarse dos grandes áreas, atendiendo a su objeto y finalidad. En primer lugar, el citado Periodismo de Viajes, cuyo cometido es dar a conocer destinos e infraestructuras turísticas. Parte de las primeras guías turísticas en su versión moderna, la primera elaborada por el alemán Karl Baedeker en 1835, y por supuesto, la literatura de viajes. Es decir, libros de viajes con valor literario, y que incluyen diversas crónicas de aventuras y descubrimientos, desde la antigüedad, pero de los que suele citarse como primer referente *El Libro de las Maravillas*, o *Los Viajes de Marco Polo*. Esta modalidad periodística ha dado lugar a secciones fijas específicas en diarios y suplementos, programas de radio y televisión, a infinidad de links (cada destino tiene su sitio en la web), así como las revistas especializadas dirigidas al gran público, entre las que cabe destacar:

- *Altaïr, para ir más lejos* (1991), editada por la S.L. del mismo nombre, una revista monográfica con grandes reportajes trabajados en profundidad y con un amplio apartado de secciones instrumentales.

- *Caminar, Viajes, Senderismo y Naturaleza* (2004-2011), editada por Prames, trataba temas relacionados con la comunidad autónoma de Aragón. Se centraba en recorridos rurales y naturales que se podían realizar a pie.
- *Desnivel, Revista de montaña* (1981), editada por la S.L. del mismo nombre, destaca por publicaciones serias y fiables de información alpinística, y cuenta con la colaboración de los más prestigiosos escaladores y expertos del panorama internacional para sus informaciones.
- *De Viajes, Para viajar por España y el extranjero* (1999) de Hearst Magazines España; versa sobre los lugares más recónditos del planeta y puntos de vista muy originales, partiendo de lo nacional hacia la periferia.
- *España Desconocida, Viajes y Gastronomía* (1995), de Revistas Profesionales, S.L. "Guía para planificar tus vacaciones y fines de semana".
- *Geo, una nueva visión del mundo* (1987), de G+J España Ediciones S.L. con una línea volcada a la divulgación de la ciencia. Publica grandes reportajes en profundidad.
- *Grandes Espacios, Turismo Activo* (1995), de Ediciones Desnivel, S.L. Aborda grandes extensiones naturales, como por ejemplo, sierras, comarcas, rutas, etc. Por ello, esta revista es adecuada para reportajes de rutas y recorridos amplios.
- *La magia de Viajar* (por Aragón), de Prame, S.A. sobre naturaleza y etnografía aragonesa. Es heredera de la anterior: *La Magia de Aragón* que se editó en el año 2002 y que, a su vez, surgió como transformación de otra cabecera: *La Magia de Huesca Pirineo Aragonés,* editada por vez primera en el año 2001. Con gran calidad de fotos y rica diversificación temática de viajes y naturaleza aragonesa.
- *Lonely Planet, revista de viajeros* (2007), de Sapiens, es una de las más famosas editoras mundiales de guías de viajes, en convenio con la Editorial Planeta a la que se concedió licencia para publicar en castellano esta revista de fama internacional, de carácter monográfico.
- *National Geographic, España* (1997), de RBA Ediciones, es una de las revistas de mayor tirada del mundo, que nació como boletín oficial de la NGS.
- *Orizón, descubre tu lugar en el mundo* (2012): de Spainmedia Magazines, se define como una revista de viajes distinta que pretende

la exploración y deleite de sus lectores, desde un estilo de vida y enfoque nómada e intrépido.

• *Oxígeno, Deporte y Naturaleza* (2008) de Motorprese Ibérica, es una revista práctica sobre deportes y actividades al aire libre y de viajes. Trata las mejores posibilidades para disfrutar del senderismo, la bici de montaña, el *trail running*, el descenso de cañones y todos los deportes *outdoor* en general. Entre otras secciones cuenta con las de viajes, rutas, supervivencia, aventura, expediciones, pruebas deportivas, etc.

• *Rutas del Mundo* (1989), de MC Ediciones y, desde que entró en concurso de acreedores en soporte digital, cuenta con reportajes especiales que evocan el misterio de los viajes de otros tiempos, con secciones sobre turismo activo, gastronomía, naturaleza, escapadas y guías prácticas.

• *Siete Leguas, viajes del siglo XXI* (1998), de Unidad Editorial, compagina el viaje con la literatura, con relatos de escritores y/o viajeros, sus rutas y experiencias.

• *Traveler* (1999) de Condé Nast, S.A. es una revista escrita a modo de monográficos del lugar que se trata y con secciones instrumentales, pero en su última etapa su carácter monográfico se mantiene sólo en números especiales.

• *Turismo rural, otras formas de viajar y disfrutar* (1997), de América Ibérica, es una revista dirigida a los amantes de esta modalidad de viaje y alojamiento por España en la que, además de diversos destinos, analiza rutas con detalle.

• *Viajar, la primera revista española de viajes* (1978), del Grupo Z, no sólo es la más antigua, sino una de las más vendidas, con secciones informativas, reportajes y artículos de opinión.

• *Viajeros, por tierra, mar y aire* (1991), de la misma editora, comenzó dirigida al turismo empresarial, pero en la actualidad se centra en el Periodismo de Viajes, con reportajes, secciones instrumentales, monográficos, etc.

• *Viajes, National Geographic* (1999) de RBA Publicaciones, que suele contar con cinco reportajes de destinos próximos, y varios de destinos próximos.

Por último, si la crisis económica ha ido dando al traste con algunas de estas cabeceras, las revistas de turismo y viajes digitales siguen en aumento de forma paralela o sustitutiva de las revistas en soporte papel; entre ellas pueden citarse algunas como: *Más Viajes* (www.

lugaresymas.com); *Otros Destinos* (www.revistaotrosdestinos.com), *Fronteras de Papel* (www.fronterasde papel.com), *Viajes Magazine* (www.magazine.com), *Andalucía de Viaje* (www.andaluciadeviaje.es), *Expreso* (www.expreso.info), *Gloriosa Gaceta del Mester* (http://issuu.com/gloriosagacetadelmester/docs/28._gaceta_de_noviembre-12), *Revista ibérica.com* (www.revistaiberica.com) y *Andalucía Turismo Digital* (www.andalucíaturismodigital.com).

En segundo lugar, se encuentran las publicaciones periódicas de información económica especializada en gestión del sector turístico y movimiento de viajeros, con periódicos y revistas profesionales como *Viajes y Turismo, Editur, Spic, Hosteltour, Solo Hostelería*, o los del grupo Nexo, con *Nexotur* a la cabeza, *NexoHotel, Conexo.net* (reuniones e incentivos), *Nexobus.com* (transporte de viajeros), *Nexotrans.com* (transporte de mercancías) y Nexolog.com (logística de transporte), y que se distribuyen exclusivamente en empresas y profesionales; la mayor parte de ellas disponibles en soporte digital, como *Enpunto* (revista interna de Renfe) o *Revista Savia*.

Desde ambas subáreas (la de gestión turística y la divulgativa para viajeros), se busca un nuevo estilo "para posicionar los productos turísticos de una región a través de los medios masivos de comunicación, realizando así una importante aportación desde la difusión y promoción de eventos y acontecimientos científicos, artísticos y culturales, que generan el nacimiento y desplazamiento de corrientes turísticas hacia esos atractivos" (Ruibal, 2009), y de este modo, contribuir al desarrollo del sector, con sus efectos multiplicadores para el conjunto de la economía; en ocasiones, pudiendo afectar al rigor y objetividad de los contenidos, por ejemplo cuando son revistas de empresa, que surgen del propio sector turístico, o en cualquier caso, por influencia de espónsores y publicitados, en otras por el interés compartido con los destinos y el público, por ejemplo cuando la información local se confunde con la turística en las cabeceras regionales. Pero en cualquier caso exigiendo una labor creativa y más o menos crítica de todos los profesionales, que habrán de proyectar propuestas de suficiente consistencia, en cuanto al interés como atractivo turístico, o desde el punto de vista científico-cultural, de la gestión o de la economía.

Un tipo de Periodismo tan complejo y arraigado no podía dejar de contar con asociaciones profesionales; y si en 2009 se consolida la Asociación Internacional de Periodistas y Escritores Latinos de

Turismo (VISIÓN), en sus países miembros, como es el caso de España, estas vienen de mucho más atrás, con ejemplos como Apetex (Asociación de Periodistas y Escritores de Turismo de Extremadura), con veinte años de trayectoria, y su matriz, la Federación Española de Periodistas y Escritores de Turismo (FEPET), una entidad perteneciente a su vez a la Federación Internacional de Periodistas y Escritores de Turismo, a través de la que se vincula la UNESCO como miembro asociado. La FEPET, por su parte, reúne a un millar de periodistas y escritores de turismo que residen o trabajan en España, agrupados en las asociaciones territoriales como la citada de Apetex; y otras once en la actualidad (Aragón, Asturias, Baleares, Cantabria, Castilla-La Mancha, Castilla y León, Cataluña, Galicia, Madrid, País Vasco y la Valenciana-Alicantina). Todas ellas representan, a su vez, las diferentes áreas de actividad periodista: prensa diaria, suplementos, revistas del sector y, para el gran público, Periodismo Electrónico, emisoras de radio y televisión, productoras de vídeo, conferencias, "free lances", autores de libros guías de turismo, así como profesores con una labor divulgativa del turismo.

2. Fuentes del Periodismo Turístico

El Periodismo Especializado, siguiendo con Meneses (2007, 138), se ha ocupado de proponer modelos comunicativos que hagan de cada especialidad profesional materia periodística, con dos características, una codificación en mensajes universales de carácter universal (divulgativo), y ser vía de comunicación interdisciplinar. Si bien cada especialidad goza de contenidos y fuentes informativas propias.

En lo que respecta al Periodismo Turístico, la principal característica de sus fuentes y contenidos es abarcar temas muy variados, y de interés para profesionales del sector y viajeros. Sin embargo, la documentación para la información turística es multidisciplinar en exceso, quizás más que cualquier otra información especializada, nutriéndose del conjunto de áreas de conocimiento: las humanidades (historia, arte, literatura...), las ciencias sociales (etnología, economía, urbanismo, sociología, *marketing*, teoría turística, etc.), y las ciencias naturales: geografía, medio ambiente, biología, botánica, etc. (Berenger, 2000). Como apostillan Inma Chacón y Antonio García (2001, 55), la documentación para la información turística se encuentra, además, relacionada con otras facetas del Periodismo Especializado, como el deporte, urbanismo, economía, cultura, lo que propicia que dicha información aparezca en secciones muy variadas en los periódicos (Local, Economía, Sociedad, Suplementos, etc.), tomando prestado el discurso de dichos campos periodísticos.

En general, el periodista turístico "deberá consultar fuentes específicas de aquellas materias relacionadas con la suya (enciclopedias y diccionarios especializados, anuarios, informes, etc.) y, en particular, consultará aquellas fuentes propias de su actividad o del tema concreto en que se encuentre trabajando (guías turísticas, diccionarios geográficos, libros de viajes, mapas, etc.)" (Chacón y García, 2001, 55). En ocasiones, su trabajo puede aproximarse al de los guías e informadores turísticos profesionales, en otras, al experto en teoría y praxis del turismo, así como de las distintas áreas de conocimiento. De ahí que podamos hablar de fuentes específicas del Periodismo Turístico, y del gran interés que poseen, la localización y empleo de fuentes de otros tipos de Periodismo Especializado, tanto primarias (expertos, empresariado, agentes sociales, autoridades…), como secundarias (bibliografía, estadísticas, normativas, etc.) y terciarias de los distintos ámbitos (bases de datos documentales, catálogos de biblioteca, buscadores, etc.).

Fuentes generales de información secundaria en Turismo

Administración	Información principal
CSIC	Bases de datos de publicaciones, investigaciones, etc.
UNIVERSIDADES Y BIBLIOTECAS	Bases de datos propias y colectivas: Scopus, Dialnet, etc. Catálogos y bibliografías (libros, revistas, etc.) Tesis doctorales, investigaciones, enciclopedias.

INSTITUTO NACIONAL ESTADÍSTICA	Movimiento de viajeros en establecimientos hoteleros. Movimiento de viajeros en acampamientos. Encuesta de ocupación en apartamentos. Transporte de viajeros interior regular. Índices de precios hoteleros. Índices de ingresos hoteleros. Estadísticas estructurales: encuesta estructural de establecimientos hoteleros. Encuesta de estructura de empresas de restauración. Encuesta sobre la estructura de las empresas hoteleras. Encuesta piloto de agencias de viajes. Encuesta de la estructura de agencias de viajes Encuesta continua de presupuestos familiares (ECPF) grupo 7 y 11. DIRCE (registro empresas) Encuesta de población activa (EPA) Índice de precios al consumo (IPC), etc.
INSTITUTO DE ESTUDIOS TURÍSTICOS	Programa SINTUR (Sistema de indicadores estadísticos para el análisis de la Economía del Turismo): Estadísticas coyunturales Estadística movimientos turísticos en fronteras (Frontur) E. de movimientos turísticos de los españoles (Familitur) Encuesta de gasto turístico (Egatur) Boletín trimestral coyuntura turística (Coyuntur) Anuario de la actividad turística en España (Balantur) España en Europa (Tratamiento datos Eurostat) Previsiones de vuelos Información estadística para estudio mercados Emisores Estadísticas estructurales: Territorialización de la oferta de alojamientos Guía Oficial de Hoteles, etc. Las Tablas *input-output* de la economía turística La tabla intersectorial de la economía turística TIOT-92 Centro de documentación bibliográfica muy completo

SOCIEDAD ESTATAL DE GESTIÓN DE LA INNOVACIÓN Y LAS TECNOLOGÍAS TURÍSTICAS, S.A (SEGITTUR), dependiente del Ministerio de Industria, Energía y Turismo, y adscrita a la Secretaría de Estado de Turismo	Ayud@tur. Portal para la difusión de las ayudas para el sector: empresas, administraciones, universidades, etc. AtlasTur. Atlas dinámico en formato web que, mediante una aplicación de consulta interactiva, facilita el acceso a un exhaustivo catálogo de mapas temáticos de datos estadísticos y de indicadores turísticos. Thinktur. Foro público-privado cuya misión es coordinar, estandarizar y promover las actividades que lleven a cabo las Agrupaciones Empresariales Innovadoras (AEI) turísticas, para asegurar el éxito en la generación de la innovación y crear nuevo conocimiento turístico.
BANCO DE ESPAÑA	Balanza de Pagos como instrumento de información turística
INSTITUTO COMERCIO EXTERIOR	Estadísticas y bases de datos Estudios de otros países
OTROS ORGANISMOS PÚBLICOS	AENA (Aeropuertos Nacionales y Navegación Aérea) FEVE (Ferrocarriles de Vía Estrecha) Puertos del Estado y Autoridades Portuarias RENFE (Red Nacional de los Ferrocarriles Españoles) SASEMAR (Sociedad Salvamento y Seguridad Marítima) Instituto Español de Oceanografía Dirección General de Tráfico Información y estadísticas de carreteras (Mº de Fomento)

ESTADÍSTICAS REGIONALES	Estadísticas de la oferta: hoteles, apartamentos, balnearios... Estadísticas de ocupación: índice, plazas, número, etc. Estadísticas de demanda: procedencia, estancia, etc. Indicadores económicos: PIB desagregado, VAB, gasto, renta familiar, empleo, etc. Encuestas y estudios específicos de Patronatos, Direcciones de Turismo, Ayuntamientos, Agencias Desarrollo Turístico.
CÁMARAS DE COMERCIO	Censos de empresas Estudios sectoriales INTELITUR:
ASOCIACIONES SECTORIALES:	ASINTRA (Transporte de Viajeros) AEAVE (Agencias de Viajes) AEDH (Asociación Española de Directores de Hotel) Confederación Española de Hoteles y Alojamientos Turísticos (CEHAT) Asociación Española de Profesionales del Turismo (AEPT) Federación Española de Organizadores Profesionales de Congresos (OPC) Asociación Española de Palacios de Congresos (AEPC) Asociaciones provinciales de empresarios de la Hostelería y el Turismo Asociación Española de Turismo Rural (ASETUR) CEOE del Turismo UGT Federación de Comercio, Hostelería, Turismo y Juego CCOO Federación de Comercio, Hostelería y Turismo
INSTITUTOS DE INVESTIGACIÓN	Anuarios: Anuario de distribución ACNIELSEN, Anuario de Audiencias SOFRES A.M., Anuario TNS perfil de consumidores, Estudio General de Medios de la AIMC, Oficina de Justificación de la Difusión (OJD), etc.

BANCOS Y CAJAS	Anuarios e informes
ASOCIACIONES DE CONSUMIDORES: OCU, UCE, etc.	Reglamentación y normativa legal Informes
OTRAS PUBLICACIONES	*Revista Española de Investigación de Marketing* (ESIC), *Estudios sobre Consumo* (INC), *Distribución y Consumo, Distribución Actualidad, IPMARK*, revistas de sanidad (*JANO*, etc.), Revistas científicas de Turismo (*Estudios Turísticos, Papers de Turisme, Pasos*, etc.)
ORGANISMOS INTERNAC.	TIVE (Turismo Internacional, Viajes e Intercambios) OMT (Organización Mundial del Turismo) Misiones Diplomáticas (embajadas, consulados y sus correspondientes agregadurías turísticas), Directorio de Internet Tourism Offices http://www.towd.com/ GEl (Organización de Estados Iberoamericanos para la Educación, la Ciencia y la Cultura, http://www.oei.es) AFS intercultura España (http://www.afs.org).
SICTUR	Sistema de Información Científica del Turismo (Unión Europea, Cámaras de Comercio e Industria, Interlitur, Segitur) www.sictur.es
INTERNET	Google (mapas, libros, imágenes, etc.), Yahoo, Wikipedia, dominios oficiales de los destinos... (www.spain.info ; whc.unesco.org ; www.euroresidentes.com; www.urbanrail.net; www.cyberspain.com; www.wunderground.com)

Elaboración propia

Dentro del Plan del "Turismo Español Horizonte 2020", la Subdirección General de Turismo y la CRUE (Conferencia de Rectores de Universidades Españolas, firmaron en julio de 2009 el primer convenio por el que se puso en marcha SICTUR con 14 Universidades españolas, que formaban parte de la Red Universitaria de Postgrados en Turismo (Red-

Intur). Un Convenio de Colaboración con diecinueve Universidades, finalmente, para incorporar y desarrollar un Sistema de Información de Investigación Científica en Turismo (SICTUR), a través del Centro de Conocimiento, Inteligencia e Innovación Turística (INTELITUR). En dicho convenio, las Cámaras Oficiales de Comercio, Industria y Navegación de España y SEGITTUR (Sociedad Estatal para la Gestión de la Innovación y las Tecnologías Turísticas, S.A.), dependiente del Ministerio de Industria, Energía y Turismo, y adscrita a la Secretaría de Estado de Turismo, se comprometieron, junto con los citados rectores, a mejorar la competitividad científica y tecnológica en el campo del turismo, y a facilitar la transferencia de conocimiento hacia las empresas del sector. Para ello el convenio determina el mantenimiento y actualización permanente de los contenidos de SICTUR (a disposición de la comunidad científica e investigadora del turismo con el buscador www.sictur.es), y en relación para su actualización, con los centros y grupos de investigación, líneas de trabajo y proyectos que se desarrollan en los diferentes ámbitos del turismo, al igual que las Universidades firmantes.

3. La educación de Postgrado para periodistas turísticos

Una vez delimitadas y descritas las fuentes de información, competencias, áreas y oferta, públicos y puestos de trabajo del profesional en Periodismo Turístico, puede llegarse a un análisis más preciso sobre sus necesidades de formación de Postgrado, así como sobre las posibilidades que puede encontrar para su cualificación en la oferta educativa de los cursos, Máster y doctorados de esta índole.

Si, como ha quedado dicho, las competencias requeridas tienen mucho que ver con las de los expertos y profesionales del turismo (análisis económico y sociológico de la actividad, conocimiento de la geografía, historia, cultura y mundo de los viajes, por ejemplo) no huelga añadir que los nuevos estudios turísticos universitarios serán de gran utilidad.

Además, la normalización del turismo como concepto fundamental en la distribución del gasto de las familias, incluso en tiempos de crisis, y del uso de Internet para la contratación turística directa y la información de los consumidores, ha conseguido que para satisfacer a un público cada vez más viajero, culto e informado, sea cada vez más necesaria la figura del periodista turístico y con una alta cualificación, que trabaja en distintos soportes (libros y guías, prensa, audiovisual, Internet).

Y no sólo eso, la propia "servucción" turística ha evolucionado hacia modelos "postfordistas", menos estandarizados, más diversos y personalizados, hasta lo que hoy en día se ha dado en llamar el turismo experiencial. Un término que parte de las nuevas teorías sobre comercialización e investigación de mercados, y que conceptualmente engloba otras denominaciones propias de la teoría turística (como turismo personalizado, activo, ecológico, deportivo, de aventuras, rural, *slow*, étnico, salud, inteligente, alternativo, medioambiental, etc.). Se caracteriza por cambiar el papel pasivo del turista y "mcdonalizado" de los servicios (Ritzer, 1996; Rubio, 2003), para adaptarse a las nuevas tendencias y necesidades sociales como son una mayor participación, menor exposición al sol, actividad física, aprendizaje, protagonismo... Es decir, dando lugar a un turismo activo y rico en experiencias únicas de aprendizaje a través de una modalidad que puede englobar diversas formas de turismo alternativo y emergente, siempre que, en ellas, el centro del servicio se desplace de la oferta, a la misma vivencia del turista como sujeto.

Un nuevo turismo que consigue potenciar este sector económico gracias a la ampliación de una oferta con mayor capacidad de fidelización, exclusividad (sortea la competencia global del turismo de sol y playa), complementariedad y apoyo a otros sectores (agrario, patrimonial, cultural, deportivo, etc.). Erigiéndose, por tanto, en toda una alternativa a la crisis productiva y del empleo de nuestros días para destinos maduros (de segunda generación), pero que a su vez exigen una especialización más diversa y superior (postgraduados) de sus profesionales.

En resumen, podría decirse que cada vez en mayor medida las competencias del periodista turístico sobrepasan el trabajo divulgativo, precisando verdaderos expertos en las áreas de conocimiento más diversas, como las centradas en el arte y el patrimonio cultural, la fauna, la flora, la salud, la filosofía, la geografía y el medio ambiente, la historia y la sociedad local, etc. Razón por la que una formación de tercer ciclo en cualquiera de estos ámbitos emergentes puede cubrir dichas necesidades de cualificación.

Sin embargo, en la actualidad, los Máster y cursos de Postgrado, tanto de Periodismo Económico como de Turismo, no abarcan toda la complejidad de la ocupación del periodista turístico y de viajes, con alguna excepción, y tanto en la oferta educativa en España como a escala internacional. De modo que resulta adecuado que estudios de Grado y Postgrado se articulen por parte del alumnado y sus orientadores, en el sentido de dar una formación completa.

En lo que concierne a la Red-Intur (19 Universidades de la Red de Postgrados en Turismo), los únicos estudios específicos para periodistas del turismo y los viajes es el programa que realiza la Universidad Autónoma de Barcelona bajo la denominación de Máster en Periodismo de Viajes. El primero en su categoría y dirigido por Manuel Pérez Tornero y Santiago Tejedor, está centrado en la producción de contenidos en el ámbito del Periodismo, el turismo y el patrimonio cultural. Las ocupaciones que pretende cubrir van desde redactores de Periodismo Turístico y de Viajes, editores, hasta productores audiovisuales y/o *webmasters* en revistas, periódicos, productoras, televisiones, radios e iniciativas multimedia, para el emprendimiento y el autoempleo en cualquiera de estas categorías o *free-lance*.

Se trata de un programa que tiene en cuenta la complejidad, versatilidad y riqueza de la profesión, así como la oferta laboral existente, y que ya ha sido reseñada, desarrollando competencias como las que capacitan para la dirección de proyectos y medios vinculados al turismo y el Periodismo de Viajes, elaboración de contenidos, diseño y programación de viajes temáticos y especializados, creación de documentales, productos radiofónicos, proyectos multimedia en red, comunicación interna y externa en materia de viajes, redacción y crítica de guías, folletos y materiales del sector, información turística, antropológica, etnológica, arqueológica y de cualquier atractivo turístico, ruta o viaje. Dominar las pautas para la orientación al aire libre al diseño de viajes, ejercicio, herramientas y alcance de la web 2.0 y del Periodismo de Viajes en las redes sociales. Por último, por el interés como descriptor profesional de dichos estudios presentes y futuros, apuntar asimismo su capacitación para el diseño de una expedición científica con el interés divulgativo y la citada retroalimentación con el Periodismo de esta índole.

Conviene recordar que, siguiendo a Calvo Hernando (2005, 10), el concepto de Divulgación Científica es más amplio que el de Periodismo Científico, ya que el primero hace referencia al trabajo del periodista de divulgar a través de los medios de comunicación de masas y en lenguaje accesible, información científica y tecnológica; mientras la divulgación (no la difusión científica que es función de investigadores) comprende todo tipo de actividades de ampliación y actualización del conocimiento, con una sola condición: que se encuentren fuera de la enseñanza académica y reglada, y que nazcan, en el momento en que la comunicación de un hecho científico deje de estar circunscrito a minorías o a los propios miembros de la comunidad investigadora.

Por último, y como no podría ser de otro modo, en educación a distancia *online*, cabe citar la carrera de Periodismo Turístico en la UMSA de Argentina, o el Curso de Postgrado de Periodismo Turístico y Ecológico de Unidad Editorial con la Universidad Carlos III en Madrid. Y en lo concerniente a la formación turística de postgrado la oferta en España es muy amplia, corrigiéndose en la actualidad, el desequilibrio del que se hablaba a finales del siglo XX, entre un país que ostentaba la posición de liderazgo en el turismo internacional y la existencia de carencias y disfunciones significativas en materia de formación e investigación turística; sobre todo a partir de la inserción de dichos estudios de licenciatura en 1996, cuando la especialización necesaria en dicha carrera ha recaído en los Cursos de Postgrado, Títulos Propios y Doctorados de las Universidades (Rubio, 2000, Vera, 2001).

Siguiendo la información de las Universidades pertenecientes a la Red-Intur, las Universidades que ofertan el Doctorado en Turismo, de carácter especializado al tiempo que multidisciplinar en la línea descrita para la profesión del Periodismo Especializado, se encuentran: la Universidad de Sevilla, la Rovira y Virgili y de La Laguna; en Turismo y Medioambiente, la Universidad de Baleares, y en Perspectivas Científicas sobre el Turismo y Dirección de Empresas Turísticas, la Universidad de Las Palmas de Gran Canaria. Los restantes son de Economía Turística (Politécnica de Cartagena y de Valencia), o sobre Dirección y Planificación Turística (Alicante, A Coruña, Santiago, Vigo, Málaga). Por último, se encuentran 15 programas de Máster en Turismo, entre los que cabe destacar por su versatilidad para periodistas el de Técnicas de Análisis e Innovación de la Investigación Turística (Deusto), el de Dirección de Turismo Internacional (URJC de Madrid) y el más impartido en las Universidades Españolas, el de Dirección y Planificación del Turismo (Universidad de Alicante, Universidad de Málaga, Universidad de Valencia, Universidad de A Coruña, Universidad de Oviedo, Universidad de Vigo, Universidad de Girona, Universidad de Santiago de Compostela, Universidad de Zaragoza, Universidad de La Laguna, Universidad de Sevilla, Universidad de las Palmas de Gran Canaria).

4. Conclusiones

Tanto desde el punto de vista de la cualificación y competencias que exige el Periodismo Especializado actual, la complejidad que ha alcanzado el mundo del turismo y los viajes, como por la necesidad para trabajar con unas fuentes de información complejas, el periodista turístico requiere de una educación de tercer ciclo muy específica.

Esta, que es abundante en lo que respecta a los estudios centrados en el sector (dirección de empresas turísticas) y ha superado las limitaciones acusadas por los expertos durante la segunda mitad del siglo pasado, no lo es en lo que concierne a la figura concreta del periodista turístico; algo que contrasta con el gran número de cabeceras dedicadas al sector turístico y al mundo de los viajes en España. Lo que exige de un diseño temprano, desde los estudios de Grado de la carrera profesional del periodista turístico para complementar estos con los de Postgrado y cubrir, de este modo, los conocimientos necesarios en las diversas técnicas y materias requeridas de Ciencias y Humanidades.

5. Referencias

Belenguer Jane, M. (2000). Viajes, Aventura y Cotidianidad en el Periodismo Científico. *Ecociencia* (2), 201-208.

—(2002). Periodismo de Viajes: Análisis de una Especialización Periodística. *Comunicación Social*, Sevilla: Ediciones y Publicaciones.

Calvo Hernando, M. (2005). *Periodismo científico y divulgación científica.* Madrid: ACTA.

Chacón Gutiérrez, I. y García Jiménez, A. (2001). Documentación para el periodismo especializado. *Revista general de información y Documentación*, *11*(2), 33-60. Universidad Complutense. Madrid: Escuela Universitaria de Biblioteconomía y Documentación.

Esteve Ramírez, F. (2005). Técnicas de investigación en periodismo especializado. En Xosé Pereira Fariña, Xosé López García, Xosé Villanueva Rey (Coords.), *Investigar sobre periodismo: Reunión Científica de la Sociedad Española de Periodística (SEP)* (pp. 289-306). Santiago de Compostela: 27-28 de mayo de 2005.

Fernández del Moral, J. (2004. El periodismo especializado: un modelo sistémico para la difusión del conocimiento. En J. Fernández del Moral (Coord.). *Periodismo especializado* (pp.17-32). Barcelona: Ariel.

Fernández Reyes, R. (2003). En torno al debate sobre la definición de periodismo ambiental. *Ámbitos: Revista internacional de comunicación* (9-10).

Hernández Mogollón, J. M., Campón, A. y León Rodríguez, L. (2008). Los estudios de postgrado en turismo en el marco del espacio europeo de educación superior, perfiles profesionales en el título máster en España. En Alfonso Vargas Sánchez (Coord.), *X Seminario Hispano-Luso de Economía Empresarial* (p. 26).

Meneses Fernández, M. D. (2007). En torno al Periodismo especializado. Consensos y disensos conceptuales. *Anàlisi: Quaderns de comunicació i cultura*. Barcelona: Universidad de Barcelona.

Quesada Pérez, M. (1993). *La especialización en la prensa diaria*. Barcelona: Resumen del trabajo original de investigación para optar a la Cátedra de Periodismo Especializado.

Ramírez Capello, E. (1985). Periodismo turístico. *Cuadernos de información* (2).

Rizter, G. (1996). *La mcdonalización de la sociedad*. Barcelona: Ariel

Rodríguez Ruibal, A. (2009). *Periodismo turístico. Análisis del Turismo a través de las portadas*. Barcelona: Editorial UOC.

Rubio Gil, A. (1999). *Formación Ocupación y Empleo en los Servicios Turísticos en España* (Tesis Doctoral, Universidad Complutense de Madrid).

—(2000). *Los Recursos Humanos en el Sector Turístico Español*, Barcelona: Ariel.

—(2003) (Coord.). *Sociología del Turismo*. Barcelona: Ariel.

Uriel, E., Monfort, V. y Ferri, J. (2001). Delimitación del sector turístico e instrumentos para el análisis. En *El Sector Turístico en España*. Valencia: CAM, Instituto Valenciano de Investigaciones Económicas.

Vera Rebollo, F., Ivars Baidal, J. A. (2001). La formación y la investigación turística en España: una visión de síntesis. *Papers de turisme* (29), 6-27.

La puesta en marcha del Máster Oficial de Periodismo Cultural y Nuevas Tendencias en la Universidad Rey Juan Carlos

GLORIA GÓMEZ-ESCALONILLA
UNIVERSIDAD REY JUAN CARLOS
gloria.gomezescalonilla@urjc.ucm.es

1. Introducción

En el curso académico 2012-2013 la Universidad Rey Juan Carlos, de Madrid, amplió su oferta formativa para estudios de Postgrado con un nuevo Máster en el ámbito de la comunicación: el de Periodismo Cultural y Nuevas Tendencias, curso que se enmarca en una oferta formativa en el campo del Periodismo Especializado en Cultura con un enfoque que privilegia el impacto en este campo de las nuevas tecnologías.

Este Máster muestra la tendencia actual de impartir la docencia del Periodismo Especializado en Másteres y otros cursos de Postgrado, manteniendo viva la disciplina tras la reconversión de los planes de estudio que impuso la adaptación de la docencia universitaria al espacio europeo adaptándose a lo que se ha venido denominando Plan Bolonia. Sin embargo, la apuesta por el Periodismo Especializado como abanico en el que concretar la oferta de Postgrado en el campo del Periodismo no ha dado los frutos que se esperaba. De hecho, la puesta en marcha de este Máster Oficial en Periodismo Cultural y Nuevas Tendencias no ha sido fácil, dada la situación de transición entre el anterior modelo de licenciatura y el actual de Grado, la indefinición o desconocimiento de la posición de los Másteres en este nuevo modelo formativo; a lo que se suma la grave situación económica que vive el país y que ha afectado de manera notable a la oferta pública de Postgrado, al menos en la Comunidad de Madrid. A pesar de estas dificultades, la apuesta está en marcha y está dando sus primeros pasos con éxito, con el convencimiento de que las razones que justifican su inclusión en la oferta pública de Postgrado no han desaparecido, es más, dado el escenario profesional en el que la crisis ha situado el Periodismo y la Cultura, el camino de la especialización es cuanto menos inevitable.

2. La importancia de la especialización en cultura

Las razones que llevan a plantearse una titulación como el Máster de Periodismo Cultural y Nuevas Tendencias responden a un interés, consciente y justificado, de apostar por la especialización dentro del campo del Periodismo. Efectivamente, y como se ha citado en numerosos foros (Fernández del Moral, 1996; Rueda, 2002), el ejercicio del Periodismo requiere de un conocimiento experto y especializado en las áreas en las que se desarrolla, dada la complejidad de la realidad noticiable y de rutinas propias de cada ámbito de especialización, desde fuentes de información distintas de cada campo de especialización a géneros periodísticos propios o adaptados a los diferentes ámbitos temáticos de la actualidad, y ello sin contar con la existencia del propio Periodismo Especializado, es decir, de medios específicos y centrados en unas temáticas concretas. Es más, con la segmentación de mercados, el Periodismo se especializa mucho más, y busca nichos cada vez más concretos que hacen demasiado genéricas las grandes áreas de especialización, pudiendo hablar de especialidades dentro de campos temáticos específicos, de Periodismo super-especializado. Efectivamente el sector periodístico ha incrementado el grado de especialización exigible a los profesionales de la información, sobre todo a nivel de contenidos.

Y dentro del Periodismo Especializado está el Periodismo Cultural. La cultura es un ámbito de actualidad de notable importancia económica y relevancia social. Efectivamente la cultura es un sector económico en las actuales sociedades occidentales. En España, por ejemplo, el sector crea 600 empleos directos y supone un impacto del 4% en el PIB (Ruiz Mantilla, 2012). Pero como titula Constenla (2012), "la cultura no es una simple mercancía", haciendo referencia al artículo 4.4 de la convención europea sobre la protección y la promoción de la diversidad de las expresiones culturales, a la que España se adhirió en 2006, en la que se afirma que las actividades, bienes y servicios culturales encarnan o transmiten expresiones culturales, independientemente del valor comercial que puedan tener. La cultura, de hecho, puede considerarse como lo característico de una sociedad, como ya dijera Tylor hace cerca de dos siglos: "cultura, en su amplio sentido etnográfico, consiste en todo aquello que incluye conocimiento, creencias, arte, moral, leyes, costumbres y todo el resto de capacidades y hábitos adquiridos por un hombre en tanto que miembro de una sociedad" (1871). Sea en su acepción amplia, o en su concepción tradicional como la actividad humana ligada a las artes, la música y las letras; sea la llamada "alta cultura", la cultura popular o la más actual "cultura del espectáculo" (Vargas Llosa, 2012), lo cierto es que hay una realidad cultural que forma parte de la actualidad informativa; y esa vida cultural que caracteriza las sociedades actuales necesita para latir la visibilidad y difusión que le dan los medios.

Pero no es sólo una función informativa. En el ámbito cultural, la prensa especializada cumple también otros cometidos más loables, ya que al tiempo que informa de las actividades y citas culturales, de las novedades del ámbito artístico y cultural, también ayuda a incrementar el nivel cultural y de conocimiento de la población sobre este ámbito al tiempo que educa el gusto cultural ayudando a descubrir el disfrute al acudir a una cita cultural. Y es que una buena crítica enseña a ver, a discernir, a valorar aspectos no conocidos. En definitiva, refina el gusto y redefine el placer.

Pero todavía hay un aspecto en el que el Periodismo y la Cultura confluyen de manera natural, y es que en las sociedades modernas los medios también son cultura. Son la expresión de su tiempo, creaciones creativas, palabras o imágenes que conforman la expresividad de una época, una cultura de masas, una cultura mediática, a la que los medios contribuyen con su actividad. Y un puesto especial lo merece el Periodismo Cultural, manifestación híbrida entre el periodismo y la Literatura o el Arte, donde la mayoría de las buenas plumas se forjaron y donde se puede hacer una obra literaria con la materia prima de la actualidad.

A ello se une el incremento notable en los últimos tiempos de las instituciones culturales que, en el ámbito de la gestión y difusión, se dotan de departamentos de prensa o de gabinetes de comunicación para difundir y dirigir a sus públicos su actividad cultural. El ámbito de la gestión cultural es también un espacio privilegiado del sector cultural, donde se necesitan periodistas especializados que dirijan y produzcan su comunicación institucional. Pero además, muchas de estas instituciones tienen medios de comunicación propios que necesitan profesionales especializados en comunicación y cultura para su producción. Medios institucionales que también forman parte de la llamada prensa especializada en cultura.

3. La cultura digital

La cultura también es un ámbito en el que las nuevas tecnologías están incidiendo de manera considerable cambiando el "statu quo" imperante hasta ahora.

Efectivamente, frente a otros medios físicos o bienes materiales, la mayoría de las expresiones culturales pueden convertirse en código binario, pueden digitalizarse, convertirse en archivos digitales y navegar por la red mundial. Esta posibilidad, real y efectiva en la actualidad, ha trastocado la mayoría de las fases, procesos y actividades en las que se puede pensar la cultura. Puede hacerse en digital, transformando los procesos de producción hasta límites insospechados, creándose nuevas formas de expresión propias del formato digital. Pero también se han modificado las maneras de distribuir y consumir la cultura. En la sociedad red, que decía Castells (1997), o en la cultura mundo, que decían Serroy y Lipovetsky (2008), la difusión se ha extendido a la totalidad de la humanidad. No importa dónde se produzca pues puede llegar a cualquier lugar, facilitando e incluso eliminando los procesos de distribución que dificultaban el acceso a la cultura. Además, gracias a la extensión de las nuevas tecnologías de la comunicación e información, la difusión se ha hecho efectivamente masiva, a petición de un clic de ratón. A pesar de que existen todavía las brechas digitales, la realidad ha dado un paso de gigante y hoy por hoy cualquiera que tenga acceso a un terminal y a la red mundial puede consumir la cultura en red.

Pero la digitalización no sólo ha representado un cambio porque con ella la cultura adquiere nuevas formas de expresarse sino porque el Periodismo, y el Periodismo Cultural también, adquiere nuevos formatos y se difunde a través de nuevos medios. La labor informativa también ha dado el salto al mundo digital. Ahora Internet se ha constituido como una fuente privilegiada de información para los profesionales. Al tiempo, las nuevas tecnologías se han implantado en las redacciones hasta el punto de que ya ni siquiera hace falta el proceso de impresión, toda vez que se puede leer el periódico en formato digital. De hecho el Periodismo convencional está sufriendo también una crisis profunda debido al proceso de "canibalización", de sustitución de la lectura en papel por la lectura en el propio terminal. Hasta tal punto ha supuesto una revolución que muchos medios han sido creados por y para la Red.

Y el Periodismo Cultural también se ha hecho digital. Estos cambios que han reportado las nuevas tecnologías al mundo de la cultura y al mundo del Periodismo confluyen en la especialización cultural, modificando no sólo la realidad de la que informar, sino también la manera de hacerlo, desde la consulta de información a la labor de redacción y producción y, sobre todo, el camino de llegar al lector, la difusión. Hoy por hoy no puede concebirse el fenómeno del Periodismo Cultural al margen de las nuevas tecnologías.

4. El Máster de Periodismo Cultural en Nuevas Tendencias

Teniendo en cuenta estas consideraciones, la oferta de un título de Máster Oficial en Periodismo Cultural y Nuevas Tendencias se marcó como objetivo prioritario el de ampliar la formación del alumno con un mayor nivel de especialización en el ámbito del Periodismo, y más en concreto en el campo del Periodismo Cultural. Esta formación lograría capacitar las funciones informativas y de difusión en un entorno profesional, tanto en medios de comunicación, generalistas y especializados, como en el ámbito de las instituciones culturales. Además, se hace especial mención a las nuevas tecnologías de la comunicación y la información, tanto como herramientas de trabajo como estrategias expresivas del nuevo Periodismo Cultural Digital.

Pero no sólo se marca objetivos tan pragmáticos, sino que con la formación del Máster se procura que el alumno tenga un conocimiento racional y crítico de la realidad cultural que le permita entenderla, transmitirla y difundirla de manera comprensible al resto de la sociedad. De esta manera, el futuro profesional será capaz de examinar críticamente cualquier clase de fuente, documento y hecho relacionado con el acontecer cultural con la finalidad, por un lado, de tratarlo convenientemente y, por otro, de transformarlo en informaciones de interés mediante los lenguajes escritos, audiovisuales o digitales que requieren los diferentes medios. Así también, el Máster capacitará profesionales que sean capaces de definir, planificar y desarrollar un proyecto informativo-cultural adaptado a múltiples soportes así como que sea capaz de identificar las necesidades culturales y poder diseñar, desarrollar, difundir y evaluar proyectos y productos culturales relacionados con la comunicación.

En términos generales también se plantea estimular el debate ante los desafíos relacionados con la gestión y difusión cultural y los cambios que introduce la tecnología en la producción, comercialización y consumo de productos y servicios culturales. Finalmente se atenderá el desafío que vive la cultura ante el nuevo escenario de crisis económica que ha afectado de manera notable a las instituciones culturales, incluidos especialmente los medios de comunicación.

Para cumplir con los objetivos propuestos, se estructura un programa formativo en una oferta de 60 créditos ECTS, que se cursan a lo largo de un curso lectivo (de octubre a junio), repartido en cuatro módulos:

El primero, el *Módulo 1: La Cultura en la sociedad red*, atiende al fenómeno cultural como sector estratégico y emergente en las sociedades actuales. Comprende tres asignaturas:

- El Mercado de la Cultura, asignatura que aborda el fenómeno analizando las diferentes industrias culturales: cine, libros, discos, medios de comunicación (prensa, revistas, radio y televisión). Se trata de ofrecer un análisis de las características fundamentales de cómo funciona la cultura como sector económico en las sociedades actuales, y ofrecer una radiografía exhaustiva de la configuración de las industrias culturales, fundamentalmente en España. Se tratará también de manera especial la incidencia de las nuevas tecnologías en los diferentes sectores culturales y el efecto de la crisis económica en el ámbito cultural.
- Investigación, Gestión y *Marketing* Cultural, que aborda el conocimiento de los aspectos microeconómicos del sector cultural, aspectos de investigación de mercados y gestión cultural, y sobre todo se centra en las rutinas y prácticas profesionales de marketing cultural, profundizando en las complejas relaciones del sector cultural con los medios de comunicación.
- Análisis de la Cultura, que aborda las herramientas teórico-metodológicas necesarias para el estudio de las manifestaciones culturales. En concreto, tratará de abordar la polisemia del concepto *cultura* para adentrarse en las diferentes vías de análisis y tradiciones explicativas del fenómeno, con una especial atención a sus dimensiones comunicativas.

El segundo módulo, *Módulo 2: Otras prácticas culturales,* contempla aspectos concretos del fenómeno cultural que, por su protagonismo en las sociedades actuales y su relación con la comunicación, obligan a considerarlos de manera monográfica. En concreto hablamos de los fenómenos de lo audiovisual y lo intercultural, generando cada uno de ellos sendas asignaturas:

• Cultura Audiovisual, que va a permitir la alfabetización y competencia del alumno en la cultura cinematográfica y en los productos audiovisuales, dominantes en el escenario comunicativo y cultural actual.

• Comunicación Intercultural, que responde al fenómeno de la globalización de la cultura en coexistencia con la multiculturalidad de las sociedades actuales con un papel relevante y creciente de las manifestaciones culturales y especialmente comunicativas como expresiones de excepcionalidad o integración cultural.

El *Módulo 3, Periodismo de la cultura,* se centra en lo que sería propiamente el Periodismo Cultural, prácticas y rutinas profesionales de esta especialización periodística que van a permitir al alumno profundizar y ser competente en el desempeño profesional en cualquiera de los múltiples ámbitos en los que se puede concretar el Periodismo Cultural. Contempla tres asignaturas que aborda el Periodismo Cultural en los diferentes medios: Periodismo cultural en medios impresos, Información cultural en medios audiovisuales y Cibercultura y periodismo digital, abordando en esta última asignatura la importancia que los nuevos medios están adquiriendo en los modos de comunicarse, de informarse y de vivir, y especialmente se profundiza en el Periodismo Digital, procedimientos y habilidades para desarrollar información cultural en la red.

El último módulo, el *Módulo 4: Comunicación creativa,* se centra en esa frontera difusa entre la comunicación y la cultura, en el aspecto creativo y expresivo de la comunicación que la conviete en cultura y en la cultura mediada, esa que utiliza los medios para expresarse. Comprende dos asignaturas: Taller creativo de diseño y escritura, donde se aborda el Periodismo de Creación, el arte de escribir, pero también el diseño y composición como comunicación y cultura. Y Arte y cultura digital, centrándose en las expresiones culturales en el entorno digital, la cultura en Internet y el uso creativo de las nuevas tecnologías y los nuevos medios digitales.

De acuerdo con los objetivos y el carácter profesionalizante apuntados, el máster contempla con carácter obligatorio la realización de un

Trabajo Fin de Máster donde los alumnos aplican los conocimientos adquiridos en un trabajo de investigación o un producto creativo y una asignatura de Prácticas Externas en medios culturales que permite completar la formación especializada del alumno. De este modo, el Máster de Periodismo Cultural y Nuevas Tendencias está firmando numerosos convenios de prácticas con instituciones culturales como el Centro Dramático Nacional, la Real Academia de la Lengua o la Academia de Cinematografía, o medios de comunicación generalistas, la SER, COPE o especializados, Global Asia, Mondo Sonoro, MasJazz... donde los alumnos están haciendo prácticas profesionales permitiéndoles no sólo aprender y practicar las rutinas propias del Periodismo Cultural sino empezar a tener contactos que les permitan entrar en este reducido mundo de los medios culturales.

5. La formación en Periodismo

La necesidad de formación de profesionales de la información en el Periodismo Especializado se ve reforzada por la nueva configuración de los planes de estudio de la titulación de Periodismo que exige la adaptación al Espacio Europeo de Educación Superior, teniendo en cuenta la configuración tradicional que ha tenido la formación del profesional del Periodismo en nuestro país.

Los antecedentes a los actuales estudios de Periodismo, tal como se especifica en el *Libro Blanco de los Estudios de Comunicación* elaborado por la ANECA y que fue la base de la modificación de los planes de estudio realizada en los últimos años, los encontramos en la Escuela Oficial de Periodismo, creada en 1941, que funcionó, como las escuelas de radio y de televisión, durante el franquismo y que posteriormente desencadenó en las actuales Facultades de Ciencias de la Información y de la Comunicación. El año 1971, por Decreto del Ministerio de Educación, fueron creadas las primeras Facultades de Ciencias de la Información: Facultades de Ciencias de la Información de la Universidad Complutense de Madrid y de Ciencias de la Comunicación de la Universidad Autónoma de Barcelona, reconociendo oficialmente también la Facultad de Ciencias de la Información de la Universidad de Navarra. En 1975, el Colegio Universitario San Pablo CEU, adscrito a la Universidad Complutense, comenzó a impartir la Licenciatura en Ciencias de la Información. En los ochenta se crearon otras Facultades: Facultad de Ciencias de la Información del País Vasco, el CEU de Valencia estableció una división de Ciencias de la Información, la Universidad Pontificia de Salamanca, la Universidad de Sevilla y La Laguna. A partir de los noventa y del nuevo milenio, se fueron generalizando las Facultades de Comunicación en todas las comunidades autónomas, llegando a un total de 27 Facultades que ofrecen titulación de Periodismo ya sea desde la oferta pública o privada. Al tiempo, se fue generalizando la oferta de Másteres y títulos propios relacionados con el Periodismo en colaboración, la mayoría de las veces, con instituciones mediáticas de prestigio. Como ejemplo, el primero de ellos, el Máster de Periodismo de *El País*, de la Universidad Autónoma de Madrid.

Así pues, la formación en información se ofrecía como título de Licenciado en Periodismo, enmarcándose en las Facultades de Comunicación e Información, y aunque existiera diversidad en su configuración, con ofertas de segundo ciclo o distinta agrupación curricular, lo más extendido es que se ofreciera en un itinerario formativo de primer y segundo ciclo que comprendía cinco años. Mientras, en Europa, la titulación de Periodismo quedaba muchas veces confundida o integrada en otras ofertas formativas genéricas: Comunicación, Media, Información... teniendo configuraciones muy diversas, la más común: tres años para la formación básica y dos más para la especialización.

Pues bien, esta es la configuración que han mantenido la mayoría de los países de nuestro entorno en su adaptación a Bolonia. Por ejemplo, en Francia "se unifican los estudios de primer y segundo ciclo para conciliar un único título de grado (*Licence*) de tres años (180 créditos ECTS). Los estudios de Postgrado se rebautizan como Master Professionnelle (donde se ubicarán los actuales Maîtrise, DU, DESS) o Master de Recherche (donde quedarán instalados los que hoy en día responden a un DEA o un DRT) y tendrán una duración de dos años (120 créditos ECTS)" (*Libro Blanco de los Estudios de Comunicación*).

En España, y tal como señala el *Libro Blanco*, se "proponen unas titulaciones de grado separadas en Periodismo, Comunicación Audiovisual y Publicidad y Relaciones Públicas, con una duración de 4 años (240 ECTS), por cuanto estimamos que un período de tiempo menor sería insuficiente para la adquisición de los conocimientos, competencias y destrezas, tanto académicas como profesionales, que los futuros periodistas, comunicadores audiovisuales, publicitarios y relaciones públicas precisan". Así pues, la adaptación al Espacio Europeo ha supuesto la reducción de la planificación docente a cuatro años, frente a los cinco de la licenciatura anterior, para impartir los 240 créditos exigibles. Es curioso que esta relación no es homogénea en el territorio europeo, y que existen países que han optado mayoritariamente por un grado de 180 ECTS y un postgrado de 120 ECTS: Alemania, Francia e Italia; mientras que Lituania, Eslovaquia y la República Checa, a la que se suma España, aplican un grado básico de 240 ECTS y un Máster de 90 ó 120 ECTS, aunque la tendencia es de homogeneizar a 3+2.

Sea como fuere lo cierto es que la implantación al Espacio Europeo ha supuesto, con respecto a la oferta formativa anterior, una reducción de un año en la titulación de Periodismo, que ha obligado a reformular los planes de estudio y reducir la oferta formativa en algunos aspectos o materias. Y si bien el Periodismo Especializado aparece como materia de "Contenido común obligatorio" lo cierto es que no da tiempo a dar todo el contenido que se especifica: "Estudio de la producción informativa de diferentes áreas de especialización periodística, así como de las tendencias que desarrolla esta materia con los diferentes soportes, medios y sistemas: político, económico, cultural, de sociedad, deportivo, científico, local, de investigación y precisión, etc. del conocimiento de las fuentes específicas y de los temas propios de la especialidad correspondiente, así como destreza en el tratamiento adecuado del desempeño de las tareas periodísticas especializadas". Por lo que en la mayoría de los Planes de Estudio del Grado de Periodismo ha quedado limitada a una asignatura genérica (frente a dos materias específicas de los anteriores títulos), o a asignaturas optativas que optan por centrarse en una rama específica del Periodismo Especializado, ante la imposibilidad material de abordar las diferentes áreas con exhaustividad.

6. Los títulos de Máster en el Espacio Europeo de Educación Superior

Al tiempo que se han reformado los planes de estudio del título de Periodismo, también lo han hecho los títulos de Postgrado, en un proceso mucho más caótico e indefinido por cuanto incluso en la actualidad esta oferta formativa no está completamente definida en la mayoría de las Facultades. En el anterior modelo, coexistía la oferta formativa de Máster, tendente a la especialización profesional y de carácter privado o como título propio de la Universidad, con los estudios de Doctorado, que daban acceso al título de Doctor. Pues bien, actualmente se ha unificado esta oferta en un único título: el de Máster, ahora Máster Oficial, al que ha sido reducido el anterior Doctorado; confluyendo con la otra oferta de Másteres no oficiales que, debido a la misma denominación, generan cuanto menos confusión en el público y en la sociedad.

En este nuevo modelo, el título de Máster Oficial integra tres tipos de estudios que existían en el anterior modelo:

- Es el 5º curso desaparecido, una formación básica que complementa la formación del periodista y que se torna necesario para que los alumnos adquieran las competencias y destrezas necesarias para ejercer la profesión.
- Es el Máster de siempre, es decir, un curso de especialización profesional que no solamente define el itinerario formativo sino que especializa y guía la carrera profesional.
- Es el Doctorado, el curso que permite matricular y realizar la tesis doctoral que permite el Título de Doctor.

La consecuencia más inmediata de este modelo es la reducción del ciclo formativo, un año para la formación básica o especializada del periodista, dos años en los estudios de tercer ciclo. Y esta reducción de la formación hace más aconsejable y necesaria la formación complementaria, siquiera para una formación básica del periodista o de cualquier graduado en el modelo europeo, más si se tiende a la configuración que existe en Europa de reducir el Grado a tres años. Es decir, si vamos a ese sistema, o en el actual, la formación esencial requiere no sólo que el egresado cumpla el Grado sino también el Máster oficial como requisito indispensable de una titulación de educación superior, si no queremos que el título de Periodismo se degrade por la reducción en el tiempo y las materias docentes de esos cuatro o tres años formativos.

Esta premisa fue con la que se planteó el presente Máster Oficial de Periodismo Cultural y Nuevas Tendencias, haciendo coincidir la puesta en marcha de esta oferta formativa con los primeros egresados del Grado de Periodismo de la Universidad Rey Juan Carlos, pionera en la implantación del Plan Bolonia, confiando en que la "salida natural" de nuestros propios graduados fueran nuestros propios másteres oficiales de especialización.

Sin embargo, a veces las expectativas de un planteamiento que busca la adaptación a los cambios realizados no se cumplen como se esperaban. Las causas son varias, relacionadas todas ellas con la situación de transición de este cambio en el modelo de Universidad y por la crisis económica que sacude España. Y es que la situación se mantiene confusa sobre las nuevas titulaciones de Máster oficial, ya que los alumnos, y el mercado laboral también, siguen operando con las antiguas reglas de juego, aunque hayan cambiado. Los alumnos confunden los Másteres oficiales con la oferta de Másteres profesionalizantes ofertados por las instituciones o medios privados y, como tales, los consideran formación complementaria y opcional, ideal para vocaciones muy definidas que buscan invertir en un futuro profesional determinado.

Pero sobre todo ha incidido la crisis económica que ha supuesto para la enseñanza pública una subida de tasas que ha triplicado las tasas con respecto a convocatorias anteriores. Las tasas impuestas por la Comunidad de Madrid cifran el crédito en 65 euros para la primera matrícula de alumnos residentes en España y 97 para no residentes, y segunda matrícula, lo que eleva el precio de un Máster Oficial de 60 créditos a 3.900 euros frente a los 1.400 de años anteriores para residentes y 5.820 euros para no residentes, un precio que en la actual situación de crisis en la que viven actualmente las familias españolas es demasiado costoso de asumir, y que pone los precios de los Másteres oficiales y públicos a niveles parecidos de los de la oferta de Másteres privados y vinculados a los medios.

No obstante, esta situación entendemos que es transitoria por la crisis económica y por la adaptación necesaria a la nueva configuración de estudios del espacio Bolonia. Y es que la necesidad de formación especializada sigue siendo el fundamento prioritario que guía iniciativas de este tipo, y cuando la situación se normalice, tanto en lo económico como en lo universitario, las expectativas de demanda se normalizarán también. Así pues, confiamos en que en las siguientes ediciones se clarifiquen y mejoren las condiciones en las que se oferta el Máster, al tiempo que se va consolidando con nuevas promociones de egresados que se van incorporando al espacio profesional. Al fin y al cabo, es ese espacio profesional el que tiene la última palabra sobre la necesidad, pertinencia y calidad del Máster Oficial en Periodismo Cultural y Nuevas Tendencias.

7. Referencias

Castells, M. (1997). *La era de la información: economía, sociedad y cultura Volumen I: La sociedad red.* Madrid. Alianza.

Constela, T. (2012). La cultura no es una simple mercancía. *El País*, 27 de octubre .

Fernández del Moral, J. y Esteve, F. (1996). *Fundamentos de la información periodística especializada*. Madrid: Síntesis.

Rueda, J. C. (2002*). Prensa y periodismo especializado: historia y realidad actual*. Guadalajara: Ayuntamiento de Guadalajara.

Ruiz Mantilla, J. (2012). Trabajador cultural: un puesto cualificado, estable… y en peligro. *El País*, 29 de mayo, p. 48.

Serroy, J. y Lipvetsky, G.(2008). *La cultura-mundo. Respuesta a una sociedad desorientada*. Barcelona: Anagrama.

Tylor ,E. B., (1871). *Primitive Culture*. Chicago: University of Chicago Press.

Vargas Llosa, M. (2012). *La civilización del espectáculo*. Madrid. Alfaguara.

El Periodismo Cultural en Grado y Postgrado

Mª TERESA MERCADO SÁEZ
Universidad Cardenal Herrera Oria
mmercado@uch.ceu.es

El Periodismo Cultural es uno de los ámbitos de aplicación del Periodismo Especializado como estructura informativa que penetra y analiza la realidad de una determinada área de la actualidad a través de las distintas especialidades del saber; profundiza en sus motivaciones; la coloca en un contexto amplio, que ofrezca una visión global al destinatario, y elabora un mensaje periodístico que acomode el código al nivel propio de la audiencia, atendiendo a sus intereses y necesidades (Fernández del Moral y Esteve, 1993).

Los hechos y/o productos culturales se enmarcan dentro del concepto de área informativa definido como "aquel conjunto de parcelas informativas interrelacionadas por unos mismos contenidos y con unos intereses similares" (Fernández del Moral y Esteve, 1999, 15). Los principales criterios diferenciadores entre las distintas áreas de especialización siguen siendo la audiencia, el profesional y su empresa, los contenidos y la metodología señalados por Orive y Fagoaga (1974, 86-87).

Las principales especializaciones periodísticas se corresponden con las grandes cuatro áreas temáticas que conforman el sistema social: Sociedad, Política, Cultura y Economía (Mar de Fontcuberta, 1997, 21). Esta clasificación coincide con la defendida por Quesada para la que Cultura "abarca temas de literatura, pintura, escultura, música, danza, teatro, cine, artes plásticas, fotografía, etcétera, y en general, todo tipo de información lúdica englobada, bajo la vieja denominación de 'ocio' en temas como viajar, gastronomía, caza, pesca, juego, jardinería, animales, motor, moda, filatelia, numismática, etcétera" (1998, 59-60). En una definición más amplia, Jorge B. Rivera (1995:19) consideraba que el Periodismo Cultural es una una "zona muy compleja y heterogénea de medios, géneros y productos que abordan con propósitos creativos, críticos, reproductivos o divulgativos los terrenos de las bellas artes, las bellas letras, las corrientes del pensamiento, las ciencias sociales y humanas, la llamada cultura popular y muchos otros aspectos que tienen que ver con la producción, circulación y consumo de bienes simbólicos".

Como una de las principales áreas de especialización periodística es necesario integrar su enseñanza obligatoria en los planes de estudio de los Grados de Periodismo y muy recomendable incorporarla en los Másteres de Postgrado.

1. Periodismo Cultural en áreas de especialización periodística

Los nuevos títulos de Grado han obligado a un replanteamiento de la disciplina Periodismo Especializado en los planes de estudio de Periodismo. Como ejemplo, en el Grado de Periodismo de la Universidad CEU Cardenal Herrera, la disciplina se imparte en dos asignaturas: Fundamentos de la Información Especializada (3 créditos) y Áreas de Especialización Periodística (9 créditos).

La primera de ellas aborda los fundamentos de la especialización periodística: la razón de ser de la especialidad, sus antecedentes y la evolución en la etapa del Periodismo moderno. Según consta en la guía docente: "Partiendo de los condicionamientos del ejercicio profesional, se ofrecen algunas alternativas a las rutinas asociadas al Periodismo generalista. De esta manera, se sientan las bases para el abordaje de las distintas especialidades. Se propone, en el marco de la asignatura, la reflexión crítica sobre la función del Periodismo en la sociedad actual, las exigencias profesionales que plantea un mundo abocado a la hiperespecialización en todos los campos y la presencia creciente de voces ciudadanas en el discurso público para ofrecer respuestas".

Áreas de Especialización Periodística, dividida en 9 temas impartidos por 8 profesores, sintetiza algunas de las asignaturas optativas de quinto curso de Periodismo en la extinta licenciatura. Excepto Periodismo de Investigación, cada tema está centrado en un área de especialización (definición de conceptos y delimitación del ámbito temático de referencia, características y rutinas productivas, fuentes de información y géneros específicos, aspectos legales y deontológicos) y propone análisis de casos y prácticas.

Los objetivos de la asignatura son, por una parte, describir el desarrollo y relación de los elementos de la estructura de la información especializada en sus distintos niveles a través del análisis de la información procedente de fuentes expertas y especializadas. Por otra, formar a los estudiantes en los problemas conceptuales de la especialización periodística y reflexionar acerca de los retos y las oportunidades de la especialización periodística ante las nuevas tecnologías, así como en la contribución que desde los medios de comunicación se hace para divulgar conocimiento. Capacitar a los alumnos para trabajar en los diferentes campos de especialización periodística es el objetivo último. Las áreas seleccionadas han sido Periodismo Local, Económico, Político (Información Política y Parlamentaria), Deportivo, Religioso, Jurídico, Cultural y Científico y de Salud.

En el caso de Periodismo Cultural, antes de analizar la selección y tratamiento de los hechos culturales en los medios, se introduce el complejo concepto de "cultura" y se exponen las funciones y disfunciones de la cultura en los medios. Las notables diferencias que pueden apreciarse en este ámbito temático respecto al nivel de especialización y periodicidad son puestas de manifiesto para reflexionar sobre la figura de los críticos frente a la de los periodistas especializados.

2. Información cultural en los Postgrados

En este contexto, se presenta una propuesta de Máster de Postgrado centrado en la gestión de contenidos culturales desde el punto de vista periodístico. Se pretende ir más allá de la tradicional visión del ámbito cultural ceñido a los Espectáculos y la Literatura, para integrar en igualdad de condiciones la información sobre Museos y Patrimonio.

Tres serían los módulos que conformarían este Máster de Periodismo Especializado en Cultura. En el primero se ofrece una visión general del concepto de cultura para encuadrar lo que se entiende por esta en los medios, generalistas y especializados. La selección y tratamiento de los hechos culturales se estudia desde el análisis de las fuentes informativas en los múltiples ámbitos temáticos que se cubren (literatura, cine, teatro, música, arte y exposiciones, patrimonio, gastronomía, viajes...) y de los géneros más propicios en la especialización, en especial la crítica. La crítica como género ha sido estudiada por diversos autores (Vallejo, 1993; Morán Torres, 1988; Santamaría y Casals, 2000; Pou, 2003; Cantavella, 2007). Rafael Llano (2008, 558-559) aporta los contenidos diferenciados que debe considerar un crítico según escriba sobre arte, música, teatro o cine, distinguiendo cinco niveles de crítica cinematográfica.

El segundo módulo se centraría en la información sobre espectáculos y literatura enmarcada en la denominada industria cultural con una materia sobre crítica cinematográfica. En este bloque, se estudiaría la oferta informativa que se ofrece sobre estos contenidos en distintos niveles de especializacion en los medios españoles: secciones diarias en periódicos impresos, ediciones *online* e informativos en radio y televisión; suplementos y programas audiovisuales semanales; revistas mensuales y principales sitios web especializados con contenidos periodísticos.

Los suplementos de los diarios y los programas audiovisuales semanales serían analizados con detalle considerándolos espacios idóneos para esta especialización.

Villa (2000) destacaba cómo estos suplementos (Babelia en *El País*, ABC de las Letras en *ABC*, El Cultural en *El Mundo* y Cultura/s en *La Vanguardia*; en prensa local, por ejemplo, Postdata en *Levante-EMV*) no centran su valor en las noticias como hecho informativo fundamental, sino que trabajan con otras rutinas de producción y de recepción. En el caso de la televisión, centrándonos en TVE, se repasan los principales espacios. Desde una primera aproximación a la especialización televisiva (Mercado, 2007), algunos han desaparecido de la parrilla de programación, otros se han mantenido y han surgido nuevos, sobre todo *Página 2*.

Los que permanecen: *Miradas 2*, con un nuevo formato de reportajes semanal; *Días de Cine*, programa sobre la actualidad cinematográfica donde se desgranan los estrenos de la cartelera; y *Metrópolis*, que se ha convertido en un punto de referencia para seguir las últimas tendencias en el campo de la creación artística. A lo largo de sus más de mil programas (desde el 21 de abril de 1985) ha mantenido el formato original, un programa temático sin presentador de 25 minutos de duración. *Metrópolis* debe su creación a la llegada e inmediato *boom* del vídeo arte en España a mediados de los 80. Por él han pasado los nombres, las obras y los eventos más significativos de la creación de vanguardia en artes plásticas, música, diseño, infografía, danza, arquitectura, fotografía, cine, videoarte, o performance de ese período.

Página 2, presentado y dirigido por Óscar López, acerca a las pantallas el mundo de la literatura, con entrevistas a escritores, recomendaciones y promoción de lanzamientos editoriales. Con una duración de treinta minutos y estructurado en diez secciones, recoge los principales temas de la actualidad literaria y editorial en completos reportajes y nos presenta las novedades editoriales más interesantes. Cada semana cuenta con la presencia de escritores punteros que nos hablan sobre sus libros más recientes y de artistas que nos explican cuáles son sus hábitos de lectura. En la sección de cine, Desirée de Fez analiza un clásico de la literatura que ha sido llevado a la gran pantalla. Fue galardonado en 2012 por la Feria del Libro y el Gremio de Libreros de Valencia por difundir el placer de la lectura. Ese mismo año fue galardonado, junto a la Federación de Gremios de Editores de España (FGEE), con el Premio Nacional al Fomento de la Lectura que concede el Ministerio de Educación, Cultura y Deporte.

Para cerrar el módulo, en la materia práctica Informar sobre Espectáculos y Literatura, los estudiantes confeccionarán el número cero de un suplemento especializado de un diario (impreso o digital).

La importancia de los medios en la difusión de la cultura y la gestión cultural es el eje discursivo del tercer módulo del Máster. Se exponen los conocimientos básicos sobre patrimonio cultural (concepto, legislación, gestión, etc.) y museos (funciones y estructura de un museo y montaje de exposiciones, etc.), con una materia específica sobre dirección estratégica y *marketing* de museos. Estos fueron contenidos fundamentales en el Máster Oficial de Gestión Cultural impartido en cinco ediciones (curso 2007/08 a 2011/12) en la Universidad CEU Cardenal Herrera.

El punto de partida es la consideración del patrimonio cultural como elemento clave en la construcción de nuestra cultura a través del tiempo y la necesaria difusión por parte de los medios de comunicación puesto que para que sea valorado por la sociedad y, por tanto, protegido, primero ha de ser creado, ha de ser contado. Los objetos, edificios o tradiciones adquieren sentido patrimonial si se cuentan y la gente las siente como suyas.

Por último, en Informar sobre Museos y Patrimonio, los estudiantes realizarán un reportaje televisivo o multimedia.

El siguiente cuadro muestra la distribución de módulos y materias del Máster de 60 créditos ECTS (40 materias obligatorias, 12 practicum en empresas, 8 Trabajo Fin de Grado).

LA CULTURA EN LOS MEDIOS	ECTS
Aproximación al concepto de cultura	3
Ámbitos y fuentes de la especialización cultural	3
Géneros y especialización. La crítica como género periodístico	3
TOTAL	10

ESPECTÁCULOS Y LITERATURA	ECTS
Actores y fuentes en la industria cultural	4
La crítica de cine	4
Estructura informativa: suplementos y programas especializados	3
Informar sobre espectáculos y literatura	4
TOTAL	15

MUSEOS Y PATRIMONIO	ECTS
Conceptualización del Patrimonio Cultural	4
Museos y exposiciones	4
Dirección estratégica y marketing de museos	3
Informar sobre Patrimonio Cultural, museos y exposiciones	4
TOTAL	15

3. Referencias

Armañanzas, E. (1995). La cultura, una parcela para periodistas especializados. *ZER*. http://www.ehu.es/zer/zer1/10notinvarma.htm1996 (Consultado el 10 de febrero de 2006).

Cantavella, J. (2007). La crítica: juicios sobre obras artística apara orientación de lector. En *Redacción para periodistas: Opinar y argumentar*. Madrid: Editorial Universitas.

Esteve Ramírez, F. y Fernández del Moral, J. (1999). *Áreas de especialización periodística*. Madrid: Fragua.

Fernández del Moral, J. y Esteve Ramírez, F. (1993). *Fundamentos de la información periodística especializada*. Madrid: Síntesis.

Foncuberta, M. (1997). Propuestas sistémicas para el análisis y producción de información periodística especializada. En *Estudios sobre Información Periodística Especializada*. Valencia: Fundación Universitaria San Pablo CEU.

Llano, R. (2004). De la abstracción intelectual a la comprensión interpretativa. En *Periodismo especializado*. Barcelona: Ariel.

—(2008). *La especialización periodística,* Madrid: Tecnos.

Mercado Sáez, Mª T. (2006). Informar sobre patrimonio: una especialización necesaria. *Prensa y Periodismo Especializado,* (3), Asociación de la Prensa de Guadalajara.

—(2007). Periodismo especializado en televisión. En *Teoría y Técnicas del Periodismo especializado,* Madrid: Fragua.

—(2013). Periodismo cultural. En B. Cebrián, et al. (Coords). *Áreas del Periodismo* (pp. 157-182). Salamanca: Comunicación Social.

Orive, P. y Fagoaga, C. (1974). *La especialización en el periodismo.*Madrid: Dossat.

Pou Amérigo, Mª J. (2003). La crítica y los nuevos productos culturales electrónicos. En *Estudios sobre el Mensaje Periodístico* (pp. 27-32). Madrid.

Quesada, M. (1998). *Periodismo especializado*. Madrid: Ediciones Internacionales Universitarias.

Ramón de Carrión, M. (2003). Periodismo Cultural. En *10 lecciones de periodismo especializado*. Madrid: Fragua.

Rebollo, F. Una voz que clama: lo literario en la prensa. En *Prensa y periodismo especializado II*. Guadalajara: Asociación de la Prensa de Guadalajara.

Rivera, J. B. (1995). *El periodismo cultural*. Buenos Aires: Paidós Estudios de Comunicación.

Rodríguez Pastoriza, F. (2006). *Periodismo Cultural*, Madrid: Síntesis.

Tubau, I. (1982). *Teoría y práctica del periodismo cultural.* Barcelona: Editorial ATE Textos de Periodismo.

Vallejo, M. L. (1993). *La crítica literaria como género periodístico.* Pamplona: EUNSA.

Villa, M. (2000). Una aproximación teórica al periodismo cultural. *Revista Latina de Comunicación Social,* http://www.ull.es/publicaciones/latina/argentina2000/09villa2.htm (Consultado el 10 de febrero de 2006).

II. Fundamentos y medios

Nuevos horizontes en la crítica epistemológica de la información periodística

JOSÉ FRANCISCO SERRANO OCEJA
UNIVERSIDAD CEU SAN PABLO
pserrano@ceu.es

1. El contexto de la información periodística especializada

Insertos en una época que algunos autores han denominado "nuevo paradigma" de la comunicación y de la información, de lo periodístico y de la Periodística, en un cambio de eje, la mutación de la práctica profesional demanda la búsqueda de unos criterios comunes a la hora de elaborar una teoría del Periodismo y de la Periodística.

Es posible que en el Periodismo, no así en la teoría de la comunicación, se haya pensado y trabajado sin una reflexión adecuada sobre cuáles son sus fundamentos filosóficos. Este hecho se ha producido por causa de una comprensión meramente técnica del Periodismo, ligado, en el sentido clásico, a las artes.

Cuando se habla de la crisis del Periodismo, de los males del Periodismo, se hace referencia a múltiples factores, vamos a denominarlos, supraestructurales. Pero con frecuencia se olvidan las causas epistemológicas de la práctica periodística. Es cierto que la reflexión sobre la comunicación, y la filosofía de la comunicación, ha venido ofreciendo su apoyo a la refundación teórica del Periodismo. En este sentido, la teoría general del conocimiento es previa a la filosofía del Periodismo, pero no lo es menos que, precisamente por esto, cuando aquí nos referimos a los problemas epistemológicos, nos estamos refiriendo a ese terreno común de la fundamentación de las ciencias sociales, en el que tiene mucho que ver y que decir el análisis racional e integral del hecho comunicativo. ¿Ayudaría a proponer un nuevo Periodismo que los periodistas, o los estudiantes de Periodismo, o los doctorandos en estas materias, tomaran plena conciencia del sistema filosófico sobre el cual se asientan sus prácticas conceptuales y profesionales, sus rutinas?

Abrimos, pues, el horizonte de la "hermenéutica". Son varias las vías de acercamiento a este horizonte. Iniciemos la reflexión a través del análisis del paradigma de la información, que ha monopolizado, en el sentido en el que lo describiremos aquí, la praxis periodística, desde la base de lo informativo, coincidiendo con el resto de formas textuales periodísticas. Este paradigma parte del supuesto de que los hechos son objetivos, más allá de la interpretación del sujeto del conocimiento. Ante estos hechos, el sujeto es pasivo; el sujeto es informado por los hechos. Al conocer los hechos, recibimos datos, porque los hechos informativos están fundamentados en datos, que responden a modelos de preguntas referenciales. Si uno quiere ser objetivo debe dejar su opinión al margen. El conocimiento de la realidad es igual, por tanto, a la información objetiva sobre la realidad. Información y verdad sobre los hechos provienen de los hechos y del garantismo procedimental en los modelos de recogida, elaboración y transmisión de los hechos. El conocimiento está invadido por la información.

Sin embargo, hay ámbitos de la vida humana donde la interpretación del sujeto cognoscente es clave para el conocimiento: literatura, arte, cultura, religión, estética. Si uno quiere ser objetivo debe ir a los hechos. Los hechos están dados por números de cifras, acontecimientos, declaraciones, incluso se considera que los textos son hechos que objetivamente señalan lo que el autor dice. Sobre esta comprensión se ha atrincherado una noción de verdad que nos habla de la correspondencia con los hechos. Negar los hechos y negar lo evidente es negar la verdad.

¿Cuál es el origen histórico de este paradigma? Descartes, pero no un Descartes demonizado por los "heideggerianos". Quería nuestro autor salir al rescate del escepticismo del siglo XVI. Para ello reconstruye primero la certeza en el yo, y desde allí la certeza en el mundo externo. Concibe el conocimiento, entonces, como la relación entre sujeto y objeto, en donde este último, el objeto, se concentra en un mundo físico matemáticamente conocido. Este último tiene objetividad. Pero la certeza del mundo externo tenía en su sistema, como garantía, la existencia de Dios. Cuando Hume acabó con este presupuesto, cayó la garantía de la certeza y comenzó a reinar el escepticismo. Kant intentó rescatar al conocimiento, pero con su sistema filosófico donde se abandona la certeza de la "cosa en sí" para pasar a la certeza de las categorías *a priori* que reconstruyen la certeza racional sobre la física y la matemática, abandonando la metafísica a su suerte y al rol de la creencia.

Las ciencias naturales se convierten en el referente del conocimiento, el lugar de los datos sobre los cuales se puede utilizar un lenguaje informativo, no afectado por las arbitrarias interpretaciones del sujeto. El conocimiento ideal es el que se acerca a la objetividad de los hechos que las ciencias logran informar. El nuevo paradigma se basa en los siguientes supuestos (Zanotti, 2011, p. 30):

- Conocimiento es igual a información. Esto es, sujeto que recibe pasivamente los hechos e informa sobre los hechos.
- La verdad es igual, por ende, a la correspondencia entre el mensaje informado y los hechos.
- El lenguaje es especular: es locutivo: la sintaxis, la semántica y las palabras son un espejo, un reflejo de los hechos.

Este paradigma sufrió tres giros en la filosofía del siglo XX, que puede contribuir decisivamente a ayudarnos en la formulación de un Periodismo, y de una comunicación, adecuada a nuestro tiempo: el giro hermenéutico, el giro lingüístico y el giro epistemológico.

Del giro hermenéutico, comenzado por Heidegger, nos quedamos con Gadamer y sus horizontes desde los cuales precomprendemos el mundo. Ya no hay sujeto ni objeto sino un círculo hermenéutico, un sujeto que proyecta su horizonte desde el mismo horizonte. Verdad y método propone que el conocimiento se logre por la comprensión del acto de interpretación.

El giro lingüístico destruye la concepción especular del lenguaje para sustituirlo por los juegos del lenguaje, donde el lenguaje es acción: no describimos cosas con el lenguaje sino que hacemos cosas con el lenguaje. El lenguaje ya no es copia de un hecho objetivo sino constitutivo de una forma de vida.

El giro epistemológico, representado por Popper, deslegitima la creencia de que las ciencias se salvaron de la interpretación y de la subjetividad. Popper critica el inductivismo que suponía que podía haber observaciones que sean neutras de nuestras teorías e hipótesis. Plantea que las hipótesis preceden a la observación y la guían; que la base empírica es interpretada por nuestras hipótesis y que la metafísica ocupa un lugar central en la historia de las ciencias. Señala el profesor Zanotti (2011, p. 32) que "si la interpretación es el eje central del conocimiento humano, si el lenguaje no describe al mundo sino que al parecer lo constituye; si la ciencia ya no es el lugar de los hechos sino de nuestras subjetivas hipótesis, ¿dónde quedan la verdad, la realidad y la certeza?".

El paradigma de la información ha monopolizado la propiedad de estas tres últimas. Al sentar las categorías antes aludidas en el banco de los hechos objetivos nos hemos olvidado de nuestra visión del mundo, de la cuestión de la intencionalidad, y de la del sentido. Agradezcamos a E. Husserl su insistencia sobre "el polo del sujeto" en cuya conciencia intelectual se da la "descripción objetiva de las esencias" poniendo entre paréntesis la existencia concreta del mundo externo. La clave está en sustituir la noción de mundo como cosa física por la noción de mundo como mundo de la vida humana, intersubjetivo. Mundo es un conjunto de relaciones intersubjetivas en las cuales y desde las cuales conocemos.

Aquí es importante traer a colación el pensamiento de Alfred Schutz (1979, p. 197) y su afirmación de que si no tuviéramos en nuestra mente los esquemas cognitivos fruto de nuestras relaciones intersubjetivas no podríamos comprender nada. El conocimiento no es la relación del sujeto pasivo con un dato objetivo, sino vivir en, estar en un mundo de vida y por ende entender. La relación es persona-mundo y no sujeto-objeto. A partir de ahí se verán los objetos insertos en el mundo vida como realidad, un mundo vida que les da sentido en sus usos intersubjetivos cotidianos. La verdad será la expresión de un mundo vida habitado. Interpretar es, por tanto, conocer, vivir en. La realidad humana es intersubjetiva, desde esta intersubjetividad acudimos a las cosas físicas como parte del mundo vida. Es el mundo vida, y aquí nos debemos preguntar por el papel de los medios en la conformación del mundo vida, el que nos proporciona esquemas interpretativos cotidianos. Los medios, que son un factor determinante en el mundo vida contemporáneo, nos ofrecen esos esquemas interpretativos cotidianos, de los cuales depende el conocimiento de las personas como interpretación, no como adición a un texto sino como comprensión de la situación vivida. La acción humana, un concepto clave al que luego nos referiremos, conformará los mundos vida. Si el sujeto es acción, la acción es intencional por su propia naturaleza. La intencionalidad marcará, en gran medida, la pauta del análisis de la acción.

De hecho, en la historia del Periodismo, la insatisfacción de los modelos informativos que generaron el nacimiento de los modelos interpretativos del Periodismo, o los nuevos periodismos, respondía a esta situación. Otra cuestión es que las propuestas interpretativas fueran capaces de llegar a todo el arco de la problemática generada y acelerada por los factores constituyentes del Periodismo: la tecnología, la economía y la sociología. El peligro radical del Periodismo es quedarse mudo frente al fenómeno humano o entregar sus armas a los poderes para que conviertan al Periodismo en un juego en sus manos. Un juego alejado del uso de la razón humana y de un concepto integral de persona.

2. El texto informativo

No en vano, lo que hasta este momento entendemos como noticia es, para muchos, el concepto aglutinador de una familia amplia de términos a la par que la conclusión de un proceso polimórfico de transmisión y/o representación social. En este sentido, podríamos hablar de una polisemia intrínseca respecto al concepto de noticia, como paradigma de la base textual de la información periodística, que no es otra cosa que una manifestación de un proceso anterior: la polisemia epistemológica en la fundamentación de la teoría del Periodismo y del desarrollo de los conceptos marcos de esta teoría.

Detrás de cada concepción de lo que es la noticia se encuentra una teoría del conocimiento aplicada a una realidad social de amplia y efectiva implantación como es la forma comunicativa de los hechos, de los acontecimientos. Con lo cual, a la hora de abordar el estudio de la noticia, tendríamos que inevitablemente pagar el peaje de una inmersión en la teoría de la realidad, o en las teorías de la realidad y del acontecimiento. Tarea no fácil en un momento, la postmodernidad, en el que la realidad y los acontecimientos se han disuelto en un mar de profundas disidencias respecto a la posibilidad de conocer lo real más allá del lenguaje sobre lo real. Para Enric Saperas (1998, p. 31), la sociedad de la información es "una estructura económica y de vida cotidiana que integra todo tipo de información como principal fuente de creación de riqueza, de producción de conocimiento, de distribución de mensajes y, finalmente, de estrategia para la toma de decisiones".

Señala Leo Sigal (1978, p. 12) en su clásico tratado:
"La inseguridad acerca de lo que significan las noticias confunde en forma similar a los periodistas y a sus críticos. Incluso en una era

relativista, dos puntos que es necesario reenfatizar son la subjetividad de todo conocimiento y la inevitabilidad del conflicto acerca de qué es la verdad. [...] Consecuentemente, cada periodista confronta un enigma epistemológico no muy diferente al del historiador o científico social que busca establecer la validez de su interpretación de los acontecimientos. La forma en que cada uno realiza esa tarea determina lo que cada uno 'sabe'".

En este sentido, y haciendo un sano ejercicio de retrospectiva, nos encontramos con una primera afirmación de Lorenzo Gomis (2002, p. 159) sobre la historia de la relación entre la redacción periodística y la noticia:

"La necesidad de enseñar redacción periodística explica que en efecto pueda considerarse el paradigma básico de la enseñanza la distinción entre noticias y comentarios. Como esa distinción no se hace en la conversación corriente, había que acostumbrar al estudiante de Periodismo a saber si estaba informando u opinando. Los dos axiomas básicos y estables de la enseñanza en los setenta y alrededores fueron, así, el paradigma de Laswell y la distinción tradicional en el Periodismo anglosajón entre noticias y comentarios, entre hechos y opiniones, enfatizada por el axioma 'Facts are sacred, comments are free', aunque la realidad mostrara que ni los hechos eran tan sagrados ni los comentarios, tan libres. Pero quien supiera desenvolverse cómodamente en el interior de esta distinción era periodista".

Y para más complejidad, en el nuevo paradigma que lo es también de la complejidad –valga la redundancia–, nos encontramos en un momento de redefinición conceptual en el Periodismo cuya primera víctima, a decir de Lorenzo Gomis (2002, p.168), es el concepto de hecho:

"La víctima de este proceso ha sido el concepto de hecho, hoy visto como ingenuo, y por consiguiente, el de la noticia como redacción objetiva y profesional de un hecho que se transmite al público. Pero a este resultado se ha llegado al menos por dos caminos. Uno ha sido la asimilación y digestión de la lingüística y sus derivados, desde Saussure hasta Austin y su estudio de cómo hacer cosas con palabras o Derrida y su deconstrucción de un texto. La realidad transmitida por los medios se ha vuelto así, bajo el microscopio, tan relativa y fluida como el propio texto. El otro camino ha sido la observación participante de los sociólogos que se han metido en los medios para estudiarlos por dentro. Herbert Gans (1979) quiso ver de cerca cómo se decide qué es noticia en las redacciones de los noticiarios televisivos de la CBS y la NBC y las de los semanarios *Newswek* y *Time*. Utilizando un concepto de uno de los pioneros citados antes, Kurt Lewin, se ha querido estudiar también de cerca quién es el *gatekeeper*, el guardián o portero que deja pasar una información o la echa al cesto de los papeles. El proceso está lleno de momentos decisivos: alguien decide que algo puede ser noticia o no lo es".

Este panorama no es óbice para que, asumida la interdisciplinariedad propia de las Ciencias que nos ocupan, y la heterodisciplinariedad del objeto que nos preocupa nos lancemos de lleno a una más o menos sistemática exposición sobre lo que entendemos por noticia, sin olvidar lo que afirma el profesor Héctor Borrat (1989, p. 117):

"La producción y comunicación pública de noticias es rasgo definitorio del periódico como actor social, de los periodistas como grupo profesional, del Periodismo como institución. No ha de extrañar, por ello, que la noticia genere un gran número de investigaciones y desarrollos teóricos desde los ángulos más diversos".

Núñez Ladevéze (2002, p. 165) refiriéndose al marco de la necesaria interdisciplinaridad de redacción periodística –presente en este trabajo–, ha añadido:

"El ámbito de los estudios de lo periodístico es suficientemente amplio como para que pueda ser afrontado desde distintas perspectivas. Eso no significa que un enfoque interdisciplinario lleve aparejado la renuncia a esforzarse por encontrar un punto de vista unitario. En último extremo, se trata de encontrar la unidad en la diversidad de las ciencias sociales. Así que esta variedad no implica necesariamente dispersión. Las perspectivas sociológica, pragmática y lingüística tienen nexos comunes. La teoría del texto y de la acción son consecuencias de este tratamiento interdisciplinario que, a mi modo de ver, ha sido tan rico en aportaciones a la investigación como en la definición de pautas de conducta aplicables a la formación didáctica".

Conste aquí que no nos estamos entregando sin más a la solución interdisciplinar, que como señala J. J. García-Noblejas (2000, p. 39), "en su precaria provisionalidad, resulta engañosa, porque la promiscuidad no se resuelve con la interdisciplinariedad. Desde una perspectiva científica, como diría Kieerkegard, más vale ir desnudo o con ropas provisionalmente prestadas, que aparecer vestido de 'Arlequín interdisciplinar'".

¿Es posible una teoría crítica de la base textual informativa que, a la vez, lo sea de la información? Inevitablemente existe una línea de continuidad en los enfoques y orientaciones y abordajes del tratamiento de los diversos objetos de estudio analizados. Sin embargo, un apartado dedicado a la noticia como realidad textual, periodística, comunicable, en suma, quedaría cercenado si no se le catapultara a horizontes de comprensión más amplios.

Es ya un lugar común la afirmación de que vivimos una crisis en el Periodismo, y que la crisis del Periodismo consiste, entre otras razones, en la deslegitimación veritativa de la noticia, acompañada de una sobreabundancia de opinión en todos los órdenes, medios y mediadores.

Pero nuestra perspectiva es otra. Pretendemos el desarrollo de una teoría de la noticia desde el hontanar del saber, de la sabiduría, de la información. La noticia al servicio y en correspondencia con el saber, no con el poder; con la *auctoritas* (social), no con la mera *potestas* (social). Uno de los problemas de la noticia es el análisis del valor de la información. Un valor que, ciertamente, no es el del mercado, ni el de la bolsa de la competencia desenfrenada en los procesos de producción de la información. Un valor, el de la información, y el de la calidad del texto informativo, que radica en la percepción significativa de las "ideas, hechos y opiniones" destacados por lo que tienen de "libertad implicada en el actuar humano", como diría el profesor García-Noblejas (2000, p. 31).

El saber de la profesión periodística pivota sobre el conocimiento y reconocimiento de la significatividad de las libres acciones humanas. La materia prima de la información no es otra que la acción libre personal abordada como algo sustantivo, consistente en sí mismo, que los periodistas hacemos comunicativamente consistente para el imaginario social después de un proceso de selección, y transformación del contenido en formatos compatibles con la naturaleza de los canales y las circunstancias vitales de los receptores. Este trabajo está sometido a criterios más o menos cuantificables en el orden del beneficio del medio, pero ¿lo está en el orden del conocimiento de lo real para la audiencia, para las personas concretas que nos leen, nos escuchan o nos ven?

Lo ha escrito A. M. Rosenthal, antiguo director de *The New York Times*, y lo reproduce García-Noblejas (2000) en su libro ya citado:

"Al cabo de toda una vida en el Periodismo diario, todavía me produce inquietud el que una auténtica noticia sea tratada como si no lo fuera en absoluto.

Los periodistas escriben sobre lo que les interesa a ellos y –así lo esperan– a una parte de sus particulares audiencias lo suficientemente amplia como para hacer de sus periódicos o de sus emisoras de televisión una costumbre diaria.

En los países libres, la diversidad de publicaciones y de emisoras garantizan información sobre cualquier tema que afecte a lo que es de importancia para la vida humana, junto con grandes cantidades de lo que es deliciosamente intrascendente.

Existe una convivencia de colores en la vida, los que separan a los pueblos libres del espantoso gris sucio del despotismo.

Los periodistas decidieron, en ocasiones, que algunos temas no eran noticias, como la matanza comunista de millones de ciudadanos soviéticos, el Holocausto, la pobreza y los odios raciales en nuestro propio país o algunas esencias universales como la religión y la sexualidad.

No sé por qué. Quizá, en lo que respecta al Periodismo, se deba a que, en su magnitud, resulta demasiado complicado y presenta demasiados perfiles como para que nuestras pobres mentes se enfrenten a él".

Otro horizonte es el de la estrecha relación de los procesos sociales de creación y de manipulación de símbolos (cultura) y la capacidad para producir o distribuir bienes y servicios (fuerzas productivas). Nos invita a pensar sobre las consecuencias de la identificación absoluta entre *logos* y *techné*, entre la mente y la máquina, entre lo cultural y lo material-producido, que diluye las capacidades de pensar sobre la cuestión del sentido.

3. Práctica de la información y políticas de conocimiento

Esta insuficiencia de la práctica periodística referida a la información y a la elaboración textual de la información tiene su incidencia en las denominadas políticas del conocimiento, que se han convertido en un asunto de ciudadanía. Estas políticas se caracterizan por un gran incremento de las posibilidades; vivimos en una inteligencia sobrecargada en un espacio sobrecargado, la Red. La principal acción política hoy es la organización y la gestión de la incertidumbre.

Nos hemos acostumbrado a asumir que vivimos en la sociedad del conocimiento, que nos exige una gestión de nuestra ignorancia. Quizá, según Daniel Innerarity (2011), debiéramos referirnos a la sociedad de la desinformación y del desconocimiento. Nuestra ignorancia es consecuencia de tres propiedades que caracterizan a la sociedad: 1) el carácter no inmediato de nuestra experiencia del mundo; 2) la densidad de la información; y 3) las mediaciones tecnológicas a través de las cuales nos relacionamos con la realidad.

La sociedad en red está agudizando el contraste entre lo que se puede saber y lo que se debe saber. Este hecho nos está conduciendo a la sociedad del desconocimiento. En otras culturas, en otros momentos de nuestra cultura, los seres humanos conocían poco, pero ese poco era todo lo que podían y debían conocer. ¿Eran esas sociedades más comprensibles y transparentes que las nuestras? El progreso de la ciencia no hace más fácil la comprensión del mundo, sino más difícil, ya que el saber transforma la información en complejidad. Y en una sociedad de la complejidad aumentan los retos y los desafíos a los que dar respuesta. ¿Cuanto más sabemos como especie más se aleja nuestro mundo del sentido común? Otra cuestión que nos planteamos es que nuestro conocimiento es mediado, de segunda mano. Si sólo supiéramos lo que sabemos por nosotros, sabríamos poco. Nos servimos de lo que los teóricos han denominado prótesis epistemológicas, de mediaciones. Nuestro conocimiento está edificado sobre la confianza y la delegación.

La especialización y la fragmentación del conocimiento han producido un incremento de información que no va paralelo a nuestra comprensión del mundo. El saber de la humanidad se duplica cada cinco años. Somos menos sabios en relación con el saber disponible. El saber exige visiones de conjunto que cada vez son más difíciles. Sabemos que todo está vinculado con todo, *overlinking* pero no sabemos por qué. La información no orienta. Es la escasez paradójica en medio de la abundancia. Vivimos en un mundo extraño del que estamos sobradamente informados. La información no distingue entre lo que tiene sentido y no lo tiene. ¿Qué hacemos cuando no sabemos lo que debemos hacer? Tenemos que darnos cuenta de que no hay información sin interpretación. No está informado quien vaga por el mundo de la información, tomando datos de aquí y allá, sino el que aprende y sabe interpretar, filtrar.

Vivimos en una sociedad que es más inteligente que cada uno de nosotros. La humanidad es cada vez más inteligente. Las pruebas de cociente intelectual revelan que el promedio mundial es cada año más alto. Pero el saber, en un mundo de expertos, ya no es una experiencia directa, el rumor es el entramado general del saber mediático. Todo el mundo ha experimentado la desesperación ante el incomprensible lenguaje del manual de instrucciones del aparato más sencillo en lo referido a su función. Los *gadgets* de la sociedad contemporánea son "prótesis de lo que ya no se comprende", declaraciones de capitulación de la experiencia personal. Vivimos en la esclavitud voluntaria de los usuarios. Uno se somete a lo que no entiende para usarlo. La comprensión ha sido sustituida por la aceptación, como ocurre en la economía y en la política. El usuario es un cliente de la simplicidad. Nos contentamos con usar los medios, no buscamos lo esencial en una profundidad oculta. Lo que la tecnología hace es introducir un automatismo que no es "interrumpido por la decisión" como diría N. Luhmann (consulte a su farmacéutico, sólo puede ser abierto por expertos…). Algo tendrá éxito en la medida en que es más fácil de utilizar que de explicar, por eso los niños se han entregado al universo de los nuevos medios y son más competentes que los padres. La competencia se adquiere no mediante la lectura de las instrucciones, sino mediante el placer de uso. Esto no es bueno o malo. Pensemos que la sociedad podría renunciar a las personas inteligentes, pero no a las cosas inteligentes. El progreso no es potenciado por lo que lo seres humanos piensan, sino lo que les ahorra el pensar. La civilización avanza en la medida en que haya aparatos y procedimientos que nos permiten actuar sin tener que reflexionar. En esto radica la confianza del usuario.

4. Referencias

Borrat, H. (1989). *El periódico, actor político*. Barcelona: Gustavo Gili.
Bronfenbrenner, U. (2002). *La ecología del desarrollo humano*. Barcelona: Paidós.
Debray, R. (2001). *Introducción a la mediología*. Barcelona: Paidós.
García Noblejas, J. J. (2000). *Comunicación borrosa: sentido práctico del periodismo y de la ficción cinematográfica*. Pamplona: EUNSA.
Gomis, L. et al. (2002). Encuesta: ¿Vive la comunicación un cambio de paradigma?. *Anàlisi* (28).
Innerarity, D. (2011). *La democracia del conocimiento. Por una sociedad inteligente*. Barcelona: Paidós.
Lipovetsky, G. y Serroy, J. (2010). *La cultura-mundo. Respuesta a una sociedad desorientada*. Barcelona: Anagrama,
Núñez Ladevéze, L. et al. (2002). Encuesta: ¿vive la comunicación un cambio de paradigma? *Anàlisi* (28).

Pérez Tapias, J. A. (2003). *Internautas y náufragos. La búsqueda del sentido en la cultura digital.* Madrid: Trotta.

Ramonet, I. (2011). *La explosión del periodismo. De los medios de masas a la masa de los medios.* Madrid: Clave Intelectual.

San Martín, J. (1999). *Teoría de la cultura.* Madrid: Síntesis.

Saperas, E. (1998). *Los efectos cognitivos de la comunicación de masas: las recientes investigaciones en torno a los efectos de la comunicación de masas 1970-1988.* Barcelona: Ariel.

Schutz, A. (1970). *On Phenomenology ans Social relations.* Chicago: University of Chicago Press.

Sigal, L. (1978). *Reporteros y funcionarios. La organización y las normas de elaboración de las noticias.* Méjico: Editorial Gernika.

Sloterdijk, P. (2002). *El desprecio de las masas. Ensayo sobre las luchas culturales de la sociedad moderna.* Valencia: Pre-Textos.

Watson, R. (2011). *Mentes del Futuro. ¿Está cambiando la era digital nuestras mentes?* Barcelona: Viceversa editorial.

Zanotti, G. J. (2005). *Hacia una hermenéutica realista.* Buenos Aires: Austral.

—(2011). *Conocimiento versus Información. Algunas ideas "dispersas" para una epistemología de la Escuela Austriaca de Economía.* Madrid: Unión Editorial.

Consideraciones en torno al Periodismo de Fuentes Masivas en el Periodismo Especializado

ELVIRA GARCÍA DE TORRES[1]
Universidad CEU Cardenal Herrera
egarcia@uch.ceu.es

BLANCA NICASIO VAREA[2]
Universidad CEU Cardenal Herrera
blanca.nicasio@uch.ceu.es

1. Introducción

En la última década, el nacimiento y la expansión de las plataformas sociales de comunicación, como You Tube, Facebook o Twitter han hecho posible el sueño de la participación pública en la comunicación de masas, que apunta la teoría democrático-participativa de los medios de comunicación (McQuail, 2000). La ausencia de un canal técnico de retorno, reflejada en los modelos clásicos de la comunicación de masas, se ha superado con la apertura de plataformas como Twitter o You Tube, capaces de dar cauce, por fin, al tráfico de la comunicación ciudadana.

Hace ya varios años, Singer (2006) exponía con gran acierto, refiriéndose a la *blogosfera*, algunos de los grandes cambios a los que se enfrentaba el paradigma clásico de la comunicación en Internet, como la desaparición del *gatekeeper* y el auge del valor de la transparencia frente a la veracidad. Unos cuantos años después, tratamos aquí algunas de las consecuencias de estos cambios, en

---

[1] Elvira García de Torres es investigadora principal del proyecto "Supervivencia del Periodismo en la era post-digital, consecuencias de la participación ciudadana", referencia CSO2011-29510-C03-03, financiado por el Ministerio de Economía y Competitividad y la Universidad CEU Cardenal Herrera.
[2] Blanca Nicasio Varea realiza la tesis doctoral con el apoyo de una beca de formación de personal investigador de la Universidad CEU Cardenal Herrera.

un entorno más complejo que el que Singer analiza en 2006: más rápido, más plural, más ruidoso pero también, informativamente hablando, valioso.

El impacto de la actividad de los usuarios es evidente: basta recordar cómo las niñas blogueras Martha Payne y Malala Yousafzai son capaces de alterar la agenda informativa nacional e internacional, respectivamente, o el valor de los vídeos grabados con dispositivos móviles que denuncian la injusticia de la muerte de Oscar Grant (Anthony y Thomas, 2010). Pero hay otra dimensión, asociada a la interactividad y al volumen de tráfico de las conversaciones, que exploramos en este trabajo.

2. El Periodismo de Fuentes Masivas: origen, concepto y herramientas

Con la incorporación de las voces ciudadanas al discurso informativo se crea la oportunidad para el desarrollo de una nueva modalidad periodística, el denominado Periodismo de Fuentes Masivas o *crowdsourcing journalism* (Muthukumaraswamy, 2010), que podemos definir como una forma de contar la actualidad basada en la colaboración y apoyo de los ciudadanos. Así, el periodista cubre el hecho informativo recurriendo a un amplio banco de fuentes informativas, fundamentalmente de tipo personal, accesibles sin filtro en plataformas públicas de información como Twitter, Facebook o You Tube.

Los antecedentes se encuentran en el Periodismo convencional, que se basa siempre en el trabajo con las fuentes y en el Periodismo de precisión, por la técnica. El elemento catalizador es el incremento del contenido generado por el usuario y el impulso viene de la mano del crecimiento del mercado de la telefonía móvil y de las aplicaciones que facilitan la captación y la publicación de información.

Pese a que, hasta ahora, los medios han utilizado fundamentalmente las plataformas sociales para publicar mensajes y no tanto para conversar con los usuarios, destacan ya, en la práctica, profesionales como Andrew Carvin, *Senior Strategist* de la cadena pública de radio norteamericana NPR, y Paul Lewis (@PaulLewis), en *The Guardian* (Hermida et al., 2013; Vis, 2013).

En concreto, Carvin (@acarvin), "el periodista que cuenta las revoluciones", ha ganado reconocimiento, en el ámbito profesional, por la forma en la que utiliza Twitter para ofrecer información veraz, de fuentes masivas, en tiempo real. El autor de *Distant Witness*.

Social Media, the Arab Spring and a Journalism Revolution otorga a sus seguidores, cerca de 100.000, un lugar relevante en la cobertura de noticias: "Debemos trabajar más duro para hacerlos partícipes, escucharlos, enseñarles, aprender de ellos. Tenemos que ayudarles a ser mejores productores y consumidores de la información. Si queremos seguir siendo relevantes en este mundo interconectado, esto debe convertirse en una parte fundamental de nuestra misión" (Carvin, 2013).

Destacan las posibilidades en el Periodismo político y social, por los efectos de la conversación ciudadana sobre la agenda, por el alcance de acontecimientos imprevisibles en su génesis o desarrollo, como atentados, catástrofes naturales o grandes concentraciones ciudadanas. El investigador Alfred Hermida (2010, p. 298), en relación a las nuevas plataformas de comunicación, habla de "sistemas de conocimiento" que ofrecen a los periodistas formas más complejas de comprender e informar sobre la comunicación pública.

En general, de acuerdo con una investigación realizada en medios de comunicación iberoamericanos (García de Torres et al., 2011), los usuarios pueden aportar valor añadido a la actividad periodística en diferentes momentos del proceso de producción:

- "Porque muchas veces ellos están ahí primero que nosotros [...]".
- "Aporta proximidad, al final, muchas veces las noticias que tú no te enteras [...], es decir, una cercanía con la gente del entorno y al final los propios ciudadanos se convierten en periodistas".
- "Los usuarios aportan más de lo que se esperaba. Por ejemplo, con el terremoto de Japón [...] Nos han grabado vídeos, han funcionado como informadores en directo diciéndonos lo que contaba la televisión japonesa [...]".
- "La gente nos ayudó a saber dónde estaban las carreteras cortadas".
- "Los usuarios aportan todo: contenidos, debate, pistas".

Como sistema de alerta, Twitter es fundamental. Concretamente, en el terremoto de China, en 2008, 60 segundos después del terremoto, ya había mensajes en Twitter sobre lo sucedido y poco antes del seísmo de L´Aquila, en 2009, las principales redes sociales contaban ya con una gran cantidad de testimonios que, desde todas las ciudades italianas afectadas, explicaban lo que estaban viviendo (Maistrello, 2010; Earle, et al., 2010).

Según el experto Nic Newman (2009) la crisis de Irán descubrió a los medios las posibilidades de Twitter para la recolección sobre todo de fotografías, el seguimiento de noticias a través de los blogs en vivo, la relación con la comunidad de usuarios y la entrada de usuarios a los sitios web informativos. Otros usos son la elaboración de mapas ciudadanos, las primicias y las alertas informativas, así como las coberturas en directo (García de Torres et al., 2011). Precisamente por la creación de un mapa para la cobertura colaborativa de una tormenta, la emisora de radio local WNYC obtiene en diciembre de 2010 un premio de la Online News Association. También la BBC, en ese mismo año, se apoya en un mapa ciudadano para informar sobre la huelga del metro en Londres.

Imagen 1. La BBC utiliza un mapa ciudadano para informar de la huelga en el metro (2010).

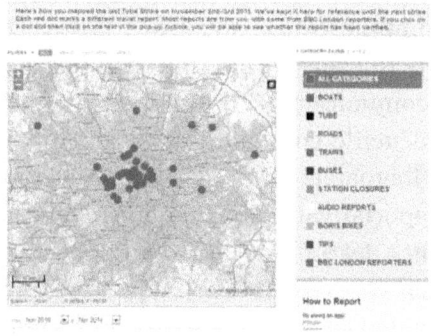

Fuente: Gonzalo, 2010.

En el trabajo con fuentes masivas, los profesionales de la información asumen un nuevo rol, el de curador de contenidos. Nace este perfil profesional como alternativa al clásico de selector o *gatekeeper*, puesto que no es posible filtrar hoy en día la información, no hay poder de veto. Lo que aporta el profesional es la interpretación, la verificación, el contexto. No nos olvidemos de que estamos ante entornos abiertos, pero opacos y fragmentados.

En su no menos determinante función de *gatewatcher* (vigilante), término acuñado por Bruns (2003), el periodista bucea entre miles de mensajes que se publican en diferentes formatos cada minuto, subraya lo esencial, verifica y busca las claves de la interpretación para añadir valor frente a una audiencia activa, interesada por contenidos concretos. Trabajar con fuentes masivas requiere capacidad conversacional y de análisis así como conocimiento de nuevas técnicas que sin duda, asociamos al método especializado de producción de noticias

(Quesada, 2012); se trata, frente a la inmediatez, de preservar el rigor informativo con la ayuda de la tecnología y crear relatos informativos más completos.

Esta forma de trabajar constituye no sólo una alternativa al Periodismo basado en fuentes oficiales sino que aporta una nueva dimensión a la agenda clásica del periodista. Constituye por otra parte, también, integración normativa del denominado "Periodismo ciudadano": los ciudadanos, aquí, no son vistos como periodistas sino como fuentes que ayudan al periodista experto en el método a profundizar, verificar y obtener nuevos ángulos para la cobertura de los hechos. El Periodismo de Fuentes Masivas es, en definitiva, un Periodismo innovador, que se suma a una tradición de técnicas, moderna, como el periodismo de datos.

Tabla 1. Herramientas para localizar, gestionar y verificar información de fuentes masivas

Herramienta	Descripción
Twitter	Plataforma de *microblogging* que crea comunidad en torno a *hashtags*, permite detectar tendencias, verificar y localizar fuentes.
Facebook	Red social de amplio alcance útil para localizar fuentes, verificar e ilustrar la información.
AudioBoo	Servicio que permite grabar y publicar audio-blogs desde el móvil.
Scribble Live	Servicio para la cobertura de eventos en directo.
You Tube	Plataforma colaborativa de vídeo.
Crowdmap	Servicio que permite crear mapas abiertos en los que los usuarios pueden geolocalizar eventos.
Storify	Servicio de gestión de fuentes masivas, que permite seleccionar varias plataformas y mensajes relacionados con palabras clave para construir relatos informativos, fundamentalmente crónicas o reportajes.

Instagram	Aplicación móvil colaborativa de fotografías, que permite añadir filtros.
Wiki	Plataforma colaborativa que permite crear textos en tiempo real a partir de las aportaciones de los usuarios.
Vine	Aplicación móvil para la grabación y publicación de vídeos breves.
Quora	Servicio que permite plantear cuestiones a grupos de usuarios expertos e interesados en temas concretos.
Tineye	Servicio de verificación de fotografías, que permite localizar imágenes similares en la web.
Google/ Búsqueda por imagen	Servicio de verificación de fotografías, que permite localizar imágenes similares en la web.

Fuente: Elaboración propia.

Cabe por último distinguir, siguiendo a Muthukumaraswamy (2010), la práctica especializada, cuando el periodista trabaja preferentemente con fuentes expertas, es decir, voces autorizadas por su especialización y accesibles a través de plataformas abiertas.

Tabla 2. Tipología del Periodismo de Fuentes Masivas *(crowdsourcing)*

Audiencia	Cobertura generalista	Cobertura especializada
No expertos	WNYC´s crowdsourcing maps	
No expertos y expertos	The News-Press´ Cape Coral	Proyecto Katine, *The Guardian*
Expertos	Talking Points Memo	Beatblogging

Fuente: Muthukumaraswamy (2010).

Los usuarios expertos pueden incorporarse de forma más amplia al relato informativo dinamizando debates en los sitios web informativos, creando contenidos para secciones específicas o bien mediante la publicación de un blog colectivo de expertos en un área, como podrían ser los miembros de una organización o de una red de organismos, o de uno o varios departamentos universitarios. Es el caso del interesante blog "Scientists at work", en *The New York Times*, en el que se cuenta, desde el terreno y con un punto de vista personal, novedoso, la experiencia de investigadores de diferentes campos de conocimiento. El blog se presenta como "una versión moderna del diario de campo, un lugar para informar sobre el progreso diario de las expediciones científicas, aventuras, desventuras, descubrimientos"[3].

3. Evolución, temáticas preferentes y herramientas

Puede decirse que el año 1999 abre la senda de la corriente informativa ciudadana con la creación de sistemas de edición de blogs que facilitan la publicación en Internet, al reducirse la necesidad de conocimiento técnico para comunicar en la Red. El valor del blog y su aportación al nuevo contexto informativo quedan muy bien plasmados en la visibilidad y el reconocimiento que adquiere el bloguero independiente Salam Pax en 2003. El éxito de sus crónicas personales desde el terreno, durante la guerra de Irak, constituyen una señal clara de los cambios a los que se enfrenta el Periodismo y del protagonismo de las voces de los expertos anónimos en el siglo XXI.

A partir del cambio de siglo, se acelera la creación de plataformas sociales. Tras Wikipedia en 2001, nacen Facebook, Flickr, You Tube y Twitter, por citar las más relevantes. Esta expansión tiene su corolario en la aceptación social de las aplicaciones móviles Instagram, la herramienta para publicar fotografías con filtros nacida en 2010, y Vine, fundada en 2012, que permite publicar y compartir vídeos de seis segundos.

El peso de las nuevas plataformas se hace evidente en los atentados en Bombay en 2008, las elecciones en Irán en 2009, la crisis de Honduras y, ya más recientemente, los terremotos de Haití, Chile y el maremoto de Japón, que afecta al funcionamiento de la central nuclear

---

3 "Scientist at work". Disponible en la URL http://scientistatwork.blogs.nytimes.com/

de Fukushima. Vendrán después la eclosión de la primavera árabe y, a finales de 2012, el huracán Sandy, retransmitido por Instagram.

Tabla 3. Desarrollo de las plataformas sociales y principales hitos informativos

Año	Creación	Medios	Hitos informativos
2001	Wikipedia		
2004	Facebook, Flickr		Tsunami asiático
2005	You Tube		Atentado en Londres
2006	Twitter	"You Witness News" (Reuters y Yahoo)	
2007		"Now Public" (*AP*) "Yo Periodista" (*El País*)	Masacre en Virginia Tech
2008		"I Report" (CNN)	Terrorismo en Mumbai
2009		*The Guardian* inaugura la verificación masiva	Elecciones en Irán Crisis en Honduras
2010	Instagram	"Open Stories" (CNN) "Crowdmap" (BBC)	Terremoto en Haití Terremoto en Chile
2011			Tsunami en Japón
2012		NBC usa Instagram para cubrir las elecciones	Primavera árabe Huracán Sandy

Fuente: Elaboración propia

Los medios de comunicación de masas se abren en paralelo a la imparable corriente participativa, sobre todo a partir de 2006, al dar impulso a herramientas de participación como los foros, los comentarios y la votación en las noticias y el desarrollo de espacios propios para la participación de los usuarios. Con el nacimiento de los denominados canales de Periodismo Ciudadano, como You Witness News (Reuters y Yahoo) en 2006, Now Public (Associated Press) y Yo Periodista (*El País*), en 2007, y I Report (CNN), en 2008, queda legitimada la producción de la audiencia.

No deja de ser significativo que en noviembre de 2008 la BBC abra paso en su sitio web a los mensajes que los usuarios publican en Twitter con motivo de los atentados que tienen lugar en Bombay; como respuesta a algunas críticas, la cadena explica que el objetivo de la cobertura es tomar decisiones rápidas sobre lo que es más relevante, más que dar una visión sopesada de los hechos. También *El País*, en junio de 2009, difunde en la portada de la versión digital mensajes de Twitter para cubrir la crisis de Honduras. Pero mayor alcance tiene todavía el paso que da *The Guardian* en 2009, al poner 458.832 documentos a disposición de sus lectores para que éstos colaboren con los periodistas en una investigación sobre los gastos de los parlamentarios.

Hay otras señales de cambio en los últimos cinco años: *The New York Times* publica un reportaje financiado parcialmente por Spot Us en noviembre de 2009, BBC abre al público su centro de formación e incorpora *Global Voices* en marzo de 2010, un vídeo ciudadano gana el premio George Polk de Periodismo en febrero de 2010, el diario español *20 minutos* se hace social en 2010, CNN crea "Open Stories", *The Huffington Post* y *Washington Post* solicitan ayuda a los lectores para revisar 24.000 correos de Sarah Palin y *The Guardian,* de nuevo, solicita ayuda a sus lectores en 2012, esta vez para identificar fotografías falsas sobre el huracán Sandy a través del hashtag #fakesandy.

Imagen 2. The Guardian *pide colaboración a sus lectores para verificar (2012).*

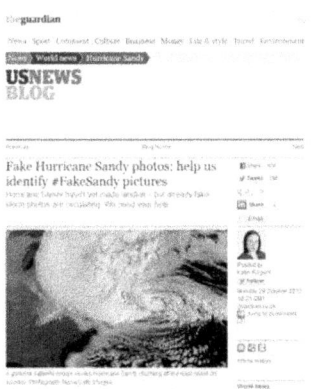

Fuente: *The Guardian*

Con la puesta en marcha de la aplicación "Guardian Witness" por el diario británico *The Guardian* en abril de 2013 para canalizar la participación de la audiencia, se da un paso más en la senda abierta por los primeros canales de Periodismo Ciudadano.

Es la comunicación ciudadana una corriente imparable de la que los medios se benefician en forma de noticia no solicitada, contenido solicitado con propósitos informativos, contenido para futuros temas y reportajes y de su función vigilante (Harrison, 2010). A veces, simplemente, la audiencia proporciona otro ángulo para la cobertura frente a los tradicionales valores noticia, como las imágenes alternativas, festivas, que facilitan los ciudadanos bloqueados por el mal tiempo (Beckett, 2010).

Desde 2005 se suceden los hechos críticos, de alcance global, en los que el papel de los usuarios, como testigos, y sus aportaciones en formato textual o en imágenes fijas o material audiovisual se convierten en elementos cruciales de la narración periodística. El atentado a las Torres Gemelas en 2001 ya había puesto de manifiesto la capacidad de los ciudadanos para captar imágenes desde cualquier ángulo imaginable; tras el tsunami asiático que tiene lugar en 2004, una vez en marcha la plataforma colaborativa de vídeo You Tube, entran en la arena global los relatos ciudadanos de la catástrofe.

Pero son el atentado en Londres en 2005 y la masacre de estudiantes en Virginia Tech en 2007 los acontecimientos que descubren lo que los ciudadanos pueden aportar a los medios de comunicación en la era de los medios sociales: la narración colectiva, aunque fragmentada, de los hechos, con gran celeridad. En el primer caso, a través de fotografías y testimonios, fundamentalmente; en el segundo, en Facebook, Wikipedia y en los blogs.

Es innegable el interés periodístico de las fuentes masivas. Como adelanta Bradshaw (2007) tras las experiencias de Virginia Tech (2007) y el paso devastador del huracán Katrina por Nueva Orleans (2005), es oportuno el relato de fuentes masivas en el Periodismo, en acontecimientos en que un número elevado de personas se ven involucradas, aunque los experimentos pioneros con el formato de escritura colaborativa (wiki) llevados a cabo por algunas publicaciones se salde con desigual fortuna y no hayan tenido continuidad. Hay problemas asociados, por ejemplo, a la integración de los estilos periodísticos en los textos colaborativos, puesto que se sobrecarga la labor de edición.

Tabla 4. Hitos de la conversación ciudadana global (2004-2011)

2004	Tsunami en Indonesia
2005	Atentados en el metro de Londres
2007	Masacre en Virginia Tech Protestas en Birmania Incendios en California
2008	Crisis postelectoral en Kenia Ataques terroristas en Mumbai Asesinato de Oscar Grant
2009	Accidente en el río Hudson Abuso policial en la cumbre del G20 Proceso electoral en la India "Marcha verde iraní" Golpe de Estado en Honduras
2010	Terremoto Haití Terremoto Chile
2011	"Revolución de los jazmines" en Túnez

Fuente: Espiritusanto y Gozalo, 2011.

Lo que tienen en común la mayoría de estos hechos de impacto global es la imprevisibilidad, el alcance y las consecuencias directas sobre un número elevado de personas, lo negativo y el conflicto en muchos casos. Convergen en estos hechos varios criterios de noticiabilidad clásicos no vinculados al estatus de los protagonistas (Galtung y Ruge, 1965; Wolf, 2000). Se trata sobre todo de catástrofes, naturales o provocadas, de revueltas sociales, manifestaciones populares o bien noticias en contextos de censura informativa.

3.1. La cobertura de desastres naturales en la era social

Desde que un tsunami golpeó el sureste asiático en diciembre de 2004, es innegable el protagonismo de los medios sociales durante la cobertura de los desastres naturales, pero sobre todo a partir de enero de 2010, desde las horas y días posteriores al seísmo de Haití, más tarde en Chile, en febrero del 2010, en Japón, en marzo del 2011 o en Estados Unidos en 2012 (Huracán Sandy), entre otros.

El interés por las catástrofes naturales se ha incrementado en los últimos años (García de Torres y Nicasio Varea, 2012), pero por sí solo este factor no explica el extraordinario impacto social y mediático de las catástrofes en la era de los medios sociales, que introducen cambios significativos de impacto social.

En muchos casos, la primicia puede salvar vidas por lo que la inmediatez, que tantas veces juega en contra de la precisión, se convierte en un elemento de gran valor y es aquí donde sobresale principalmente Twitter. Los desastres naturales destacan como categoría de noticias en las que la alerta llega antes a través de medios sociales, sólo por detrás de los deportes, según Petrovic et al. (2013). Por ejemplo, en el terremoto sufrido en Virginia el 23 de agosto de 2011, la información llegó a través de medios convencionales a las 18:24, pero había sido publicada en Twitter casi media hora antes, a las 17:53. En España, la cadena de televisión Antena3 reconocía en una información publicada el 12 de mayo de 2011, tras el terremoto en la ciudad murciana de Lorca, que "cuando los medios de comunicación aún no habían informado la magnitud de los terremotos, los 'twitteros' narraban en primera persona la tragedia"[4].

Pero, además, los ciudadanos aportan en estas plataformas información de primera mano al instante y cubren un amplio espacio geográfico con profundidad de campo. Son contribuciones de un gran interés humano, que dejan testimonio audiovisual o fotográfico de lo sucedido, atractivas por su capacidad para reflejar, desde un punto de vista subjetivo, la violencia de la naturaleza, las emociones y la incertidumbre.

Los vídeos sobre el tsunami que en 2011 afectó el funcionamiento de la central nuclear de Fukushima en Japón fueron vistos durante la semana siguiente a la catástrofe 96 millones de veces; pero, además, el tsunami fue en exclusiva el tema central de los 20 vídeos más vistos en You Tube entre el 11 y el 18 de marzo de 2011 y, a medio plazo, entre enero de 2011 y marzo de 2012 se mantuvo como el tema más popular en el nivel mundial (Rosenstiel y Mitchell, 2012).

---

4 V. "Las redes sociales arropan a Lorca tras adelantar la noticia del terremoto", en http://www.antena3.com/noticias/tecnologia/twitter-adelanta-noticia-terremoto-murcia_2011051102390.html

El impacto de los medios sociales en las catástrofes tiene también un claro componente práctico por su contribución a la difusión de los efectos, la búsqueda de desaparecidos o la coordinación del trabajo de los equipos de rescate y de la ayuda alimentaria y sanitaria (Vieweg, et al., 2010; Muralidhraran, et al., 2011; Tinker y Fouse, 2009; Nagar, et al, 2012; Murthy y Longwell, 2012).

Tras el seísmo de Haití, OpenStreetMap diseña mapas actualizados con el objetivo de ayudar a las organizaciones de ayuda a encontrar vías para llegar a las zonas afectadas con fuentes que ofrecían datos con un alto nivel de detalle. The National Oceanic and Atmospheric Administration (NOAA), Geo-Eye Google, Banco Mundial y Digital Globe, entre otras, complementaron con informaciones aportadas por los usuarios (Nelson, Sigal y Zambrano, 2010). Más tarde, después del seísmo de Chile, Google activa "Crisis Response", un portal de información y ayuda al país latinoamericano y "Map Maker", una aplicación para la construcción de mapas que podía ser utilizada por ONG's y otras organizaciones de ayuda (Gonzalo, 2012). Es conocido, asimismo, el papel de Google Person Finder para localizar personas desaparecidas en situaciones de emergencia. Algunas herramientas pueden facilitar el trabajo de los periodistas para localizar fuentes ocasionales y expertas, como Alertnet o ReliefWeb creadas por Reuters y por la OCHA (United Nation Office for the Coordination of Humanitarian Affairs) y la ONG MapAction, que se dedican a la recopilación y transmisión de información sobre crisis humanitarias (Moeller, 2008).

4. Problemas relacionados con la verificación de la información masiva

Gestionar amplias corrientes de información no es una tarea fácil, especialmente si se tiene como objetivo identificar con rapidez los elementos valiosos y seleccionar las fuentes que aportan sentido a la narración de los hechos: un minuto después del terremoto que hace temblar Haití en 2010 se inicia una cadena de actualizaciones de estado en Facebook que alcanza los 1.800 posts por minuto un día después.

Pero no sólo existe dificultad por el volumen de datos, sino también porque se trata de información en bruto; hay que aplicar, además, técnicas para discriminar la información veraz. Quizá por eso el foco, en la verificación, pasa actualmente de la inteligencia individual, de las instituciones y los individuos como fuentes de conocimiento especializado y autoridad, a la inteligencia colectiva, donde ese conocimiento y autoridad están distribuidos y entrelazados (Hermida, 2012).

Veamos un ejemplo de cómo opera este conocimiento distribuido y entrelazado. En diciembre de 2012 el vídeo "Eagle picks up a baby" se convierte en viral y recibe 1,4 millones de visitas durante las primeras 24 horas tras ser publicado en You Tube. En el vídeo se muestra, con verosimilitud, cómo un águila en vuelo desciende y atrapa a un bebé, ante la sorpresa y preocupación del autor del vídeo, que corre para salvarlo.

Como apuntan el blog "Gawker" y *Daily News*, los usuarios de Internet proceden a su análisis y descubren, al examinar los fotogramas, que un ala del águila desaparece en algún momento y aparece en cambio una sombra no coherente con la narración en un momento dado; otros apuntan que se trata del único vídeo publicado por el usuario y que ningún medio ha publicado la información o que el centro de formación NAD lleva a cabo todos los años la prueba hoax the Internet. Pero, además, un experto ornitólogo explica que no sólo la especie de águila que da título al vídeo (Golden Eagle) no es corriente en el área de Montreal, sino que además, el animal que muestra el vídeo pertenece a otra especie.

Imagen 2. Captura de vídeo "Eagle picks up a baby".

Fuente: You Tube.

En realidad, es un trabajo de estudiantes creado con imágenes 3D por una escuela de diseño como parte de un seminario. La escuela se identifica como responsable y aclara la naturaleza ficticia del vídeo unos días después.

Otros dos casos, en 2013, ponen de manifiesto, por el contrario, la dificultad de informar en los entornos digitales abiertos y los peligros del "crowdsourcing".

Durante la cobertura del huracán Sandy circulan por la red numerosas fotografías e información falsa sobre la presencia de tiburones, la inundación de la bolsa de Nueva York y tormentas imposibles, hasta el punto de que el diario *The Guardian* pide colaboración a los usuarios para identificar las fotografías falsas. Un estudio posterior publicado por este medio informativo pone de manifiesto que al menos dos de las imágenes más vistas del huracán en los medios sociales son falsas y que pueden aplicarse algunos parámetros de verificación para detectarlas. Mayores problemas presenta la publicación de imágenes reales que pertenecen a otro momento en el tiempo, o que forman parte de vídeos antiguos. La información que contienen los "metadatos" del documento, como el momento de la captura o el tipo de dispositivo, pueden ayudar, pero no siempre están disponibles. Herramientas como Tineye y la búsqueda de imágenes de Google ayudan a localizar imágenes similares en la web y proporcionan una ayuda valiosa.

La acuciante necesidad de diferenciar contenidos verdaderos y falsos en contextos de urgencia informativa ha abierto la puerta al diseño de proyectos informáticos que cruzan variables sobre los usuarios y los mensajes a gran escala. Así, un grupo de investigadores del Instituto de Tecnología de la Información de Delhi, de los Laboratorios IBM y de la Universidad de Maryland han creado una herramienta que procesa fotografías publicadas en Twitter, a partir de los siguientes parámetros:

Tabla 5. Variables relativas al usuario empleadas para detectar imágenes falsas en Twitter

Variable
Número de amigos
Número de seguidores
Ratio seguidores-amigos
Número de veces que figura en listas
Tiene una URL
Es un usuario verificado
Antigüedad de la cuenta de Twitter

Fuente: Gupta et al., 2013.

De los mensajes, se tienen en cuenta para la realización del cálculo matemático la estructura gramatical, los sentimientos asociados, los *hashtags* o el número de *retuits*, entre otros ítems. Los autores concluyen que son precisamente los rasgos asociados al mensaje los que permiten detectar mejor las fotografías falsas. Otros proyectos con similar propósito son Verily, Social Sensor y Tuitincident.

El atentado en Boston, en abril de 2013, es otro banco de pruebas para la participación de los usuarios. La página colaborativa ciudadana Reddit, en la que se publican los nombres de dos estudiantes inocentes como sospechosos de la masacre, recibe numerosas críticas; el autor del blog "Reflections of a Newsaur" no duda en calificar los hechos de "grave desastre". Sin embargo, el experto Mathew Ingram (2012) destaca tres logros de la actividad de Reddit durante los atentados: la recolección de información verificada, la coordinación de la ayuda y la colaboración en la verificación de hechos.

Kapferer (1989, p. 108) señala que la verificación no es algo natural: "Si es preciso inculcar en los futuros periodistas el reflejo de comprobar la fuente, significa que la función no tiene nada de espontánea". Una investigación sobre los comentarios de los usuarios a diez vídeos ciudadanos de la denominada "primavera valenciana" parece darle la razón. Los autores descubren una aceptación tácita de que los hechos que se muestran son ciertos, con escasas referencias a la veracidad. Los usuarios en términos generales, salvo en el primer vídeo, no indagan en torno a las condiciones en las que se produce la grabación, ni la autoría (García de Torres, Martínez Martínez y Prósper, 2012).

La verificación es, ciertamente, una piedra de toque del Periodismo profesional en la que se tropieza quizá con demasiada frecuencia. Karen Dunlap (2013), en referencia a los errores cometidos por los medios de comunicación en la cobertura de los atentados de Boston antes mencionados, recuerda que "la precisión es la regla número uno del Periodismo creíble". Para Kovach y Rosenstiel (2012) es un problema que no exista un protocolo sistematizado de verificación.

En los medios sociales hay que añadir el anonimato de las fuentes, la rapidez con la que fluye la información, el carácter digital de los mensajes y la popularización de las herramientas de edición de imágenes, que facilitan su manipulación. Los profesionales aconsejan el examen en forma y contenido, aprovechando los recursos de Internet y la colaboración de los ciudadanos que pueden, por ejemplo, identificar el uso de un dialecto en un vídeo o detectar acentos incongruentes.

Tabla 6. Pautas para verificar información social

Mark Little (fundador de Storyful)
Historial: comprobar si anteriormente el usuario ha compartido información útil y creíble o si utiliza información de otros como si fuera suya Utilizar Google Street View para verificar las localizaciones en vídeos y fotos Monitorizar el tráfico para ver quién está compartiendo esa información y qué preguntas se hacen al respecto Utilizar la red de usuarios para confirmar la veracidad de la información (human algorithm)
BBC
Meteorología: comprobar el tiempo que hace en el lugar y las sombras para ver si las condiciones coinciden con las de la fecha y hora del vídeo/foto Acentos y lenguaje: comprobar si son consistentes Localización: utilizar mapas de la zona y cotejar las imágenes En el caso de tuits, revisar la biografía del usuario antes de retuitear

Fuente: Elaboración propia.

Hay sin embargo un debate entre los profesionales sobre la pertinencia de publicar información sin verificar para aprovechar los recursos de los entornos abiertos (Thurman y Walters, 2013), una polémica que arranca con la discusión sobre los méritos del pionero Periodismo de código abierto y los experimentos del *Jane's Intelligence Review* en 1999 (García de Torres, 2004).

De acuerdo con los estudios académicos sobre la participación ciudadana en los medios, las expectativas no deberían ser muy altas. Una revisión sistemática de los trabajos publicados sobre este tema en revistas de impacto revela decepción por la motivación económica de los medios informativos para promover la participación y por la pasividad de los usuarios (Border, Van Hoof, Coster y Sanders, 2013).

Por una parte, la relación entre participación e incremento de tráfico e imagen de marca se refleja en las escasas garantías que ofrecen los medios informativos en cuanto a la calidad de los contenidos generados por el usuario en sus sitios web (García de Torres, 2013). Por otra, la falta de implicación de los usuarios en la conversación ha sido puesta de manifiesto en un estudio de Pew Research Center (2010) y en el ámbito iberoamericano, hace ya algunos años, por Rost, Pugni Reta y Apesteguía (2008). Esta falta de participación tiene importancia si asumimos las tesis de Lih (2004) quien sostiene, en relación a la producción de Wikipedia, que un número alto de ediciones y de editores únicos de los artículos es un buen indicador de alto nivel de calidad de los contenidos.

En los estudios sobre la circulación de la información en catástrofes naturales hay sin embargo pruebas de actividad ciudadana en tareas de verificación. Mendoza et al., 2011, que estudian la credibilidad de los mensajes en Twitter tras el terremoto de Chile, sostienen que pese a que se *tuitean* mensajes falsos que aumentan la sensación de caos y de inseguridad los rumores tienden a ser más cuestionados, por lo que concluyen que la comunidad Twitter funciona como filtro colaborativo. Sutton (2010), que estudia el uso de Twitter tras un desastre tecnológico en Tennessee Valley en 2008, descubre que los usuarios vigilan la información que se publica y que corrigen datos falsos y rumores.

Durante la cobertura de las manifestaciones de Londres en 2011, Mary Hamilton (2011) ofrece unas pautas a los lectores de *The Guardian* que constituyen buenas guías de acción para la comunicación ciudadana: no *tuitear* información salvo que el usuario vea lo que está ocurriendo, tener en cuenta que otros usuarios gastan bromas y que tener miedo no significa que algo vaya a ocurrir, cuestionar directamente los rumores, tratar de obtener verificación (apunta a las fotografías), corregir los errores, ser específicos si se *tuitea* sobre algo que se está viendo y seguir en los medios sociales a personas en las que se confíe. Constituyen buenas guías de acción para la comunicación ciudadana. Meier (2010) añade la validación cruzada, dado que las posibilidades de que varias personas informen sobre un hecho concreto incrementan la credibilidad del mismo.

5. Estudio de caso: historia de un rumor

Analizamos, en esta última parte del texto, brevemente, un caso concreto: la actividad de los ciudadanos en el hashtag #ardevalencia, durante la difusión del rumor que alerta de la cercanía del incendio que asola la provincia de Valencia, en julio de 2012, a la central nuclear de Cofrentes[5]. Convergen en este rumor altos niveles de ambigüedad e importancia así como otros elementos que contribuyen a que esta noticia improbable sea compartida por miles de usuarios.

Para diseñar el análisis tenemos en cuenta los trabajos de Allport y Postman (1957), Kapferer (1989) y Prassad (Bordia y Di Fonso, 2002) y Kovach y Rosenstiel. Aunque asumimos las críticas de Kapferer (1989) al concepto de rumor de Allport y Postman (1988), hemos tomado como referencia las pautas que proponen estos autores para el análisis de rumores, adaptándolas a las características de esta investigación, como los propios autores aconsejan. Definimos el rumor, siguiendo a Shubutani (Miller (2005, p. 517), como "procesos sociales que unen a las personas para hacer frente a situaciones amenazantes o inciertas". El corpus analizado consta de 708 *tuits* publicados desde el 1 al 6 de julio de 2012.

El estudio de los documentos adjuntos a los *tuits* aporta interesantes detalles al estudio del caso dado que los enlaces documentales tienen particular interés por su impacto en la credibilidad (Castillo, Mendoza y Poblete, 2010; Hughes y Palen, 2009; Terpstra, et al., 2012). Tenemos en cuenta, para el estudio de estos *tuits*, un total de 167, el contenido y la fecha del *tuit*, la veracidad del mensaje y del documento, la fuente y el tipo de documento que se comparte, la vigencia de la información compartida y los mensajes de verificación.

El rumor que estudiamos es impetuoso y negro y surge por deformación. Tres días antes, el 28 de junio, se ha producido una comunicación oficial del Consejo de Seguridad Nuclear donde se constata la presencia del fuego a última hora de la tarde del ese día a 11 kilómetros de Cofrentes. Tras arrancar un generador, se vuelve a la situación normal, informa el comunicado, que es recogido por varios medios de comunicación. Se crea entonces un vacío informativo, puesto que no hay más mensajes del CSN tras la emisión de este comunicado.

Las insinuaciones relativas a la falta de información sobre el incendio y la inquietud por la posible cercanía a la central de Cofrentes cuajan finalmente en un *tuit*, publicado por una cuenta no oficial del cuerpo de bomberos de la Comunidad de Madrid, que es compartido en el *hashtag* 2.186 veces: "Nos informan de que el fuego en Valencia empieza a rodear la central nuclear de Cofrentes #Ardevalencia". El rumor se difunde durante la noche del día 1 de julio, en el momento en el que la selección española de fútbol juega la final de la Eurocopa. En

---

5 El mejor recuento de los hechos relacionados con el rumor, se encuentra en el blog "No sin mi mochila", del periodista español Iker Armentia.

la etapa de distribución del rumor, se producen efectos de acentuación e intensificación: el fuego se sitúa a once kilómetros, cinco y tres kilómetros de la central, empieza a rodear y rodea finalmente la central.

Entre los 708 *tuits* analizados, sólo hemos identificado dos mensajes verbales de testigos oculares que niegan el rumor. Y, en conjunto, solo 22 mensajes, de un total de 708, expresan dudas sobre la información que circula, o piden información adicional. No observamos comportamientos, si no es de forma aislada, que respondan a las recomendaciones de Hamilton (2011).

En cuanto a los documentos adjuntos, únicamente dos usuarios del conjunto comprueban y alertan en relación con la fecha de algunos de los documentos, desfasados en meses y días, que contribuyen a alimentar el rumor. Circulan, asimismo, falsas imágenes del incendio en la cercanía de Cofrentes. Una de ellas es identificada rápidamente por usuarios de Facebook; la segunda es compartida 719 veces, asociada al mensaje "Las llamas están acercándose a una central nuclear y la gente intentando apagar el fuego con sus manos", pese a que la imagen ha sido tomada a cien kilómetros de la planta nuclear.

Imagen 4. Verificación por los usuarios.

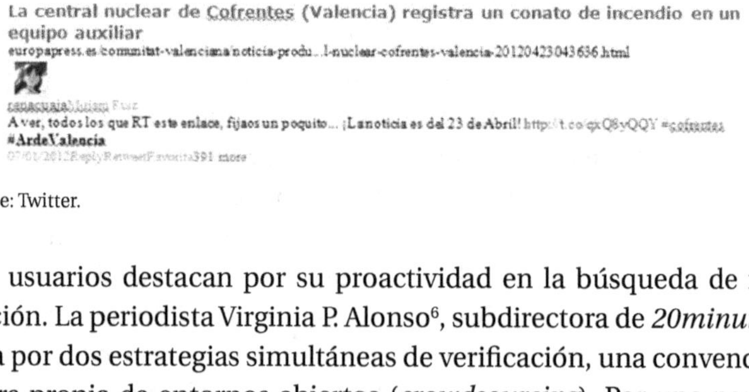

La central nuclear de Cofrentes (Valencia) registra un conato de incendio en un equipo auxiliar
europapress.es/comunitat-valenciana/noticia-produ...l-nuclear-cofrentes-valencia-20120423043636.html

A ver, todos los que RT este enlace, fijaos un poquito... ¡La noticia es del 23 de Abril! http://t.co/qxQ8yQQY #cofrentes #ArdeValencia

Fuente: Twitter.

Dos usuarios destacan por su proactividad en la búsqueda de información. La periodista Virginia P. Alonso[6], subdirectora de *20minutos.es*, opta por dos estrategias simultáneas de verificación, una convencional y otra propia de entornos abiertos (*crowdsourcing*). Por una parte, se pone en contacto telefónico con fuentes de la central nuclear y publica la información a través de la cuenta oficial del diario *20minutos.es* en Twitter. En Internet, empleando estrategias de *crowdsourcing*, utiliza su cuenta particular para solicitar información de fuentes oficiales. Éstas no responden, pero un usuario le facilita un *retuit* de la cuenta oficial de emergencias de la región, que informa de la ausencia de llamas en la cercanía de la central y que *retuitea* la periodista a sus seguidores.

---

6 Entrevista personal, julio de 2012.

El desmentido por parte de la periodista Virginia Alonso rompe el consenso social que se gesta en torno al rumor: "recibí mensajes en un tono indignado por parte de varios usuarios que nos acusaban de desinformar y que seguían empecinados en defender que la central ardería de un momento a otro".

Otro usuario, Francesc Piera[7], director de Levante TV, opta por dirigirse al lugar de los hechos de madrugada, ante la persistencia del rumor: "Llegué a las 5 de la madrugada y no había fuego por ningún lado. Hice 2 fotos y las colgué para desmentir el rumor. El rumor era muy peligroso por la gravedad de las posibles consecuencias. Por la mañana, en el informativo dimos las imágenes que había grabado para desmentirlo definitivamente".

Es cierto que concurren circunstancias extraordinarias que hacen difícil que un ciudadano sin experiencia identifique rápidamente el error: el mensaje inicial es publicado por una cuenta asociada al Cuerpo de Bomberos de la Comunidad de Madrid y es *retuiteado* desde las cuentas de algún partido o movimiento políticos, lo que confiere credibilidad. El momento en el que se difunde hace difícil la contrastación, porque termina el día y la actividad en empresas y organizaciones ha cesado. Asimismo, algunos sitios web publican noticias que confirman el rumor, como *Infobae* y *Ecodiario*, que entran de nuevo en la corriente como evidencia.

Sin embargo, el hecho de que haya escasos testimonios de primera mano y de que los únicos mensajes que se sitúan cerca de la central lo desmintieran es sintomático. Tampoco se contrasta inicialmente la información con las cuentas oficiales locales que, en Twitter, podrían proporcionar información. Por último, la detección de información obsoleta tampoco entraña dificultad extraordinaria y sin embargo apenas se detecta.

Podemos concluir, tras el estudio de este caso, que hay una asignatura pendiente en los entornos abiertos relacionada con la definición del rol de los agentes sociales que intervienen en la construcción de la realidad: los medios de comunicación, las organizaciones públicas y privadas y los propios ciudadanos. Nos encontramos en un estadio inicial del Periodismo que emplea fuentes masivas en el que destacan ya algunos periodistas, pero cabe esperar en los próximos años, como apunta Newman (2011), más integración de los medios sociales en la práctica y mayor innovación. Ahora bien, para que el Periodismo pueda beneficiarse de la información que aportan las fuentes masivas en las

---

7 Entrevista personal, julio de 2012.

plataformas sociales es necesario un cambio de actitud y una mayor implicación por parte de los ciudadanos y un excelente dominio de las técnicas clásicas y modernas para la verificación de contenidos por parte de los periodistas.

6. Referencias

Allport, G. W. y Postman, L. (1974). *Psicología del rumor*, Buenos Aires: Psique.

Anthony M. G. y Thomas, R. J. (2010). This is citizen journalism at its finest: YouTube and the public sphere in the Oscar Grant shooting incident. *New media & Society, 12*(8), 1280-1296.

Beckett, Ch. (2010). Más cerca del ciudadano activo. El rescate del periodismo. *Infoamérica* (2), 45-57.

Bordia, P. y DiFonzo, N. (2002). When social psychology became less social: Prasad and the history of rumor research. *Asian Journal of Social Psychology*, (5), 49-61.

Borger, M., Van Hoof, A., Costera Meijer, I. y Sanders, J. (2003). Constructing participatory journalism as a scholarly object. *Digital Journalism, 1*(1),117-134. doi: 10.1080/21670811.2012.740267.

Bradshaw, P. (2007). WikiJournalism. Are wikis the new blogs? Comunicación presentada en *Future of Newspapers Conference*. Cardiff.

Bruns, A. (2003). Gatewatching, not gatekeeping: Collaborative online news. *Media International Australia Incorporating Culture and Policy: quarterly journal of media research and resources*, (107), 31-44.

Carvin, A. (2013). ISOJ: Extractos del discurso de Andy Carvin sobre Redes sociales, periodismo y la urgencia de la educación mediática.

Castillo, C. et al. (2011). Information Credibility on Twitter. *Proceedings of the 20th international conference on World wide web*, 675-684.

Dunlap, K. (2013). 4 takeaways from journalists' coverage of the Boston explosions". Poynter Institute. Disponible en http://www.poynter.org/latest-news/top-stories/211080/4-lessons-from-last-weeks-media-coverage-of-the-boston-explosions/

Earle, P. S. et al. (2010). OMG Earthquake! Can Twitter improve earthquake response? *AGU Fall Meeting Abstracts*.

Espíritusanto, Ó. y Gonzalo, P. (Coords.) (2011). *Periodismo ciudadano. Evolución positiva de la comunicación*. Barcelona: Fundación Telefónica.

Friedman, S. M. (2011). Three Mile Island, Chernobyl, and Fukushima: An analysis of traditional and new media coverage of nuclear accidents and radiation.*Bulletin of the Atomic Scientists, 67*(5), 55-65.

Galtung, Johan y Ruge, M. H. (1965). The structure of foreign news. *Journal of Peace Research,* (1), 64-90.

García de Torres, E. (2004). La especialización en la era de Internet. En J. Fernández del Moral. *Periodismo especializado* (pp. 95-218).

—(2013). Audience Territory. *Journal of Audience and Reception Studies, 10*(1), 410-413.

García de Torres, E. et al. (2011). El uso de Twitter y Facebook por los medios de comunicación iberoamericanos. *El Profesional de la Información, 20*(6), 611-620.

García de Torres, E. Martínez Martínez, S. y Prósper, J. (2012). Este vídeo habría que enseñarlo a la television . Un estudio de los vídeos más populares de la primavera valenciana publicados en Y*ouTube,* (elementos narrativos y valoración de los usuarios). Comunicación presentada en *XVIII congreso de la SEP*. Madrid.

García de Torres, E. y Nicasio Varea, B. (2012). La vigencia de los patrones clásicos de cobertura de las catástrofes naturales en la era de Internet. *Correspondencias y Análisis,* (2), 111-128.

Gonzalo, P. (2010). La BBC y el "Crowdmap" de Ushahidi: Información dinámica y participación. *Periodismociudadano.com*.

—(2010). Terremoto en Chile: Mapas e información geolocalizada. *Periodismociudadano.com*.

—(2011). El Tsunami de Japón: mapas y redes sociales. *Periodismociudadano.com*.

Gupta, Aditi. et al. (2013). Faking Sandy: Characterizing and Identifying Fake Images on Twitter during Hurricane Sandy. Comunicación presentada en *International World Wide Web Conference Committee* (IW3C2).

Hamilton, M. (2011). UK riots: nine ways to use Twitter responsibly. *The Guardian*. Disponible en http://www.guardian.co.uk/technology/blog/2011/aug/10/uk-riots-responsible-use-of-twitter

Harrison, S. (2010). Traditionalists vs. Convergers, Convergence. *The International Journal of Research into New Media Technologies, 16*(1), 125-143.

Hermida, A. (2010). Twittering the News: The Emergence of Ambient Journalism. *Journalism Practice, 4*(3), 297-308.

—(2012). Tweets and truth. Journalism as a discipline of collaborative verification. *Journalism Practice,* (5-6).

Hermida, A., Lewis, S. y Zamith, R. (2013). Sourcing the Arab Spring: A Case Study of Andy Carvin's Sources During the Tunisian and Egyptian Revolutions. Comunicación presentada en ISOJ. Austin. Disponible en https://online.journalism.utexas.edu/2012/papers/Hermida.pdf

Hughes, A. L., Palen, L. (2009). Twitter Adoption and Use in Mass Convergence and Emergency Events. *Proceedings of the 6th International ISCRAM Conference.*

Kapferer, J. N. (1989). *Rumores: el medio de difusión más antiguo del mundo.* Barcelona: Plaza y Janés.

Kovach, B. y Rosenstiel, T. (2012). *Los elementos del periodismo.* Madrid: Aguilar.

Lih, A. (2004). Wikipedia as Participatory Journalism: Reliable Sources? Comunicación presentada en el *5th International Symposium on Online Journalism.* Austin.

Maistrello S. (2010). *Giornalismo e Nuovi Media: L'Iinformazione al Tempo del Citizen Journalism.* Milano: Apogeo.

McQuail, D. (2000). *Introducción a la teoría de la comunicación de masas.* Barcelona: Paidós.

Meier, Patrick. (2010). Lessons for Journalists in the Crowdsourcing of Crisis Information. En B. Mitchell et al. *IPI Report: Navigating the New Media Landscape, Brave News Worlds.* International Press Institute.

Mendonza, M. et al. (2010). Twitter Under Crisis: Can we trust what we RT? *Proceedings of the First Workshop on Social Media Analytics* (pp. 71-79). New York.

Mille, D. E. (2005). Rumor: An Examination of Some Stereotypes", *Symbolic interaction, 28*(4), 505-519.

Moeller, S. (2008). Considering the Media's Framing and Agenda Setting Roles in States' Responsiveness to Natural Crises and Disasters. Comunicación presentada en *World Bank/ Harvard Kennedy School workshop on The Role of the News Media in the Governance Agenda: Watchdog, Agenda- Setter and Gatekeeper,* Massachusetts (pp. 1-27).

Muralidharan, S. et al. (2011). Hope for Haiti: An analysis of Facebook and Twitter usage during the earthquake relief efforts. *Public Relations Review,* (37), 175-177.

Murthy D. y Longwell, S. A. (2012). Twitter and Disasters: The uses of Twitter during the 2010 Pakistan floods, Information. *Communication & Society,* 1-19.

Muthukumaraswamy, K. (2010). When the media meet Crowds of Wisdom. How journalists are tapping into audience expertise and manpower for the processes of newsgathering. *Journalism Practice*, 4(1), 48-65.

Nagar, S. et al. (2012). Characterization of Social Media Response to Natural Disasters. *21 st International Conference companion on World Wide Web* (pp. 671-674). New York.

Nelson, A., Sigal, I. y Zambrano, D. (2011). Media, Information Systems and Communities: Lessons From Haiti. Communicating with Disaster Affected Communities (CDAC). *Internews*. Knight Foundation.

Newman, N. (2009). The rise of social media and its impact on mainstream journalism. *Working Paper*. Reuters Institute.

—(2011). *Mainstream media and the distribution of news in the age of social discovery*. Reuters Institute for the Study of Journalism.

Petrovic, S. et al. (2013). Can Twitter replace Newswire for breaking news? En *Association for the Advancement of Artificial Intelligence*. Disponible en: http://homepages.inf.ed.ac.uk/miles/papers/short-breaking.pdf

Pew Research Institute (2010). *Understanding the Participatory News Consumer. How internet and cell phone users have turned news into a social experience*. Pew Research Center's Project for Excellence in Journalism. Disponible en http://www.journalism.org/analysis_report/understanding_participatory_news_consumer

Quesada, M. (2012). *Curso de periodismo especializado*. Madrid: Síntesis.

Rosenstiel, T. y Mitchell, A. (2012). YouTube & the News: A New Kind of Visual Journalism. PEJ report.

Rost, A., Pugni Reta, M. E. y Apesteguía, E. (2008). Cómo navegan los usuarios de sitios de noticias. En J. Bergonzi et al. *Periodismo Digital en la Argentina*. General Roca: Publifadecs.

Schmierbach, M. y Oeldorf-Hirsch, A. (2012). A Little Bird Told Me, So I Didn't Believe It: Twitter, Credibility, and Issue Perceptions. *Communication Quarterly*, 60(3), 317-337.

Singer, J. B. (2006). Contested Autonomy. *Journalism Studies*, 8(2), 127-142.

Sutton, J. (2010). Twittering Tennessee: Distributed Networks and Collaboration Following a Technological Disaster. *Proceedings of the 7th International ISCRAM Conference*. Seattle.

Tanaka, Y. et al. (2013). Toward a Social-Technological System that Inactivates False Rumors through the Critical Thinking of Crowds.

Paper presented at *46th Hawaii International Conference on System Sciences.*

Terpstra, T. et al. (2012). Towards a real time Twitter analysis during crises for operational crisis management. *Proceedings of the 9th International ISCRAM Conference.* Vancouver.

Tinker, T. y Fouse, D. (Eds.) (2009). *Social Media and Risk Communication During Times of Crisis: Strategic Challenges and Opportunities, Boozallen.*

Thurman, N. y Walters, A. (2013). Live Blogging- Digital Journalism's Pivotal Platform? A case study of the production, consumption, and form of Live Blogs at Guardian.co.uk. *Digital Journalism, 1*(1), 82-101.

Vieweg, S. (2010). Microblogged Contributions to the Emergency Arena: Discovery, Interpretation and Implications. Savannah: CSCW.

Vujnovic, M., Singer, J. B., Paulussen, S. et al. (2010). Exploring the political-economic factors of participatory journalism. Views of online journalists in 10 countries. *Journalism Practice,* 4(3), 285-296.

Wolf, M. (2000). *La investigación de la comunicación de masas, críticas y perspectivas.* Barcelona: Paidós.

¿Vino o botella?: Periodismo Especializado

ANTONIO PARRA PUJANTE
Universidad de Murcia
aparra@um.es

1. Introducción

Hablar de Periodismo Especializado (PE), singularmente pensando en la información escrita, en la prensa de papel (y perdón por el pleonasmo o la redundancia, pues toda prensa lo es en papel) es hablar del Periodismo del presente y del futuro, si es que hay futuro para este Periodismo. Pero, sea como fuere, si hoy es todavía posible la prensa escrita –que exige ciudadanos verdaderamente alfabetizados y capaces de comprender mensajes más o menos complejos, que exige atención mental, frente a la ligereza de la imagen, que permite un duermevela de la razón, que exige, en el caso del papel, el esfuerzo de ir hasta un kiosco a adquirir el ejemplar, y finalmente, el pago de un precio–, si superando todas esas "dificultades", a las que otros medios, en parte al menos, escapan, sobrevive, será a partir de un Periodismo de calidad, explicativo, interpretativo, analizador, contextualizador e incluso opinante, que añada un plus a la mera información –hoy con frecuencia devenida en ruido por su abundancia desinformativa–. En definitiva, todo eso que da, o debería dar, una buena información especializada.

Hemos vivido, y aún lo estamos en buena medida, bajo ese paradigma, en la época del Periodismo informativo, tras pasar la información, en su historia, por una etapa fuertemente ideologizada, hacia finales del siglo XIX y comienzos del XX. Una época en la que los articulistas, no periodistas profesionales –en el sentido en que lo entendemos hoy– pretendían, y a veces lo conseguían, derribar gobiernos con un artículo; prensa partidista, poco profesional. Más adelante llegó la citada etapa plenamente profesional, tanto en la formación de los profesionales como en los contenidos, eminentemente informativos. Y siempre bajo el principio inamovible anglosajón: los hechos son sagrados y las opiniones libres, queriendo subrayarse con ello que nunca había que mezclar ambas cosas en las páginas de un periódico.

Llegaría más tarde el llamado Periodismo explicativo, analítico, que en determinados momentos puede mezclar información y opinión (aunque ésta esté basada en conocimientos sobre la materia de la que se opina, se trataría de una opinión bien informada, lo que hoy se acepta como saber en teoría del conocimiento) pero, ante todo, contextualización de un hecho. Con esa variante se fue llegando a lo que hoy se denomina PE.

2. Consecuencias epistemológicas y éticas

Pero ser un periodista especializado conlleva también consecuencias epistemológicas y éticas. En el primer caso, porque la precisión y competencia que se requieren desde la especialización para informar de una materia determinada supone describir mejor la realidad que se comunica a los usuarios de la información, es decir, resultará un buen método de conocimiento: el Periodismo, en su mejor versión, en la más especializada y profesional, es también conocimiento, pues muestra –o puede hacerlo– los hechos de forma muy parecida a como en realidad son; en el segundo caso, porque un buen periodista es también un periodista bueno, en sentido moral, es decir: será veraz. La Verdad absoluta, o no existe o es cosa de dioses (teología) o, en todo caso, será siempre una verdad falsable (así es la verdadera ciencia, como quería Popper). Sin embargo, un buen periodista, a la vez periodista bueno, siempre será veraz, nunca querrá mentir a sabiendas, aunque pueda equivocarse involuntariamente.

Para plantearnos el papel hoy del PE debemos buscar un objetivo que sobrepase la idea básica de la especialización informativa. Y no, desde luego, porque la vieja estructura y presentación teórica de la misma haya quedado superada; al contrario, sus bases fueron bien asentadas entre nosotros por diversos autores (Fernández del Moral y Esteve Ramírez, 1993, 1999; Quesada, 1998...), por no hablar de los textos fundacionales de Orive y Fagoaga (1974) o del propio Fernández del Moral (1983). Sin embargo, fueron tan acertadas, no sólo sus enunciados, sino, más allá incluso, sus intuiciones sobre el recorrido futuro del Periodismo escrito y la prensa, que éstas se han visto confirmadas a una velocidad que nadie podía presuponer hace sólo un par de décadas. La divisa central que podría ser garbillada entre sus propuestas es la de que el PE (ya entonces, hace diez, quince o veinte años) es el Periodismo del presente y del futuro. Pues bien, ese presente –y puede que hasta ese futuro– está ya aquí y hasta ha sido sobrepasado por la velocidad y el vértigo que han traído los campos virtuales de la realidad a través de Internet. De manera que resulta necesario reconsiderar el papel de la especialización desde otros ángulos, como el epistemológico y el ético. Para empezar, tal como se presenta hoy la realidad de la empresa informativa, con el declive irreversible del papel frente a la pantalla del ordenador, del móvil o de cualquier otro artefacto técnico de los que surgen constantemente como instantáneos vehículos de comunicación, podemos afirmar sin demasiadas exageraciones que el PE no es que sea el Periodismo del futuro y del presente, que lo es, sino el único Periodismo posible que garantiza una prensa de calidad tal como la habíamos conocido y a la que aspiramos siempre.

El problema no es que el papel desaparezca, de manera que no conviene que nos abandonemos al bucle melancólico por aquello que el tiempo va matando. El problema sería que desapareciese la calidad en el Periodismo, esa vieja creación del espíritu ilustrado burgués que, pese a ser uno de los fustes de lo que hoy llamaríamos Sistema, en sus mejores exponentes nunca pierde su capacidad crítica ni su voluntad de abrir y airear los gabinetes del poder, como reclamaba en su época Voltaire, uno de los grandes filósofos-periodistas de la historia.

2.1. Ética del egoísmo

El problema de la ética no ha de venir dado por la bondad del ser humano. Kant, paradigma al fin del espíritu ilustrado, de su optimismo histórico, en realidad planteaba la posibilidad ética en la creencia en Dios, no como un ente realmente existente, sino como dedo controlador que evitaba así la deriva de la naturaleza humana, naturalmente perversa. Y en *La paz perpetua* el filósofo alemán acentuaba su pesimismo humanista y pensaba que sólo un engranaje de intereses entrelazados (eso que dos siglos después intentó la Unión Europea, aunque con los resultados que hoy conocemos), una unión de intereses comunes, evitaría las cruentas guerras que hasta entonces se habían sucedido en el continente.

En otro lugar (Parra, 2001) he planteado un esbozo de una "ética del egoísmo". Sólo un principio egoísta puede provocar leyes justas, aunque también sea cierto que sólo el ser humano es capaz de tener sentimientos solidarios y generosos puros en determinadas ocasiones excepcionales. Esbocé esa teoría durante un congreso sobre ética en las empresas de comunicación. Decía entonces que únicamente la convicción por parte de los editores de prensa de que sólo podrían sobrevivir con un Periodismo ético frente a su creciente descrédito y frente al galopante abandono de los lectores jóvenes del Periodismo tradicional, produciría un cambio en sus actitudes y un compromiso contra el sensacionalismo informativo.

Así, la actitud ética deja de ser una posibilidad entre otras dentro de la naturaleza humana, o bien un asunto de santos, beatos o *buenistas* ingenuos o un poco tontorrones, desconocedores del principio de crueldad que mueve a la naturaleza humana en sociedad, para pasar a ser la ocasión para la supervivencia. Es obvio que hoy los jóvenes (incluidos los estudiantes de Periodismo, como sé por mi experiencia como profesor en la Universidad de Murcia, lo que resulta altamente paradójico) tienen más fe en el cruce de relaciones en Internet (redes sociales, blogs y otros vehículos de comunicación) que en los medios clásicos.

3. Cambio de paradigma

Hay, desde luego, un elemento generacional en esa actitud, ninguna generación que se precie ha sido joven sin querer matar al padre o, al menos, revolver lo que han encontrado como statu quo. Sin embargo, sería absurdo no darse cuenta de que, más allá de ese elemento concerniente a la edad, existe un cambio de paradigma propiciado por la denominación propuesta en su día por Daniel Bell (1973) como Sociedad de la Información, que ha hecho fortuna en las últimas décadas, entre otras razones por la asunción de la expresión por los principales gobiernos y al amparo de un mundo globalizado.

Internet, desde luego, es potencialmente un extraordinario vehículo de comunicación, de retroalimentación comunicativa, un infinito expositor de convocatorias (pensemos sólo en la denominada Primavera Árabe o, en España, en las convocatorias del 15-M). Ahora bien, no es necesariamente un canal fiable de información periodística. Decimos "no necesariamente". Obviamente en los últimos años han surgido periódicos exclusivamente digitales, mientras que los medios tradicionales editados en papel se han visto obligados a reproducir la edición impresa en Internet e incluso a hacer versiones específicas digitales, más veloces, flexibles e incluso más completas que las de papel. Pero ocurren dos fenómenos diferentes que abocan a la misma situación dramática actual, como a continuación veremos.

3.1. Crisis del papel

El primero de esos fenómenos tiene que ver con la crisis del papel, cuyo final comienza a vislumbrarse (crisis acentuada además por la actual hecatombe económica) sin que la alternativa produzca todavía el suficiente negocio como para mantener nóminas de profesionales competentes que garanticen una información seria y fiable, veraz y especializada, como exige el lector actual, menos ingenuo ante lo que "dice el periódico" y más exigente en general. Mientras concluyo esta comunicación para nuestro Congreso aparece en el diario *El País* (referencia en la prensa mundial en español y referencia profesional para muchos de mi generación y de otras posteriores) una tribuna-editorial en la que los editores salen al paso de algunas acusaciones a partir del ERE impulsado por la empresa y que, por primera vez en su historia, ha hecho entrar al diario en pérdidas. La plantilla mantenía durante esos días una huelga de tres días y otros actos de protesta.

En esa tribuna se hace referencia a estos cambios y procesos que mantienen en vilo a toda la prensa tradicional del mundo, incluyendo a las principales y más prestigiosas cabeceras:

"Las razones para tan drástico y doloroso ajuste de plantilla residen no sólo en la profundísima crisis económica por la que atraviesa el mercado, sino también y sobre todo en el cambio radical que está experimentando el lector, como consecuencia de la implantación de las nuevas tecnologías. En todo el mundo desarrollado las ventas de los diarios se desploman a velocidad impresionante mientras se hunden los ingresos por publicidad" (*El País* 11-11-2012).

Lo que hoy es oscuro y dramático en unos años quizás no lo será tanto. Quiero decir que acabarán encontrándose alternativas para que la información a través de Internet resulte rentable hasta el punto de asegurar un buen Periodismo, otra cosa es que las actuales empresas punteras sepan adaptarse para seguir manteniendo su lugar de privilegio o que sean sustituidas por otras que ahora ni han nacido.

Pero eso es intrascendente para los profesionales y usuarios de la información, aunque resulte trágico para los empresarios y grupos que hoy ejercen una posición de privilegio o dominio.

3.2. Descrédito profesional

El segundo fenómeno, más preocupante aún, es el que se refiere al cambio de paradigma al que venimos aludiendo, que no es sólo instrumental o de cambio de contenedor o canal, sino epistemológico e incluso moral, a saber: lo que buena parte de las nuevas generaciones de lectores y consumidores de información entienden por información, o mejor, por verdadera información. El virus puede ser mortal si se deja hacer, si se piensa que las aguas volverán a su cauce por su propia necesidad natural.

Ya me he referido a que encuentro a un buen número de mis alumnos de Periodismo que descreen profundamente de la capacidad de los medios tradicionales para trasladar información veraz y relevante. Y desde luego descreen de su voluntad de ser críticos o molestos para el poder, sea cual sea este poder. Cuando, desde el ángulo más pragmático del problema, les pregunto de qué piensan vivir entonces, o bien se encogen de hombros o bien declaran sus expectativas de hacerlo desde alguna vertiente alternativa de Internet.

Como a los actuales alumnos de Grado les imparto en segundo de carrera la asignatura Responsabilidad Periodística (la antigua Ética y Deontología Profesional) y en tercero la de Periodismo Especializado, tengo una secuencia larga con ellos y la posibilidad de hablarles en alguno de estos cursos de la imposibilidad del control ético en la selva de noticias y rumores, mentiras y medias verdades que con frecuencia se difunden por Internet como si fueran auténtica información. Control ético, les aclaro, que no consiste ni en rezar el rosario ni en ser las personas más bondadosas y generosas del mundo, sino en formarse adecuadamente y mantener inalterables algunas divisas del buen Periodismo, como, por ejemplo, indagar y contrastar fuentes competentes y diversas antes de dar publicidad a una información.

Está en las manos de todos, y en buena medida en un buen entendimiento de lo que es PE, evitar que esa deriva se convierta ya en una ola imparable. Como suelo defender (Parra Pujante, 2003, 2004) epistemología y ética se dan siempre la mano, y en nuestro caso de manera más profunda si cabe.

Ser buen periodista (dimensión epistémica y también metodológica) es también ser un periodista bueno (dimensión moral); y al contrario, ser un periodista bueno (apelación a la vida buena en la jerga de los filósofos éticos) llevará sin duda a intentar ser un buen periodista, es decir, un informador competente y adecuadamente conocedor de la materia sobre la que informa. En última instancia, llevará a los jóvenes estudiantes de Periodismo a ser buenos periodistas especializados.

4. La ola ciberanárquica

Pero hoy la ola va por otro lado. El paradigma tecnológico ha cambiado también el paradigma moral. La cuestión sería convencer con argumentos sólidos a los periodistas o a los jóvenes aspirantes a periodistas de que, frente a lo que pensaban los filósofos francfortianos y, de manera aún más radical, los postmodernos (Vattimo, 1994) el Periodismo profesional siempre ha tenido, y sigue teniéndola, capacidad de controlar y censurar los abusos del poder; y también convencerlos de que, pese a lo que creen ciertos agitadores, no todo lo que ocurre en Internet es positivo, y menos en este campo.

Pero insisto en que la tendencia es otra. Hoy resulta más atractivo (piénsese si no en las protestas de los internautas ante cualquier manera de cobro o de derecho de autor en la red) el ciberanarquismo inaugurado por Barlow con su *Declaración de independencia del ciberespacio* (1996) que el discurso aguafiestas sobre los necesarios límites morales en Internet o sobre las razonables pretensiones de los creadores de algún tipo de beneficio por su trabajo.

Pero estos son otros problemas. Para lo que aquí nos interesa (y ahora Barlow nos servirá de ayuda) quiero subrayar que no importa tanto el contenedor como el contenido. Es más, el contenido resulta completamente intrascendente.

En *La economía de la mente en la Red Global*, Barlow (1994) señala con razón que mientras creíamos estar en la industria del vino descubrimos que estamos en el negocio del embotellado. Lo que conviene inculcar entonces desde nuestro campo de estudio a informadores y a usuarios de la información es que, aunque algún día el papel pase a ser un recuerdo, como lo fue el pergamino, lo que nunca será cosa del pasado es el buen Periodismo, la información moralmente decente y literariamente notable. Lo que importa es el vino, y dará igual que éste se beba en bota, en porrón o en copa de cristal, como dará lo mismo que se traslade de la bodega a la taberna en tonel, garrafa o botella de delicado diseño. Si el vino es malo, lo otro no arreglará el desastre de su mala calidad. En conclusión: Internet, afortunadamente, no nos libera de la responsabilidad del buen Periodismo.

En *El jorobado de Notre Dame*, de Víctor Hugo, el protagonista de la obra, Frollo, manteniendo un libro en la mano frente a la catedral, exclama lo siguiente: "Ceci tuera cela", es decir, "esto" (el libro) matará aquello (la catedral). O sea, el libro, la escritura, acabará con la imagen. De manera que si hoy lloramos por la desaparición del libro o de los periódicos (en formato clásico) otros lloraban por su aparición y por la desaparición de la imagen, que a su vez tuvo muy mala prensa entre algunos filósofos de la antigüedad.

McLuhan, ante una discoteca de Manhattan, repitió la frase de Frollo: "Ceci" (esto, la discoteca) acabará con aquello (la galaxia Gutemberg, sustituida en tiempos de McLuhan por la supuesta aldea global televisiva). Lo que quiero decir es que estos viejos temores del ser humano sobre lo nuevo, sobre lo que muere y lo que nace, no son de ahora. Hay temores mucho más antiguos, incluido el provocado por la aparición misma de la escritura.

Recordemos a Platón. En el *Fedro* evoca el mito de Theus (o Hermes) inventor de la escritura, que presenta la invención al faraón, y éste, horrorizado, rechaza el artilugio porque, de esa manera, pensaba, la gente ya no recordaría las cosas con esfuerzo mental, sino con el apoyo de aquel nuevo postizo. Claro que el pasaje platónico resulta irónico, ya que el filósofo arremetía contra la escritura... escribiendo un tan hermoso diálogo que ha llegado hasta nosotros gracias a la escritura y al libro.

En fin, unas cosas traen otras, todo muere o renace. Donald Cardwell, en su *Historia de la tecnología* (1996) recuerda cómo el teléfono, visto en su día como cosa del diablo que impediría el contacto directamente entre personas, en realidad había devuelto la posibilidad del diálogo directo, aunque fuese sin imagen (hoy ya es posible verse a distancia). E Internet, por su parte, ha devuelto la desaparecida epístola, aunque es verdad que a veces las conversaciones a través de blogs y otras vías internáuticas parecen dirigidas por un gran idiota universal, pero, en fin, también se da esa abundancia de la estupidez en la televisión y, por supuesto, en ocasiones, hasta en los periódicos y en los libros mismos.

Debatimos sobre lo que va a pasar dentro de veinte minutos y, claro, no tenemos respuestas, el futuro tecnológico llega y cambia a cada minuto, y lo esencial es otra cosa. Desde luego que el periódico, tal como hoy lo entendemos, desaparecerá alguna vez, no sé cuando. Todo desaparece. No hay cultura sin cambio, nos enseña Isaias Berlin, y Clément Rosset dice que lo trágico no es que muramos nosotros, que eso ya lo sabíamos, sino descubrir que desaparece también todo lo que amamos, por ejemplo, traído al objeto de nuestra investigación, los libros o la prensa escrita.

Pero en Internet también habrá periódicos, o información. Que ésa sea mala o buena, un murmullo y ruido infecto, imposible de entender o simplemente sin confirmar, o que sea veraz y profesional en su sentido más noble, es en parte nuestra responsabilidad. Y esa posibilidad última de un buen Periodismo, en botella o en garrafa, la da el Periodismo Especializado, porque sus herramientas, basadas en el método científico, utilizando esa evidencia de la verdad que es el documento, observando la realidad sin la intención de mentir y reflejándola de la manera más precisa humanamente posible, será la garantía que devuelva el prestigio y el crédito a lo que siempre se ha considerado una necesidad, la información contrastada y veraz. Objetivo: que los lectores busquen esa manera de informar en Internet.

5. Conclusiones

Las conclusiones han de ser, necesariamente, circulares y breves.
- Vivimos un cambio de paradigma en el campo de la información periodística, simbolizado en el tránsito del Periodismo escrito desde el papel prensa hacia el ámbito digital.
- Ese cambio tecnológico está produciendo también un dramático cambio de paradigma epistemológico y moral que amenaza con sustituir el Periodismo profesional y veraz por una selva incontrolable de rumores y medias verdades.
- Sin embargo, el cambio de paradigma tecnológico, la transmisión líquida de las noticias, no exime de la responsabilidad ética ni de la carga del conocimiento objetivo. No importa, evocando a Barlow, el embotellado (que siempre ha sido cambiante a lo largo de la historia) sino la calidad del vino. Debemos mostrar que estamos en el negocio del vino (de las ideas y la información) y no del embotellado.
- Sólo el Periodismo Especializado es hoy capaz (con sus herramientas basadas en los métodos científicos de descripción de la realidad y con su compromiso deontológico) de evitar esa peligrosa deriva.

El PE es hoy el único Periodismo posible con garantía de veracidad frente a ciertos ideales o delirios cibernéticos.

• Consecuentemente, nuestro objetivo, más allá de la necesaria superación de los problemas estrictamente académicos, más allá de salvar una asignatura en el nuevo territorio europeo, ha de ser contribuir al convencimiento de usuarios, periodistas y estudiantes de Periodismo, de que sólo una información competente y especializada podrá competir contra la barbarie del ruido desinformativo. Y de que sólo esa actitud garantizará, además, a los jóvenes de hoy aspirantes a serlo, poder ser en el futuro periodistas profesionales.

6. Referencias

Barlow, J. P. (1994). *La economía de la mente en la Red Global.* Disponible en biblioweb.sindominio.net/telematica/barlow.html. (Consultado el 10-11-3003)

—(1996). *Declaración de independencia del ciberespacio.* Disponible en biblioweb.sindominio.net/telematica/manif_barlow.html. (Consultado el 10-11-2012).

Bell, D. (1973). *The coming of post-industrial society a venture in social forecasting.* Basic Books: Nueva York.

Esteve Ramírez, F. (1999) *Comunicación especializada.* Alicante: Ediciones Tucumán.

Fernández del Moral, J. y Esteve Ramírez, F. (1993). *Fundamentos de la Información Periodística Especializada.* Madrid: Síntesis.

Fernández del Moral, J. (1983). *Modelos de comunicación científica para una información periodística especializada.* Dossat: 1983.

Heath, J. y Potter, A. (2005). *Rebelarse vende: el negocio de la contracultura.* Madrid: Taurus Pensamiento.

Orive, P. y Fagoaga, C. (1974). *La especialización en el periodismo.* Dossat: Madrid.

Parra Pujante, A.(2003). *Periodismo y verdad. Filosofía de la información periodística*, Madrid: Biblioteca Nueva.

—(2002 y 2011). *El estatuto epistemológico de la información periodística,* Murcia: Universidad de Murcia.

—(2011). Empresas de comunicación: para una ética del egoísmo. En *La responsabilidad ética y social de las empresas informativas* (pp. 357-370). Valencia: Editorial Coso.

Quesada, M. (1998). *Periodismo especializado*. Madrid: Ediciones Internacionales Universitarias.

Vattimo, G. (1994). *La sociedad transparente*, 1ª ed., 2ª reimp. Barcelona: Paidós.

Pasado y presente de la prensa gratuita en España. Análisis comparativo de los diarios *Metro Directo, Qué!, 20 Minutos* y *ADN*

MARGARITA ANTÓN CRESPO
UNIVERSIDAD DE VALLADOLID
maranton@fyl.uva.es

1. La prensa gratuita y sus comienzos

La prensa gratuita tuvo sus años dorados en la última década, fue el gran acontecimiento de la innovación del momento en prensa, pero con la crisis publicitaria y la transición digital se están cerrando muchos diarios o reajustando sus estrategias, generalmente apostando por portales de Internet.

La llegada de la prensa gratuita supuso una nueva competencia para la prensa tradicional o de pago. Esta prensa en pocos años alcanzó un gran número de lectores. En muchos casos puso en peligro la subsistencia del periódico tradicional.

El país pionero en hacer llegar al público una clase de prensa por la cual no había que pagar fue Estados Unidos; en 1940 sale a la luz el primero de los periódicos gratuitos, denominado *Contra Costa Times*. En los años setenta surgieron otras publicaciones gratuitas, aunque este tipo de prensa no comenzó a ser popular en Norteamérica hasta la década de los años ochenta.

Los países europeos se incorporaron a esta modalidad de prensa con mucho retraso. España fue el primer país que se decidió a sacar a la luz el primer ejemplar en 1992 en la ciudad de Valencia, denominado *Minidiario*. En 1995, es decir, tres años después, comenzó a publicarse *Metro*, un periódico gratuito sueco. Este diario se difundió por otros países europeos en los dos años siguientes. Noruega fue el siguiente país que lanzó al mercado el periódico gratuito *Schibested*, que en 1999 publicó desde Zurich el periódico *20 Minutos*.

En España, en la década de los ochenta, comenzó la proliferación de medios locales. Este fenómeno no fue exclusivo de un lugar concreto, sino que desde diferentes ciudades, pueblos y barrios surgieron estos medios impulsados por grupos de diversos ámbitos, que en muchos casos no disponían de otro medio de expresión. Así, por estos años aparecieron numerosas emisoras de radio local y publicaciones gratuitas. Ramonet opina que la irrupción de la prensa gratuita ha obligado a reaccionar a grupos de comunicación, sobre todo en lo referente a la publicidad de ámbito local, ya que cada vez existe más un mercado de los medios que centran sus objetivos en captar la publicidad local. Esta situación desencadena una dura lucha ante la reducción de los márgenes comerciales obligándoles a tomar medidas. La aparición de la prensa gratuita supone una nueva competencia para la prensa tradicional o de pago por alcanzar un mayor número de lectores y ser un elemento distorsionador y una nueva forma de competencia.

La prensa de pago y la gratuita tienen en la publicidad el objeto central de subsistencia, aunque la diferencia está en que la prensa gratuita necesita obtener beneficios de la publicidad para subsistir.

La prensa gratuita ha conseguido prescindir de la venta de ejemplares y de las suscripciones pagadas, merced a la política de potenciar al máximo los ingresos de la publicidad.

En la década prodigiosa del periódico gratuito el más difundido del mundo era el italiano *Leggó* con 1.950.000 ejemplares y entre las tres cabeceras en España más leídas están *20 Minutos*, con más de un millón de ejemplares y *ADN* y *Qué!* con 959.000 cada una.

2. La prensa gratuita en España

El público consideraba sin valor a las primeras publicaciones gratuitas, así que durante varios años tuvieron que luchar contra el concepto de equipararles con la publicidad comercial que se repartía por los buzones. A la vez encontraron serios problemas para su distribución, los vendedores de prensa tradicional no la admitían ante la falta de beneficios. En sus comienzos el buzoneo fue la única manera de que llegase al público que las empresas habían elegido como receptores. Este método resultaba caro. En ese momento existen varios puntos de reparto en las ciudades a horas muy puntas de la mañana, y los editores consiguieron encontrar un lugar en el mercado de los medios de comunicación.

El año 2000 será el que marque el inicio de los diarios gratuitos en nuestro país observándose un cierto retroceso de las publicaciones de información general y continuando la expansión de la prensa especializada. El hecho de regalar un ejemplar de un diario ha ocasionado cambios substanciales en el panorama comunicativo. Son muchos los ejemplos de periódicos y revistas que se ajustan a los criterios de gratuidad, como es el caso de las publicaciones periódicas que edita el Estado, Comunidades Autónomas y Ayuntamientos entre otros organismos oficiales, además de asociaciones, fundaciones, grandes superficies y hasta la propia prensa regala revistas. Aunque en realidad no son gratuitas ya que en las primeras el coste es asumido por dinero procedente de los presupuestos del Estado, otras publicaciones encarecen los productos que se consumen y en el último caso es el ciudadano el que asume los gastos de todo.

Las publicaciones gratuitas deben de estar editadas por personas que de manera privada asuman los riesgos. En la práctica es la publicidad la que asume los riesgos de esa gratuidad de las publicaciones.

Alfonso Nieto comenta sobre la prensa gratuita: "[…] los periódicos gratuitos pueden usar la publicidad como medio para facilitar la información gratuitamente. Allí donde está presente la libertad, lectores y anunciantes la ejercitan para elegir la publicación periódica que mejor satisface sus necesidades informativas" (Nieto, 1984, p. 88).

Con estas palabras, Alfonso Nieto ya señala a la publicidad como el apoyo de la prensa gratuita a lo que añade la libertad del público para leer esta clase de publicaciones.

Desde 1970 en algunos países se observa la consolidación de publicaciones editadas como alternativa a otra prensa ya existente. Estas publicaciones alternativas, por estos años, ya centraban su interés en algo concreto: la atracción de los anuncios locales de pequeños comerciantes o de profesionales.

Una definición concreta sobre prensa gratuita la encontramos en los estatutos de la Asociación de Prensa Gratuita de España, donde se señala lo siguiente: "[…]tienen el carácter de prensa gratuita aquellas publicaciones que se distribuyen gratuitamente y no representan ninguna contraprestación económica por parte de los lectores, que dispongan de un control de distribución o audiencia, que se editen en el territorio español, que incluyan información general y que estén formadas por un contenido redactado de elaboración propia de al menos 25%" (Artículo 2.2 de los Estatutos de la Asociación de Prensa Gratuita en España).

Esta definición concreta las características de la prensa gratuita, y nos aclara que su distribución no tiene ningún coste por parte de los públicos que la consumen, a la vez, excluye de esta clase de prensa a los boletines municipales, publicaciones de asociaciones, revistas o publicaciones de grandes superficies, establecimientos, etc.

El editor de los diarios gratuitos debe conseguir suficiente publicidad para cubrir los gastos que origina la publicación. Pero el hecho de ser gratuito no implica menor calidad y fiabilidad de los contenidos, sino que la credibilidad depende del editor y de su profesionalidad.

El profesor Nieto comenta que "desde la perspectiva económica cabe pensar que la diferencia entre las publicaciones pagadas y las gratuitas quizá sea accidental, y de grado, más que esencial" (Nieto, 1984, p. 88).

Podemos observar que la gratuidad de otros medios de comunicación social, en cierto modo, es semejante al de la prensa gratuita, por ejemplo, la radio y la televisión comercial cuando se subvencionan con un porcentaje alto de publicidad.

La realidad es que la característica de la financiación de la prensa gratuita ya no se diferencia tanto de la prensa de pago, cuyo porcentaje de financiación por publicidad puede alcanzar, en algunos casos, hasta un 70%.

Los grandes grupos mediáticos, incluso aquellos que criticaron a la prensa gratuita, no tuvieron dudas sobre la influencia de estos diarios. España apostó por ellos, ya que fue el primer país con más ejemplares de diarios gratuitos que de pago. Según las conclusiones de la AMP (Asociación Madrileña de Prensa), el lector de esta prensa es cada vez más adulto, un público objeto atractivo para la inversión de la publicidad.

Francia, España, Italia, Holanda, Grecia, Portugal, Suecia, Dinamarca, Finlandia, República Checa, Hungría, Polonia, Estados Unidos, Canadá, Chile, China, Corea del Sur… son algunos de los países donde la prensa gratuita caló en el público lector de noticias.

La prensa no gratuita está sometida a muy fuertes y crecientes competencias en el mercado de la publicidad, no sólo por parte de las publicaciones gratuitas sino también por otros medios informativos.

Las empresas de los periódicos de pago admitieron encontrar una forma nueva de hacer Periodismo y comenzaron a probar suerte con ediciones complementarias de sus periódicos que distribuyeron de forma gratuita y que utilizaron como reclamo para captar nuevos lectores. Estas publicaciones de aspecto similar a los diarios de pago incluyen en sus páginas contenidos preferentemente locales con publicidad, algo que el público lee y por eso tiene éxito.

En relación con el público al que se dirige el modelo de prensa gratuita, es un destinatario de gente trabajadora y estudiantes que diariamente no compran la prensa o que lo hacen sólo los fines de semana y que además desean tener una información rápida del acontecer, muchas veces la lectura de esta prensa se realiza en el transporte que les lleva al trabajo, a los centros de estudio..., porque la realidad es que no se le puede llamar propiamente diarios a esta clase de prensa ya que salen a la luz de lunes a viernes, y no salen los sábados, domingos y alguna festividad.

Por otro lado, los lugares donde mayoritariamente se distribuye son los puntos neurálgicos de transporte público y los lugares de tránsito y comercio de masas, además destacamos la hora de distribución que suele ser una hora temprana, terminando su distribución cuando las personas de los comercios ya han abierto sus puertas al público.

Uno de los fenómenos que se produjo en esta prensa es que el público lector fue cambiando en lo que se refiere a la edad, ya que los primeros lectores se encontraba dentro del abanico de edades comprendidas entre los 17 y 35 años, de ambos sexos, y más tarde la franja se fue ampliando a lectores de edad más madura, personas de mediana edad o más mayores se hicieron lectores de noticias rápidas, de prensa gratuita, aunque muchas de estas personas también se informan de la actualidad por otros cauces –radio, televisión o Internet–.

La prensa gratuita ya cuenta con asociaciones en España: en 1997 nace la Associació Catalana de la Premsa Gratuita (ACPG) con un censo de 39 publicaciones gratuitas distribuidas por Cataluña; la Asociación de Prensa Gratuita (AEPG) nació en el 2001, esta asociación acoge y representa a todas las editoriales y publicaciones de prensa gratuita encuadradas y definidas en los controles de la Oficina de Justificación de la Difusión (OJD) como publicaciones de reparto y distribución gratuita; y la Asociación Galega da Prensa de Balde (AGPB).

Existe un código de normas deontológicas para estas publicaciones que se ha compilado por la AEPG con el compromiso de adoptarlo como norma de trabajo en el ámbito de todas las cabeceras asociadas y de todos los que intervienen en estas publicaciones (anunciantes, agencias de publicidad, diseñadores, proveedores...).

El primer punto del preámbulo de este código dice: "Fomentar unas buenas relaciones y una competencia legal entre las publicaciones que se dedican a la prensa gratuita, tanto entre ellas mismas como en la relación con otros medios publicitarios y periodísticos que concurren"(Código Deontológico de la Asociación Española de la Prensa Gratuita, AEPG). En el apartado con relación a la actividad periodística este código nos explica que no es un código de periodistas, ya que AEPG acepta cumplir el contenido de su código deontológico, ni de publicistas, porque este sector tiene sus normas específicas. Es decir, que se trata de un código propio destinado a un tipo de publicaciones en las que se combinan las tres actividades: editora, periodística y publicitaria. El código también tiene un apartado en relación con la actividad publicitaria, y con lo que respecta a las reglas de conducta del consumidor comenta:

"La publicidad ha se ser verídica y evitar que distorsione los hechos o desorientar la opinión pública a través de insinuaciones. Por eso se basa en el respeto a la Ley General de la Publicidad, el código de la AAP y otros códigos internacionales y nacionales que se puedan publicar sobre normas de la práctica publicitaria. Ha de evitarse también las exageraciones que conduzcan a la decepción de los consumidores, prestando especial atención a los productos médicos y sanitarios. Ha de plantearse una publicidad que respete el contenido de las leyes, la moral y el sentido ético" (Código Deontológico de la Asociación Española de la Prensa Gratuita, AEPG).

Al ser la publicidad uno de los puntos clave del mantenimiento de la prensa gratuita el código dedica varios apartados a este tema para evitar conflictos y abusos en el futuro.

Solamente los diarios gratuitos de información general distribuyeron más de 4,3 millones de ejemplares diarios en el año 2007 según datos de la OJD. Entre *Metro Directo, Qué!, ADN* y *20 Minutos* sumaban 4 millones y entre los medianos y pequeños más de 300.000. Algunos de los nombres de estos periódicos son: *Nervión, El Micalet, Mini Diario, Diario de la Tarde, Qué pasa, Crónica del Sudeste, Nueva Línea, Iberia, Universal, El Crack 10, Noticias Benidorm, El Noticiero, Tendillas...*

Consecuencia del alza de lectores gratuitos y de la tirada de éstos es que la prensa no gratuita en 2007 perdió importancia en el mercado publicitario con una cuota de mercado del 27,5% frente al 28,7% en 2006.

El director del diario gratuito *20 Minutos* dijo en su momento:

"Lo importante no es pagar o no pagar, sino que tengas lectores o no tengas. La prensa gratuita es la mejor aliada de la de pago. Ha incorporado el hábito de leer periódicos a muchos que no lo tenían" (Escolar, 2005).

Las palabras de Arsenio Escolar son una realidad en la España de hoy, el lector de periódicos en nuestro país es el más bajo de Europa y, gracias a esta clase de prensa, el número de lectores ha aumentado y, aunque todavía estemos lejos de equipararnos a Europa en el número de lectores de prensa, cada vez la distancia es menor.

La Asociación Española de Prensa Gratuita (AEPG) agrupaba por el año 2007 a 76 publicaciones gratuitas en toda España, ninguna de ellas pertenecía a alguno de los grandes diarios.

En España estos periódicos han logrado llegar a lectores jóvenes y otros segmentos de público que no compran ni leen prensa de pago y que ahora han descubierto la lectura en su desplazamiento al trabajo, lectura situacional, de este modo la prensa gratuita está quitando lectores a la de pago y, lo que es más duro, la publicidad de firmas importantes, entre ellas Xerox y Vodafone. A los periódicos gratuitos llega una publicidad de productos de gran consumo que compra el público de manera habitual, mientras que la prensa de pago tiene que buscar otro tipo de clientes.

Las nuevas tecnologías están permitiendo hacer diarios con unos costes de producción inferiores a los que necesitan los diarios de gran difusión y además, como venimos repitiendo, la publicidad es su soporte. Por otro lado para lograr una gran difusión se necesitan grandes núcleos urbanos y debido a las dificultades de distribución los días festivos, sábados y domingos no hay distribución de prensa gratuita.

3. Metodología y análisis de cuatro periodicos gratuitos

El método que hemos aplicado para recoger los datos de los periódicos ha sido el siguiente:
- Cada día hemos analizado el número de páginas, número de noticias de las portadas, tema principal de portada, nombre que llevan las secciones de cada diario, páginas por cada sección y cantidad de publicidad contenida en la portada y demás páginas del interior de los periódicos.
- El periodo de tiempo que hemos elegido para el análisis de la información ha sido el de un mes completo de cada una de las cuatro

publicaciones, concretamente el mes de diciembre de 2007. La elección de este año se debe a que coincide con uno de los años de la época dorada del Periodismo gratuito.

Como hemos señalado anteriormente hemos llevado a cabo un análisis de cuatro de los periódicos gratuitos que más se leen en nuestro país, *20 Minutos, Qué!, ADN* y *Metro Directo*. El estudio se ha centrado en analizar cada una de las portadas de los periódicos cuantitativamente y del mismo modo el contenido de sus páginas interiores, es decir, todo el periódico. La publicidad ha sido analizada aparte, pues como ya hemos dicho es el elemento más importante del periódico, ya que gracias a ella esta clase de periódicos se mantienen gratuitos en el mercado.

Debemos recordar que estos periódicos no son diarios por su periodicidad en el mercado, ya que no se editan todos los días. Solamente salen a la luz de lunes a viernes. Tampoco salen los días que por cualquier causa son festivos.

En el año 2007 el diario gratuito *20 Minutos* tuvo una tirada diaria de 1.042.254 ejemplares, el mayor número en Madrid con 355.984 y el menor en Valladolid con 18.936. La tirada de *Qué!* fue de 956.585, el mayor número de ejemplares en Madrid con 329.940 y el menor en Guipúzcoa con 19.933. *ADN* con 954.770 ejemplares de tirada, 340.391 en la capital madrileña y 15.763 en Castellón capital con menor tirada de esta cabecera. Y *Metro Directo* con 840.259 ejemplares, el mayor número de ejemplares fue en Madrid con 277.434 y el menor en la ciudad de Elche con 6.468 ejemplares.

3.1. Análisis del periódico 20 Minutos

Multiprensa y Más. S.L. fundada en Madrid en 1999, es pionera en la edición de prensa diaria gratuita de calidad. El accionista mayoritario de "20 Minutos España S.A." es Schibsted, un grupo de comunicación de origen noruego, fundado en 1839, que tiene una fuerte presencia en Noruega, Suecia, España, Dinamarca, Suiza, Estonia, Finlandia, Francia, periódicos gratuitos, canales de televisión, emisoras de radio, multimedia, etc. Schibsted tiene 8.500 empleados en 20 países.

En España, *20 Minutos* apareció en Madrid el 3 de febrero de 2000 y la edición en Barcelona surgió el 16 de noviembre de ese mismo año. Además de en estos dos lugares, el periódico se distribuía en estos años en La Coruña, Alicante, Bilbao, Córdoba, Granada, Málaga, Murcia, Sevilla, Valencia, Valladolid, Vigo y Zaragoza.

José Antonio Martínez Soler era el Director General de este periódico y el Director Editorial era Arsenio Escolar.

Según EGM (Estudio General de Medios) *20 Minutos* es uno de los periódicos de información general más leído en España, y el líder absoluto en Madrid, por delante de *El País*.

Como hemos dicho hemos analizado el mes de diciembre del 2007, y ha sido elegido este mes porque nos ha sido más fácil disponer de todos sus números publicados.

El número de páginas por ejemplar oscila entre 28 y 32, menos el periódico del día 12, miércoles, que tiene 36 páginas porque coincidió con una jornada de deporte y se aumentó la información sobre este tema. El tema de ETA destaca como noticia en primera página el lunes día 3 y el miércoles día 5 por coincidir con la muerte de dos policías españoles en Francia a manos de esta banda armada. Los demás días las noticias de la primera página reflejan los problemas locales, temas sobre la falta de guarderías, hipotecas, polémica del Thyssen, subida del precio del billete de metro de Madrid o una campaña de navidad.

Los lunes en portada aparecen una media de 14 noticias y siempre contiene 7 secciones que se repetirán a lo largo de la semana, quitando los días especiales en que cambia alguna sección del periódico y que iremos señalando en cada momento que se produzcan.

Las secciones:

Secciones	Páginas	Tema
Madrid	2,5	
Actualidad	3	Nacional-Internacional
Zona 20	1,5	Cartas y opinión
Minuto 20	2,5	Deportes
Salud y Belleza	1	
La revista	6	Sociedad, cultura y televisión
Anuncios breves	1	Clasificados en mitad de la revista
Última página	1	Publicidad

• Publicidad: Los lunes el periódico contiene una media de 5 páginas enteras y 6,5 medias páginas. Los martes tiene una media de 12

noticias en portada. También tiene siete secciones, pero la secciones *Minuto 20* (sección de deportes) y la sección *Salud y belleza* de los lunes son sustituidas este día de la semana por las sección *Deportes* (con el mismo contenido que la sección *Minuto 20*) y *Formación y empleo* (que sustituye a *Salud y belleza*).
• Publicidad: el martes el periódico contiene una media de 2 páginas enteras y 6 medias páginas. Los miércoles tiene una media de 13 noticias en portada. Tiene el mismo número de secciones, sustituyendo algunas secciones por las de *Deportes y Dos.cero* (esta sección nos habla de tecnología).
• Publicidad: los miércoles el periódico contiene una media de 8 páginas y 7 medias páginas. Los jueves tiene una media de 14 noticias en portada. Introduce *Deportes* en sustitución a otra sección del lunes.
• Publicidad: los jueves el periódico contiene una media de 4,5 páginas y 5 medias páginas. Los viernes tiene una media de 15 noticias en portada. Introduce *Deportes* y la sección *Tutiplan* cuya temática es: ocio, salidas, cine y TV.
• Publicidad: los viernes el periódico contiene una media de 5,5 páginas y 11 medias páginas.
La sección de *Formación y empleo,* es un suplemento en el interior del periódico e incluye ofertas de empleo de un buscador. Los *Anuncios breves* están clasificados en mitad de la revista.

3.2. Análisis del periódico Qué!

Una nueva forma de comunicar ha llegado a buscar otras maneras de hacer Periodismo, en el entorno multimediático nos encontramos con nuevos condicionantes, hemos pasado de la comunicación de masas a la comunicación segmentada, personalizada e individualizada, donde se está produciendo un cambio sustancial en las relaciones entre emisor y receptor; este último ha pasado en la comunicación a ser un receptor activo o interactivo, con capacidad de elección y participación en el nuevo medio.

El martes 18 de enero de 2005 salía a la calle el diario *Qué!*, un periódico de información general gratuita. Es editado por Factoría de Información, Compañía de Recoletos Grupo de Comunicación de *Marca, Expansión, Actualidad Económica* y *Telva,* así como de los medios gratuitos, *Diario Médico* y *Gaceta Universitaria.* En este periódico participa también el Grupo Godó, editor del diario *La Vanguardia,* con un 30% del accionariado. Presente en muchas capitales españolas a través de más de 8.000 puntos de distribución.

Qué! nace con vocación de líder por su independencia, por su calidad y por su tirada. Estaba dirigido por Alejandro Sopeña, un profesional de larga trayectoria en el Grupo Recoletos. Cuando salió a la luz tenía una redacción de 140 periodistas.

Qué! es un modelo paradigmático, ya que se trata del primer diario español que decide utilizar un weblog o bitácora para definir el criterio editorial de un producto informativo, lo que le llevó a autodenominarse "el primer diario elaborado por los lectores". De este modo los lectores jóvenes de este periódico, entre 25 y 34 años, tienen aunados dos de sus medios favoritos: Internet y los diarios gratuitos.

El tratamiento informativo de los contenidos de este periódico destacan por dar importancia a la información local, una sorpresa diaria y una atención especial al lector. Una de las apuestas principales de *Qué!* era la utilización de Internet como una forma pionera, pues se sirve de la red para crear comunidades de internautas que informan al periódico, temas noticiosos, secundados, opinados y discutidos por los navegantes locales de *Quediario.com*.

Al periódico *Qué!* le hemos aplicado el mismo análisis metodológico que al anterior.

El número de páginas por ejemplar oscila entre 28 y 32, menos los ejemplares de los días 5, 13, 20 y 21 que tienen 40 páginas porque se añade un suplemento. Y los días 10, 26 y 27 que tienen 24 páginas porque los días anteriores a éstos han sido festivos y la información recogida por los periódicos es menor. Los demás días las noticias en portada reflejan los problemas locales y alguno nacional, como el tema de ETA, maltrato de mujeres, subida de precios, redadas en Madrid, regalos de navidad...

Los lunes en portada aparecen una media de 13 noticias y siempre contiene 10 secciones las cuales se repetirán a lo largo de la semana, quitando los días especiales en que cambia alguna sección del periódico y que iremos señalando en cada momento que se produzcan.

Las secciones:

Secciones	Páginas	Tema
Interés general	1,5	Información nacional
Madrid	4	Local
La opinión de todos	1/2	Opinión y participación

Al día	3,5	Sociedad, política, economía y sucesos
Emergencias	1	Sucesos
Deportes	3,5	
La vida	2,5	Sociedad, (reportaje doble sobre terrorismo islámico)
Gente	1	¿inserta en la vida? ¿QUÉ?
Televisión	2	
Servicios	1	Tiempo, pasatiempos, horóscopo, teléfono de servicio
Última página	1	Curiosidades

• Publicidad: los lunes el periódico contiene una media de 5 páginas enteras y 6,5 medias páginas. Los martes tiene una media de 12 noticias en portada y contiene 10 secciones con las mismas denominaciones.

• Publicidad: los martes el periódico contiene una media de 5 páginas enteras y 2 medias páginas. Los miércoles tiene una media de 10 noticias en portada. Contiene 10 secciones el día 26, pero este día sólo tiene 4 noticias en portada porque añade media página de publicidad. Los restantes miércoles se añaden o quitan secciones. El día 5 y el 28 se añaden las secciones *Qué bien* (suplemento fin de semana) cuya mayor información es sobre cine y otras variadas noticias y también se añade la sección *Cartelera*. El día 12 añade la sección *Qué coches* (suplemento de 8 páginas). El día 19 se quita la sección *Emergencias*, sección de sucesos.

• Publicidad: los miércoles el periódico contiene una media de 5 páginas y 3 medias páginas. Los jueves tiene una media de 13 noticias en portada. Son 9 las secciones que tiene quitando la sección *Opinión de todos*, el día 20 aunque también quita esta sección y añade la de *Qué casas* (suplemento de 8 páginas).

• Publicidad: los jueves el periódico contiene una media de 8 páginas y 7 medias páginas. Los viernes tiene una media de 14 noticias en portada. El día 21 se anula la sección *La opinión de todos* y se añade la de *Qué casas* quedando así 10 secciones. El día 28 tiene 11 secciones. Las que incluyen se denominan *Qué bien* (suplemento) y *Cartelera*.

• Publicidad: los viernes el periódico contiene una media de 8 páginas y 6 medias páginas.

3.3. Análisis del periódico ADN

ADN nació el 1 de marzo de 2006. El impulsor del nuevo diario, Mauricio Carlotti, consejero delegado de Antena3. En este diario vio una oportunidad comercial; el editor era en ese momento el empresario catalán José Manuel Lara, dueño de la editorial Planeta y de diarios tan dispares como el conservador *La Razón* y el independentista catalán *Avui*; el director Albert Montagut. Este diario está publicado por la sociedad Editorial Página Cero S.A., en la que participan el Grupo Planeta, Grupo Joly, Grupo Promotor Salmantino (*La Gaceta Regional de Salamanca*), Heraldo de Aragón Grupo Serra (*Última Hora*), La Información (*Diario de Navarra*) y *La Voz de Galicia*, es decir, esencialmente grupos regionales que gestionan diarios de pago. Dispone de varias ediciones y se distribuye en varias ciudades como: La Coruña, Barcelona, Madrid, Bilbao, Castellón, Huesca, Málaga, Palma de Mallorca, Pamplona, Sevilla, Teruel, Valencia, Zaragoza, Vigo...

Cuando se cumplió el primer año de estar en el mercado, ADN tenía un millón de lectores repartidos en 16 provincias, un vespertino ADN2 y una web con 200.000 usuarios únicos mensuales. Es el primer diario español que desea estar con el usuario durante toda la jornada y entregar los contenidos necesarios para la reflexión, la lectura y el entretenimiento nocturno en casa. Este periódico está muy centrado en la cultura y el ocio, especialmente los viernes. Es una demanda estratégica para los lectores urbanos a los que se destina la información.

El diseño de este periódico jerarquiza y codifica muy bien la información. Se divide el diario en cuatro partes impresas de diferentes colores: azul, naranja, verde y rojo. En ellas agrupa la información de las secciones.

Este "diario abierto de tercera generación", como él mismo se denomina, cuenta con una interesante página web a través de la cual los lectores pueden participar activamente en su configuración, tanto en la edición en papel como en la versión online.

El número de páginas por ejemplar oscila entre 28 y 32, menos los ejemplares de los días 4, 26 y 27 que tienen 24 páginas por contener el periódico menor información. Los temas de las noticias en portada son variados; desde la información sobre ETA, a noticias que denuncian la urbanización del litoral o el problema de los inmigrantes, pero en general tratan temas de derechos humanos, problemas ecológicos... Otros días las noticias en portada reflejan los problemas locales y alguno nacional, subida de precios, el problema de la pornografía infantil, las drogas en los colegios...

Los lunes en portada aparecen una media de 9 noticias y siempre contiene 12 secciones las cuales se repetirán a lo largo de la semana, quitando los días especiales en que cambia alguna sección del periódico y que iremos señalando en cada momento que se produzcan.

Las secciones:

Secciones	Páginas	Tema
La segunda	1	Información, sumarios y enlaces a la versión digital, y la mancheta localizada en la página 2
Madrid	4	Local
Política	1	Política
Internacional	1	Información internacional
Economía	1/2	Economía
El lector	1	Opinión/participación/horóscopo
La vida	3,5	Sociedad
Deportes	5,5	Deportes
Cultura & Ocio	3	Cultura y ocio
Televisión & Radio	2,5	TV y radio
Última página	1	Publicidad, opinión, pasatiempos

• Publicidad: los lunes el periódico contiene una media de 3 páginas enteras y 8 medias páginas. Los martes tiene una media de 8 noticias en portada y contiene 12 secciones con las mismas denominaciones.

• Publicidad: los martes el periódico contiene una media de 5 páginas enteras y 9 medias páginas. Los miércoles tiene una media de 8 noticias en portada. Contiene 12 secciones con las mismas denominaciones.

- Publicidad: los miércoles el periódico contiene una media de 2 páginas y 9 medias páginas. Los jueves tiene una media de 8 noticias en portada. Contiene 12 secciones con las mismas denominaciones.
- Publicidad: los jueves el periódico contiene una media de 3 páginas y 9 medias páginas.
- Los viernes: tiene una media de 11 noticias en portada. Contiene 12 secciones, pero cambia la sección *Cultura & Ocio* por la de *ADN WEEKEND* con un contenido de 7 páginas con temática sobre cine, actividades para el fin de semana y algún artículo curioso. Es de destacar que la primera página de este periódico los viernes lleva por cabecera el nombre de *ADN WEEKEND* en lugar de *ADN*.
- Publicidad: los viernes el periódico contiene una media de 4 páginas y 9 medias páginas.

3.4. Análisis del periódico Metro directo

Este periódico utiliza otro nombre en Chile, *Publimetro*. En España se denomina *Metro Directo*. Es la cadena más grande del mundo de periódicos gratuitos. En el año 2005 tenía 58 ediciones diarias distribuidas en 81 ciudades de 21 países del mundo, publicado en 20 idiomas a lo largo de los continentes de América, Europa y Asia. Sus periódicos en este año tenían una tirada conjunta de más de 6.000.000 de ejemplares y unos 15.000.000 de lectores.

Metro Directo es el periódico gratuito del Grupo Metro Internacional S.A. que en España inició su andadura en marzo de 2001 con la publicación de *Metro Directe-Barcelona*, llegando a Madrid en agosto de este mismo año. Tiene varias ediciones distribuidas por muchas capitales españolas. El director editorial era en esos momentos Carlos Salas y el director general Alberto Díaz.

El número de páginas por ejemplar oscila entre 24 y 28, menos los ejemplares de los días 5 y 21 del mes que tienen 32 páginas y el miércoles 26 con 20 páginas. Los temas de las noticias en portada son variados, desde noticias sobre ETA a otras que denuncian el precio de la vivienda, consumo de juguetes, pues estamos en época navideña, temas de interés para los estudiantes, felicitaciones navideñas, y toda clase de noticias de interés local.

Los lunes en portada aparecen una media de 8 noticias y siempre contiene 10 secciones las cuales se repetirán a lo largo de las semanas, quitando los días especiales en que cambia alguna sección del periódico y que iremos señalando en cada momento que se produzcan.

Las secciones:

Secciones	Páginas	Tema
Madrid	3	Local
España	1	España
Mundo	1	Internacional
Clasificados	1	Anuncios
Deportes	8,5	Deportes
Economía	1/2	Economía
Opinión	1	Cartas
Servicios	1	Tiempo, pasatiempos y horóscopo
Ocio	3	Ocio y tiempo libre
Televisión	1	Televisión
Última página	1	Publicidad

• Publicidad: los lunes el periódico contiene una media de 5 páginas enteras y 4 medias páginas. Los martes tiene una media de 9 noticias en portada y contiene 11 secciones debido a que a las secciones del lunes se le añade una más llamada *Reportaje*.
• Publicidad: los martes el periódico contiene una media de 3 páginas enteras y 7 medias páginas. Los miércoles tiene una media de 8 noticias en portada. Contiene 11 secciones, debido a que a las secciones que contiene los lunes se le añade una más llamada *Metro On*. Esta sección es un suplemento de 12 páginas y seis de publicidad. Los temas a tratar son: noticias variadas, videojuegos y música. Este suplemento no siempre tiene el mismo número de páginas. El miércoles día 12 tiene 24 páginas porque la sección *Metro On* tiene un suplemento de 8 páginas y las páginas de otras secciones también disminuyen. El miércoles día 26 el periódico sólo tiene 20 páginas y el suplemento especial que se le añade sólo tiene 4 páginas además de tener 10 secciones.
• Publicidad: los miércoles el periódico contiene una media de 3 páginas y 5 medias páginas. Los jueves tiene una media de 11 noticias en portada. Contiene 11 secciones, debido a que se le añade la sección *Metro Vivienda*.

- Publicidad: los jueves el periódico contiene una media de 5 páginas y 5 medias páginas. Los viernes tiene una media de 10 noticias en portada. Contiene 10 secciones cambiando la sección *Televisión* por *Xprime Madrid* cuyas noticias contienen temática sobre ocio o salidas de fin de semana por los lugares de ocio de Madrid. También en esta sección se incluye la televisión.
- Publicidad: los viernes el periódico contiene una media de 3 páginas y 7 medias páginas.

4. Conclusiones del análisis de los cuatro periódicos

Las conclusiones a las que hemos llegado después de analizar cada uno de los periódicos son:
- El formato y papel de estos periódicos es como el de los demás diarios. Volvemos a repetir que la publicidad es muy importante porque es el motivo por el que son gratuitos. Predomina el color en sus páginas y los titulares de las noticias son sencillos.
- En cuanto al diseño de las publicaciones, hay un cambio sustancial entre las publicaciones de pago y las gratuitas. En primer lugar, las gratuitas tienen un número de páginas mucho menor, no hay que olvidar que son cabeceras que deben ser leídas en cortos periodos de tiempo, muchas veces en el trayecto desde la vivienda al lugar de trabajo o de estudio y que, en cierto modo, son de usar y tirar.
- Los contenidos de estos periódicos invierten la estructura de los tradicionales: aunque no dejan de ser medios de información general en ellos predomina lo cercano, y la sección de local cobra protagonismo sobre las de nacional o internacional, esto explica por qué han tenido tanto éxito en ciudades como Madrid y Barcelona. En estos periódicos se publican las principales noticias de cada día. Las noticias son redactadas en forma breve, clara, precisa, de la manera más comprensible para los lectores, redactadas con gran agilidad de manera que pueden leerse fácil y rápidamente, quizás esté aquí uno de los éxitos.
- Los periódicos gratuitos están más en consonancia con las preferencias de los lectores que los diarios de pago, los cuales se centran en elementos eminentemente políticos, incluso abandonando, en cierto modo, los temas sociales. Son diarios menos politizados y además también pretenden hacer partícipes del medio de comunicación al propio lector. En este sentido, deben entender las continuas encuestas que plantean estas cabeceras, los foros, los blogs…

- La información se centra, fundamentalmente en información local, regional, deportes, espectáculos y televisión e información general. Hay páginas dedicadas a información internacional, política, económica y, sobre todo, información de salud, enseñanza, consumo, vivienda, transporte, ciudadanos, tribuna, sucesos, vida ciudadana...
- Los artículos de opinión se centran en temas sobre la democracia, los derechos humanos, la tolerancia, el respeto a todos y la convivencia. Es curioso que la ausencia de opinión política es casi total.
- Los periódicos gratuitos no es que sean una referencia a la hora de marcar la agenda temática del día, pero sí están dejando de ser periódicos considerados como de segundo nivel, para pasar a convertirse en elementos de referencia, sobre todo por el gran número de lectores de que disponen.
- Número de páginas: Los periódicos *20 Minutos, Qué!,* y *ADN* contienen de 28 a 32 páginas diarias por ejemplar. *Metro Directo* contiene de 24 a 28 páginas.
- Número de secciones: *20 Minutos* tiene 7 secciones a lo largo de la semana. *Qué!* tiene 10 secciones. *ADN* 12 y *Metro Directo* los lunes y viernes tiene 10 secciones y los demás días 11 secciones.
- Publicidad media insertada en los diarios por semana: *20 Minutos:* 5,1 páginas y 7,1 medias páginas. *Qué!:* 6,2 páginas y 4,9 medias páginas. *ADN:* 3,4 páginas y 8,8 medias páginas. *Metro Directo:* 3,4 páginas y 5,6 medias páginas. Es decir el que más publicidad contiene en sus páginas es el periódico *Qué!* seguido de muy cerca por *20 Minutos,* luego le sigue *ADN* seguido de muy cerca por *Metro Directo*.
- La forma de redactar la información de estos periódicos es: breve, clara, precisa, de la manera más compresible para los lectores.
- Su lectura es fácil y rápida.
- Son diarios menos politizados y pretenden hacer partícipes del medio al lector (foros, blogs).
- La información se centra, fundamentalmente, en información local, regional, deportes, espectáculos, televisión, información general, información de salud, consumo, vivienda, transporte, ciudadanos, tribuna, sucesos, vida ciudadana...
- Los artículos de opinión se centran en temas de la democracia, los derechos humanos, la tolerancia, la convivencia. La opinión política tiene una ausencia total.
- Tres de los periódicos insertan con el mismo nombre las secciones de Madrid y Televisión (el periódico *20 Minutos* la llama *La revista*).

• En la última página *20 Minutos* y *Metro Directo* insertan publicidad, mientras el periódico *Qué!* la dedica a curiosidades y *ADN* inserta publicidad, opinión y pasatiempos.

5. Presente de la prensa gratuita

Hoy en día, la crisis de la prensa impresa es una realidad. Son muchos los diarios que desaparecen o que reducen sus páginas en un agónico debate con las ediciones digitales.

Hemos entrado en una nueva era, la era de la velocidad, de la instantaneidad. El ser humano desea tener la información en el instante, ya no espera al mañana, desea estar informado puntualmente y en cada momento y eso lo consigue a través de la prensa *online*. Los diarios tradicionales sucumben y con ellos la prensa gratuita.

Antes de 1999 ningún periódico gratuito cerró, pero después de esta fecha hubo una primera oleada de cierre de periódicos de 2000 a 2002 y una segunda oleada al comienzo del año 2006. Un total de 120 cabeceras cerraron, 36 de ellas en 2009. El número de ediciones que cerró es aún más elevado, ya que algunos de los periódicos que cerraron también distribuían ediciones diferentes, por ejemplo, *Metro*, en España, contaba con varias ediciones cuando desapareció su edición en enero de 2009. En total, más de 200 diarios gratuitos cerraron en todo el mundo, más de 90 en 2009.

El cierre de títulos y ediciones no es el único motivo del descenso de la circulación de estos periódicos, pues muchos de los que se han quedado han recortado su circulación.

El periódico *ADN* del Grupo Planeta, después de cinco años saliendo en ocho ciudades españolas, presentó un ERE por extinción debido a las pérdidas acumuladas publicitarias. Y se dejó de publicar en diciembre del 2011.

El periódico gratuito *Qué!* de tirada diaria llego a su fin en junio del 2012. Este periódico de Vocento no volvió a salir a la calle desde esa fecha debido al terrible bajón de la inversión publicitaria que acucia a la prensa, las perdidas operativas eran de 27 millones de euros aproximadamente desde su compra. De los periódicos que hemos analizado en este trabajo el único que sobrevive es *20 Minutos* aunque ha cerrado algunas delegaciones.

Muchos diarios en papel, gratuitos y de pago, se han decantado por salir en formato digital o estudian hacerlo ante la crisis que tenemos, y, sobre todo, en lo referente a la crisis publicitaria que era el medio de subsistencia de estos periódicos.

6. Referencias

Aguilar Perera, M. V. y Farray Cuevas, J. I. (Coords). (2005). *Un nuevo sujeto para la Sociedad de la Información.* Netbiblo.

Antón Crespo, M. (1990). *La Información- Comunicación como hecho social en el hombre.* Madrid: SISCON.

—(1992). *Ensayos sobre comunicación.* Tenerife: Publicaciones, Universidad de La Laguna.

—(2007). Comunicación e Información: el profesional de la comunicación en la Administración Pública. En F. Esteve y M.A. Moncholi (Eds.). *Teoría y Técnicas del Periodismo Especializado.* Madrid: Fragua.

Burgelin, O. (1974). *La comunicación de masas.* Barcelona: Planeta y A.T.E.

Davara, J. et al. (2005). *España en portada.* Madrid: Fragua.

Escolar, A. www.clarin.com/diario/2005/07/06/um/m-1009 088.htm)

Nieto, A. (1984). *La prensa gratuita.* Pamplona: Eunsa.

Ramos Fernández, L. F. (1998). *La profesión Periodística en España.* Diputación de Pontevedra.

Las redes sociales para canalizaciones periodísticas especializadas

NOELIA GARCÍA ESTÉVEZ
Universidad de Sevilla
noeliagarcia@us.es

1. Introducción

La web 2.0 y su filosofía de participación activa y ubicuidad del mensaje han revolucionado los modos de relacionarnos y la propia comunicación. El nuevo paradigma en el proceso de la comunicación subyace también en el entorno del Periodismo y el profesional de la información ha visto alteradas sus rutinas periodísticas y la relación entre el medio y el lector se ha intensificado.

Coincidimos con Orihuela (2006, pp. 66-73) en que hay que entender el Periodismo como una conversación y el nuevo contexto 2.0 fomenta nuevas fórmulas de comunicación. En el ámbito de la información periodística especializada estas redes sociales se nos presentan como estupendas aliadas del periodista. De acuerdo con Fernández del Moral y Esteve Ramírez (1996, p. 189), "las nuevas posibilidades técnicas favorecen la especialización de canales, contenidos y receptores". Es por ello que el profesional de la información ha de considerar estas plataformas como herramientas que interactúan transversalmente en el trabajo periodístico. Bien como instrumento válido en la creación de la noticia –detectar tendencias, localizar fuentes testimoniales o de expertos, adquirir documentación multimedia–; bien como canal difusor; bien como plataforma en la que interactuar con su público; etc.

En esta investigación centramos nuestro objeto de estudio al análisis de las redes sociales como plataformas para la canalización periodística especializada. Hemos de tener en cuenta el gran número de usuarios con el que cuentan redes como Facebook o Twitter, con las consiguientes posibilidades de segmentación de ese amplio público en *targets* más concretos interesados en una temática, preocupados por una cuestión, orientados a una formación, etc.

2. Metodología

Esta investigación tiene como objetivo principal indagar en el uso que hacen los medios periodísticos especializados de las redes sociales. Del mismo modo, pretendemos vislumbrar las principales posibilidades que brinda el entorno 2.0 para el ejercicio y la canalización del Periodismo Especializado. Partimos de la hipótesis de que los medios de comunicación tanto generalistas como especializados han entendido la importancia de adaptarse al nuevo entorno a través de su inserción y participación en estas redes sociales, aunque ello no implica necesariamente que se haga un buen uso ni que se potencien todas sus oportunidades.

Partimos de una definición básica de información periodística especializada como "aquella estructura informativa que penetra y analiza la realidad de una determinada área de la actualidad a través de las distintas especialidades del saber; profundiza en sus motivaciones; la coloca en un contexto amplio, que ofrezca una visión global al destinatario, y elabora un mensaje periodístico que acomode el código al nivel propio de la audiencia, atendiendo sus intereses y necesidades" (Fernández del Moral y Esteve Ramírez, 96, p. 100). Por lo tanto, es pertinente analizar en el contexto de la web 2.0 cómo el Periodismo se adapta a esa nueva audiencia surgida en el entorno digital cuyos intereses y necesidades han evolucionado a la par que su papel en el proceso informativo se ha transformado dejando de ser un receptor pasivo a un prosumidor activo.

Para concretar estos objetivos generales hemos delimitado nuestro objeto de estudio a 12 medios determinados que nos sirvan de muestra representativa de la actividad del Periodismo Especializado. Para la selección de la muestra se ha tenido en cuenta la distinción realizada por Martínez Albertos entre prensa especializada y Periodismo Especializado: "la prensa especializada está constituida por aquellas publicaciones, con o sin periodicidad fija, que van dirigidas a profesionales concretos, especialmente en una determinada actividad científica, técnica o industrial, mientras que el periodismo especializado se dirige, por el contrario, a un público teóricamente tan amplio como puede ser la audiencia concreta de cada periódico" (Fernández del Moral y Esteve Ramírez, 1996, p. 99). En nuestro caso hemos elegido una serie de medios que podrían incluirse, según la definición anterior, en la denominada prensa especializada aunque, por los objetivos que perseguimos, hemos intentado que en esta selección impere poderosamente el Periodismo Especializado, descartando aquellos medios cuyo público es altamente cualificado y experto. Por lo tanto, si recordamos los niveles de la comunicación de la información periodística especializada –cultura de élite, en la que están integrados los científicos; cultura media y cultura de masas– nuestra muestra se ubica entre la cultura media y la cultura de masas.

Al hallarnos en el entorno digital, ha primado también a la hora de la elección de los medios a analizar su cualidad cibernética, pues todos ellos, con o sin referente *off line*, se alojan en Internet. Para ello, hemos tomado como punto de partida la clasificación de cibermedios de información periodística especializada hecha por Salaverría (2009, pp. 50 y 51):

- Cibermedios de información económica, que abordan tanto aspectos microeconómicos y macroeconómicos como cuestiones relacionadas con la dinámica empresarial, el consumo o los diversos sectores productos (agricultura, pesca, industria...).
- Cibermedios de información política, que ciñen su ámbito de análisis al estudio de las relaciones políticas a todos los niveles (internacional, europeo, nacional, autonómico, regional, local...).
- Cibermedios de información cultural, que penetran en las entrañas del arte (pintura, escultura, música...), las letras (literatura y lingüística), el pensamiento y el espectáculo.
- Cibermedios de información social, que analizan la dinámica de las relaciones sociales y los movimientos asociativos (feminismo, ecologismo...) desde una perspectiva militante y proactiva.
- Cibermedios de información científica, sanitaria y técnica, que contribuyen al crecimiento del árbol de la ciencia, ora con la divulgación de la investigación y los descubrimientos científicos, ora con la difusión de conocimientos sobre diversas subáreas técnicas, ora con la preocupación por la salud y el bienestar social.
- Cibermedios de información sobre nuevas tecnologías.
- Cibermedios de información deportiva.
- Cibermedios de información de servicios.

- Cibermedios de información sobre nuevas tendencias sociales (moda, información rosa...).
- Cibermedios de información jurídica.
- Cibermedios de información sobre educación e infancia.
- Cibermedios de información sobre comunicación y *mass media*.

De este modo, hemos elegido un cibermedio en representación de cada una de las categorías anteriores. Dos han sido los criterios clave para esta selección: popularidad y carácter divulgativo del medio. Es por ello que hemos excluido aquellos con una excesiva especialización destinados a un reducido público altamente cualificado, pretendiendo así extraer una muestra representativa de la especialización pero con una vocación periodística y divulgativa orientada a un amplio público. Según el principio genérico de especialización propuesto por Groth (Faus Belau, 1996) los medios incluidos en esta selección tratan de informar al público en general y no únicamente a los profesionales de tales actividades. De este modo, nuestra muestra está compuesta por los siguientes medios digitales: *Expansión* (información económica), *Revista Tiempo* (información política), *Culturamas* (información cultural), *Diagonal Periódico* (información social), *Muy Interesante* (información científica), *PC Actual* (información tecnológica), *Marca* (información deportiva), *Teleprograma* (información de servicios), *Hola* (información sobre nuevas tendencias sociales –corazón/rosa–), *Noticias jurídicas* (información jurídica), *Ser Padres* (información sobre educación e infancia), y *Revista de Comunicación* (información sobre comunicación y *mass media*).

Una vez determinada la muestra hemos pasado al estudio concreto de las redes sociales como canales para el Periodismo Especializado. Para ello, tomamos de referencia dos de las principales redes sociales que existen en la actualidad: Facebook y Twitter. En el caso de la red de Zuckenberg, nos encontramos con las páginas creadas por estos medios online de comunicación en las que completan información en torno al mismo y ofrecen noticias y reportajes de interés. La ventaja principal de estas páginas es que los usuarios no tienen que enviar solicitud de amistad para poder interactuar con el medio, sino que simplemente deberán hacer clic en la pestaña "me gusta" para poder acceder al mismo. Twitter, por su parte, técnicamente no es una red social sino de un servicio de *microbloogging* o *nanoblogging*. En esta plataforma social los usuarios tienen limitados sus mensajes a 140 caracteres y el concepto "amigo" desaparece pasando a ser "seguidores" de otros usuarios, que lo son sin necesidad de aprobación por parte del "seguido" (García, 2012, p. 70). La siguiente tabla recoge los medios seleccionados junto con la categoría de especialización a la que pertenecen, la url en la que se hallan en la red y los enlaces para su localización en Facebook y Twitter.

Tabla 1. Medios periodísticos especializados con presencia en Facebook y Twitter

Tipo de cibermedio especializado	Nombre	URL	Facebook	Twitter
Información económica	*Expansión*	http://www.expansion.com/	https://www.facebook.com/Expansion.com?fref=ts	@expansion-com
Información política	*Revista Tiempo*	http://www.tiempodehoy.com/	https://www.facebook.com/tiempodehoy	@tiempode-hoy
Información cultural	*Culturamas*	http://www.culturamas.es/	https://www.facebook.com/Culturamas?fref=ts	@culturamas
Información social	*Diagonal Periódico*	http://www.diagonalperiodico.net/	https://www.facebook.com/diagonalperiodico?fref=ts	@El_Diagonal
Información científica, sanitaria y técnica	*Muy interesante*	http://www.muyinteresante.es/	https://www.facebook.com/muyinteresante.es	@muyinteresante

Información sobre nuevas tecnologías	PC Actual	http://www.pcactual.com/	https://www.facebook.com/pcactual	@pcactual
Información deportiva	Marca	http://www.marca.com/	https://www.facebook.com/MARCA?fref=ts	@marca
Información de servicios	Teleprograma	http://teleprograma.fotogramas.es/	https://www.facebook.com/teleprograma.tv?fref=ts	@teleprograma_tv
Información sobre nuevas tendencias sociales	Hola	http://www.hola.com/	https://www.facebook.com/revistahola	@hola
Información jurídica	Noticias jurídicas	http://noticias.juridicas.com/	https://www.facebook.com/pages/Noticias-Jur%C3%ADdicas/309679249086218	@NNJJ_Oficial
Información sobre educación e infancia	Ser Padres	http://www.serpadres.es/	https://www.facebook.com/Serpadres.es	@serpadres_es
Información sobre comunicación y *mass media*	Revista de Comunicación	http://revistadecomunicacion.wke.es/	https://www.facebook.com/edirectivos	@edirectivos

Fuente: Elaboración propia.

3. Resultados y discusión

Internet en general y las redes sociales en particular se pueden configurar como importantes canales para la información periodística especializada, bien de medios generalistas o de medios especializados, como es el caso que nos ocupa. El primer paso en el proceso investigador, una vez determinada la metodología y la muestra, es indagar en la página web donde se halla el cibermedio. Por lo tanto, uno de los primeros indicios que podríamos apreciar sobre la importancia otorgada a la presencia de estos medios en las redes sociales sería el hecho de encontrar en la *home* de su sitio web enlaces que nos deriven a sus páginas de Facebook y perfiles de Twitter y nos inviten a seguirlos como usuarios 2.0. En este sentido, la mayoría de los cibermedios ofrecen estos enlaces en su página web, representando el 67% los que sí frente al 33% que obvian tal información. La ubicación de esos elementos suele darse en la parte inferior de la página y en la zona más a la derecha. No obstante, algunos medios como *Muy Interesante*, lo incluyen en la franja superior, dándole mayor visibilidad.

Tabla 2. Presencia de links en la *home* de los sitios web de los cibermedios que enlazan con sus páginas y perfiles en las redes sociales

Medio	Links en la *home*	Medio	Links en la *home*
Expansión	Sí	*Marca*	No
Revista Tiempo	Sí	*Teleprograma*	No
Culturamas	No	*Hola*	Sí
Diagonal Periódico	No	*Noticias jurídicas*	Sí
Muy Interesante	Sí	*Ser Padres*	Sí
PC Actual	Sí	*Rev. de Comunicación*	Sí

Fuente: Elaboración propia

PRESENCIA DE LINKS EN LA *HOME* DE LOS SITIOS WEB DE LOS CIBERMEDIOS QUE ENLAZAN CON SUS PÁGINAS Y PERFILES EN LAS REDES SOCIALES

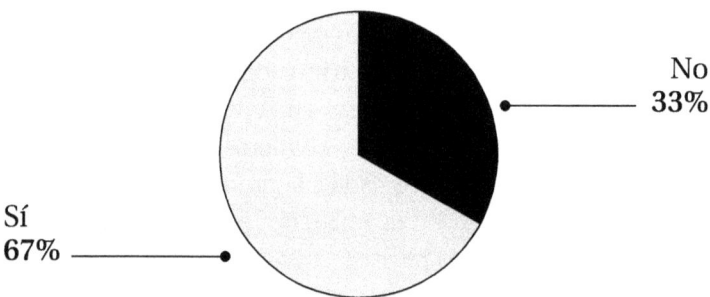

Fuente: elaboración propia

Realizando este sencillo trabajo empírico-exploratorio, podemos también averiguar si el medio seleccionado interactúa en alguna otra red social más allá de las analizadas en esta investigación. De este modo, casi la mitad de los cibermedios no ciñen su presencia 2.0 a Facebook y Twitter, sino que también participan en otras plataformas sociales: Google+; LinkedIn; Vimeo; Flickr; y You Tube. Porcentualmente estamos hablando de que el 42% de los cibermedios analizados amplían su presencia social, mientras que el 58% restante reduce su ámbito a las dos redes sociales que aquí estudiamos. De los cinco cibermedios que representan ese 42%, cuatro sólo están en una red social más, siendo la *Revista de la Comunicación* el único medio cuya presencia se extiende a largo de cinco redes.

Tabla 3. Presencia de los cibermedios en otras redes sociales, aparte de Facebook y Twitter

Medio	Otras	Red Social	Medio	Otras	Red Social
Expansión	No	--	*Marca*	No	--
Rev. Tiempo	No	--	*Teleprograma*	No	--
Culturamas	No	--	*Hola*	No	--
Diagonal P.	Sí	Vimeo	*Noticias jurídicas*	No	--
Muy Interesante	Sí	Google+	*Ser Padres*	Sí	Google+
PC Actual	Sí	Flickr	*Rev. Comunicación*	Sí	Youtube LinkedIn

Fuente: Elaboración propia

CIBERMEDIOS CON PRESENCIA EN OTRAS REDES SOCIALES, APARTE DE FACEBOOK Y TWITTER

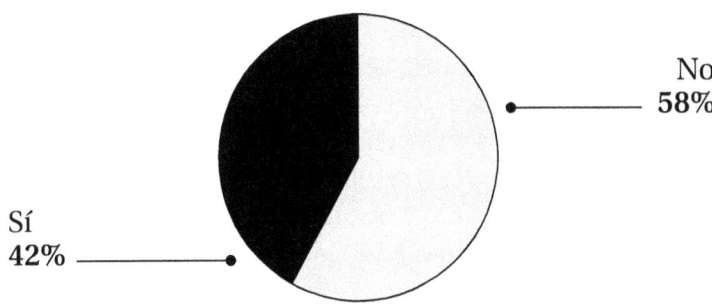

Fuente: elaboración propia

3.1. Análisis de la presencia de los cibermedios especializados en Facebook

Al afrontar un análisis de la canalización del Periodismo Especializado en Facebook a través de la metodología propuesta en esta investigación, lo primero en lo que nos fijaremos será en el número de seguidores/fans que tiene cada uno de estos cibermedios como una muestra de la popularidad de los mismos dentro de esta red social. No obstante, sería impreciso lanzar los datos sin antes hacer una advertencia obvia: la popularidad de tales medios dependerá, por un lado, de los contenidos, calidad, y demás cuestiones relacionadas con el quehacer periodístico del medio en sí y, por otro, de la propia popularidad de la temática en la que esté especializada. Por lo tanto, y atendiendo a las características de la sociedad receptora, sería poco prudente comparar en términos absolutos los lectores/seguidores de un medio sobre deportes con los de otro sobre información jurídica. Dicha esta apreciación, mostramos a continuación la gran variación en cuanto al volumen de seguidores de las páginas de Facebook analizadas.

Como era de esperar, el medio con mayor número de seguidores es *Marca* con 698.771, pues la popularidad de su versión impresa también lo coloca en la primera posición de lectura de diarios españoles, por encima de *El País* y *As*, según el último Estudio General de Medios de octubre de 2011 a mayo de 2012. Le sigue la publicación *Muy Interesante* –con 222.236– que casualmente según este mismo Estudio General de Medios ocupa el primer puesto en cuanto a lectores entre las revistas mensuales. Por lo tanto, podríamos empezar a intuir que el número de fans en las páginas de Facebook dependerá de los índices de popularidad del propio cibermedio y de su referente impreso, si lo tuviera. No obstante, y a pesar de los datos aquí arrojados, esto no es siempre así, pues no podríamos explicarnos que la página de la revista *Muy Interesante* tenga más del doble de seguidores que la de la revista *Hola* –que tiene 108.802 seguidores– y, sin embargo, en la versión en papel esta última multiplique por dos el número de lectores con respecto a la revista sobre ciencia. El resto de cibermedios poseen los siguientes volúmenes de seguidores: *Ser Padres*, 33.440; *Diagonal*, 26.017; *Expansión*, 16.688; *Culturamas*, 9.354; *PC Actual*, 7.991; *Revista Tiempo*, 2.799; *Teleprograma*, 1.547, *Revista Comunicación*, 1.019; y *Noticias jurídicas*, 408.

SEGUIDORES EN LA PÁGINAS DE FACEBOOK DE LOS CIBERMEDIOS ESPECIALIZADOS
En miles (05/11/2012)

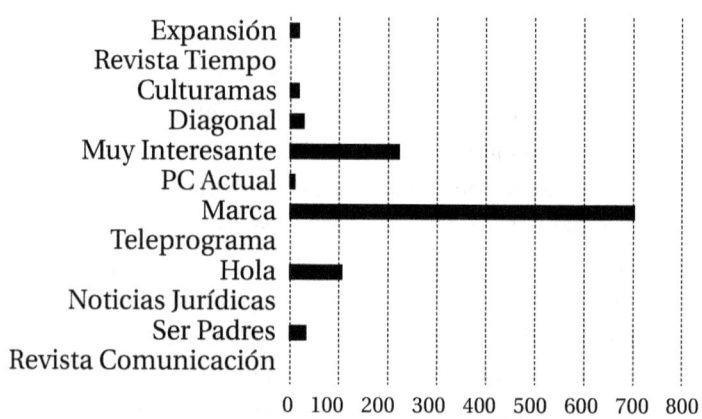

Fuente: elaboración propia

No basta con tener una página en Facebook. Participar en las redes sociales exige mucho más: actualizaciones continuas, información fresca y cercana, contenidos multimedia, interacción real con el público, ofrecimiento de nuevos servicios, etc. No se trata únicamente de hacer un volcado de la información contenida en la página web del cibermedio, sino que este entorno propicia y exige la creación de productos *ad hoc*, una planificada estrategia de actividad 2.0, un ritmo constante y adecuado de los contenidos, etc. Si atendemos a la actividad de estos cibermedios en su página de Facebook[1], comprobamos que *Marca* es el medio más activo, con una media diaria de 16,43 actualizaciones. En el extremo hallamos las

---

[1] Para la extracción de los datos referentes a la actividad de los cibermedios en Facebook nos hemos basado en la actividad generada por éstos a lo largo del mes de octubre de 2012.

publicaciones sobre comunicación y política, *Revista de Comunicación* y *Revista Tiempo*, con una media diaria de 0,2 posts cada una. La clave del éxito no está en un número determinado de actualizaciones, pues ello dependerá en gran medida del tipo de especialización del medio, de las características y rutinas de su público y del propio transcurrir informativo. Sin embargo, es obvio que ha de tener una presencia mínimamente activa si pretende utilizar de manera efectiva su presencia social. En general, los cibermedios especializados publican una media diaria de 6,06 posts.

MEDIA DIARIA DE ACTUALIZACIONES DE LAS PÁGINAS DE FACEBOOK DE LOS CIBERMEDIOS

Fuente: elaboración propia

3.2. Análisis de la presencia de los cibermedios especializados en Twitter

El sistema de *microblogging* Twitter es una plataforma que desde el principio fue concebida como una herramienta de comunicación. Desde el ámbito periodístico, Twitter se ha configurado como un elemento fundamental en el ejercicio, práctica y recepción del Periodismo. Por su gran volumen de usuarios y las características de los mismos, con un perfil algo más adulto que en Facebook y con intereses más centrados en la información y en los contactos de calidad y menos en las meras relaciones humanas. Todo ello ha propiciado que ningún medio de comunicación pueda quedarse al margen de la plataforma de los 140 caracteres.

En cuanto al volumen de seguidores que poseen los perfiles de los cibermedios estudiados, hemos de incidir en el hecho de que el diario deportivo *Marca* –con 987.330 seguidores– que en Facebook era el líder pasa aquí a un segundo puesto siendo el primero para la revista de ciencia *Muy Interesante* que tiene la elevada cifra de 2.115.887 seguidores. La explicación a esto se ha de buscar en varios motivos. Por un lado, ya hemos indicado que el perfil de los usuarios de Twitter es de mayor edad y muy orientado a la búsqueda de información. Además, *Muy Interesante* no sólo es altamente activo en cuanto al número de tweets publicados, sino que ha sabido muy bien adaptar sus mensajes a esos 140 caracteres, haciendo un buen uso de los *hashtags* –como #curiosidades, #cáncer, #naturaleza…– que le ha favorecido en la generación de viralidad. La tercera posición nuevamente es ocupada por la revista de corazón *Hola*, con 604.248 seguidores. El resto de cibermedios poseen los siguientes volúmenes de seguidores: *Expansión*, 94.878; *Ser Padres*, 36.085; *Diagonal*, 36.023; *Teleprograma*, 16.192; *PC Actual*, 15.815; *Culturamas*, 9.149; *Revista Comunicación*, 5.650; *Revista Tiempo*, 707; y *Noticias jurídicas*, 393.

SEGUIDORES DE LOS PERFILES DE TWITTER DE LOS CIBERMEDIOS ESPECIALIZADOS
(05/11/2012)

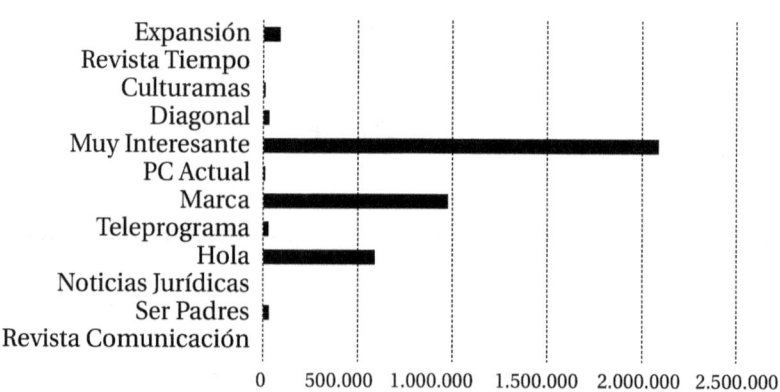

Fuente: elaboración propia

Comprobamos cómo en general el número de seguidores de los cibermedios con presencia en Twitter es mayor que en Facebook. Recordemos que muchos usuarios de este sistema de *microblogging* lo utilizan como un agregador de fuentes informativas, con la posibilidad de hacer listas temáticas o especializadas. Igualmente, la presencia de los cibermedios en esta plataforma es, en líneas generales, mucho más activa que en el caso de Facebook[2]. De

---

[2] Para la extracción de los datos referentes a la actividad de los cibermedios en Twitter nos hemos basado en la herramienta online "How often do you tweet?". Disponible en: http://www.howoftendoyoutweet.com/ [Consultado el 05/11/2012].

hecho se ha pasado de la media diaria de actualizaciones de 6,06 en Facebook a 13,88 en Twitter. Los más dinámicos son *Marca* –con 51,1–, *Expansión* –con 20–, y *Muy Interesante* –con 14,1–.

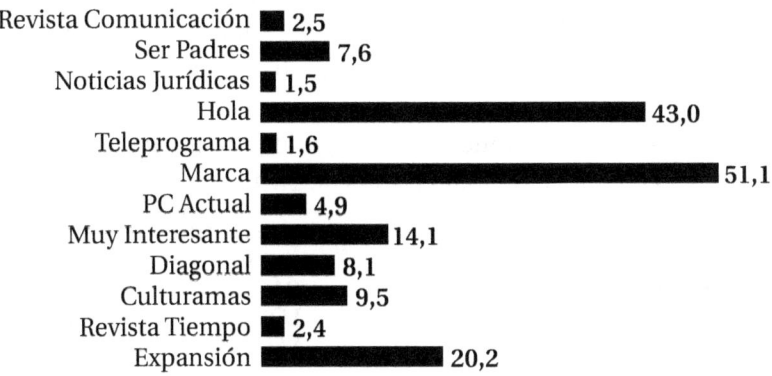

MEDIA DIARIA DE ACTUALIZACIONES DE LOS PERFILES DE TWITTER DE LOS CIBERMEDIOS

Fuente: elaboración propia

El gran número de usuarios en Twitter, muchos de ellos de gran trascendencia e influencia social, favoreció la iniciativa tomada hace años por esta plataforma de "verificar"[3] ciertas cuentas de manera que quede constancia de que dicho perfil corresponde exactamente a quien dice y evitando la confusión entre tanta coincidencia nominal o suplantación. En la actualidad este servicio ya no se ofrece al público, y sólo está disponible para socios de Twitter y patrocinadores, además de cuentas de figuras públicas muy famosas que tienen que pugnar con cuentas falsas. De los cibermedios analizados sólo los perfiles de *Muy Interesante* y de *Hola* vienen con el sello de verificación, lo cual nos confirma que no hay duda de que detrás de tales cuentas se encuentran dichas empresas periodísticas.

3.3. Análisis comparativo de la presencia de los cibermedios en Facebook y Twitter

Facebook y Twitter, entre otras muchas redes sociales, se configuran como unas plataformas 2.0 con una gran potencialidad como

---

[3] Para saber más sobre el proceso de verificación de cuentas en Twitter se puede acudir al centro de ayuda de Twitter. Disponible en https://support.twitter.com/groups/31-twitter-basics/topics/111-features/articles/119135-about-verified-accounts [Consultado el 11/11/2012].

canalizadores de la información periodística especializada, pues permiten igualmente la diferenciación y especialización del público. Se han convertido en una extensión 2.0 de los medios de comunicación, especializados en este caso. En ambos el número de usuarios y la actividad de sus cuentas son ciertamente elevados, con algunas salvedades. Sin embargo, en una comparativa entre ambas redes sociales, hemos de reconocer que el sistema de *microblogging* Twitter tiene un mayor calado. De hecho, mientras que la media de seguidores en las diferentes páginas de Facebook analizadas es de 94.089, en Twitter este número aumenta hasta los 326.863, esto es, más de tres veces superior. Lo mismo ocurre en cuanto al ritmo de actualización, siendo la media correspondiente a Facebook de seis posts diarios frente a los 13,88 tweets de Twitter.

SEGUIDORES MEDIO DE LAS PÁGINAS Y PERFILES DE LOS CIBERMEDIOS EN FACEBOOK Y TWITTER

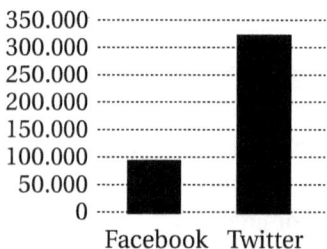

Fuente: elaboración propia

MEDIA DIARIA DE ACTUALIZACIONES EN LAS PÁGINAS Y PERFILES DE LOS CIBERMEDIOS EN FACEBOOK Y TWITTER

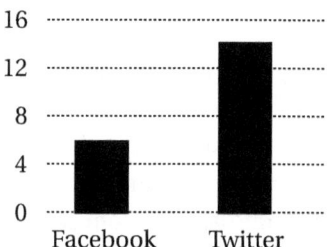

Fuente: elaboración propia

4. Estrategias para la canalización del Periodismo Especializado a través de las redes sociales

La sociedad ha cambiado. O, simplemente, ha evolucionado. Al igual que lo ha venido haciendo a lo largo de la historia de la humanidad. Nada es inmutable y cada cambio lleva implícito la alteración de gran cantidad de rutinas y hábitos sociales, laborales, empresariales, etc. Las Tecnologías de la Información y la Comunicación, Internet, las redes sociales y la concepción de una sociedad del conocimiento interconectada han transformado inevitablemente las formas de comunicación social. Se ha generado un nuevo contexto, un contexto complejo que no deja de variar y es que hablar de la situación actual no es más que referirse al "pasado más inmediato, puesto que no podemos obviar que en un entorno tan extraordinariamente cambiante, hablar del presente es un acto inexacto, porque nada se mantiene intacto" (García, 2012, p. 24).

La gran popularidad de las redes sociales entre la ciudadanía actual hace evidente la necesidad de prosperar en uso y actividad por parte de los medios de comunicación. Al igual que en su momento la incorporación de un sitio web que garantizara la presencia del medio en Internet se hizo imprescindible, hoy esta presencia se ha hecho más transversal, pasando por participar en redes y plataformas sociales. Sin embargo, no se trata de hacer lo mismo y repetir los mismos esquemas para todos los contextos.

En este sentido, critica Fernández (2011, p. 71) que "las prácticas que hasta ahora se venían realizando, con los mismos parámetro de actuación, son las que se ponen en uso en la red. No varía el lenguaje, la redacción…, los recursos de los que dispone el periodista en la red no se tienen en cuenta y la idea de un periodismo ciudadano no se toma en cuenta por gran parte de la profesión". Ante tal panorama "se hace imprescindible buscar activa y creativamente nuevas soluciones" (Vázquez Medez, 2009, p. 32). Desde la esfera de la comunicación se requiere un compromiso firme tanto de la empresa periodística como del profesional de la información. Como dice Mogollón y Gutiérrez (2006) "toda herramienta tecnológica debe ser aprendida –aprehendida– en su justa dimensión para sacarle el mayor provecho". Siguiendo estos postulados no podíamos finalizar esta investigación sin proponer unas breves pero elocuentes directrices que deberían guiar las estrategias y técnicas a seguir para la utilización de las redes sociales en Internet como canales para la información periodística especializada:

• Participar en redes sociales especializadas/verticales. Existe una gran variedad de redes sociales especializadas en temáticas que agrupan a personas que comparten un interés común. Además, el medio puede considerar la posibilidad de crear él mismo una red social centrada en su ámbito de especialización, del mismo modo de *El País* creó Eskup, su red social de actualidad.

• Participar en páginas o grupos creados con anterioridad en la red social Facebook. Así, una publicación sobre ecología y medio ambiente debería participar activamente en una página de Facebook sobre esta temática, por ejemplo y según el caso propuesto dicha publicación podría seguir y participar en la página

comunitaria "Medio ambiente, cuidando el planeta"[4]. De esta forma, el medio periodístico halla dos grandes oportunidades: por un lado, puede acceder a un gran número de informadores, algunos de ellos expertos, que le permitirán detectar las tendencias actuales y cuestiones de interés para el público implicado en esa temática y, por otro, darse a conocer entre los usuarios de esa comunidad como medio de comunicación especializado capaz de satisfacer las necesidades informativas de ese *target*.
- Uso razonado y acertado de *hashtag* en los mensajes de Twitter.
- Crear y participar en listas[5] en Twitter. Estas listas funcionan como un agregador de fuentes en torno a una temática o cuestión. Sería altamente valorable para el usuario hallar listas públicas a las que puede acceder libremente que han sido creadas por un medio de comunicación especializado y que ofrece a sus lectores como un valor añadido. Por ejemplo, una publicación sobre información política nos puede ofrecer listas con militantes de cada partido político, militantes sindicales, otros medios sobre política, etc.

5. Referencias

Faus Belau, Á. (1996). *La ciencia periodística de Otto Groth*. Pamplona: Instituto de Periodismo de la Universidad de Navarra.

Fernández del Moral, J. y Esteve Ramírez, F. (1996). *Fundamentos de la información periodística especializada*. Madrid: Editorial Síntesis.

Fernández, F. (2011). Making-Journal, una oportunidad para el periodismo en la Red. En J. M. Flores Vivar (Ed.), *Reinventar el Periodismo y los Medios* (pp. 71-78). Madrid: Fragua.

García Estévez, N. (2012). *Redes sociales en Internet. Implicaciones y consecuencias de las plataformas 2.0 en la sociedad*. Madrid: Universitas.

Mogollón, H. y Gutiérrez, S. (2006). "Internet como fuente de información en un contexto de glocalidad y necesidades informativas en Venezuela [en línea]. *Razón y Palabra* (49). Disponible en: http://www.razonypalabra.org.mx/anteriores/n49/hazelsiglic.html [Consultado el 23-04-2010].

---

[4] Disponible en https://www.facebook.com/pages/medio-ambiente-cuidando-el-planeta/146538088770813 [Consultado el 25-10-2012].
[5] Para leer más sobre los usos periodísticos de las listas de Twitter véase: http://www.abc.es/blogs/jose-luisorihuela/public/post/tres-usos-periodisticos-de-las-listas-de-twitter-2247.asp [Consultado el 25-04-2010].

Orihuela, J. L. (2006). *La revolución de los blogs.* Madrid: La Esfera de los Libros.

Salaverría, R. (2009). *Cibermedios. El impacto de internet en los medios de comunicación en España.* Sevilla: Comunicación Social Ediciones y Publicaciones.

Vázquez Medel, M. Á. (2009). *La Universidad del siglo XXI en la sociedad de la comunicación y del conocimiento.* Lección inaugural leída en la Solemne Apertura del Curso Académico 2009-2010 en la Universidad de Sevilla. Sevilla: Secretariado de publicaciones de la Universidad de Sevilla.

Los canales televisivos, la cibernética, la especialización y los Consejos de Contenido en los medios de comunicación públicos de cercanía

JOSÉ MANUEL GÓMEZ Y MÉNDEZ
UNIVERSIDAD DE SEVILLA
expertoper@us.es

SANDRA MÉNDEZ MUROS
UNIVERSIDAD DE SEVILLA
sanmenmur@us.es

1. Introducción

Los ciudadanos cada día se encuentran más participativos en la red cibernética gracias al desarrollo tecnológico. Los medios de comunicación analizan cómo llegar a ellos e involucrarlos en el día a día de la canalización del mensaje de cara a los venideros planteamientos *webísticos* ante el Periodismo 3.0 u otras opciones con el horizonte del 10.0 si ponemos muestra mirada en el 2010.

Dentro de ese futuro inmediato de los medios y la Red se encuentran las TVs-IP con cuanto suponen para una pluralidad mediática sin las hasta ahora consabidas licencias de emisión concedidas desde espacios de poder político –distinguiéndose entre espacios privados y públicos situados en una sociedad libre de mercado y en la esfera gobernante, respectivamente–. Esta realidad se acentúa cuando estas TV en Internet se hacen tangibles como medios de cercanía y de identidad de proximidad en los ciudadanos posibilitando un nuevo horizonte para canales de especialización. No olvidemos que la sociedad civil se vertebra cada día más en los países democráticos con lenguajes de apoyos no sólo desde Bruselas o Washington, sino desde países no alineados; sin embargo, no interviene en la toma de decisiones cotidianas de los medios de comunicación.

Nuestro objetivo es dilucidar un modelo de participación ciudadana en el entramado de toma de decisiones de los medios de comunicación públicos televisivos de cercanía, bien de contenidos especializados o generalistas. Para ello, nos servimos del método sintético-deductivo para distinguir los elementos tecnológico, mediático y social y obtener una visión global del conjunto y de las relaciones estructurales entre ellos, así como del análisis descriptivo para contextualizar la implicación fenomenológica en los procesos mediáticos y sociales. Nuestras conclusiones patentizarían la creación de los Consejos de Contenidos en los medios, en los que se han de encontrar representados todos los colectivos ciudadanos legalizados socialmente, y cuya labor sería la de decidir dentro de la pluralidad sobre el contenido a programar.

2. Canales televisivos cibernéticos y especialización: oportunidades y amenazas

Hablar de canales televisivos asociados a la cibernética es remitirnos a una actualización constante de la tecnología y de la comunicación, en la medida en la que la cibernética es una especialización por sí misma de ambas disciplinas en general. En nuestro caso, nos referimos a la cibernética como canal específico para para contenidos especializados. Es en estos canales de contenidos especializados donde prevemos las claves de participación ciudadana que desarrollaremos en las siguientes líneas.

El desarrollo de la TDT ha traído consigo la multiplicación de canales televisivos cibernéticos que, en cierta forma, ha hecho posible la especialización temática. La IPTV o televisión "a la carta" es el exponente máximo de personalización de la programación de los contenidos, pues "la programación de la IPTV se elabora y organiza en función de su público objetivo, de su especialización y de su estilo de vida" (Campos, 2008, pp. 150 y 158). La televisión por Internet no conoce límites geográficos, pero sí puede presentar enfoques temáticos en cuanto a los contenidos que oferta: creativos, turísticos, municipales, de partidos políticos, de clubes deportivos, de colectivos culturales y religiosos, de ONG's, de empresas o de otras ramas o variantes dando vía a nuevos modelos de canales de comunicación. Es posible recoger los vídeos de cualquier empresa en cualquier formato, codificarlos para su compresión y presentarlos en una página web integrada. La televisión en Internet puede emitir gran variedad de eventos en un entorno dinámico, interactivo, con alta calidad y personalizado.

Es cuestionable, sin embargo, la calidad de los contenidos que se presentan en los canales televisivos cibernéticos. Nos encontramos con una realidad que se divide en dos vertientes: a) canales televisivos cibernéticos donde los criterios económicos y políticos merman la calidad del producto y la participación ciudadana, debido a que las tecnologías han creado un mercado global en el que operan grandes conglomerados empresariales multimedia y b) canales televisivos cibernéticos realizados por ciudadanos por un acceso rápido, fácil y cómodo posibilitado por la web 2.0 donde la calidad periodística es nula. Estas opciones no sólo competen a los canales televisivos cibernéticos, también al resto de medios de comunicación que distribuyen sus contenidos en Red, complicando la gestión del conocimiento.

Cuando ésta responde más a intereses mercantilistas que sociales se atenta contra dos bastiones de la responsabilidad social: la participación mediática ciudadana y la calidad periodística. Esto no es cuestionable en los medios de comunicación privados, que pertenecen a empresas que tienen como fin principal el beneficio económico de acuerdo a la legalidad vigente, pero sí es especialmente grave en los medios de comunicación públicos que siguen la estela de los anteriores, olvidando que la participación ciudadana y la profesionalidad periodística garantizan la convivencia democrática: "El modelo del devenir ha de irse definiendo dentro de la convergencia de ideas para lograr ser un nuevo producto de aceptación ciudadana con diferenciaciones perfectamente entre televisión privada, que ha de estar sometida a las realidades comerciales del libre mercado, y televisión pública que ha de encontrar, aparte de sus contenidos de servicios a la colectividad, su nuevo modelo de gestión donde el ciudadano forme parte de la misma y no sea un quehacer en reparto de representantes políticos" (Gómez y Méndez y Méndez Muros, 2010).

El contexto mediático de países como Venezuela o Argentina demuestra esta indiferencia hacia el deber de lo público. En Venezuela, el Consejo de Estado ha denunciado ante la Comisión Interamericana de Derechos Humanos (CIDH) el excesivo número de medios de comunicación privados. Entre los 334 medios de comunicación se cuentan cien televisiones privadas contra diez públicas y el sector privado controla el 94% del espectro radiofónico (Europa Press, 2012). Y la Ley de Servicios de Comunicación Audiovisual argentina, que ha contado con el respaldo del ex juez español Baltasar Garzón, trata de luchar contra el monopolio mediático privado y político, regulando las cuotas de poder empresarial (*Página12*, 2012). Uno de los ejemplos monopolísticos en la construcción de un sistema concentrado de poder lo constituye Papel Prensa, como ha destacado recientemente el subsecretario de Protección de los Derechos Humanos de Argentina, Luis Alén, para quien "hay que explicar y entender que el derecho a la información es para todas las personas, no para las empresas. [...] la construcción de grupos monopólicos es la negación del derecho de la comunicación" (Universidad de Buenos Aires, 2012).

En ocasiones, la indiferencia de la ciudadanía y de la profesionalidad periodística viene de la mano de la violencia ejercida contra los informadores. México da cuenta de ello: 107 periodistas han sido asesinados entre los años 2000 y 2012, aunque el gobierno se esfuerza en reconocer "el papel extraordinariamente activo" de los medios de comunicación en el combate de la delincuencia organizada y la promoción de los valores de seguridad (Lara, 2012).

En el plano de la distribución de contenidos en Red, hallamos un problema superficial de competencias entre la propiedad intelectual, producto de la profesionalidad periodística, y el beneficio mercantilista de los buscadores. El papel del periodista queda en evidencia en el momento en que su trabajo es susceptible de ser utilizado con fines distintos para los que fueron producidos. Sin embargo, el trasfondo es exclusivamente económico. Ante el riesgo que supone para los editores la pérdida del canal, esto es, continuar distribuyendo sus productos, pesa más la negociación de un canon digital que la defensa de la propiedad intelectual.

En Brasil, 145 cabeceras, que representan el 90% de la circulación, han decidido retirarse de Google News. Según el presidente de la Asociación de Periódicos de Brasil, Carlos Fernando Lindenberg, "Google Noticias se beneficia comercialmente de este contenido de calidad". De esta manera, Google compite directamente con los periódicos y las revistas porque funciona como página principal que usa sus contenidos. La posición de Google News es clara: no tiene la responsabilidad de pagar por los contenidos ya que su servicio beneficia a los periódicos al dirigirles grandes cantidades de tráfico a sus sitios por el simple hecho de situarse en el portal de noticias (Mora, 2012).

En Europa, la UE ha reclamado a Google que presente un plan de medidas para evitar una posición de dominio o, en caso contrario, la Comisión podría iniciar un expediente sancionador e imponerle una multa millonaria. Concretamente, la Asociación de Editores de Diarios Españoles (AEDE) ha cuestionado al buscador por abuso de posición dominante al utilizar los contenidos digitales de los diarios sin disponer de autorización ni ofrecerles a cambio ninguna remuneración y, lo que es más grave, por el hecho de que el servicio de Google News impide que los usuarios pasen por las páginas principales de los diarios, mermando sustancialmente sus eventuales ingresos publicitarios. El gobierno socialista francés ha adoptado, por su parte, una postura más pragmática y desea que Google pague más impuestos, por lo que planea crear un nuevo derecho de propiedad intelectual digital, que obligaría a la compañía estadounidense a abonar a los editores de prensa una cantidad por mostrar los enlaces a sus periódicos en la página de Google News (Mora, 2012).

Pero, sin duda, el escollo más importante es la superación de la barrera del control político que los gobiernos de todo el mundo tienen sometida a la Red. Un informe de Google sobre transparencia en la Red, publicado a mediados de noviembre de 2012, revela que las peticiones de información personal y privada por parte de instancias ejecutivas, legislativas y judiciales ha aumentado de forma considerable en los últimos meses. Google recibió 20.938 peticiones de información de autoridades de todo el mundo entre enero y diciembre de 2012, ocupando el primer puesto Estados Unidos con 7.969 entre enero y junio. Datos sobre el usuario de una cuenta de correo o de un blog o información relativa a la localización geográfica a la que se ha conectado a la Red conforman las principales solicitudes. En ese ranking, España ocupa el octavo lugar, con 531 peticiones de información sobre un total de 1.037 internautas, superando a países como Argentina, Rusia o Israel. No es la primera vez. En 2010, Google incluyó a España en una lista de países que censura la Red. Uno de los vicepresidentes de la empresa, la abogada Nicole Wong, equiparó a España con regímenes que censuran la Red de forma sistemática como China o Irán, por la prohibición judicial de dos blogs abiertos en 2007 que pedían el boicoteo de productos de Cataluña por la aprobación del Estatuto de Autonomía un año antes (Alandete, 2012).

3. Calidad periodística, colectividad comunicativa y medios de comunicación públicos de cercanía

Ante esta situación, es necesario un cambio de paradigma comunicativo que reformule el papel de la ciudadanía y el del profesional del Periodismo como garante de la responsabilidad social con el público, teniendo en cuenta que desde que asistimos a la transformación del término democracia al concepto comunicacional (Sánchez Carballido, 2008, p. 65) con la consiguiente renovación de la necesidad de bidireccionalidad y retroalimentación en la Red, los medios de comunicación tradicionales han cambiado y el Periodismo Especializado debe adaptarse a ello sin perder la esencia que lo hace socialmente útil.

Javier Fernández del Moral, catedrático de Periodismo Especializado de la Universidad Complutense de Madrid, reconoce que "sólo se divulga cuando se consigue hacer entender y hacer participar", y agrega que "la participación de todos en el hecho científico exige una estrategia de gran complejidad, y la participación en el proceso de una nueva ciencia, la de la comunicación. Precisamente por esa falta de integración creciente, la ciencia se encuentra cada vez más alejada de la sociedad, a pesar de Internet, y a pesar de una presencia creciente de la tecnología en nuestras vidas" (Bakkali, 2011).

Es en este concepto de divulgación sobre el que hacemos girar nuestra base para conocer las nuevas formas de participación ciudadana y profesional desde un Periodismo de calidad. Para Fernández del Moral, en la comunicación científica en Internet "las ventajas se convierten en posibles inconvenientes. La mayor accesibilidad, la universalización de los mensajes y en general de toda la información científica, se pueden convertir en una amenaza cuando no se siguen cauces de responsabilidad y profesionalidad. Por mucha información que haya disponible, información científica, se pueden convertir en una amenaza cuando no se siguen cauces de responsabilidad y profesionalidad" (Bakkali, 2011). Desde este punto de vista, el planteamiento del denominado "Periodismo Público" que defiende Jay Rosen sobre la "la gran horizontal" o flujo de la información desde la verticalidad, con los grandes medios de comunicación como protagonistas, considerando un modelo comunicativo horizontal, de igual a igual, resulta insuficiente. Para Rosen, en "la gran horizontal", las personas están conectadas entre sí de forma tan efectiva como están conectados con los grandes medios, la libertad de la prensa pertenece a aquellos que tienen un medio, la convivencia entre blogueros y periodistas y la propia Red trabaja como filtro (Marcos, 2011).

Aunque las ingentes comunidades virtuales, redes telemáticas y telecentros buscan impulsar la acción colectiva y una apropiación crítica de la plataforma informática, a la par que organizaciones indígenas, campesinas, juveniles, etc., reivindican Internet como espacio público global (Lozada, 2008:, p.169), no deben ser ellas las únicas que toman las decisiones mediáticas. El interés económico y la privación de libertad de la propia Red, anteriormente aludidos, justifican la necesidad de que el filtro de contenidos periodísticos sea realizado por profesionales y no por la propia Red para evitar que intereses desconocidos, personales y no colectivos sean simples sustitutos de los intereses mercantilistas. Es el periodista quien, desde la responsabilidad social y el empleo de criterios profesionales y éticos, debe certificar que los contenidos sean de calidad, esto es, contrastados, completos, contextualizados, bien redactados, sin sesgos y con interés para el ciudadano. Con todo ello, demostrará contar con una buena formación, competencias específicas sobre determinados temas y, a juicio de Fernández del Moral, con las características fundamentales de independencia, tesón, insobornabilidad, responsabilidad y liderazgo (Bakkali, 2011).

Nos movemos, por tanto, entre dos ejes no excluyentes que avalan la consecución de un verdadero Periodismo realizado para la sociedad: la profesionalidad del periodista y la participación ciudadana. Con respecto al primero, el Periodismo es el instrumento más eficaz para conseguir la divulgación. Se trata de una divulgación profesionalizada, donde la especialización de un tema sea comunicable y comprensible para un público amplio. En este sentido, no sólo sigue plenamente vigente la anotación de Francisco Esteve (1991, p. 559) sobre la necesidad surgida en las últimas décadas del siglo XX, cuando los receptores buscaban la profundización en la transcripción de contenidos, sino que esta necesidad es ahora más acuciante, si cabe, por la saturación informativa y los intereses espurios que nos encontramos en la Red. Es preciso abundar más en la información periodística especializada, entendida como "aquella estructura informativa que penetra y analiza la realidad de una determinada área de la actualidad a través de las distintas especialidades del saber; profundiza en sus motivaciones; la coloca en un contexto amplio, que ofrezca una visión global al destinatario y elabora un mensaje periodístico que acomete el código al nivel propio de la audiencia, atendiendo sus intereses y necesidades" (Fernández del Moral y Esteve Ramírez, 1993, pp. 100-101).

Con respecto al papel de la ciudadanía, son varias las propuestas comunicativas que apuestan por su participación en los medios de comunicación en Estados Unidos, en Europa y en América Latina y que son necesarias tener en cuenta a la hora de exponer nuevos esquemas. De esta forma, el modelo estadounidense está basado en un Movimiento de Reforma de los Medios a raíz de la gran victoria que supuso para un grupo de organizaciones presionar contra la gran tendencia a la concentración mediática propulsada por los planes normativos de la "Federal Communications Commission". Un amplio número de organizaciones autoconscientes de su pertenencia al mismo independientemente de su orientación ideológica (asociaciones de creadores, grupos ecologistas, asociaciones educativas, organizaciones de derechos civiles, iglesias y grupos religiosos, pacifistas, defensores de las minorías, redes de consumidores, defensores de la infancia, pequeñas compañías de medios,...) se proponen como objetivo fundamental concienciar a la población de que el sistema mediático no es algo natural y, por tanto, puede ser modificado, y mantener un movimiento continuado en pro de un nuevo sistema de medios más democrático (Tucho, 2006, pp. 303-307).

En el caso europeo, las propuestas de los cambios en el modelo mediático se circunscriben aún a la declaración de intenciones. El "Dictamen del Comité de las Regiones de la Unión Europea" (2008, pp. 71-72), publicado por el *Diario Oficial de la Unión Europea*, de 19 de diciembre de 2008, que versa sobre "La alfabetización mediática" y "Los contenidos creativos en línea" apela al Consejo y al Parlamento Europeo que los entes locales y regionales desempeñen "un papel determinante en la gestión de su patrimonio cultural y lingüístico mediante contenidos creativos en línea que promuevan nuevos modelos empresariales entre las empresas creativas y los medios de comunicación locales, que fomenten las obras mediáticas creativas (co)financiadas por institutos y organizaciones y que apliquen la gobernanza electrónica (eGovernment)". En ambos casos, las aportaciones de ciudadanía pasan por el filtro de las instituciones políticas, con la carga de intereses que esto conlleva, quedando así nuevamente el control político asegurado aunque se traten de pasos acertados que nutren a la comunidad científica y a la sociedad de instrumentos válidos.

En América Latina son los propios medios los que "están trascendiendo de productores de información a gestores de proyectos sociales desde un marco de responsabilidad social empresarial, y en alianza con actores externos, en particular con organizaciones de la sociedad civil [...]. Más específicamente, este lugar estratégico de las *osc* para los medios se ha ido alcanzando gracias al acceso que estas organizaciones facilitan a conocimientos, recursos humanos y Redes sociales que redundan en la reputación y la construcción de confianza y credibilidad para la empresa de medios" (Montoya, 2009, pp. 164-165). El único problema es que las tensiones se hacen evidentes cuando los temas promovidos por la ciudadanía no sintonizan con el "sentido común periodístico" ni con temporalidades y rutinas en la búsqueda de la información (Montoya, 2009, p. 165).

Recientemente, entre las acciones de democracia participativa de la Carta-Agenda Mundial de Derechos Humanos en la Ciudad (2011), se plantea el "establecimiento de mecanismos para que todos los habitantes de la ciudad puedan acceder a una información pública transparente y eficaz" y entre los derechos a la libertad de conciencia y religión, opinión e información se recoge que "la ciudad promueve la creación y desarrollo de medios de comunicación e información libres y plurales, accesibles a todos sus habitantes sin discriminación". Los medios han de ser los encargados de hacer que la ciudadanía participe en la esfera política para promover nuevas ideas y sea sensible a las innovaciones; sólo así podrá jugar un papel importante en el fortalecimiento de los regímenes democráticos (Villarroel, 2010, pp. 718-719).

Quizás la debilidad de estos modelos se encuentre en la indefinición del perfil del medio de comunicación y del modelo de participación ciudadana mediática. Nosotros lo hacemos desde el concepto de "medios de comunicación públicos de cercanía" y de "colectividad comunicativa", respectivamente.

Para el concepto de "medios de comunicación públicos de cercanía", al que se acoge el modelo de canales televisivos cibernéticos sobre los que se basará a continuación nuestra propuesta de participación ciudadana, partimos de la apuesta por la inmediatez y la cercanía, la cual se encuentra enmarcada en el fenómeno local que, a su vez, ha reforzado la necesidad de identidad: cada ciudadano se identifica con aquéllos que tienen intereses, actitudes y creencias similares. En el día a día, los ciudadanos encuentran en el Periodismo Local la identidad de lo inmediato a lo global, reforzando códigos de comportamiento social. El Periodismo Local se convierte de esta forma en el cauce de participación activa ciudadana y en una estrategia que promueve el desarrollo de la democracia, mientras que la cibernética aporta la universalidad en el concepto comunicativo. Fruto de la unión de estas dos realidades, los canales televisivos cibernéticos de cercanía se revelan como medios de comunicación con plenitud de expectativa de futuro.

Estos medios de comunicación encuentran en la proximidad su máxima razón de ser. A veces, el concepto de información local se torna demasiado amplio. La información sobre Madrid, Barcelona o Sevilla es información local y hace referencia a toda la comunidad local de estas grandes ciudades, pero dentro de cada una de estas ciudades no toda la comunidad local tiene intereses o gustos comunes. Esto explica, en parte, la proyectada reforma de la Televisión Digital Terrestre (TDT) en el año 2015, pues la actual estructuración de televisiones en demarcaciones comarcales no contempla los contenidos más próximos que ofertaban las desaparecidas televisiones locales en numerosos pueblos y ciudades. La televisión por Internet se asoma así como la salida más viable para cubrir las necesidades básicas de la comunidad local (actividades, fiestas, proyectos, visitas, obras, sucesos, etc.).

Este nivel de comunicación más específico, que agrupa a comunidades menores a las que se dirigen otros medios de comunicación más próximos y con mayor nivel de identidad de sus lectores, oyentes o televidentes, es el que consideramos como "medios de comunicación de cercanía", pues resulta más apropiado para tratar un nivel de identidad e inmediatez más profundo en las interrelaciones de los ciudadanos que el concepto "local". De esta forma, todo "medio de comunicación de cercanía" es un "medio de comunicación local", pero no todo "medio de comunicación local" es necesariamente un "medio de comunicación de cercanía". Se trata de los medios de comunicación de cercanía que encontramos en barrios de grandes urbes o pueblos.

La "colectividad comunicativa" se nos revela como "el conjunto de personas reunidas o concertadas que tienen como fin comunicarse entre sí". Desde un enfoque literal, la Red parece *a priori* capaz de asegurar esta comunicación por sí misma al poner en relación a distintas personas. Sin embargo, el planteamiento de lo colectivo al que nos referimos tiene implicaciones culturales en clara sintonía con los postulados de la Declaración del Bien Común de la Humanidad, donde los medios se "convierten en vehículos esenciales de educación para expandir nuevas formas de consumo y de relación con el medio que nos rodea, toda vez que la información y la comunicación no sólo son un bien renovable, sino una fuente inagotable, inherente al ser humano que está al servicio de la Tierra y de la Humanidad" (Gómez y Méndez y Méndez Muros, 2012). La colectividad comunicativa reconoce la existencia de una sociedad global en sus mercados y redes de información, pero claramente plural en sus reglas y valores, por lo que intenta evadir el control político garantizando contenidos de calidad realizados por profesionales y ciudadanos.

4. Medios de comunicación públicos de cercanía: los Consejos de Contenidos

En línea de defensa de la colectividad comunicativa con cauces prácticos en medios de comunicación públicos de cercanía, cuyo fin es el de programar una convivencia democrática de todos los sectores ciudadanos en el marco tecnológico, proponemos la creación de Consejos de Contenidos en los canales televisivos cibernéticos de cercanía que integran decisiones de la órbita política y de la órbita ciudadana, mediados por la profesionalidad del periodista. En dicho consejo se han de encontrar representados todos los colectivos ciudadanos legalizados socialmente en el ámbito del medio en un impulso de representación de pluralidades e intereses compartidos.

Como se puede apreciar en el cuadro 1, la ciudadanía forma parte de la estructura del canal televisivo cibernético, estableciéndose un modelo más horizontal en cuanto a la toma de decisiones sobre los contenidos periodísticos. El Consejo de Contenidos –si se desease podría denominarse Comité de Contenidos– se sitúa en el mismo nivel que el Consejo de Administración, equiparando las decisiones vulnerables al influjo político a las de la ciudadanía, según se refleja en el cuadro 2. Dentro de la estructura del medio, si bien la ciudadanía interviene en la programación de contenidos televisivos, bien sean o no mensajes periodísticos, el periodista juega un papel activo en la selección y jerarquización de la agenda temática de acuerdo a criterios periodísticos. De esta forma, los medios de comunicación públicos dejan de realizar su función de intermediación fuera de la sociedad otorgándole un papel activo en el cambio social.

Esta propuesta supera los filtros políticos a los que se encuentra sometido el Periodismo tradicional y el actual Periodismo en Red, por una parte, y la falta de profesionalidad periodística a la que se enfrenta el llamado Periodismo ciudadano. En nuestro caso, la horizontalidad no se produce exclusivamente entre ciudadanos, sino que también es posible entre ciudadanos y políticos dentro de los medios de comunicación públicos. En un paso más, cabe la participación ciudadana en el propio Consejo de Administración, reservado en su mayoría a la representación de proporcionalidad política del ente público propietario del medio.

CUADRO 1: CONTEXTUALIDAD DE MEDIOS Y CIUDADANÍA

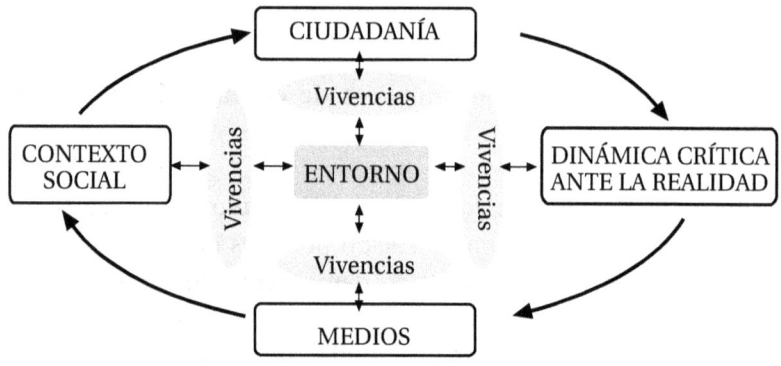

Fuente: elaboración propia

CUADRO 2: CONTENIDOS Y CIUDADANÍA

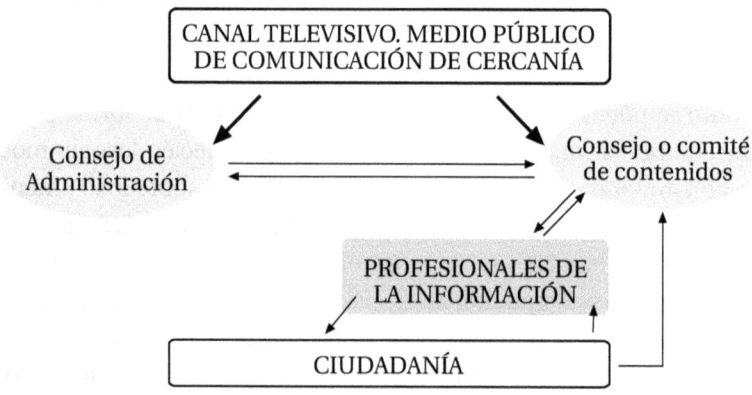

Fuente: elaboración propia

Con todo ello, se alcanza el equilibrio mediático en cuanto a cualidades profesionales del Periodismo como la fiabilidad y la calidad de la información. En el marco de interacciones (véase cuadro 3), el periodista no ve mermada su función de ofrecer en la Red un producto de calidad informativa sin cortapisas legales respecto a la propiedad intelectual y sin presiones políticas, y la ciudadanía encuentra la mejor forma de expresarse mediáticamente de forma activa sin que sea controlada por intereses gubernamentales o de otro tipo.

CUADRO 3: DINÁMICA DE PROYECCIONES DE MEDIOS Y CIUDADANÍA

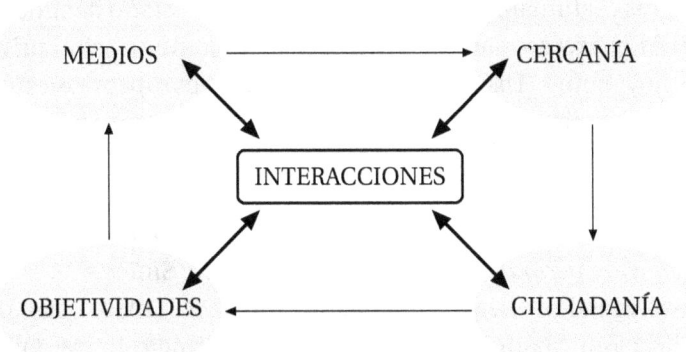

Fuente: elaboración propia

5. Referencias

Alandete, D. (2012). Google afirma que el control de los gobiernos sobre la Red va en ascenso. Las autoridades españolas piden más información de los ciudadanos que las de Rusia e Israel. *El País*, 14 de noviembre. Disponible en http://sociedad.elpais.com/sociedad/2012/11/14actualidad/1352917542_065796.html. [Consultado el 15-11-2012].

Bakkali, H. (2011). Javier Fernández del Moral: "Sólo se divulga cuando se consigue hacer entender y hacer participar". Entrevista publicada en *Divulgación y Cultura Científica Iberoamericana*, 22 de enero. Disponible en http://www.oei.es/divulgacion cientifica/entrevistas_158.htm[Consultado el 14-11-2012].

Campos, F. (2008). Llega la IPTV, presentada como Televisión personal para un estilo de vida digital. *Textual & Visual Media* (1), 145-160.

Comisión de Inclusión Social y Democracia Participativa (CISDP) de la Organización "Ciudades y Gobiernos Locales Unidos (CGLU) (2011). Carta-Agenda Mundial de Derechos Humanos en la Ciudad. Documento redactado el mes de abril. Disponible en http://www.spidh.org/uploads/media/Carta_Agenda_Abril_2011.pdf. [Consultado el 12-11-2012].

Diario Oficial de la Unión Europea (2008). Dictamen del Comité de las Regiones. 19 de noviembre (pp. 70-75).

Esteve Ramírez, F. (1991). Variables narrativas del Periodismo especializado. En VV.AA., *La información como relato. Actas de las V*

Jornadas Internacionales de Ciencias de la Información. Pamplona: Servicio de Publicaciones de la Universidad de Navarra.

Europa Press Latinoamérica (2012). El Consejo de Estado denuncia ante la CIDH el excesivo número de Medios de Comunicación privados. 2 de noviembre. Disponible en http://www.europapress.es/latam/venezuela/noticia-venezuela-consejo-estado-denuncia-cidh-excesivo-numero-medios-comunicacion-privados-20121102063930.html. [Consultado el 03-11-2012].

Fernández del Moral, J. y Esteve Ramírez, F. (1993). *Fundamentos de la información periodística especializada*. Madrid: Síntesis.

Gómez y Méndez, J. M. y Méndez Muros, S. (2010). Las IPTVs, canalizaciones para la información especializada. En M. Quesada Pérez (Ed.), *Internet como fuente generadora de contenidos especializados* (pp. 355-370). Barcelona: Universidad Pompeu Fabra, Sociedad Latina de Comunicación Social e Instituto de Estudios de Comunicación Especializada.

—(2012). El Periodismo de Cercanía en el Bien Común de la Humanidad. Comunicación presentada en *XVIII Congreso Internacional de la Sociedad Española de Periodística (SEP)*, bajo el tema "El oficio del Periodismo: nuevos desafíos". Universidad Carlos III (Madrid), 1 y 2 de junio.

Lara, C. (2012). Medios de comunicación, aliado fundamental: Poiré. *El Sol de México*, 31 de octubre. Disponible en http://www.oem.com.mx/eloccidental/notas/n2753537.htm. [Consultado el 03-11-2012].

Lozada, M. (2004). El ciberciudadano: representaciones, Redes y resistencias en Venezuela y América Latina. En D. Mato (Coord.), *Políticas de ciudadanía y sociedad civil en tiempos de globalización*. Caracas: Faces, Universidad Central de Venezuela.

Marcos, N. (2011). Palabra de Jay Rosen: la 'gran horizontal' y los periodistas. *El País*, 13 de abril. Disponible en http://blogs.elpais.com/Periodismo-con-futuro/2011/04/la-gran-horizontal.html. [Consultado: 14-11-2012].

Montoya, C. (2009). Medios de comunicación y organizaciones de la sociedad civil: fortaleciendo alianzas para la democracia y los derechos humanos en América Latina. *Signo y Pensamiento, 28*(55), 164-188.

Mora, M. (2012). 145 periódicos brasileños retiran sus contenidos de Google News. *El País*, 19 de octubre. Disponible en http://sociedad.elpais.com/sociedad/2012/10/19/actualidad/1350676680_067711.html. [Consultado el 21-10-2012].

Página12 (2012). La ley de medios no cercena derechos. 30 de octubre. Disponible en http://www.pagina12.com.ar/diario/elpais/1-206678-2012-10-30.html. [Consultado el 03-11-2012].

Sánchez Carballido, J. R. (2008). Perspectivas de la información en Internet: ciberdemocracia, Redes sociales y web semántica. *Zer*, (25), 61-81.

Tucho, F. (2006). La Sociedad Civil ante el sistema mediático. El Movimiento de Reforma de los Medios en Estados Unidos. *Zer*, (20), 299-317.

Universidad de Buenos Aires (2012). Apertura Jornadas de la carrera de Comunicación. Disponible en http://www.sociales.uba.ar/?p=16432. [Consultado el 03-11-2012].

Villarroel, G. E. (2010). Representación social de la sociedad civil en una muestra venezolana. *Espacio Abierto Cuaderno Venezolano de Sociología, 19*(4), 715-736.

Fotoperiodismo, especialización y crisis

DIEGO CABALLO[1]
Universidad CEU San Pablo
dcabardi@ceu.es

> "La misión de la fotografía es explicar al hombre sobre el hombre y cada hombre a sí mismo. Y esta no es una finalidad mediocre, pues nada sobre la tierra es más complicado que el hombre".
> **Edward Steichen**

Triunfar es trabajar en lo que nos gusta. Para lograrlo se necesita: formación, especialización y un alto grado de polivalencia. Contra la gran crisis que golpea a esta profesión (y a todas) no hay remedio mejor que apostar por la vocación, la dedicación y el talento. Hay que convencerse de pleno en estar, ver, oír, compartir y pensar, que son los cinco sentidos necesarios, según Kapucinski. Ser periodista ahora se parece mucho al de siempre. Lo que de verdad ha cambiado es la capacidad de transmitir en tiempo real, incluidas las fotografías, algo que desde un principio significó para los medios autenticidad, impacto y modernidad.

Ahora, el profesional del Periodismo debe moverse, a veces, por todos los soportes posibles: texto, foto, audio y vídeo, algo que los medios técnicos más modernos ya facilitan en gran medida, pues con la misma cámara podemos parar la imagen, filmarla en movimiento y dictarle unos datos que puedan valernos para su difusión en general, con lo que significa que alcancemos las más altas cuotas de difusión si la información lo merece.

El profesional de la comunicación (incluimos al fotoperiodista) debe repasar y verificar bien y siempre, como sagrado deber. Hacer sólo los arreglos técnicos parecidos a los que se practicaban en el cuarto oscuro, de acuerdo con los libros de estilo, y no caer nunca

---

[1] Diego Caballo es profesor de Fotoperiodismo en la Universidad CEU San Pablo y Redactor Jefe de edición gráfica en la agencia EFE.

en la tentación de que Photoshop le quite o le ponga lo que le sobre o le falte a la foto.

Los diferentes medios –todos– deben decir siempre lo que pasa y no modificar los hechos. Las agencias, por cuyos canales de Reuters, Associated Press, AFP y EFE circula el 90% de la información, tienen como clientes a los medios, y su veracidad marcará siempre su futuro, y los medios tienen como cliente al público, tan vulnerable a veces, tan sabio siempre para descubrir la verdad.

1. La buena foto

Para hacer un buen trabajo fotográfico hay que procurar combinar siempre tres planos: el general, que nos debe situar en la historia que vamos a contar; el plano medio, que debe despejar cualquier duda y meternos de lleno en la historia, y el corto-detalle para ahondar en situaciones puntuales, porque fotografiar profesionalmente no consiste en el hecho de apretar un botón sino en ser consciente de que estamos participando de lleno en el proceso comunicacional. Como dijo Susan Sontag: "Una fotografía no es meramente el resultado del encuentro entre un acontecimiento y un fotógrafo: fotografiar es un acontecimiento en sí mismo". Lo demás, tan de moda ahora, no es Periodismo ciudadano. Son ciudadanos testigos de un hecho que pueden transmitir pero que no les avala profesionalmente como tampoco les faculta para ser arquitectos a los que practican en sus ratos libres con el ladrillo o no convierte en abogado a los que se aprenden el Código Penal para ejercitar la memoria.

2. Y tras la toma, la edición

La edición, tanto cuantitativa como cualitativamente, debe ser honesta. Hay que intentar siempre aportar información e impacto visual, pero con la verdad como meta primera. La cámara capta lo que tiene delante, y lo que tiene delante es la verdad si no tomamos partido y somos honrados y generosos con el ángulo de toma.

Las imágenes, a la hora de su edición, deben contener lo que profesionalmente denominamos las tres C: Contenido, Calidad y Composición.

La fotografía de agencia no debe interpretarse ni reeditarse. Existe un pacto tácito y a veces también escrito que hay que respetar por encima del partidismo. La foto de agencia (la foto en general, si queremos que no pase desapercibida) debe informar, impactar y emocionar. La buena foto debe eliminar la paja y recoger información y emociones. Deben ser imágenes que no pasen sólo por el cerebro sino también que vayan al corazón de quien es capaz de pararse a verla y no sólo a mirarla. Esas fotos nos dicen quiénes somos y quiénes debemos ser. Deben mostrar lo que hay que admirar y lo que hay que corregir, y siempre con el menor número de palabras. Siempre con un pie que respete tres de las famosas W: quién, cuándo y dónde, no olvidando que ahora la información en Internet se refresca continuamente, por lo que aún estamos más obligados a ser precisos, por ejemplo, con el cuándo (a primera hora de la mañana, a media tarde…). Con un mal pie podemos manipular tanto como con un desarreglo técnico.

Debemos recordar siempre que cada soporte tiene su público y su lenguaje y que debemos dominar la técnica y sus recursos (velocidad, diafragma, enfoque-desenfoque, profundidad de campo, ley de los tercios…).

3. Especialidad, riesgo y géneros

A la información debemos acceder a través de la propia información y de la formación académica, de lo contrario difícilmente podríamos practicar las diferentes especialidades; los géneros fotográficos (foto-noticia, reportaje de actualidad o retrato entrevista, que es como una indagación en la psicología del otro hasta atrapar su silencio, como dejó dicho Cartier-Bresson. O como defendía Nadar: retratar no es hacer una reproducción física, es intentar conseguir el máximo parecido con la intimidad).

El reportero de guerra cuenta lo que pasa cuando "las luces se apagan". Lo que no se muestra nunca existió. Y no por menos hablar los conflictos se acaban. A veces ocurre todo lo contrario, las guerras son como las actrices, a medida que pasa el tiempo se hacen menos atractivas y más peligrosas, como dijo Robert Capa, considerado el mejor corresponsal de guerra de todos los tiempos.

Las imágenes pueden levantar a un pueblo y contar la Historia. Se dice que los periódicos son el borrador de la Historia. Las fotos, las buenas fotos, las que trascienden como auténticos documentos, son las que no hay que pasar a limpio. Debemos, además, hacer Periodismo de velocidad y de calidad y, siempre, intentando ser subjetivamente honestos porque la objetividad, al menos en fotografía, no existe. Eddie Adams, premio Pulitzer y Medalla de Oro Robert Capa, decía que las cámaras son muy peligrosas, lo mismo pueden construir un líder que destrozar una vida. La foto, además de una ventana abierta al mundo, es, muchas veces, una denuncia, un grito. Es una información autónoma que apenas necesita palabras.

El periodista que escribe debe pensar cada vez más en términos gráficos así como quien toma las imágenes debe pensar en términos de redacción.

El texto y la foto. La foto y el texto son como los ángulos complementarios, entre ambos han de sumar 180 grados, pero no siempre 90 y 90. Una sola palabra puede valer más que mil imágenes y una sola imagen puede valer por miles de palabras.

El fotoperiodismo del futuro se parecerá mucho al de su inicio y al del presente si se practica con profesionalidad y respeto. El buen profesional gráfico debe tener presente que es muy difícil fotografiar la bala en el aire pero a veces aún lo es más fotografiar la dignidad de los que ni siquiera tienen voz.

4. Ejemplos

Se exponen a continuación tres ejemplos que ilustran los postulados anteriormente planteados. A través de estas fotografías puede observarse la posible manipulación a la que pueden llegar determinados medios de comunicación que ponen en primer lugar los intereses del mercado que los profesionales.

Foto nº 1: Asistencia o barbarie.

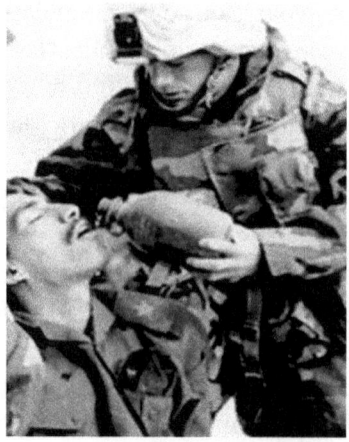 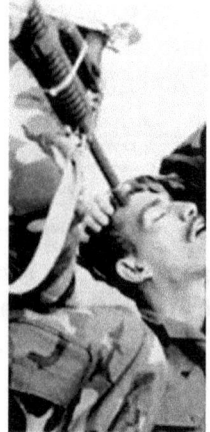

Fotoperiodismo, especialización y crisis

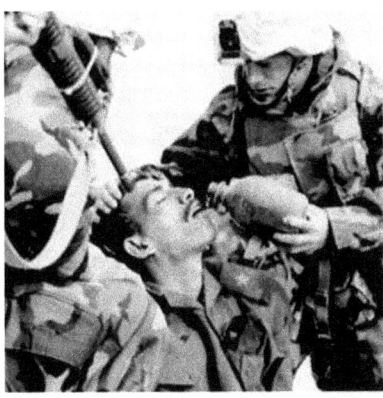

Una edición malintencionada puede hacer, como podemos apreciar en este caso, que parezca que un soldado está recibiendo ayuda o justo lo contrario, que nos transmita la sensación de que se le está apuntando directamente a la cabeza con un arma, cuando en realidad, viendo el original, no es ni una cosa ni la otra.

Foto nº 2: Liturgia o fascismo.

También en este caso, con una foto que ha circulado por la Red del papa Benedicto XVI en su juventud, se pretendía hacer creer que estaba haciendo el saludo nazi cuando en realidad estaba oficiando un acto religioso.

Foto nº 3: Realce o humillación.

La buena edición debe respetar siempre al fotógrafo e intentar hacer una foto buena de una mala. Se puede y debe cortar aire e intentar "levantar" una foto pero nunca desvirtuarla. La imagen del exjuez Baltasar Garzón gana bastante con estos ligeros retoques.

La ética en el fotoperiodismo

DANIEL CABALLO MÉNDEZ
Universidad CEU San Pablo
dancab.fhum@ceu.es

1. Introducción

Existen pocos manuales que hablen de la ética y deontología del periodista gráfico. En 1996, fue elaborado por María de los Ángeles San Martín, un código ético y deontológico para la fotografía e imagen informativa. En él se señalan 37 deberes del profesional de la imagen y de la fotografía periodística informativa, de los que destacamos el "deber de no falsear la realidad mostrando siempre imágenes exactas, veraces y objetivas" y el "deber de no crear, manipular la imagen y la fotografía, ya sea por medios técnicos o manuales ni alterar el significado de las mismas con el acompañamiento de texto". También señala su autora 19 derechos del profesional de la imagen, de los que cabe resaltar el "derecho a protección contra fraudes, copias y manipulación de sus imágenes y fotografías", el "derecho a ser respetado su nombre y obras de sus originales", el "derecho a que se le pida autorización para la publicación de sus fotografías" y el "derecho a no ver alterado el significado de sus fotografías por manipulación de las mismas o por el texto que las acompañe".

De igual forma, señala 28 responsabilidades del profesional de la imagen, de las que destacamos la "responsabilidad de no ser proclive a la manipulación ni alteración de las imágenes".

También señala, y esto es más novedoso, los deberes, derechos y responsabilidades del público para con los profesionales del periodismo gráfico. De los deberes, destacamos, como más importante para nuestro trabajo, el deber del público de "no confiar sólo y exclusivamente en las imágenes de un medio, sino contrastarlas con otras aparecidas o publicadas por diferentes medios". De los derechos, destacamos el que señala, en primer lugar, "el derecho a recibir información a través de imágenes y fotografías objetivas, veraces y que representen el verdadero sentido de la información". Y por último, de las responsabilidades del público para con el profesional de la información gráfica, destacamos "la responsabilidad de establecer un diálogo que permita la interacción comunicativa en régimen de reciprocidad", es decir, que denuncie las imágenes manipuladas que encuentre, las que el texto cambia su significado y aquellas en las que el derecho del autor se ha visto quebrantado al no incorporar la firma del mismo.

Esta posibilidad de opinar sobre algún aspecto de la fotografía, autor, obra, etc., existe en la prensa tradicional gracias a los apartados dedicados a los lectores para ello, como las Cartas al Director o el Defensor del Lector. Pero debido a la limitación del espacio es imposible poder publicar los comentarios de todos los receptores e Internet y su vasto espacio acaban con la elección de las opiniones que publicar. Uno de esos ejemplos de la prensa tradicional que más nos llamó la atención, y que constata la posibilidad de que el receptor participe del mensaje gráfico, fue publicado por *El País*, el domingo 7 de abril del 2002, en un artículo del Defensor del Lector, debido a que un lector se dirigió a éste, el viernes 5 de abril, a través del correo electrónico para hacerle patente que una imagen publicada el mismo día en la sección Internacional había sido censurada por medios electrónicos.

EL PAÍS, *domingo 7 de abril del 2002, página 16/OPINIÓN.*

En el artículo explica al lector que la censura no viene de parte del periódico ni de la agencia que la firma, la estadounidense Associated Press, sino del ejército israelí, a quién también se nombra en el espacio dedicado a la firma de la imagen como Israel Defense Forces.

A pesar de las posibles críticas que el público pueda realizar, tal y como señala Hans Jonas (1995, p. 86), el autocontrol del profesional se presenta como la forma ideal para evitar posibles disfunciones en la ética.

Jonas señala que el empleo de las tecnologías modernas incrementa hasta tal punto el poder de las acciones y las intervenciones humanas, que aquellas se constituyen en un nuevo objeto de consideración ética y valoración moral. Deberíamos pensar si las nuevas tecnologías para la información y la comunicación tienen capacidad para cambiar nuestras formas de percibir la realidad y vivir la interacción humana. Estas nuevas tecnologías para la comunicación (informática + telecomunicación) conducen a un gigantesco aparato de *superinformación* ante el que los individuos no saben muy bien cómo actuar sintiéndose indefensos, desorientados y seducidos.

El uso a gran escala de las nuevas tecnologías comporta efectos a largo plazo y una transformación esencial en el actuar humano, crea un tipo de problemas éticos desconocidos y requiere un nuevo horizonte de pertinencia para la reflexión ética.

1.1. *El autocontrol de los profesionales*

Un año posterior a la publicación del código ético de San Martín, en julio de 1997, se firmó en Gijón, con motivo del Primer Encuentro Internacional de Fotoperiodismo, un manifiesto de ética fotoperiodística, que fue apoyado por todos los participantes del acto, y que reproducimos íntegramente por su gran valor:

"La fotografía de prensa debe proporcionar a los lectores acceso a la realidad. La integridad personal del fotógrafo permite a los lectores tener acceso a imágenes observadas desde un punto de vista personal y responsable, sin ninguna alteración.

La manipulación fotográfica ha existido desde los comienzos de la fotografía, pero en la actualidad, con la tecnología digital en los medios de comunicación, el lector lo tiene aún más difícil para percibir la diferencia entre realidad y ficción. La alteración electrónica de imágenes perjudica el fotoperiodismo honesto y debemos denunciar las manipulaciones que puedan hacer quienes difunden nuestro trabajo.

Nuestra obligación como fotoperiodistas es mantener nuestra credibilidad a fin de continuar siendo testigos de la realidad".

Este documento fue firmado el 11 de julio de 1997, entre otros, por los siguientes profesionales de reconocido prestigio: Eddie Adams, premio Pulitzer y medalla de oro Robert Capa; Eli Reed, editor jefe de la agencia *Magnum*; Bill Eppridge, fotoperiodista de la revista *Life*; Adrienne Aurichio, editora de fotografía de la misma revista; Ivo Saglietti, premio World Press Photo; Gervasio Sánchez, fotógrafo de la agencia *Cover*; Daniel Glückmann, Director de la agencia *Cover*; Chema Conesa, subdirector de la revista de *El Mundo*; Enrique Shore, editor para España y Portugal de la agencia *Reuters*; Carlos Pérez de Rozas, director de Arte de *La Vanguardia*; José Manuel Navia, jefe de fotografía de *El País Semanal*; Diego Caballo, Presidente de la *Asociación Nacional de Informadores Gráficos de Prensa y Televisión* y redactor jefe de la *Agencia EFE*, y Javier Bauluz, premio Pulitzer en 1995.

Está dirigido al público, a quien observa las imágenes creadas diariamente, y deja clara la importancia del receptor en el proceso comunicativo. Si éste no tiene una fiel reproducción de la realidad la comunicación se rompe debido al ruido. Este ruido, la manipulación, es lo que se trata de evitar con este novedoso documento que ha hecho que posteriormente se publiquen otros, como el Manifiesto sobre la Edición Fotográfica en la Prensa del año 2000, firmado por los autores ya mencionados en el anterior documento, Glückmann, Navia, Shore, Chema Conesa, y por Manuel Pérez Barriopedro (*Agencia EFE*), Guillermina Puig (*La Vanguardia*), Agustí Carbonell (*El País*-Barcelona), Xurxo Lobato (*La Voz de Galicia*), Pepe Baeza (*La Vanguardia*), Jaume Mor (*El Periódico*), César Lucas (*Grupo Z*), Luis Rubio (*Cambio 16*), Manuel López (*Revista FOTO*) y Jon Barandika (*El Periódico*-Madrid).

"Este manifiesto señala que la selección y puesta en escena de imágenes en la prensa requiere una formación y una responsabilización aplicada a la enorme variedad de usos en que la imagen de prensa viene desdoblándose. Queremos hacer notar la diversidad de imágenes que hoy componen un producto periodístico (informativas, ilustrativas, etc.) y la necesidad de un tratamiento específico y diferenciado para cada caso.

De acuerdo con este planteamiento, reivindicamos la riqueza de posibilidades que ofrece el desarrollo y aplicación de las nuevas tecnologías en la creación de imágenes y consideramos que la regulación de su uso debe basarse en la clarificación y no en la desconfianza".

Años antes, en 1990, como recoge John Mraz (2003, p. 14), la National Press Photographers Association de los Estados Unidos promulgó una declaración de principios en su taller anual, "Digital Imaging", señalando que, ya que la representación fiel es el punto de referencia de la profesión, "alterar el contenido editorial de una fotografía, en cualquier grado, es una violación de los estándares éticos reconocidos por la NPPA". La cuestión ética aquí es realmente en cuanto al rango de tolerancia dentro de las variaciones del fotoperiodismo. Como es el caso con la fotografía dirigida, los editores son mucho más comprensivos en cuanto a la alteración de fotos para ilustraciones (entendemos por artísticas) de lo que lo son en aceptar la manipulación de imágenes de noticias. Y el alboroto que acompañó el descubrimiento de la alteración digital en casos célebres como el cambio de posición de las pirámides de Giza por el *National Geographic* o el oscurecer la cara de O. J. Simpson en la portada de *Time* indica que los profesionales relacionados con el fotoperiodismo son precavidos ante esta amenaza a su medio.

Pero la ética en la fotografía no sólo debe centrarse en los aspectos técnicos, sino que también ha de cuidar sus contenidos sexuales, de violencia y respetar los derechos infantiles. En el periodismo gráfico se habla de la norma no escrita de que en caso de estar ante una escena violenta el fotógrafo usará una lente , para retratar la noticia, lo más aproximada a la vista que obtenemos a través del ojo humano, es decir, sin utilizar *zoom*.

No hay un criterio unificado sobre si un menor de edad puede aparecer con su rostro descubierto o no. Como veremos en los ejemplos que mostraremos a continuación, cada publicación actúa de un modo distinto. Algunas ocultan los rostros de los menores y otras no, unas lo hacen parcialmente, sólo los ojos, y otras el rostro completo.

La misma situación ocurre con los policías y otros agentes de diferentes cuerpos y fuerzas de seguridad. Algunos medios les ocultan los rostros, pero otros los presentan sin usar la técnica para evitar su identificación. El tapar o no el rostro de los agentes queda, con un pacto tácito, en manos de los medios que van a reproducir esa imagen, y tanto desde el ámbito académico como del profesional, no se señala cuál es la forma legal y correcta. José Manuel de Pablos (1993, p. 133), señala en su undécima ley del fotoperiodismo, la ley de la cara tapada, que "es sumamente interesante conocer cuándo se ha de ocultar los ojos de una persona fotografiada, para evitar daños y perjuicios innecesarios". Pero, no es, sería interesante conocerlo, puesto que no se conoce, y en ese apartado no señala qué acción sería la correcta.

Avelina Vega (2002, p. 166), recoge lo que dicen los códigos deontológicos, convenios y declaraciones de ámbito nacional, relativo a la publicación de imágenes de menores de edad y situaciones de dolor.

La declaración de principios de la profesión periodística de Cataluña de 1992 señala, en su criterio 12, que se ha de tratar con especial cuidado toda información que afecte a menores, evitando difundir su identificación cuando aparezcan como víctimas (excepto en el supuesto de homicidio), testigos o inculpados en causas criminales, sobre todo en asuntos de especial trascendencia social, como es el caso de los delitos sexuales.

El código deontológico de la Federación de Asociaciones de la Prensa de España (FAPE) de 1993, apunta en su apartado 4.b, que en el tratamiento informativo de los asuntos que medien elementos de dolor o aflicción en las personas afectadas, el periodista evitará la intromisión gratuita y las especulaciones innecesarias sobre sus sentimientos y circunstancias. En el 4.d, relativo a los menores de edad, se recoge que se prestará especial atención al tratamiento de asuntos que afecten a la infancia y a la juventud y se respetará el derecho a la intimidad de los menores. En el punto 6 se menciona que el periodista deberá abstenerse de entrevistar, fotografiar o grabar a los menores de edad sobre temas relacionados con actividades delictivas o enmarcables en el ámbito de la privacidad, lo que choca con la declaración de principios de la profesión periodística de Cataluña.

Como podemos comprobar, no existe una regulación estricta sobre esta materia, y por esta razón, encontramos numerosos ejemplos en la prensa de formas muy distintas de presentar estas informaciones, y que son destinados, los que no respetan ninguna norma ética o de sentido común, a manipular la sensibilidad del lector sobre un determinado hecho.

1.1.1. Ejemplos de ética en la fotografía

Los ejemplos seleccionados son aquellas imágenes publicadas que no respetan algo tan íntimo y personal como es el derecho a una muerte digna y privada. Como señala Royo Jara (citado por San Martín, pág. 15), "el derecho positivo no prohíbe sólo la captación o reproducción de imágenes del cuerpo con vida, sino también, y tal vez por doble motivo en cuanto que afecta también al derecho a la intimidad, a las imágenes de una persona obtenidas durante su agonía o las imágenes de un cuerpo inerte, es decir de su cadáver".

La portada de *M2*, sección de Madrid del diario *El Mundo*, publica el 14 de febrero del 2003 la imagen en primer plano de una de las víctimas de un accidente de coche ocurrido en la Gran Vía, atrapada en el interior del vehículo, que ardió tras estrellarse con una farola. Este ejemplo es una muestra clara de trasgresión del derecho a la intimidad durante su agonía o muerte.

Fotografía publicada el 14 de febrero del 2003 en la sección "M2" del diario El Mundo.

El siguiente ejemplo es una fotografía de un guardia urbano asesinado por la banda terrorista ETA en Barcelona, el 20 de diciembre del 2000, y que al día siguiente fue publicada en la mayoría de las portadas de los diarios españoles más importantes. Exceptuando a *El País*, que la publica en páginas interiores, y *El Mundo*, que publica otra igual de macabra y morbosa, todos reproducen la misma imagen en la portada, y un desarrollo de la noticia mayor en páginas interiores.

Portadas de 21 de diciembre del 2000 de los diarios El Periódico, La Razón, ABC, Diario 16 *y* El Mundo.

La portada de *La Razón*, del 15 de enero del 2001, publica una fotografía en la que se observa el cadáver de una de las residentes en el barrio de las Colinas (El Salvador), destruido por el derrumbamiento de una montaña como consecuencia de un terremoto. El fotógrafo de la agencia estadounidense AP, habría informado igual del trágico accidente mostrando una vista más general de la montaña derruida, en lugar de buscar el morbo presentando, en primerísimo plano, el cuerpo sin vida de una de las víctimas.

El Periódico de Cataluña y *La Razón*, publican imágenes parecidas, en sus portadas del 14 de octubre del 2002, fotografías de víctimas por un atentado en la isla de Bali (Indonesia). En ellas, se pueden contemplar los cuerpos sin vida de varias víctimas que se encontraban en una discoteca.

Portadas del 14 de octubre del 2002 del diario La Razón *y* El Periódico de Cataluña.

Igual de impactantes y morbosas, son las portadas de *ABC* de los días 6 de septiembre y 28 de diciembre del 2002, en las que se muestran fotografías de atentados en Afganistán y en Chechenia, respectivamente.
Portadas de ABC *del 6 de septiembre del 2002 (izda) y del 28 de diciembre del 2002.*

El diario *El Mundo* publica el 5 de agosto del 2002 una fotografía en su sección de "España", en la que se observa a varias personas heridas por un atentado cometido en Santa Pola (Alicante), que muestran su rechazo a ser retratadas por el fotógrafo que, finalmente, ignoró el derecho a la intimidad de las mismas.

Fotografía publicada el 5 de agosto del 2002 en el diario El Mundo.

La portada de *El periódico de Cataluña*, del 20 de septiembre del 2002 está confeccionada para manipular la sensibilidad del lector. Pretende, con la imagen en primer plano de una mujer herida en un atentado en Tel-Aviv (Israel), mostrar el horror causado por los atentados para ejemplificar, cuando la gran mayoría de los lectores respeta el derecho más primordial, el de la vida, y no obraría de forma tal que se lo negase a algunas personas. Por eso no es necesario presentarle imágenes tan desagradables como la publicada.

El dilema se hace mayor aún cuando es un niño el que aparece en la imagen herido o muerto. ¿Se ha de respetar más que a las personas que hemos visto en los ejemplos anteriores a los niños que mostraremos a continuación? En principio creemos que sí, ya que a la escena de dolor o muerte se une el hecho de que se trata de un menor de edad. Para ejemplificar este hecho reproducimos dos portadas de diarios españoles en las que aparecen fotografías de niños heridos o muertos.

Portadas de El Mundo *del 2 de marzo del 2002 y de* ABC *del 24 de julio del 2002.*

En el siguiente caso que pasamos a analizar, el diario *La Razón* publica en portada el 12 de enero del 2000 una fotografía capturada de televisión en la que se observa al comisario Jesús García muerto, debido a una parada cardio-respiratoria durante la celebración de un juicio. Como ya señalamos con anterioridad, el derecho positivo prohíbe la captación de imágenes de una persona obtenidas durante su agonía o las imágenes de un cuerpo inerte, es decir, de su cadáver. Este diario no respeta el derecho a una muerte digna del personaje, publicando una imagen en su portada que no aporta nada.

Pensando sólo en el respeto por sus familiares no se habría publicado esta imagen tan desgarradora.

Portada de La Razón *del 12 de enero del 2000.*

Exactamente igual ocurre en las dos portadas del 12 de marzo del 2004 de los diarios *Faro de Vigo* y *La verdad de Murcia,* que publican una fotografía de la Agencia EFE en la que se observa a una mujer muerta en los atentados ocurridos el día anterior en la capital española.

No usar teleobjetivos en este tipo de escenas tan duras es una norma ética no escrita, pero que debería estar presente en la mente de todos los fotógrafos en ocasiones así. Captar una vista más amplia de la escena utilizando un gran angular aportaría más información que este primer plano de una de las víctimas. El respeto a su muerte y a sus familiares es de nuevo vulnerado con imágenes como esta.

Portadas del 12 de marzo del 2004 de los diarios Faro de Vigo *y* La verdad de Murcia.

Los siguientes ejemplos muestran imágenes de niños, esta vez sin heridas, que por ser hijos de famosos futbolistas o actrices, son mostradas en algunas publicaciones. Los niños, en estos casos, deberían dejarse al margen de la vida de sus padres, por muy pública que sea la vida de éstos.

Fotografías publicadas en la revista ¡Hola! *el 17 de mayo del 2002.*

El siguiente caso que reproducimos a continuación son unas fotografías publicadas en la revista *Diez Minutos* en las que podemos observar al Presidente del Gobierno, Rodríguez Zapatero, veraneando junto a su familia. Las hijas de éste, todas menores de edad, son claramente reconocibles en las imágenes, y por ello Zapatero amenazó con denunciar a la mencionada revista.

Diez Minutos se disculpó a través de diferentes medios impresos al día siguiente y en su número posterior a la publicación de estas imágenes. Además de la disculpa señala que esta revista siempre enmascara con una trama los rostros de los niños que puedan ser fácilmente reconocidos para defender el derecho a la intimidad de los menores, excepto cuando existe el consentimiento previo de los padres, situación que no le exime de una demanda, pues el Defensor del Menor puede denunciar el caso aun con el consentimiento de los progenitores si lo cree conveniente. La revista admite que, por error, no se respetaron las normas internas que velan estrechamente por la privacidad de los menores.

Fotografía publicada en la revista Diez Minutos *el 25 de agosto del 2004.*

El diario *El País* publicó la noticia el 27 de agosto del 2004, y en ella recoge las declaraciones del Defensor del Menor de Madrid, Pedro Núñez Morgades, en las que señala que para difundir imágenes de menores el medio debe, una vez obtenida la autorización paterna, recabar la del Ministerio Fiscal, que tiene ocho días para rechazar la publicación.

Fotografía publicada en la revista Diez Minutos *el 25 de agosto de 2004.*

Las fotografías publicadas por *El Mundo* en sus portadas del 9 de febrero y del 2 y 3 julio del 2002 muestran escenas de actos políticos en las que los protagonistas se encuentran en una situación relajada o haciendo gestos que pueden perjudicar a su imagen. No creemos conveniente publicar este tipo de imágenes, ya que si dan ejemplo, las fotografías publicadas en los medios serían de personajes bostezando, guiñando un ojo, cayéndose, sonándose la nariz, etc., actos que no son relevantes, ya que se trata de personas que bromean, ríen y estornudan como el resto de los mortales. Estas escenas no aportan nada informativamente, sólo buscan la gracia y la mala imagen de un personaje, por lo que no deberían ser publicadas.

Portadas del diario El Mundo *del 3 de julio, del 9 de septiembre y del 2 de julio del 2002.*

A continuación, mostraremos algunos ejemplos de caras que aparecen ocultas en algunos casos y en otros no. Rostros de niños y policías que son tratados de forma distinta, según el medio.

El primer caso corresponde a una imagen publicada el 13 de febrero del 2002 del futbolista Luis Figo escoltado por dos policías en Barcelona. *El País* y el diario gratuito *20 Minutos* muestran la fotografía con las caras de los policías ocultas, al haber realizado una *pixelación* de las mismas mediante el ordenador.

Y *El periódico de Cataluña*, publica una imagen similar, con los rostros de los agentes al descubierto.

Fotografías publicadas en El Periódico *(arriba),* 20 Minutos Madrid *(izda) y* El País *el 13 de febrero del 2002.*

La prensa española, en este caso *La Razón*, *El Mundo* y *El País*, vuelve a diferir, el 21 de septiembre del 2002, en la forma de publicar la imagen de dos agentes introduciendo en un vehículo policial a un terrorista detenido en Francia. *El Mundo* no oculta los rostros de los agentes en ninguno de los dos ejemplos que mostramos, mientras que los otros dos diarios se sirven de la técnica para aumentar el tamaño de los píxeles que forman el rostro de los policías.

Imágenes publicadas en El Mundo *(arriba izda),* La Razón *(c),* El País *(abajo) y* El Mundo *(dcha) el 21 de septiembre del 2002.*

La ética en el fotoperiodismo

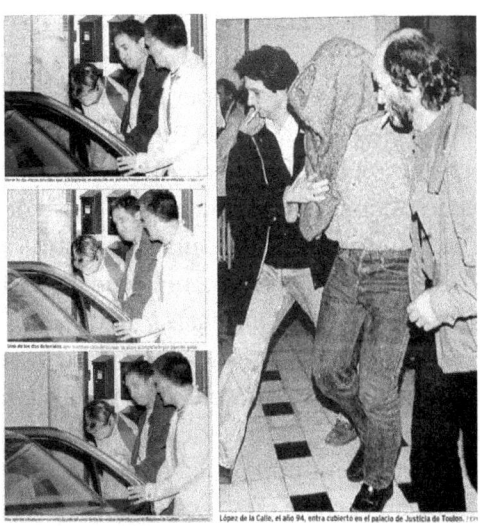

El siguiente ejemplo, publicado en el mes de enero de 2001, muestra la falta de un criterio unificado que establezca si se debe ocultar o no el rostro de los policías y menores en la prensa. Las imágenes muestran a José Rabadán o "asesino de la katana", quien presuntamente mató a sus padres y a su hermana. En todos los casos, excepto en el diario *La Razón*, se oculta la cara del policía, y en todos los casos, excepto en *La Vanguardia*, se le oculta el rostro al detenido, un joven de 17 años. Aunque casi todos los diarios coinciden, comprobamos cómo siempre existen excepciones, debidas a la inexistencia de un código que regule estas situaciones.
Imágenes publicadas en La Vanguardia, ABC *y* Diario 16 *el 17 de enero del 2001.*

La fotografía de Alex King, niño de 13 años acusado de asesinar a su padre, es publicada de formas distintas en diferentes medios españoles y extranjeros. Las imágenes de los periódicos, ya reproducidas en el capítulo referente a la manipulación a través de la edición, demuestran una vez más el desacuerdo que muestran los medios de comunicación en aspectos como al que nos referimos aquí, si se debe tapar o no el rostro del menor, aunque éste sea un presunto asesino. *El Mundo* publica en dos ocasiones la imagen del niño con la cara tapada mediante la técnica, y *El periódico de Cataluña*, *La Razón*, y la agencia AP, que distribuyó la imagen, la publican sin ocultar la cara del menor, en un momento de la comparecencia ante el juez. Si la agencia distribuye la imagen sin manipular es su responsabilidad. Es decir, ningún periódico o cualquier otro medio tendrá por qué retocarla para ocultar el rostro de algún personaje que en ella aparezca.

El siguiente ejemplo que reproducimos en este apartado muestra un hecho curioso. De todas las personas que aparecen en la imagen, a once de ellas, policías y guardias civiles, se les oculta la cara, produciendo un efecto visual negativo, al "perderse" entre estos agentes irreconocibles el personaje en el que nos tendríamos que fijar.

Fotografía publicada en la sección "Madrid" del diario El País *del 1 de diciembre del 2002.*

Existen algunos casos en que determinadas imágenes y sus autores han sido criticados duramente por falta de ética y honestidad en el momento de captar las fotografías. Fue el caso de Javier Bauluz, único Premio Pulitzer español, cuya fotografía de un inmigrante muerto en la playa de Zahara de los Atunes (Cádiz), distinguida con el Premio Godó de Fotoperiodismo, fue el centro de la ira del profesor y periodista Arcadi Espada (2002, p. 148), quien dedica varias páginas de su libro a intentar demostrar, en vano, que se trata de una imagen manipulada, pues fue tomada, según Espada, "con un encuadre que aislara a las otras figuras presentes en el drama: policías, médicos, leguleyos, personal de asistencia, curiosos, bañistas, y una óptica adecuada que colocara en una falsa cercanía a los bañistas y el cadáver".

La fotografía, que fue publicada en el *Magazine* de *La Vanguardia*, y posteriormente en la portada de *The New York Times*, es defendida por el subdirector del suplemento del diario catalán, Josep Carles Rius, el 2 de marzo del 2003, dedicándole once páginas de la revista a la que pertenece. Anteriormente ya lo había hecho, en el espacio del diario dedicado al Defensor del Lector, del 15 de diciembre de 2002. Allí, el defensor, Josep María Casasús, le pregunta sobre si la foto es falsa o no, a lo que Rius contestó: "La fotografía no está tomada con ninguna óptica que deforme la realidad y cualquier experto en fotografía lo aprecia a simple vista. Los equipos que retiraron el cadáver no salen en la foto porque, desbordados por lo que ocurría aquellos días, tardaron horas en llegar. Los médicos y los leguleyos simplemente no acudieron. En el reportaje de Bauluz se explica que hace tiempo que los jueces y forenses de Algeciras dejaron de acudir al levantamiento de cadáveres. ¿Un inmigrante?, levántelo usted mismo, agente. La forma de retirar los cadáveres le recuerda al responsable de Protección Civil de Tarifa, Rodrigo Serrano, la limpieza de la contaminación".

Un profesor y profesional de la fotografía no le puede decir a sus alumnos "¡falsa, falsa, falsa!", sin antes asegurarse de que esa imagen está manipulada a través del encuadre, de la óptica o de cualquier otro método. En el reportaje publicado en 2003, podemos contemplar otras imágenes en las que vemos horrorizados cómo los guardias civiles trasladan los féretros de las víctimas, mientras dos bañistas juegan a las palas en la playa. Y estas situaciones ocurren, porque para ellos es normal ver inmigrantes muertos. Javier Bauluz captó con su cámara una tragedia que se repetía en las playas situadas junto al Estrecho pero que nadie había reflejado.

Fotografías de Javier Bauluz tomadas el 2 de septiembre del 2000.

2. Referencias

Abreu, C. (1998). *Los géneros periodísticos fotográficos*. Barcelona: Comunicación Global.
Ades, D. (2002). *Fotomontaje*. Barcelona: Gustavo Gili.
Alcoba, A. (1988). *Periodismo gráfico (Fotoperiodismo)*. Madrid: Fragua.
—(1990). *Especialización: futuro del periodismo*. Madrid: Caja de Ahorros y Monte de Piedad de Madrid.
Alonso Erausquin, M. (1995). *Fotoperiodismo: formas y códigos*. Madrid: Síntesis.
Altabella, J. (1992). Precursores españoles del reporterismo gráfico. *Revista de la AEDE* (Asociación de editores de diarios españoles), (17), Madrid.
Ang, T. (2002). *Manual de fotografía digital*. Barcelona: Ediciones Omega.

Aparici, R. y García-Matilla, A. (1987). *Lectura de imágenes*. Madrid: Ediciones de la Torre.
APM (2000). *Estudio sobre la credibilidad de los medios de comunicación en España*. Madrid. Eco Consulting.
Baeza, P. (2001). *Por una función crítica de la fotografía de prensa*. Barcelona: Gustavo Gili.
Banister, E. (2002). *Fotografía digital*. Barcelona: Ceac.
Barthes, R. (1995). *La cámara lúcida*. Barcelona: Paidós Comunicación.
Bartolomé, D. (2201). *Investigación sobre medios de comunicación*. Madrid: Universidad Complutense.
Beckham, B. (2003). *The digital photographe´s guide to photoshop elements*. United Kingdom: Ilex.
BOE (2003). *Constitución Española*. Madrid: Ministerio de la Presidencia.
Caballo Ardila, D. (1994). *El editor gráfico de prensa en las agencias con redes mundiales de telefotografía*. Tesis doctoral. Madrid: UCM.
—(2003). *Fotoperiodismo y edición. Historia y límites jurídicos*. Madrid: Universitas.
Caplin, S. (2004). *Photoshop CS. Retoque y montaje*. Madrid: Fragua.
Cebrián, M. y Bartolomé, D. (2002). *Investigación sobre medios de comunicación*. Madrid: UCM.
Cela, Camilo J. (1992). Dodecálogo de deberes del periodista. *Revista de la AEDE* (Asociación de editores de diarios españoles), Madrid.
Costa, J. (1997). *El lenguaje fotográfico*. Madrid: Ibérico Europeo de Ediciones y Centro de Investigaciones y Aplicaciones de la Comunicación (CIAC).
El País (2002). *Libro de estilo*. Madrid: Ediciones El País.
Esteve Ramírez, F. (2003). La especialización icónica en periodismo. En D. Caballo Ardila. *Fotoperiodismo y edición. Historia y límites jurídicos*. Madrid: Universitas.
Esteve Ramírez, F. y Fernández del Moral, J. (1998). *Áreas de especialización periodística*. Madrid: Fragua.
Espada, A (2002). *Diarios*. Madrid: Espasa.
EPA (2003). *Libro de estilo de la EPA*. Fráncfort.
Freund, G (1993). *La fotografía como documento social*. Barcelona: Gustavo Gili.
Grijelmo, Á. (1997). *El estilo del periodista*. Madrid: Taurus.
Hedgecoe, J. (1991). *Nuevo manual de fotografía*. Barcelona: CEAC.
Jonas, H. (1995). *El Principio de Responsabilidad. Ensayo de una ética para la civilización tecnológica*. Barcelona: Herder.

Keene, M. (1995). *Práctica de la fotografía de prensa. Una guía para profesionales.* Barcelona: Paidós Comunicación.

Krauss, R. (2002). *Lo fotográfico. Por una teoría de los desplazamientos.* Barcelona: Gustavo Gili.

Lallana, F. (2000). *Tipografía y diseño.* Madrid: Síntesis.

Lallana, F., Amado E. y Hernández, R. (1995). *Diseño, Color y Tecnología.* Barcelona: Editorial Prensa Ibérica.

Manquel, A. (2002). *Leer imágenes.* Madrid: Alianza editorial.

Pablos, J. (1993). *Fotoperiodismo actual.* Universidad de La Laguna.

—(2003). Siete leyes del fotoperiodismo. En D. Caballo Ardila. *Fotoperiodismo y edición. Historia y límites jurídicos.* Madrid: Universitas.

Rodríguez Merchán, E. (1993). *La realidad fragmentada. Una propuesta de estudio sobre la fotografía y la evolución de su uso informativo.* Tesis doctoral. Madrid: UCM.

—(2003). Una historia de la fotografía en la prensa. En D. Caballo Ardila. *Fotoperiodismo y edición. Historia y límites jurídicos.* Madrid. Universitas.

Romero, E. (1992). La tercera pata del periodismo. *Revista de la AEDE* (Asociación de editores de diarios españoles), Madrid.

Sánchez, G. (2004). El fotoperiodismo de guerra. Ponencia del curso *Fotoperiodismo, edición e infografía.* UCM.

San Martín, M. (1996). *Código ético y deontológico para la fotografía e imagen informativa.* Madrid. Trigo Ediciones.

Serrano Alcaina, J. (1992). Apuntes para la historia de nuestra información gráfica. *Revista de la AEDE* (Asociación de editores de diarios españoles), (19), Madrid.

Sousa, J. (2003). *Historia crítica del fotoperiodismo occidental.* Oporto: Comunicación Social Ediciones y Publicaciones.

Tausk, P. (1978). *Historia de la fotografía en el siglo XX. De la fotografía artística al periodismo gráfico.* Barcelona: Gustavo Gili.

Universidad Autónoma de Barcelona (1999). *Informe sobre historia del fotoperiodismo.* Barcelona.

Vega, A. (2002). Los derechos del niño y la televisión. En M. Cebrián, y D. Bartolomé, D. *Investigación sobre medios de comunicación.* Madrid: Universidad Complutense.

Vigil Sánchez, J. (2002). *Diccionario de fotografía.* Madrid: Espasa.

Vilches, L. (1983). *La lectura de la imagen.* Barcelona: Paidós.

—(1993). *Teoría de la imagen periodística.* Barcelona: Paidós.

El Periodismo de datos como especialización en los medios generalistas con presencia en Internet

JESÚS FLORES VIVAR
Universidad Complutense
jesusmiguelflores@gmail.com

CECILIA SALINAS AGUILAR
saliflor@movistar.es

1. Introducción[1]

Los procesos evolutivos de la sociedad están exigiendo a los medios informativos más rigor y profesionalidad en sus publicaciones. Las Tecnologías de la Información y Comunicación (TIC) y, concretamente, Internet y las bases de datos, proporcionan gran capacidad para procesar, comparar y analizar críticamente todo el maremágnum de información, es decir, los contenidos. Surge así el llamado Periodismo de datos o *Data journalism*, en su término anglosajón.

En este artículo no sólo se estudia y describe el funcionamiento de este nuevo fenómeno que viene consolidándose en los medios digitales; sino que analizamos su área de influencia en el mundo de la información y sus futuras aplicaciones en la profesión periodística; realizamos un seguimiento de la actividad derivada del Periodismo de datos; la formación necesaria y el tipo de conocimientos que requieren los periodistas, así como el rol de la Universidad en la configuración del nuevo perfil.

---

[1] Esta comunicación es parte del análisis de una investigación más amplia sobre técnicas del Periodismo de datos que desarrolla el Internet Media Lab (UCM: 970620) y, que uno de los autores, viene abordando a través del Proyecto Cybermedia II: Desarrollos e innovaciones del periodismo en las redes sociales en Internet y telefonía móvil. Convergencias, modelos de negocios, servicio y formación (MINECO-Plan Nacional de I+D+i- Referencia: CSO2011-25135).

La metodología para realizar este artículo se basa en la emergente aunque –aún– escasa bibliografía existente que estudia el Periodismo de datos y, un poco más amplia, bibliografía sobre los antecedentes del Periodismo de investigación, de la evolución de los equipos de investigación en los periódicos y del impacto del conocimiento tecnológico que los periodistas tienen cada vez más. Dentro de este campo de estudio, hacemos referencia a las investigaciones realizadas por expertos internacionales así como a la aportación práctica que hacen algunos profesionales.

Desde una perspectiva más actual, en el saber hacer del Periodismo profesional –el de toda la vida– y que sumado al conocimiento y habilidades tecnológicas nos encontramos el periodista de datos (*Data journalism*) como un perfil profesional emergente en los medios, cuyo entorno de trabajo se basa fundamentalmente en la construcción de visualizaciones cada vez más novedosas que combinan contenidos (de información) mas tecnología y que tienen múltiples aplicaciones en las diversas formas del Periodismo Especializado.

2. Periodismo de datos: teoría, evolución y contexto

Somos conscientes que las Tecnologías de la Información (TI) han cambiado por completo el concepto que teníamos del mundo. Se han creado miles de herramientas nuevas que han cambiado los usos de las que ya conocíamos. En esta vorágine de novedades, se comenzó a "mezclar" distintas herramientas para nuevos usos. La ciencia informática y la telemática junto a la abundancia de información y contenidos que se genera cada vez más en la Red sumadas al uso de Google que facilita la búsqueda y localización de datos, ha dado pie al surgimiento de un entorno profesional que se explota cada vez más en los medios de comunicación, principalmente, anglosajones.

Hablar de Periodismo de datos (PD) es referirnos a técnicas nuevas en la creación de información periodística que requieren de conocimientos específicos y destrezas en el uso de bases de datos y presentación (visualización) de la información en nuevas *interfaces*.

El factor más importante del Periodismo de datos es, sin duda, la posibilidad técnica. La digitalización de documentos y hechos acaecidos en el mundo, en general, ha producido una increíble cantidad de material para buscar, seleccionar, procesar, analizar, comparar y, finalmente, publicar por parte del periodista. Este proceso requiere de la disponibilidad de herramientas y programas especiales, así como las habilidades técnicas y matemáticas para usarlos (Fama, 2011, p. 7).

Para Fama, el Periodismo de datos es una técnica de acoplamiento fascinante de tecnologías y datos de acceso público, cuyo potencial de desarrollo es inmenso porque se basa en interminables campos de aplicación del Periodismo.

Según Giannina Segnini (2011)[2], el Periodismo de datos no reemplaza las formas tradicionales del oficio. Sólo es una herramienta para hacer mejor el trabajo, por lo que plantea que en el Periodismo de datos deben contemplarse cinco pasos básicos:

- Obtención de los datos: Es la primera fase, que para muchos parece muy fácil pero no lo es y cada vez se vuelve más compleja, porque hay servidores públicos que no entienden por qué se desea acceder a una base de datos, para qué puede servir a un periodista. La clave en este punto es no ceder e insistir con todos los protocolos que permiten el acceso a la información.
- Limpieza de los datos: Los datos, normalmente, vienen repetidos, hay códigos que no están correctos, información que no es de interés para el fin planteado, etc. Eso requiere revisarlos y normalizarlos de acuerdo con la necesidad del periodista. Esta es la parte más difícil para el periodista por lo que se sugiere aprender más sobre hoja de cálculo CSV.
- Análisis: Es el paso más importante en Periodismo de base de datos. No se trata sólo de publicar datos, sino de hacer lo que hacemos los periodistas desde tiempos remotos, que es extraer conclusiones. Para llevar a cabo este paso, es necesario comparar la información encontrada, correlacionarla con otra, cruzar datos para descubrir tendencias, patrones, comportamientos atípicos.
- Verificación de la información: Obviamente, no podemos considerar a las bases de datos como la verdad absoluta. Hay que verificar cada resultado obtenido. Es la característica del Periodismo: contrastar la información, verificar las fuentes. Erróneamente, hay periodistas que creen que todo está en Google y que el buscador encuentra la gran verdad. La mala noticia para esta clase de periodistas es que el rigor –basado en los valores– seguirá siendo la mejor receta para el Periodismo de calidad.

---

[2] Periodista e investigadora del periódico *La Nación* de Costa Rica.

- Visualización: Pensar como diseñador es hoy una obligación de todo periodista. Es necesario encontrar la forma de explicar los datos a la audiencia de la mejor forma posible. Por eso resulta relevante sugerir que si se piensa la información, en términos de cómo presentarla antes de escribirla, puede ayudarnos a hacer informaciones más agradables y claras. Cómo presentar la información a los lectores, que en no pocas ocasiones resulta confusa, es una pregunta que deberíamos sumar a las cinco W.

En coincidencia con las fases indicadas por Segnini, proponemos que el Periodismo de datos se basa: 1) en la investigación periodística, 2) en el conocimiento tecnológico y 3) en una buena ley de acceso a la información. Sin una ley de transparencia o acceso a la información pública, difícilmente se puede llevar a cabo el desarrollo del Periodismo de datos en toda regla. A su vez, el conocimiento tecnológico debe darse, en primer lugar, en la forma en que obtenemos o accedemos a los datos; en la selección de los datos mediante técnicas de filtrado; en el análisis y tratamiento de bases de datos; en la verificación mediante el cruce de datos estadísticos con el uso de la informática que permita llegar a las fuentes; y en la visualización de la información tratada.

CONTEXTO PARA EL DESARROLLO DEL PERIODISMO DE DATOS

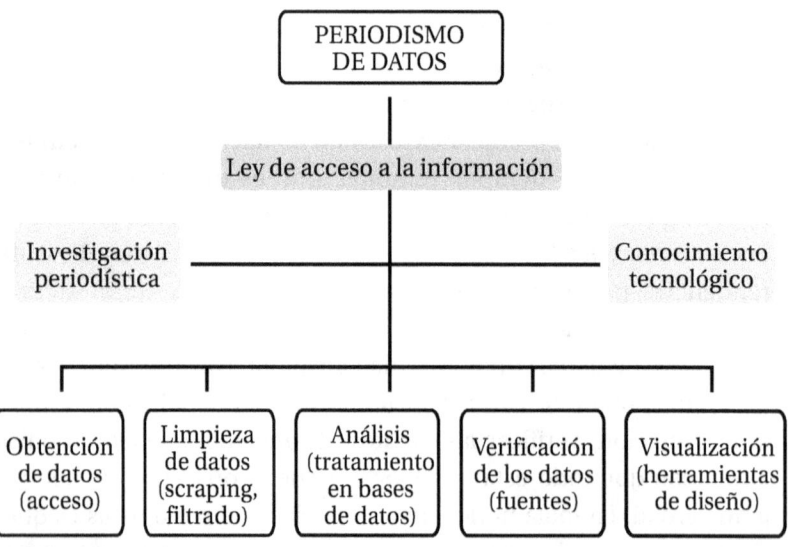

Fuente: elaboración propia

En este contexto, vemos que el Periodismo de datos es posible gracias a la evolución tecnológica, que ha dado lugar a la digitalización de los hechos que suceden en el mundo y el uso de herramientas de intercambio de conocimientos unida a la conciencia cívica y la necesidad de transparencia de los periodistas, activistas, administradores y personas que encuentran representación en las filas de la cultura informal del *Open Data*. El crecimiento del periodismo de datos, derivado, entre otros, de las nuevas oportunidades que ofrece el desarrollo tecnológico para impulsar la cultura cívica de Datos Abiertos, lo encontramos en el ejemplo de *Wikileaks* que, desde su aparición, se convirtió en un fenómeno de información.

Paul Bradshaw[3] (2010) publicó en el periódico *The Guardian* un artículo titulado "Cómo hacer periodismo de datos", en donde afirma que:

"El Periodismo de datos (*Data journalism*, en inglés), es aquel en el que se usa el poder de las computadoras para encontrar, contrastar, visualizar y combinar información proveniente de varias fuentes".

En concordancia con el artículo de Bradshaw, coincidimos en la afirmación de que las técnicas del Periodismo de datos se pueden utilizar en todas las áreas del Periodismo. Política, deporte, nacional, sucesos, economía, medio ambiente, cultura, etc. dando por sentado que este tipo de Periodismo tenga más repercusión en unas áreas que en otras. Esta afirmación es corroborada mediante su propuesta de pirámide invertida de Periodismo de datos.

Así, en el Periodismo deportivo se aplican estas técnicas y se logran muchas innovaciones, dada la gran cantidad de datos involucrados y muchas personas con conocimiento profundo en interés en esta área. Por supuesto, en el periodismo de investigación es donde más se han logrado grandes innovaciones usando ordenadores (computadoras) para crear enlaces entre informaciones o encontrar historias entre grandes conjuntos de datos. También, el Periodismo de datos es creciente en la información política, puesto que cada vez más interesan a los ciudadanos los datos acerca del gasto de los gobiernos.

Muchas organizaciones de noticias han empezado a crear unidades de trabajo desarrollando Periodismo de datos para cualquier área del medio. Según Bradshaw (2010), muchas publicaciones ya no cuentan con una unidad de investigación "pero podemos decir que las unidades de Periodismo de datos deberían adoptar objetivos similares para hacer que la información pública tenga significado y sea más fácil de digerir".

---
3 Paul Bradshaw es periodista, profesor e investigador de la Universidad de Birmighan, UK.

Otro tema de grandes debates es sobre los géneros y los formatos narrativos que surgen a partir del Periodismo de datos, realizado a través de plataformas digitales. Las macroempresas del mundo de las tecnologías ven, en el Periodismo de datos, una oportunidad para desarrollar y crear aplicaciones que puedan ser utilizadas por profesionales y usuarios. El ejemplo lo tenemos en Google Corp. Los mapas se han convertido en una forma de Periodismo nativa de la web, éxito derivado en parte por el lanzamiento de la aplicación de Google Maps en 2005. Otro ejemplo lo encontramos en el tipo de Periodismo que permite a los usuarios profundizar en los detalles de algún asunto, utilizando bases de datos tipo Access. A todo esto se suman emergentes formatos narrativos que permiten explorar los asuntos públicos a través de juegos (por ejemplo: retar a un usuario a que maneje un presupuesto para que tenga una visión de los retos que asume un gobierno y las implicaciones de sus decisiones); el *crowdsourcing* (formato de trabajo colectivo) ahora más viable con el poder de los ordenadores para trabajar en red. También están los *mashups*, que permiten combinar distintas fuentes de información y proporcionan al usuario la opción de usar a su antojo el producto informativo.

"En un mundo basado en bases de datos, crece la importancia del Periodismo de datos y de visualización de datos". Con estas palabras, Rosental Calmon Alves, catedrático de la Journalism School of Texas University, concluía su conferencia de apertura del XIII Congreso de Periodismo Digital, en la ciudad de Huesca, en marzo de 2012.

Por ello, hoy vemos cómo el Periodismo de datos se ha convertido en una disciplina de gran éxito a nivel internacional. Diarios como *The New York Times* o el británico *The Guardian* están promoviendo este tipo de Periodismo que se basa en los datos y las visualizaciones como elementos diferenciadores de sus noticias y, sobre todo, como estrategia clave para atraer lectores en un momento difícil para el Periodismo. Es evidente que todo el periodismo tiene como base la información, pero al usar la palabra "datos" o "data", implícitamente nos referimos a un tipo de información particular que puede ser procesada por sistemas informáticos y potentes herramientas de computación.

La pirámide invertida del Periodismo de datos (gráfico 2) muestra, de forma simple, cómo se avanza desde una gran cantidad de información incrementada exponencialmente y que la misma se va concretando hasta llegar al punto de proporcionar a la audiencia unos resultados más claramente posibles. La apuesta de Bradshaw en el modelo de pirámide invertida atraviesa cuatro etapas en el proceso del Periodismo de datos: compilar, filtrar, contextualizar y combinar para, finalmente, comunicar.

PIRÁMIDE INVERTIDA DEL PERIODISMO DE DATOS

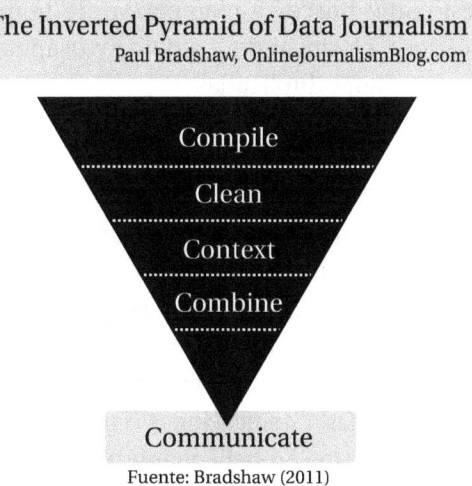

Fuente: Bradshaw (2011)

2.1. *Compilar*

Bradshaw considera que el Periodismo de datos empieza en una de las dos formas: o tienes una pregunta que necesita datos o tienes un set de datos que necesita ser interrogado. En este sentido, la compilación de información es lo que lo define como un acto de Periodismo de datos y puede tener varias formas:
- Datos propuestos directamente por una organización.
- Datos encontrados usando técnicas de búsqueda avanzada para surcar en las profundidades de sitios web (p.e. de gobiernos).
- Al hacer *scraping* (rascar) de bases de datos escondidas online usando herramientas como OutWit Hub y Scraperwiki.
- Convertir documentos en algo que pueda ser analizado usando herramientas como DocumentCloud.
- Tomando información de APIs.
- Recolectando los datos por el propio periodista a través de la observación, encuestas, formularios online o *crowdsourcing*.

2.2. Limpiar

Tener información es sólo el comienzo. Estar confiado en las historias escondidas dentro de las bases de datos significa poder confiar en la calidad de los datos y eso significa limpiarlos. Limpiar en general tiene dos formas: remover el error humano y convertir el dato en un formato que es consistente con otro dato que el periodista esté usando. Hay formas simples, como buscar y reemplazar, de limpiar los datos en Excel o Google Docs, clasificando los datos y usando filtros para que sólo se muestren entradas duplicadas.

2.3. Contextualizar

Como cualquier fuente, la información no puede siempre ser confiable. Viene con sus propias historias, prejuicios y objetivos. Por ello, como con cualquier fuente, se necesita hacer preguntas tales como: quien recolectó los datos, cuándo, y por qué motivos. ¿Cómo fue recolectada? (la metodología). También es necesario entender la jerga como códigos que representan categorías, clasificaciones o ubicaciones y terminología de especialistas. Todo esto, probablemente nos lleve a compilar más información. Por ejemplo, conocer el número de crímenes en una ciudad es interesante, pero sólo se vuelve relevante cuando se contextualiza junto con la población, número de policías, niveles de los crímenes de los últimos cinco años, percepción del crimen, niveles de desempleo y demás. El alfabetismo estadístico es una obligación en este nivel.

2.4. Combinar

Las buenas historias se pueden encontrar en un solo set de datos, pero a menudo es necesario combinar dos juntos. La combinación clásica en este apartado es el *mashup* de mapas: tomar un set de datos y combinarlo con datos de mapas para proveer una visualización instantánea de cómo algo está distribuido en el espacio. Esto se ha convertido en una acción común (sobre todo, gracias a la API de Google Maps que ha sido de gran utilidad para el Periodismo). Una combinación más trivial es fusionar dos o más sets de datos con un punto de información común (por ejemplo, el nombre de un político, una escuela o una ubicación). Eso usualmente significa asegurarse que el punto particular del dato está formateado con el mismo nombre a través de cada uno de los sets de datos.

2.5. Comunicar

En el Periodismo de datos necesitamos visualizar los resultados. Esta visualización puede hacerse en un mapa, cuadro, infografía o animación. Sin embargo, a esto debemos sumar, cuando hablamos de Periodismo, otros elementos a considerar: P.e. desde la clásica narrativa, aplicaciones de noticias, casos de estudio y personalización.

Para Ignacio Ramonet (2011, p. 45)[4], el Periodismo de (bases de) datos es otro tipo de Periodismo que está prosperando entre los nuevos nichos de Internet. Se le considera un gran logro de la democracia moderna porque permite buscar y acceder, de forma inmediata, a bases de información creadas por instituciones públicas o privadas. No obstante, el Periodismo de datos se basa en un principio fundamental del Periodismo de siempre: "Los hechos son sagrados".

3. El Periodismo de datos como especialización periodística en los medios digitales

Los medios se encuentran en una situación de expectación e incertidumbre sin saber cómo desarrollar los nuevos modelos informativos. Los cambios en los que se encuentran inmersos, son sólo tentativas de viabilidad. Por ello, algunas voces auguran un futuro incierto de los medios y, en consecuencia, de los profesionales. También se pone en entredicho la profesión periodística, la publicitaria, la empresarial, etc. Es, por tanto, una crisis estructural del Periodismo y la comunicación que afecta a todos los sectores relacionados con los medios de comunicación. Urge, pues, encontrar soluciones que respondan a las inquietudes existentes. Una de estas puede venir de la mano del Periodismo de datos.

Como antecedente del Periodismo de datos, nos situamos en los años sesenta con la consolidación del Periodismo de investigación mediante la implantación del *New journalism* o "Nuevo periodismo" en EEUU. Esta modalidad permitió desarrollar con fuerza la figura del *muckraker* –ahora *new muckraker*– y se produjo por la toma de conciencia de la libertad y derechos del pueblo frente a los gobernadores, influenciados por la revolución de mayo del 68. Los periodistas no se conforman con las versiones oficiales, se vuelven desafiantes y escépticos frente al poder y se convierten en salvaguardas de los intereses ciudadanos.

---

4 Ignacio Ramonet es director de *Le Monde Diplomatique*.

Desde esa época, la situación del Periodismo ha cambiado mucho. Tras el escándalo del caso *Watergate*, recogido por Carl Bernstein y Bob Woodward, en el *Washington Post* –por el que recibieron el premio Pulitzer en 1973– provocando la dimisión de Richard Nixon en 1974, se han sucedido muchos trabajos de investigación basándose en la recuperación y análisis de datos e información pública como la que hicieron los citados periodistas del *Post*, en los archivos de la Biblioteca del Congreso estadounidense. Sin embargo, en la actualidad, so pretexto de la crisis que afecta también a las empresas periodísticas, estas han encontrado la excusa para despedir a más de la mitad de la plantilla con lo que la información en los medios es más superficial y de menor calidad. A esto se suma que el desarrollo del Periodismo de investigación –y por consiguiente, del periodismo de datos– es demasiado oneroso, puesto que liberar a un periodista para que investigue un tema no está al alcance de cualquier medio de comunicación. Como consecuencia de todo esto se puede decir que el Periodismo de datos, aunque es un valor en alza, no suele estar entre los planes de trabajo diario de los medios.

En el seguimiento realizado sobre la evolución del Periodismo de investigación y su derivación en Periodismo de datos, detectamos que el ritmo de evolución y cambio en el mundo tecnológico y, más concretamente, en el informático, es frenético, acelerado y un tanto delirante. Nombres de aplicaciones que hasta el día de hoy desconocíamos, así como personalidades del mundo de la Red que se han hecho un hueco por su afán de superación y su constante trabajo en este campo, nos han demostrado que el cambio es constante y evolutivo.

4. Aptitudes y actitudes en el perfil del periodista de datos

Aunque el análisis de la información es una labor intrínseca a la profesión periodística, en los últimos años estamos asistiendo al desarrollo y auge de un nuevo método periodístico basado en el análisis de grandes volúmenes de datos y que involucra a programadores, estadísticos o diseñadores. Se trata de contar historias a partir de los datos.

Los periodistas se enfrentan a nuevos desafíos y problemas en esta era de abundancia informativa, en donde la escala de la producción de datos y la diversidad de formatos demandan nuevos estándares, recursos y herramientas pero, sobre todo, una visión renovada (visión global) sobre el trabajo periodístico. En suma, un nuevo perfil.

De ahí que, los periodistas que quieran trabajar en los nuevos medios, en donde se aborde el desarrollo del Periodismo de datos, deben aprender y conocer en profundidad la gran cantidad de recursos y herramientas tecnológicas que les permitirán desarrollar su trabajo. Pero, ¿cuáles son las habilidades que necesita un periodista de datos? ¿Qué destrezas? ¿Dónde se forman esos nuevos perfiles? ¿Qué contenidos formativos se requieren?

En este sentido, respecto al tipo de formación que debe tener un periodista de datos, algunos expertos no dudan en afirmar que las Escuelas y Facultades de Periodismo no han formado a profesionales para desarrollar este tipo de tareas. En una unidad de profesionales dedicada al Periodismo de datos, el perfil de los periodistas debe ser de personas con habilidades para la investigación tradicional, incluyendo el Periodismo asistido por ordenador (CAR –*Computer Assisted Reporting*–); periodistas con conocimientos de estadísticas; diseñadores de información y programadores que puedan crear secuencias de comandos para facilitar a los periodistas y a los usuarios obtener y aprovechar la información. Sobre los aspectos formativos, profundizaremos en el siguiente apartado.

Por ello, para entender el importante e innovador perfil del *Data journalism*, es preciso conocer y analizar la figura del *Data Delivery Editor*, profesional que crea los *mashups*, como nuevo entorno de información, en donde se cuenta una historia utilizando diferentes elementos tecnológicos, tales como: gráficos, mapas, estadísticas, etc. En cualquier caso, es importante saber que los profesionales que deseen enfocar su trayectoria hacia el Periodismo de datos deben asumir unos conocimientos básicos de programación, diseño y manejo de bases de datos, sin que esto sea una especie de kit en la formación.

Tanto Fama (2011) como Bradshaw (2010), coinciden en que hacen falta habilidades para practicar el Periodismo de datos. No obstante, lo más importante es que el periodista debe ser capaz de encontrar información, entenderla y hacerla inteligible para el público. Sin ese factor, la programación, el diseño y otros conocimientos no tendrán ninguna utilidad. Esto nos lleva a pensar que, antes de empezar a trabajar con aplicaciones y describir habilidades concretas, el periodista debe partir desde una amplia comprensión de lo que puede hacer y, en segundo término, adquirir aquellos conocimientos que sean necesarios para lograr un proyecto informativo en particular.

Alan Grimm, colaborador del área de reclutamiento del Poynter Institute[5], ofrece algunos consejos a los periodistas que quieran aprender las más importantes tecnologías digitales. En primer lugar, sugiere aprender de varias áreas del Periodismo y mostrarse menos preocupado sobre el aprendizaje de programas específicos. El periodista no se debe fijar tanto en el uso del software (programa) ya que cuando un reportero aprende, por ejemplo, a crear y producir vídeos usando algún programa conocido o de moda, bien puede transferir esas habilidades a otros programas.

En línea con lo expuesto por Grimm, otros expertos coinciden en que el profesional debe saber cómo hacer una grabación y edición de audio y vídeo, edición de fotos (por ejemplo, con el uso de PhotoShop como norma general) y utilizar bases de datos (Access o Excel son buenos programas de software para empezar). En un contexto más avanzado y vanguardista, la aparición constante de recursos tecnológicos y, sobre todo, teniéndose en cuenta el grado de aceptación y adaptación por parte de los medios a los nuevos formatos de publicación, debe ser una tarea prioritaria el conocimiento y aprendizaje de los diferentes Sistemas de Gestión de Contenidos (CMS, por sus siglas en inglés).

Definimos el periodista de datos (*Data journalist*) como un profesional que puede estar formado en documentación, Periodismo o cualquier otra disciplina, que posee un aditivo de conocimiento necesario para la gestión datos y clasificación de información, así como para la búsqueda, procesamiento, interpretaciones concluyentes, análisis de datos y capacidad para crear y publicar información con una narrativa propia que se desprende del propio género utilizado. El periodista de datos deberá manejar grandes cantidades de información, deberá clasificarla y después, introducir esos datos en las aplicaciones tecnológicas de uso, por donde considere que su información tendrá mas impacto.

En este contexto, el perfil del periodista de datos necesita de conocimientos que le ayuden a gestionar bases de datos y cruzar la información que contienen con otros elementos o conocer herramientas y recursos que le ayuden a crear nuevas narrativas de información o híbridos como los *mashups*. El periodista de datos que crea o gestiona un *mashup* (en un mapa de Google) deberá, previamente, haber analizado diferentes datos, contrastado fuentes antes de su publicación final, la misma que deberá hacer de forma ordenada y coherente. Como hemos indicado, este tipo de perfil profesional aún no está muy presente en los medios de

---

5 http://www.poynter.org/

comunicación, pues la importancia de los datos o *mashups* es todavía, prácticamente, testimonial. Sin embargo, puede que en un futuro no muy lejano se popularicen estos perfiles en los medios digitales, tal y como ya se vienen consolidando en los medios estadounidenses. El siguiente paso, en la función del periodista de datos, será controlar las novedades que puedan surgir, buscar nueva información, actualizar la existente y, en último término, investigar nuevos servicios para crear nuevas herramientas o mejorar las que ya tiene.

De todo esto se desprende que para hacer Periodismo de datos se necesitan personas con habilidades en la investigación tradicional; periodistas con conocimientos de estadísticas; buenos diseñadores de información y programadores que puedan crear secuencias de comandos para facilitarle a los periodistas y a los usuarios obtener y aprovechar la información. Es decir, un equipo de trabajo multidisciplinar que aún no se asimila en las redacciones de los medios.

Los profesionales tienen que asumir nuevos roles que van surgiendo, como ya lo vienen haciendo diversos periodistas como Aron Pilhofer, editor del área interactiva de *The New York Times*, quien dirige un equipo de periodistas y desarrolladores que crean aplicaciones basadas en datos para mejorar los tiempos de presentación de los informes online; o el caso de Simon Rogers, responsable del *Datablog* del periódico británico *The Guardian*. Sin embargo, la opinión generalizada es que todavía es difícil convencer a los periodistas de que el periodismo de datos es una forma eficaz para contar una historia. Para Pilhofer el valor del Periodismo de datos radica en el hecho de permitir generar historias que antes era muy difícil de hacer.

Se trata, pues, de un asunto de mentalidad y de habilidades. Para muchos periodistas aún es difícil comprender las posibilidades que ofrece esta forma de Periodismo. En palabras de Bradshaw (2010):

"Los periodistas están acostumbrados a contar historias desde una perspectiva particular para una gran masa. Permitirle al usuario contar su propia historia haciendo clic en un mapa o profundizando en un tema específico, significa renunciar un poco al poder como periodista, y eso requiere algo de humildad".

Vemos cómo la evolución de los contenidos y la tecnología lleva a transitar por caminos profesionales que empiezan a encontrar un punto de convergencia. Una convergencia que empieza a ser real y necesaria. La idea de juntar periodistas y programadores de software proviene de mediados de 2000. Empezó a llevarse a cabo cuando Richard Gordon y Aron Pilhofer, del TNYT, que decidieron promover encuentros entre periodistas y programadores de software, coincidieron en San Francisco con Burt Herman, un periodista emprendedor fundador de Storify. Entre los tres, no sólo tuvieron la misma idea, sino que coincidieron en el nombre de esos encuentros denominándoles *Hacks/Hackers*. Es decir, *hacks* –recortar– que es lo que hacen los periodistas y *hacker* que es, en definitiva, programar. Hoy, esos tipos de encuentros vienen replicándose en diversas ciudades estadounidenses, latinoamericanas y europeas, incluida España.

Pese a estas iniciativas, la cultura del periodista tradicional sumada a otras razones, como la falta de recursos para la capacitación, hace que existan (aún) muy pocas personas que dediquen tiempo a desarrollar sus habilidades para este tipo de Periodismo. De ahí que muchas de las innovaciones en periodismo de datos se están realizando –o se hayan iniciado– fuera de los medios, como por ejemplo el realizado por Adrian Holovaty en Estados Unidos, periodista y programador y uno de los primeros creadores de *mashups* llamado *ChigagoCrime.org*, un sitio web creado en 2005, en donde se informaba puntualmente sobre los índices de criminalidad que se cometían en la ciudad de Chicago.

En un esfuerzo por promover el entorno investigativo del Periodismo de datos, diferentes organizaciones como *Global Editors Network* (GEN) y Google, han lanzado, en este año, el Premio Periodismo de Datos (datajournalismawards.org). Los Premios de Periodismo de Datos (DJA) constituyen el primer concurso internacional que reconoce la destacada labor en el campo del Periodismo de datos en todo el mundo. Con estos premios, en donde el DJA reconoce la excelencia editorial en el campo del Periodismo de datos, se busca contribuir al establecimiento de normas y poner de relieve las mejores prácticas del Periodismo de datos, así como demostrar el valor de datos entre los editores y ejecutivos de los medios.

5. La formación sobre el periodismo de datos en las Facultades de Comunicación. Imbricación del Periodismo de investigación con el conocimiento tecnológico

Una vez lograda la convergencia tecnológica y de formatos, se debe lograr la convergencia en la mente de las personas. No cabe duda que el propio concepto de Periodismo Digital, de Periodismo Online o de Ciberperiodismo (Flores y Arruti, 2001) se ha consolidado ya como una forma de realizar un trabajo profesional de la información, basado en una cultura de red o cibercultura en donde subyacen, primero, el conocimiento y segundo, las destrezas y habilidades que permitan utilizar las diversas herramientas y recursos que se encuentran en Internet y que traen consigo desarrollar un nuevo formato informativo.

Los medios de comunicación que apuestan por los cambios y los medios que han nacido sólo en la red, demandan de unos profesionales que son escasos, que no se encuentran fácilmente, pero que, contradictoriamente, no se forman en las Facultades de Comunicación.

Tanto los profesionales de medios que desarrollan Periodismo de datos y la situación actual sobre el futuro de los estudiantes de Periodismo, debe hacernos repensar el modelo de la formación. De ahí que cada vez más voces indican que el Periodismo de datos debería ser hoy una materia más en los nuevos currículos de las Facultades de Periodismo. Conocer las bases de datos públicas a las que se puede acceder, las que se pueden pedir a través de un simple derecho de petición o, incluso, las que van a necesitar ser *hackeadas* porque son inexpugnables, pero contienen información relevante para la opinión pública.

Las Facultades de Comunicación, tanto españolas como iberoamericanas, no contemplan aún dentro de sus planes de estudio la formación para el Periodismo de datos, como sí lo hacen ya, desde hace algunos años, las escuelas de Periodismo de Universidades anglosajonas.

El periodista de datos que ya ejerce esta práctica en los medios, ha tenido que formarse de forma autodidacta o, en el mejor de los casos, asistiendo a cursos de postgrado en Universidades internacionales, sobre todo, de Estados Unidos, Reino Unido, Francia, Suecia o Alemania. Algunas organizaciones que brindan formación sobre Periodismo de datos son: el Centro para el Periodismo Investigativo (The Centre for Investigative Journalism –CIJ–) que tiene sede en el Reino Unido y la Asociación de Editores y Reporteros de Investigación (Investigative Reporters and Editors) en su siglas IRE. En España, un grupo de periodistas, a través del Medialab-Prado, se ha apuntado al tren de iniciativas formativas.

Y es que la demanda de profesionales para los medios digitales exige una formación con nuevos perfiles para la realidad actual de la industria periodística en la que está imbricado el desarrollo del Periodismo de datos. Tal necesidad es apremiante, tanto así que algunas empresas periodísticas elaboran planes de formación interna. Más aun, los medios de comunicación más importantes, en connivencia con centros oficiales de estudios, crean Escuelas de Periodismo en donde imparten cursos de postgrado formando profesionales para los nuevos medios. En España, iniciativas de periódicos como *El País*, *ABC* y el diario *El Mundo* son sólo una pequeña muestra de ello.

La incursión, primero, de los medios sociales (basados, principalmente, en las redes sociales y el *microblogging* y representados por Facebook, MySpace, Twitter, Flickr, etc.) y ahora, de aplicaciones para la creación de *mashups* y el avance y desarrollo del Periodismo de datos, implica una reconfiguración de los modelos formativos que se han venido dando hasta la fecha para el Periodismo tradicional. Ante el avance de las tecnologías que crean nuevos perfiles, algunos medios se resisten, pero nada puede parar el cambio de paradigma en la comunicación. El uso de mapas, de herramientas de análisis, de estadísticas, de optimización en la localización de datos, etc., entornos necesarios para el Periodismo de datos, requieren de un cúmulo de conocimientos que la Universidad debe implementar en sus planes de formación para periodistas de nuevo cuño.

Pero, ¿cuáles son los contenidos de esos planes de estudio? Como referencia cabe citar a instituciones de prestigio como la Universidad de Columbia de Nueva York, la City University New York (CUNY), el Poynter Institute de Florida, la City University de Londres o la Universidad de Birmingham (GB), que han incorporado una asignatura sobre *Data journalism* (Periodismo de datos) en sus cursos de grado y postgrado. Más aun, algunas Escuelas han convertido el entorno del Periodismo de datos en una titulación de máster. Los contenidos en los planes de estudios que imparten estos centros cubren todos los aspectos del Periodismo de datos, que rebasan, principalmente, en la visualización de datos, el uso de aplicaciones y el tratamiento estadístico, además de las propias técnicas del Periodismo de investigación.

Todo esto obliga a que el estudiante que quiera formarse en Periodismo de datos deba adaptar su mentalidad y cultura hacia un entorno de red, lo que implica una concienciación de una voluntad de experimentación continua como la ruta más probable para el éxito en los nuevos medios. Esto incluye no sólo probar las nuevas tecnologías, sino aprender a valorar el compromiso de que los medios no sean vistos como simples páginas de un sitio web.

Asistimos a un panorama en donde el rol de la Universidad, además de los propios roles, debe basar los planes en una formación sobre TIC avanzada desde sus inicios. Las Facultades de Ciencias de la Información y de la Comunicación deben adaptar sus planes de estudio en donde la tecnología sea un conocimiento transversal (en todas las etapas formativas) y forme nuevos perfiles profesionales. La estrategia universitaria debe comprender la creación de laboratorios (*labs*) en sus Facultades de Comunicación (para investigación y transferencia de conocimiento) cuyo objetivo sea desarrollar proyectos pilotos sobre Periodismo de datos y otras investigaciones de carácter experimental.

Consideramos, pues, que el periodista de datos es un perfil en alza que requiere una formación básica, al menos, en varios campos del conocimiento, como Estadística, Programación, Diseño, Sociología, Psicología, además de Periodismo. Es un perfil que podrá gestionar, de forma eficiente, grandes cantidades de información, organizar esos datos, creando un servicio útil que ayude a comprender noticias, encontrar recursos o, simplemente, obtener información adicional y con un amplio nivel de detalles.

Desde la Universidad, se viene trabajando en estos aspectos que inciden en la forma en que se va a desarrollar el nuevo Periodismo basado en los datos en conjunción con las tecnologías emergentes. Diversas investigaciones, como el Proyecto Cybermedia[6] y el Internet Media Lab, dan fe de la preocupación por profundizar en los aspectos de la formación de perfiles para los nuevos medios.

Una de las conclusiones del XIII Congreso de Periodismo Digital de Huesca (2012), destaca que los periodistas comienzan a diseñar su propio futuro, ilusionados con proyectos que permiten que la profesión siga existiendo más allá de los grandes medios. En este contexto, la Universidad juega un papel fundamental y de vital importancia en la formación de los periodistas de nuevo cuño, con un tipo de conocimientos que obliga a una revisión permanente de los planes de estudio.

Vemos, pues, que las proliferaciones de materias y cursos referidas al Periodismo de datos se dan, en mayor medida, en las Universidades anglosajonas (Estados Unidos y Reino unido) y en menor medida en Universidades europeas y escasa presencia en los centros españoles.

No obstante, en España, empiezan a generarse algunas iniciativas en esta materia. Como referencia mencionamos el propio Congreso de Periodismo Digital de Huesca, de 2012, en donde se desarrolló una mesa

---

[6] *Cybermedia II: Desarrollos e innovaciones del Periodismo en las redes sociales en Internet y telefonía móvil. Convergencias, modelos de negocios, servicio y formación* del Plan Nacional de I+D. 2012-2014.

de trabajo, titulada: Periodismo de datos, nuevas historias y nuevas formas de contar historias.

También se destaca el Curso de Periodismo de datos en los Cursos de Verano El Escorial de la Universidad Complutense, que se realizó en julio de 2012 y cuyo objetivo ha sido –y es– que los periodistas y estudiantes de periodismo adquieran los principios básicos de cómo transformar datos en poderosos recursos visuales que implican la comunicación y la narrativa multimedia.

La Universidad Pompeu Fabra (de Barcelona) ofertó para el curso 2012-2013 el programa de postgrado de Visualización de la Información. El curso pretende dotar de los conocimientos conceptuales, tanto básicos como avanzados, ligados a la disciplina del Periodismo de datos, en tres áreas principales: Minería de datos (*data minning*), visualización de la información y utilización de gráficos.

La Universidad Rey Juan Carlos y el diario *El Mundo* han empezado el curso 2012-13 con la realización del Máster en Periodismo de Investigación de Datos y Visualización. El máster forma en el dominio de las herramientas tecnológicas para datos y visualización.

A estas iniciativas se suma el Máster universitario de Periodismo profesional ABC-UCM, que imparte una asignatura relacionada con el Periodismo de datos y el Máster Universitario de Periodismo Multimedia Profesional de la Universidad Complutense, que ha incorporado, para el curso 2012-13, la asignatura Periodismo de datos y redes sociales.

Estas innovaciones que impulsan algunas Facultades de Comunicación, evidencian que los contenidos de cualquier curso sobre Periodismo de datos deben ayudar a estudiantes carentes de conocimientos de ingeniería informática (o programación) a construir las competencias necesarias para diseñar, desarrollar y evaluar visualizaciones complejas.

En este sentido, un curso de estas características debe cumplir con los objetivos de despejar las dudas sobre cómo adaptar las características de la cultura de datos a la nueva realidad mediática, cómo transformar los datos en formatos reutilizables y que permitan hacer investigaciones poderosas, y cómo visualizar los datos, incluyendo tablas, gráficos y mapas.

Por todo esto, es necesario seguir trabajando en la inclusión, dentro de los planes de formación periodística, de nuevos temas para el aprendizaje de técnicas en el manejo de herramientas informáticas y de métodos de acceso al gran laboratorio de Internet.

6. Conclusiones

La primera conclusión que se desprende de este estudio, demuestra cómo emerge y se realiza el Periodismo de datos en los principales medios de comunicación. Los periodistas de datos son una fuerza creciente del Periodismo de investigación que se ha venido practicando desde tiempos remotos. La historia del Periodismo de investigación nos hace ver cómo estos periodistas, en muchos casos, han realizado trabajos que han hecho tambalearse a un gobierno o han desentrañado casos de corrupción que estaban vaciando las arcas del Estado.

Ahora los nuevos periodistas de investigación escudriñan en datos públicos, cuentan cómo les ayudan las tecnologías digitales y online, por lo que es necesario hacer una reflexión, en el actual contexto de crisis de los medios, sobre el futuro del periódico de papel y las posibilidades que brinda la web con la proliferación de esta forma especializada del Periodismo.

Tanto este tipo de Periodismo como el desarrollado con el uso de datos utilizan diferentes recursos y aplicaciones tecnológicas que se traducen en una sinergia de conocimiento de ambos entornos, lo que conlleva un nuevo planteamiento en la formación de los periodistas.

7. Referencias

Baker, Stephen (2008) *The Numerati*. NY, USA: G Library Agency.
Bradshaw, Paul y Rohumaa, Liisa (2011) *The Online Journalism Handbook: Skills to Survive and Thrive in the Digital Age*. UK: Longman Practical Journalism Series.
Fama, Andrea (2011) *Open data. Data journalism. Transparenza e informazione al servizio delle societá nell´era digitale*. Lsdi, Roma, Italia: Narccisa.
Flores, Jesús y Cebrián, Mariano. (2012). El Data journalism en la construcción de mashups para medios digitales. *XIII Congreso Periodismo Digital*. Zaragoza: Edit. APA.
Flores, Jesús (2009). Nuevos modelos de comunicación, perfiles y tendencias en las redes sociales. *Comunicar*, (33), 73-81. doi: 10.3916/c33-2009-02-007.
—(Dir.) (2011). *Reinventar el Periodismo y los Medios*. Madrid: Editorial Fragua.
Kovach, Bill y Rosenstiel, Tom (2003). *Los elementos del Periodismo*. Madrid: Aguilar.

Mancini, Pablo (2011). *Hackear el periodismo. Manual de laboratorio.* Buenos Aires: La Crujía.
Meyer, Philip (1991). *Precision Journalism.* EE.UU.: Fourth Edition.
Open Knowledge Foundation (2010). *The Data Journalism Handbook.* R.U.: European Journalism Centre and the O'Reilly Media.
Ramonet, Ignacio (2011). *La explosión del periodismo.* Argentina: Clave intelectual.
Rogers, Simon (2011). *Facts are Sacred: The power of data.* Amazon (Kindle).

8. Referencias web

Premio Datajournalism de Google (2012) Disponible en: http://datajourna lismawards.org/ [Consultado el 27-03-2012].
Página de Storify. Disponible en: http://storify.com/ [Consultado el 27-03-2012].
Sitio web de Hacks-Hackers Journalism & Techonology. Disponible en http://hackshackers.com/ [Consultado el 15-02-2012].
Bradshaw, Paul (2010). Data Journalism blog. Disponible en: http://www. datajournalismblog.com/tag/paul-bradshaw/ [Consultado 27-03-2012].
Fuentes, Alma (1998). Periodismo de Precisión: La vía socio informática de descubrir noticias, *Rev. Sala de Prensa, 1.* Disponible en: http://www.salade prensa.org/art04.htm [Consultado el 19-02-2012].
Lohr, Steve (2012). The Age of Big Data. Disponible en el periódico TNYT:http://www.nytimes.com/2012/02/12/sunday-review/big-datas-impact-in-the-world.html?_r=1&ref=stevelohr [Consultado el 20-02-2012].
Segnini, Giannina (2012). El periodismo de aumenta la credibilidad y la independiencia. *Consejo de Redacción.* Disponible en: http://www.consejoderedaccion.org/sitio/index.php?option=com_content&view=article&id=98 [Consultado el 19-10-2012].

Retórica, divulgación y especialización periodística en el entorno multimedia

LOURDES MARTÍNEZ RODRÍGUEZ
UNIVERSIDAD DE MURCIA
loumart@um.es

1. Introducción: de la retórica a la ciberretórica

La retórica –como recuerda Albaladejo (2001)– ha demostrado a lo largo de su historia una extraordinaria capacidad de adaptación a las cambiantes condiciones de la comunicación en la sociedad, y a los distintos medios de comunicación que han ido generándose. La retórica resurge con fuerza a mediados del siglo XX, no sólo como técnica de la persuasión, sino como conjunto de técnicas de pensar, hablar y expresarse correctamente con la intención de influir en los receptores. "Sus definiciones no han cambiado, sí su forma de manifestarse y comunicarse, especialmente a través de las posibilidades que ofrece el mundo de Internet", señala Ruiz de la Cierva (2008, p. 19), quien equipara la revolución digital a la que supuso la aparición de la imprenta.

Los nuevos planteamientos de la retórica se han aplicado a los distintos ámbitos comunicativos, al Periodismo (Ayala, 1985), (Ruiz de la Cierva, 2006), (Marques, 2009), a la publicidad (Fernández, 2006), o a las diversas técnicas comunicativas actuales de portavoces y expertos en comunicación (Sánchez, 2006). Ayala (1985, p. 49) habla de una retórica del Periodismo en su finalidad pragmática de influir sobre la opinión pública y la vincula, esencialmente, a los textos de opinión –relaciona, así, el "debate oratorio de las cámaras legislativas" con la "polémica llevada a los periódicos"–, pero está también presente en el resto de textos noticiosos, ya que al ser toda la periodística persuasiva, ésta es "la auténtica heredera de la Retórica" (Casasús, 1991, p. 97).

En el actual contexto mediático, la retórica ha hallado también, de forma inevitable, su vinculación y adaptación a las nuevas tecnologías, en una relación que Albaladejo (2004) califica de bidireccional: la retórica influye en la configuración de determinados elementos de la Red, y a su vez es influida por las facilidades comunicativas de Internet. Así, se han acuñado expresiones como la "retórica del hipertexto" (López, 2003), la "multimedialidad retórica" e "hipetextualidad retórica" (Albaladejo, 2006) o la "ciberretórica" (Arias, 2012) para referirse a la aplicación de la retórica a la comunicación digital.

Los tres rasgos más definitorios de la Red: la hipertextualidad, la multimedialidad y la interactividad, junto con las posibilidades de actualización continua, son los que van a marcar ese proceso adaptativo entre retórica e Internet. Si la estructura retórica está presente en los distintos textos y discursos periodísticos, es aún más patente la utilidad de su aplicación en las distintas manifestaciones del Periodismo Especializado, cuyo propósito es elaborar enunciados eficaces –comprensibles y contextualizados– para los distintos tipos de públicos. Por ello, el objetivo de este trabajo es dilucidar sobre las aportaciones que la ciberretórica, o la retórica del hipertexto, ofrece al periodista especializado en el actual entorno multimedia.

2. La influencia del contexto digital en los elementos esenciales de la retórica: emisor, receptor y discurso

Todo discurso periodístico tiene una organización retórica, compuesta por los tres elementos del discurso definidos por Aristóteles en su *Retórica*: el que habla, sobre lo que habla y a quién habla. En el entorno digital, ¿qué transformaciones se están produciendo en los distintos elementos del proceso discursivo periodístico por la incorporación a la realidad hipertextual, multimedia e interactiva de Internet y de las tecnologías móviles?

2.1. *Cambios respecto al emisor*

En el discurso retórico y divulgativo –y, en general, en los discursos periodísticos– tiene gran relevancia la consideración que el público tenga del sujeto enunciador. Buena parte de la eficacia comunicativa del mensaje periodístico reside en la credibilidad otorgada al periodista o productor del contenido informativo. Y esa credibilidad se vincula, en primer lugar, con el concepto de *vir bonus* de Quintiliano, como perfecto orador fundamentado, sobre todo, en la integridad moral, y se vincula también con la decencia a la que aludía Aristóteles –"[...] a las personas decentes las creemos más y antes, y sobre cualquier cuestión, en general [...]" (*Retórica*, I, 1356a), y con la aserción de Kapuscinski (2003) de que para ser buen periodista es preciso ser buena persona, pues sólo siendo buena persona "se puede intentar comprender a los demás".

La credibilidad del orador –y por extensión, aquí lo aplicamos al periodista– depende de dos factores fundamentales: la reputación, es decir, el grado en el que se percibe digno de confianza, y la competencia, el grado en el que es percibido como conocedor o experto en el tema (Reinard, 1991, pp. 353-354 *cit.* en León, 1999, p. 151). Pero además, será esencial también saber comunicar y contactar con el público. En este sentido, el periodista especializado gozará de mayor credibilidad que otro tipo de emisores por su mayor conocimiento (competencia) del tema y de su área de especialización, por sus habilidades comunicativas, interpretativas y de contextualización, y porque ambas facetas –conocimientos y habilidades comunicativas– le permitirán generarse una reputación, no sólo entre la audiencia, sino también entre las fuentes primarias de información, entre los expertos y especialistas en los distintos ámbitos de conocimiento.

Pero en el actual contexto multimedia, el periodista debe construirse, además, una reputación en el entorno digital, una marca e identidad digital, más allá del medio para el que trabaje. En palabras de Ignacio Escolar, "más allá de ampararse en su gran buque, debe convertirse en un micromedio, ser capaz de distinguir señal de ruido entre mis seguidores"[1], porque, como apunta Gumersindo Lafuente, "alguien que tiene más de cien mil seguidores en Twitter y que hace recomendaciones de cualquier tipo, se acaba convirtiendo en un prescriptor, en una especie de medio de comunicación individual"[2]. Banyuls y Noguera (2009) hablan de identidad *retial*, una identidad que se reivindica, precisamente, por nuestra presencia en la Red y en red, por la conexión con los otros. Pero para ser rentable esta identidad *retial* requiere de

---

[1] Intervención de Ignacio Escolar en la mesa redonda titulada "Café y Periodismo. Redes sociales y medios de comunicación" en el I Congreso Iberoamericano de Redes Sociales (IRedes), celebrado en Burgos el 24 y 25 de febrero de 2011. Los vídeos del congreso pueden visionarse en http://www.iredes.es/2011/04/iredes-video-a-video/

[2] Intervención de Gumersindo Lafuente en la mesa redonda titulada "Café y Periodismo. Redes sociales y medios de comunicación" en el I Congreso Iberoamericano de Redes Sociales (IRedes), celebrado en Burgos el 24 y 25 de febrero de 2011. Los vídeos del congreso pueden visionarse en http://www.iredes.es/2011/04/iredes-video-a-video/

tres elementos: negar el anonimato, tener continuidad y ganar(se) la credibilidad del otro.

Además de las cualidades morales del "hombre bueno", Quintiliano reclama esencialmente la claridad en el orador: "Tengo por la principal virtud la claridad, la propiedad de las palabras, el buen orden, el ser medido en las cláusulas y que ni falte ni sobre nada. De este modo, el razonamiento será de la aprobación de los sabios e inteligible para los ignorantes" (Quintiliano, 1916, tomo II, Libro VII, capítulo 2). La ambigüedad es otro enemigo de la claridad. Para ser claro, Quintiliano recomienda evitar tanto lo prolongado del lenguaje como la excesiva brevedad. Y es necesaria también la naturalidad –alejarse del artificio o del alarde exagerado–, y la modestia, evitar la autoalabanza.

Gracias a la realidad multimedia, en la Red, el emisor puede ser tanto un redactor de textos como un orador, puede construir su discurso de forma escrita, oral o visual, en un contexto que permite la convergencia de la oratoria y la retórica textual.

Por otra parte, la interactividad desarrollada en Internet y en las tecnologías móviles implica un nuevo condicionante de adaptación de la retórica al entorno digital y multimedia: las funciones de orador y público, de emisor y receptor, se intercambian en este contexto, donde los usuarios –y no sólo los periodistas– pueden construir su propio mensaje o intervenir, matizar y reformular el discurso emitido por el periodista.

2.2. *Cambios respecto al receptor*

La interactividad interviene, pues, en la reconfiguración de las funciones de los dos elementos extremos del discurso retórico: emisores o productores y receptores o usuarios, que pueden intercambiar sus papeles. En la comunicación digital, el emisor no tiene un control visual y auditivo del auditorio, pero la Red le proporciona una útil herramienta para conocer algunos rasgos de los receptores: la interactividad. Gracias a las posibilidades de interacción con el usuario, el productor de un sitio web puede conocer la pluralidad de receptores de su discurso. Esta pluralidad de audiciones e interpretaciones –presente en cualquier tipo de discurso retórico– es lo que Albaladejo (1998) ha denominado *poliacroasis*. El uso de los nuevos recursos tecnológicos permite la ampliación del número de receptores a contextos muy distantes en el espacio y en el tiempo, y esto es algo que debe ser tenido en cuenta por el productor del discurso periodístico digital.

Los medios periodísticos siguen gozando de mayor credibilidad que otro tipo de sitios web, según diversos estudios (Iab Spain, 2009[3]; 2010[4]), (Cool Insight, 2010[5]), (PEJ, 2010[6]; 2011). Pero los resultados muestran que no hay un único perfil de usuario de noticias en línea, sino varios y cada uno se comporta de manera diferente. Por ello, se aconseja a las organizaciones de noticias elaborar estrategias diferenciadas para los distintos tipos de usuarios.

2.3. Cambios respecto al *discurso*

El discurso en este contexto comunicativo es –o al menos puede ser– multimedia, hipermedia e hipertextual por lo que los códigos serán tanto lingüísticos como visuales y auditivos. El nuevo soporte –la pantalla del ordenador– generó nuevas formas de lectura y visualización que van, además, modificándose y readaptándose a los nuevos soportes multipantalla en los que puede transmitirse un mismo mensaje –la pantalla del televisor, del ordenador, del teléfono móvil, de la tableta e, incluso, la lectura sobre el papel impreso–. Más que leer, los usuarios escanean visualmente los textos, buscando las ideas principales y sólo se detienen si encuentran aquello que les interesa (Nielsen y Pernice, 2010).

Por lo que respecta a la clasificación aristotélica de los géneros retóricos, ésta se basa en la diferenciación de los oyentes según su función ante el discurso: si los oyentes son meros espectadores (nos encontramos entonces ante el género epidíctico), o si deben tomar alguna decisión, ya sea sobre acontecimientos del pasado (género judicial) o del futuro (género deliberativo) (Aristóteles, *Reth.*, pp. 1358a37-1358b9). Los tres tipos de géneros retóricos tienen cabida en el contexto digital, en función de la temática, del contexto y de la finalidad pretendida. Si bien la interactividad del entorno digital permite generar discursos dialécticos, podemos señalar que el género más adecuado

---

3 Disponible en http://www.slideshare.net/IAB_Spain/informe-sobre-redes-sociales-en-espaa
4 Disponible en http://www.slideshare.net/IAB_Spain/informe-redes-sociales-iab-2010-noviembre-2010
5 Disponible en http://www.slideshare.net/IBC84/primer-estudio-del-impacto-de-twitter-en-la-generacin-y-di fusin-de-la-innovacin
6 El estudio "2010 NetView analysis" elaborado por el Pew Proyect for Excellence in Journalism (PEJ) y el Pew Internet and American Life Project para el informe *Teh State of the News Media 2010* analizaba alrededor de 200 sitios de noticias de Estados Unidos. Un resumen de este estudio puede verse en http://stateofthemedia.org/2010/online-summary-essay/nielsen-analysis/. En 2011, el PEJ publicó un nuevo informe centrándose en los 25 primeros *sites* aparecidos en el informe de 2010, accesible en "Navigating News Online" http://www.journalism.org/analysis_report/navigating_news_online.

para la divulgación periodística es el epidíctico o demostrativo, que enseña lo que está ocurriendo, es el género del presente, y pretende convencer con razones y conmover mediante el uso de recursos emocionales sobre las cualidades o defectos del objeto del discurso (Herrero, 2011).

Una de las características del discurso epidíctico es la alusión a valores comúnmente aceptados, compartidos por la audiencia, para reforzar la adhesión del público a ellos (León, 1999). De ahí que en los textos periodísticos que pretenden divulgar conceptos complejos, el periodista –a diferencia del experto– busque esencialmente aquellos datos que puedan repercutir directamente en la vida del lector, aquellos elementos que se conecten con la experiencia cotidiana del público.

3. Las operaciones retóricas en el entorno multimedia

La organización de las distintas páginas y sitios web se rige por los principios de la retórica y se orientan a una finalidad persuasiva. Así, la producción de contenidos en un sitio web responde a las operaciones retóricas de *inventio, dispositio, elocutio, memoria y actio o pronuntiatio*. La operación de la *inventio* –que etimológicamente proviene de *invenire* ("encontrar")– implica la búsqueda de temas, datos y contenidos; la *dispositio* constituye la ordenación y estructuración de esos contenidos que hemos buscado y que en Internet se rigen por una base organizativa hipertextual; mediante la *elocutio* se asignan las palabras adecuadas para expresar esos contenidos y con la *actio o pronuntiatio* se comunican. La *memoria* se puede vincular aquí "con la memoria cibernética, que guarda las páginas y los elementos ya visitados que no dejan de estar presentes, junto con otros elementos del propio discurso multimedia, en una memoria orientada a la comunicación retórica" (Albaladejo, 2004).

Nos detendremos en las tres principales fases que intervienen en la elaboración del contenido discursivo digital: la *inventio*, la *dispositio* y la *elocutio*.

Las nuevas herramientas y formatos comunicativos han abierto múltiples posibilidades para la búsqueda de ideas, datos y fuentes, es decir, para las tareas propias de la *inventio* en el discurso periodístico. Las redes sociales, y especialmente Twitter, se han convertido en un lugar esencial para el periodista en su búsqueda de ideas, datos y fuentes de información. Mientras que en Facebook sigue predominando un componente de amistad, en Twitter los usuarios se unen más vinculados por intereses comunes, y es fácil encontrar a personas relacionadas con un tema o *hashtag* de actualidad. Además, Twitter está siendo aprovechada por muchos personajes públicos como una vía preferente para difundir sus mensajes y comunicados (Martínez, 2010a). El acceso a los blogs y bases de datos especializadas sobre una temática específica también resulta muy útil para el trabajo periodístico en las distintas áreas de especialización. Aunque Facebook y Twitter son las más usadas, otras redes, como la red profesional LinkedIn, pueden ser de gran utilidad para el periodista especializado. LinkedIn puede permitirnos, por ejemplo, localizar a expertos sobre una temática determinada[7].

Por lo que respecta a la *dispositio*, la ordenación de los contenidos se rige en este contexto mediático por la estructura hipertextual, no lineal, del discurso periodístico, lo que permite distintas capas de profundización. La *dispositio* –junto con la *elocutio*– es la operación discursiva relevante en la creación de un sitio web persuasivo, y aquí es donde Navarro (2003) reivindica el concepto de *usabilidad* o "facilidad de uso", como principal rasgo de persuasión de una web. La *dispositio* debe proporcionar así coherencia entre los distintos enlaces y generar un entorno de navegación fácil e intuitivo para el usuario.

La *elocutio* se regirá por una estructura esquemática, adaptada a la visualización en pantalla y a la necesidad de visibilidad en los buscadores, que se conjuga con estructuras narrativas más complejas gracias a la profundidad que permite el hipertexto. Veremos en el siguiente epígrafe algunos de los principales recursos retóricos y divulgativos que el periodista especializado puede aplicar en el discurso periodístico digital.

4. Recursos retóricos y divulgativos para la elaboración de contenidos periodísticos especializados en el entorno multimedia

El uso de determinadas figuras retóricas y recursos divulgativos, aplicando, por ejemplo, estrategias de trasposición de campos léxicos, de recontextualización discursiva, de omisión, definición o sustitución (Salaverría, 2002); (Alcíbar, 2004); (Mapelli, 2004), sigue vigente en el

---

7 Silvia Cobo, periodista especializada en información sobre medios de comunicación e Internet, ofrece en su libro *Internet para periodistas. Kit de supervivencia para la era digital* (2012) múltiples pistas sobre cómo pueden los periodistas utilizar las distintas redes sociales para su trabajo y cómo verificar posibles perfiles falsos o páginas webs fraudulentas.

contexto digital. Pero si este tipo de estrategias divulgativas no varían con respecto a otros medios, lo que sí ha cambiado son las herramientas para la explicación y divulgación de conceptos y procesos complejos y los recursos para lograr la eficacia comunicativa del mensaje. Algunos de los recursos retóricos y divulgativos que el periodista especializado puede aplicar en el entorno multimedia son los siguientes:

4.1. Uso de metáforas visuales y apoyo en el soporte visual

Para aquellas cuestiones más abstractas y difíciles de comprender. Las imágenes y elementos icónicos, como lo hacían los *schemata* o diagramas de ideas en la retórica, permiten fijar en la mente de los receptores premisas argumentativas (Calvo Hernando, 1997). Las imágenes y las figuras retóricas facilitan la comprensión y ayudan a recordar.

4.2. Recurso a la infografía multimedia e interactiva

Según los estudios de *Eyetracking* (Nielsen y Pernice, 2010) los gráficos son uno de los formatos más poderosos para comunicar en la web porque la gente responde a ellos de forma inmediata. Pero aquellas imágenes y gráficos genéricos y sin sentido sólo contribuirán a confundir y no serán tenidos en cuenta por los usuarios. Por eso, las imágenes y gráficos deben servir para explicar un concepto o un proceso, transmitir información o evocar un sentimiento:

"There are some very creative, captivating images on the Web today—graphics that evoke emotion, graphics that relay a message far better and faster than words, and graphics that illustrate a process or instructions. People look at and respond positively to these graphics. But generic and pointless images are about as compelling as a garden slug. Our eyetracking research shows that these are even a bigger waste of time than we previously thought because people simply do not look at them" (Nielsen y Pernice, 2010, p. 196).

Las imágenes que resultaron más atractivas son aquellas en las que aparecen personas, las que están relacionadas con el contenido de la página y las que poseen instrucciones claras o información.

No obstante, éste y otros estudios indican que los titulares atraen mucho más que las imágenes ya que ayudan a entender el contexto de la foto. Los usuarios buscan información, y un título les da más información que la imagen y ayuda a contextualizar la historia.

En este sentido, es preferible ubicar el titular antes de la imagen y equilibrar el peso de ambos formatos en el diseño de la página. Por otro lado, hay que tener en cuenta que en Internet los artículos se muestran aislados del resto de contenidos de un sitio web y que los usuarios pueden llegar a una página de un sitio sin haber pasado por la página de inicio (Cobo, 2012).

4.3. Aprovechar la convergencia de medios y el multimedia: audio, vídeo, texto y conectividad a través de la Red

Tanto en la ideación, como en la estructuración del texto (hipertexto) y del sitio web (*dispositio*) y en las fórmulas expresivas seleccionadas (*elocutio*) es esencial tener en cuenta el entorno multimedia en el que se va a desarrollar el trabajo periodístico y aplicar estructuras narrativas múltiples, pensadas tanto para el contenido textual, como el visual y auditivo, y pensadas también para los distintos espacios y tiempos de recepción (evitar alusiones temporales no concretas, contextualizar suficientemente el mensaje para que pueda ser comprendido por los distintos tipos de público, etc.).

La adaptación del discurso retórico a las características que ofrece la Red, permite al Periodismo Especializado revalorizar uno de los géneros más adecuados para la explicación y contextualización de datos: el reportaje en profundidad, reconvertido en el entorno digital en reportaje multimedia (en el que los distintos elementos se presentan de forma integrada) o reportaje hipermedia (si los elementos textuales, visuales y sonoros se presentan de forma yuxtapuesta). Otro género adecuado para la elaboración de contenidos periodísticos especializados son los especiales temáticos que no se corresponden necesariamente con el concepto de reportaje multimedia, sino que se trata de espacios o macrogéneros que aglutinan distintos géneros y formatos sobre temas específicos de trascendencia informativa (Martínez, 2010b), (Larrondo, 2007).

La profundidad, junto con la inmediatez y actualización constante, es una de las características más valoradas por los usuarios de Internet[8]. Si bien ambos términos –inmediatez y profundización– pueden parecer incompatibles y hasta contradictorios, existen determinados géneros –o macrogéneros– donde ambos elementos tienen cabida, como es el caso de los especiales o dossieres

---

8 Un estudio de la Universidad de Stirling, publicado en 2010 (cit. Cobo, 2012, p. 25), indica que los usuarios valoran enormemente los enlaces por la profundidad que otorgan a las informaciones y a la vez aprecian la actualización constante.

informativos, a los que se puede acceder, por ejemplo, mediante enlaces aportados desde las noticias de la página principal del medio o desde las actualizaciones de última hora. Pero, además de profundidad, "enlazar a las fuentes o documentos originales otorga credibilidad al texto así como transparencia al proceso informativo que lleva a cabo el periodista" (Cobo, 2012, p. 35).

Otro de los recursos que puede ser de aplicación a la elaboración de contenidos periodísticos especializados es el Periodismo de datos o *data journalism*, que permite indagar en informaciones noticiosas a partir del análisis de estadísticas y grandes bases de datos y "visualizar" la información mediante gráficos y tablas explicativas. La facilidad de acceso a ingentes bases de datos a través de la Red debería potenciar este tipo de Periodismo, con muy tímidas experiencias, por el momento, en los medios españoles, pero más explotado en otros medios, como en *The Guardian Datablog*.

Los periodistas y los medios deberán, además, aprovechar la conectividad a través de las redes sociales, tanto para la búsqueda de datos y fuentes, como para el acto mismo de la comunicación (*actio*) y la generación de una marca y reputación digital. Los medios están obligados necesariamente a tener presencia en las redes sociales ya que éstas se convierten cada vez más en una puerta de acceso al medio de comunicación[9].

4.4. Aprovechar el hipertexto como apoyo a la argumentación retórica

El hipertexto no sólo debe ser tenido en cuenta en cuanto estructura narrativa, con posibilidad de generar distintas capas de profundización del mensaje, sino que también debe ser explotado al máximo como estructura argumentativa. Como señala Albaladejo:

"Gracias a los enlaces de hipertexto, la tesis retórica, la posición del productor, que hay en un texto periodístico digital, puede ser apoyada argumentativamente por medio de otras opiniones, de otras informaciones, de noticias relacionadas, de textos jurídicos como leyes, sentencias, etc. a los que se accede entrando en las direcciones a las que

---

[9] El mencionado estudio del Pew Project for Excellence in Journalism (2010 y 2011), muestra que los buscadores como Google siguen siendo los preferidos para el acceso a las noticias, pero las redes sociales, especialmente Facebook están creciendo como fuentes de noticias y de tráfico hacia los medios. Por lo que respecta a España, un estudio sobre Twitter, elaborado por Cool Insight para Madrid Network, y presentado en febrero de 2010 revelaba que entre 2008 y 2009 se había duplicado el número de usuarios que siguen a medios de comunicación a través de Twitter (de 30% a 58%).

conducen los enlaces que acompañan al texto en el que se sostiene dicha tesis o posición" (Albaladejo, 2006, p. 29).

Como apoyo a nuestra argumentación, Aristóteles (*Retórica* I, 1355b) diferencia dos tipos de pruebas: las propias del arte (que dependen del orador) y las que no lo son, que existen previamente. En esta última categoría se incluirían "testigos, confesiones de tormento, documentos y los semejantes", mientras que las pruebas artísticas pueden ser de tres tipos: signos (señales perceptibles que acompañan a un hecho), argumentos (pruebas deductivas basadas en hechos) y ejemplos. El discurso periodístico especializado –en cuanto discurso retórico– debe hacer uso de ambos tipos de pruebas. Así, el recurso a la documentación original –una de las máximas de la metodología periodística de investigación– se hace imprescindible para dotar de credibilidad al texto periodístico y, en el nuevo entorno multimedia, esta documentación puede hacerse accesible al receptor mediante enlaces hipertextuales. Y dentro de las pruebas artísticas, los ejemplos son sin duda un elemento esencial para la comprensión del mensaje especializado. Ejemplos que pasan muchas veces por el símil, la metáfora o la reconfiguración contextual hacia campos más próximos a la audiencia, pero que pueden recurrir también, necesariamente, a las fuentes, a testimonios de personas que nos sirvan para ejemplificar la situación planteada.

4.5. *Explotar las nuevas funciones atribuidas a las distintas partes del discurso*

Para la configuración de los discursos digitales, la estructura de pirámide invertida, por su carácter sintético y directo, revaloriza su vigencia en la Red, sobre todo, para las noticias de última hora y las noticias de acceso a la información, pero los enlaces de desarrollo de esas informaciones permitirán todo tipo de estructuras narrativas. Las distintas partes del discurso (*exordio, narratio, argumentatio y peroratio*) intervienen también en la elaboración del contenido hipertextual y multimedia, pero adquieren además nuevas funciones en el entorno digital. Así ocurre, por ejemplo, en el *exordio*, o la parte inicial del discurso, constituido en los discursos periodísticos por el titular y la introducción del tema. Por lo que respecta a la titulación, a las funciones de informar, atraer e identificar las noticias que habitualmente han tenido los titulares en los medios impresos, en Internet se le suman nuevas funciones: la de servir de enlace a la noticia, y servir de registro para los motores de búsqueda, a la vez que "los titulares se sitúan y se visualizan en pantallas y contextos distintos, con frecuencia aislados de su cuerpo" (Cobo, 2012, p. 31). Por ello, los titulares tienen que ser informativos y cortos.

Pero, además, con vistas a tener una mayor presencia y visibilidad en la Red, el productor del texto informativo deberá tener en cuenta el uso de palabras clave –fundamentalmente nombres de personas, de lugares y de temas de actualidad– que tendrán que aparecer en el titular y repetirse a lo largo del texto. No debemos olvidar, no obstante, como recuerda Cobo, que en última instancia escribimos para personas, no para buscadores, por ello se pueden alternar los titulares más puramente informativos en la página de acceso –que es la que leen los buscadores– con otros titulares más atractivos en la noticia que finalmente leerán los usuarios.

La introducción del tema debe apelar a referencias culturales próximas al usuario para que éste se sienta partícipe del discurso. Puesto que la audiencia es determinante para elegir el tipo de argumentación de los discursos, Perelman (1989, p. 282) apunta que el intento de acercar el mensaje al público se realiza con frecuencia a través de lo que denomina "figuras de comunión", es decir, con referencias a una cultura, una tradición o un pasado comunes con el público, ya sea mediante alusiones directas, refranes, interrogaciones retóricas, etc.

En la divulgación periodística, donde la pretensión del mensaje es dirigirse a un público amplio, no especializado, se hace más imprescindible aún el recurso a elementos retóricos y argumentativos para ganar la atención del público y hacerle partícipe del mensaje:

"Para convencer es preciso que el orador entre en contacto con los receptores y que entre ambos se establezca una comunidad de intereses de naturaleza intelectual. Cuando alguien se dirige a una audiencia especializada –por ejemplo, en una comunicación científica–, suele dar por sentado que esta conexión ya existe. En tal caso, es suficiente con entrar directamente en materia para que la audiencia se muestre interesada por lo que se cuenta. Sin embargo, en la mayor parte de los casos, el público no está predispuesto y es necesario ganar su atención. En el caso del enunciado de divulgación científica, no existe a priori esa comunidad de intereses, por lo que el emisor ha de hacer lo posible por establecerla. Por eso, la argumentación se vislumbra como una herramienta útil para analizar los mecanismos a través de los cuales la divulgación consigue llegar hasta el público" (León, 1999, p. 134).

En la parte final del discurso (*peroratio*) un recurso divulgativo útil en los contenidos periodísticos especializados es la inserción de conclusiones explicativas, mediante las que el periodista sintetiza y aclara alguna idea fundamental, al tiempo que trata de lograr la participación emotiva del usuario con alusiones, de nuevo, a su propio contexto cultural. Estas conclusiones explicativas son muy útiles, por ejemplo, para reformular y clarificar conceptos tras una entrevista con una fuente experta.

5. Conclusión: retórica y formación periodística

Las características hipertextuales, multimedia e interactivas del contexto digital están generando cambios en la elaboración de contenidos periodísticos y en la propia retórica periodística.

La aplicación de las técnicas retóricas al estudio del contexto multimedia puede proporcionar importantes aportaciones para abordar la nueva construcción del discurso comunicativo, regido por la retórica hipertextual. Estas aportaciones pueden tener claras aplicaciones docentes, especialmente en la formación del periodista especializado, que deberá adquirir las destrezas y habilidades para transmitir de forma eficaz sus mensajes en el entorno digital y multipantalla. Como concluye Herrero (2011), la retórica –la ciberretórica podríamos precisar– debería ser quizá enseñada con más ahínco en las Facultades de Ciencias de la Información, sobre todo en el Periodismo Especializado, como arma de divulgación periodística en el siglo XXI.

6. Referencias

Albaladejo, T. (2001). Retórica, tecnologías, receptores. *Logo. Revista de Retórica y Teoría de la Comunicación, I*(1), 9-18.

—(2004). La comunicación retórica en los sitios web. En II *Congreso online del Observatorio para la Cibersociedad*. Disponible en http://www.cibersociedad.net/congres2004/index_es.html [Consultado el 20/10/2012].

—(2006). Retórica del periodismo digital. En J. A. Hernández Guerrero et al. (Eds.). *Retórica, literatura y periodismo*. Cádiz: Ayuntamiento de Cádiz, 25-34.

Alcíbar, M. (2004). La divulgación mediática de la ciencia y la tecnología como recontextualización discursiva. *Anàlisi* (31), 43-70. Accesible en http://ddd.uab.cat/pub/analisi/02112175n31p43.pdf [Consultado el 2/10/2012].

Arias, F. (2012). El hipertexto periodístico. Disponible en http://www.slideshare.net/felixumh/el-hipertexto-periodstico-cibertexto [Consultado el 14/11/2012].

Aristóteles (1971). *Retórica*. Edición de Antonio Tovar. Madrid: Instituto de Estudios Políticos.

Ayala, F. (1985). *La retórica del periodismo y otras retóricas*. Madrid: Espasa Calpe.

Banyuls, F. y Noguera, J. M. (2009). Esbozo del individuo en red: la identidad retial y el *personismo* de Vicente Verdú. *Question* (24) http://www.perio.unlp.edu.ar/ question/files/noguerayotro_1_ensayos_24primavera2009.htm. [Consultado 6/10/12]

Calvo Hernando, M. (1997). *Manual de Periodismo Científico*. Barcelona, Bosch.

Casasús, J. M. y Núñez Ladevéze, L. (1991). *Estilo y géneros periodísticos*. Barcelona: Ariel.

Cobo, S. (2012). *Internet para periodistas. Kit de supervivencia para la era digital*. Barcelona: Editorial UOC.

Fernández, E. (2006): *Retórica clásica y publicidad*. Logroño: Instituto de Estudios Riojanos.

Herrero, T. (2011). *Retórica y elocuencia, armas de divulgación científica del siglo XXI* (Proyecto fin de carrera, Universidad de Murcia).

Kapuscinski, R. (2003). *Los cínicos no sirven para este oficio: sobre el buen periodismo*. Barcelona: Anagrama.

Larrondo, Ainara (2007). *El reportaje hipermedia. Análisis del género en los especiales de Elmundo.es, Elpais.com y Lavanguardia.es* (Tesis doctoral, Universidad País Vasco).

León, B. (1999). *El documental de divulgación científica*. Barcelona: Paidós.

López, X. (2003). Retórica del hipertexto periodístico. En J. Díaz Noci, J. y R. Salaverría (Coords.): *Manual de Redacción Ciberperiodística*. Barcelona: Ariel.

Mapelli, G. (2004). Estrategias lingüístico-discursivas de la divulgación científica. En http://cvc.cervantes.es/literatura/aispi/pdf/20/II_12.pdf [Consultado el 3/11/2012].

Marques Ramires, M. (2009). Retórica y periodismo: unas relaciones muy objetivas. *Ruta* (2). Disponible en http://ddd.uab.cat/pub/ruta/20130740n2a4.pdf [Consultado el 20/10/2012].

Martínez Rodríguez, L. (2010a). Mis redes, mis seguidores y yo. Los personajes públicos como origen de la información noticiosa. En Torrado, S., Ródenas, G. y Ferreras, J. G. (Eds.). *Yo, mi, me conmigo. El triunfo de la Generation Me en los discursos comunicacionales* (pp. 136-159). Sevilla: Comunicación Social.

—(2010b): El uso de recursos digitales en la profundización de los contenidos periodísticos especializados. En M. Quesada (Ed.). *Internet como fuente generadora de contenidos especializados*. Barcelona: Universidad Pompeu Fabra e IECE, pp. 58-90. Disponible enhttp://repositori.upf.edu/bitstream/handle/10230/11306periodismo_especializado.pdf [Consultado el 4/11/2012].

Navarro Colorado, B. (2003). Aspectos retórico-comunicativos del desarrollo de sitios web. En International Society for the History of Rhetoric. Disponible en http://www.dlsi.ua.es/~borja/ishr03.pdf [Consultado el 20/10/2012].

Nielsen, J. y Pernice, K. (2010). *Eyetracking Web Usability*. New Riders Press.

Perelman, Ch. y Olbrechts-Tyteca, L. (1989). *Tratado de la argumentación. La nueva retórica*. Madrid: Gredos.

Quintiliano, M. F. (1916). *Instituciones Oratorias*. Traducción de Ignacio Rodríguez y Pedro Sandier. Madrid: Imprenta de Perlado Páez y Compañía. Sucesores de Hernando.

Ruiz de la Cierva, M. C. (2006). Influencia de la retórica en el discurso periodístico. En J. A. Hernández Guerrero et al. (Eds.). *Retórica, literatura y periodismo* (pp. 81-92). Cádiz: Ayuntamiento de Cádiz.

—(2008). Los géneros retóricos desde sus orígenes hasta la actualidad. *Revista Rhêtorikê* #0, Marzo. Accesible en http://www.rhetorike.ubi.pt/00/pdf/carmen-los_generos_retoricos.pdf [Consultado el 24/10/2012].

Salaverría, R. (2002). Técnicas redaccionales para la divulgación científica. *Mediatika*, (8), 13-25.

Sánchez, M. L. (2006). El reflejo de la Retórica clásica en técnicas de comunicación actuales. *Razón y Palabra*, (52), agosto-septiembre. isponible en http://www.razonypalabra.org.mx/anteriores/n52/msanchez.html [Consultado el 5/11/2012].

III. Áreas de especialización temática

Periodismo de Innovación.
Hacia un nuevo campo de especialización

ELENA BLANCO CASTILLA
Universidad de Málaga
castilla@uma.es

Diversos autores vienen alertando desde hace años sobre los graves problemas que atraviesa la práctica del Periodismo (Meyer, 2004), que se han tornado más inquietantes desde la entrada de este siglo (Hachten, 2005) y agravados además, aunque no sólo achacables, por la crisis económica. La respuesta a esta situación debe ser la adopción urgente de medidas y de operaciones de rescate (Uskali, 2005), al objeto de garantizar su supervivencia en lo que se considera ya una grave crisis estructural. En este contexto, universidades e instituciones de nuestro entorno trabajan en proyectos que tienen como fin recuperar la buena praxis de la profesión periodística y de los que trabajan en ella, compatibilizando además esta exigencia con las derivadas de la constante innovación tecnológica y de su implantación en medios y empresas. Revisar las posibilidades que en estas circunstancias tiene el Periodismo Especializado, reivindicar el uso de sus técnicas y métodos y desarrollar nuevos contenidos de interés constituyen un reto y toda una "operación de rescate" posibles de acometer. Así, dar una respuesta adecuada a la creciente demanda informativa sobre la innovación puede considerarse como un intento ambicioso de buscar un mejor futuro para el Periodismo y para el desarrollo de un nuevo campo de especialización.

La obligación de estimular y gestionar el flujo de conocimiento, ciencia, tecnología, etc. entre Universidades, instituciones de investigación, empresas y mercados, sectores que conforman una parte fundamental de la sociedad, es aún una asignatura pendiente (COTEC, 2003). Los medios de comunicación tienen un papel fundamental en este cometido, como es contribuir a la difusión de la actividad innovadora que se genera en estos centros, muchas veces sufragada con fondos públicos, lo que le confiere una mayor obligación de transparencia y de divulgación de proyectos y resultados.

Ciertamente, la relevancia informativa de la innovación y su presencia en la agenda de los medios crece de manera constante desde hace unos años, pero todavía no se han fijado los criterios y requisitos básicos para establecer el Periodismo de Innovación como nueva disciplina. Este artículo pretende ser una primera contribución, mediante la aproximación a la materia informativa, a sus fuentes y al tratamiento de los contenidos que se observa en los medios.

1. Innovación

La innovación es el proceso de crear e introducir un nuevo valor en el mercado. Se debe abordar como un concepto amplio de creación y beneficio económico y social, más allá de una visión reduccionista, imperante durante años, que contempla sólo el quehacer científico y tecnológico. Se trata de un proceso o sistema que promueve la generación de ideas, productos nuevos o invenciones que se pueden capitalizar y que generan crecimiento económico.

Las primeras ediciones del *Manual de Oslo*, elaborado por la OCDE como guía para la recogida e interpretación de datos sobre innovación, sólo reconocía como tal la llamada Innovación Tecnológica, dada su aplicación exclusiva a los sectores primario y secundario. Sin embargo, el adjetivo "tecnológico" restringe sobremanera el concepto de innovación, recomendándose su supresión (Cañibano, Sánchez, García-Ayuso y Chaminade, 2000) a la par que se resalta la importancia de la presencia de otros factores en los procesos de innovación. Sánchez (2006) defiende entre ellos algunos elementos del "capital intelectual", como "fuente de beneficios económicos futuros para la empresa, que carecen de sustancia física y que pueden o no aparecer en los estados financieros". Coincide con otros autores en que los factores no tecnológicos son decisivos para incrementar la capacidad innovadora de las empresas, los sectores, las regiones y, consecuentemente, los sistemas nacionales de innovación.

En su tercera y última edición, de 2005, el *Manual de Oslo*, que se reconoce en la actualidad como una referencia para determinar qué actividades son consideradas de investigación y desarrollo, recoge ya una definición más amplia. Considera como Innovación la implementación de un producto (bien o servicio) o proceso nuevo o con un alto grado de mejora, o un método de comercialización u organización nuevo aplicado a las prácticas de negocio, al lugar de trabajo o a las relaciones externas.

1.1. Innovación-generación de ideas

La innovación debe ser considerada también como un proceso o sistema que promueve la generación de ideas. El concepto es más accesible si se habla de ella como desarrollo de productos, aunque igualmente sea innovación la mejora en procesos. Un claro ejemplo de esto último sería el "Ipad". Como explica Luna, no se trata de un producto nuevo, ya existían los "tablet pc", pero sí subraya su naturaleza innovadora respecto a aquellos, por su capacidad de integrar aplicaciones y por su alta navegabilidad.

La Fundación COTEC entre otras instituciones públicas, se encarga en España del desarrollo y apoyo a la innovación tecnológica. En su informe *El Sistema Español de Innovación. Diagnósticos y Recomendaciones*, de 2003, define el proceso de innovación como aquél que convierte ideas en productos o servicios nuevos o mejorados, que el mercado valora. Y añade que este camino debe ser el utilizado por las sociedades avanzadas para aumentar su competitividad sin destruir empleo.

1.2. Tipología

La innovación no es algo fortuito, sino inherente a una metodología, de forma que no todo lo novedoso es innovación. El *Manual de Oslo* permite profundizar en su tipología, ampliada de dos a cuatro por la inclusión de la innovación de carácter no tecnológico, ya comentada, y la del sector servicios. No obstante, esta clasificación no es nueva. Sánchez (2006) recuerda que *El Libro Verde de la Innovación* (Comisión Europea, 1995) reconoció hace más de diez años que el factor tecnológico no es el único elemento de la innovación, lo que sustentó en el caso del reloj Swatch, que supuso un gran éxito en el mercado por factores distintos de las innovaciones tradicionales de producto y proceso, como por ejemplo su original diseño o su distribución a través de puntos de venta no especializados.

La tipología recogida en el *Manual* es un instrumento útil para el periodista a la hora de analizar y establecer qué hechos son susceptibles de convertirse en acontecimiento informativo. Los tipos establecidos son:

* Innovación de producto: Introducción de un bien o un servicio nuevo o significativamente mejorado en sus características o usos (utilizan nuevos conocimientos o tecnologías o combinaciones de las ya existentes).
* Innovación de proceso: Introducción de uno nuevo o mejorado, proceso de producción o de distribución, que implique cambios significativos en las técnicas, materiales y/o programas informáticos.
* Innovación de mercadotecnia: Aplicación de un nuevo método de comercialización que implique cambios significativos en el diseño o envasado de un producto, posicionamiento en el mercado, promoción, tarifa, etc.
* Innovación de organización: Introducción de un nuevo método organizativo en las prácticas, la organización del lugar de trabajo o las relaciones externas de la empresa.

Zerfass (2005) distingue entre los tipos de innovación según su beneficio. En primer lugar considera los que benefician directamente a los clientes, como sería el caso de las innovaciones de productos y servicios. Cita como ejemplo de la innovación de productos los casos de la sartén de teflón o del reproductor de DVD, y de la de servicio la banca en línea 24 horas, ambas favorecen directamente a los usuarios. Por el contrario, las innovaciones de proceso, como la introducción de la línea de montaje en la fabricación de automóviles o la sustitución de las pruebas químicas por simulaciones por ordenador (bioinformática), tienen una relación directa con la producción y tienden a permanecer invisibles para el cliente, pero sí tienen un impacto en empleados y proveedores de capital.

Por otro lado, el *Manual de Oslo* define como actividades de innovación todos los pasos científicos, tecnológicos, organizacionales, financieros y comerciales, incluyendo inversión en nuevo conocimiento, que potencialmente tienen como resultado la implementación de innovaciones. Distingue además las actividades de I+D de actividades de innovación no relacionadas con I+D. El criterio que establece para diferenciarlas es la presencia en I+D de un elemento apreciable de novedad y de la determinación de incertidumbre científica o tecnológica, o que dichas actividades den lugar a nuevo conocimiento o al uso de nuevo conocimiento para elaborar nuevas aplicaciones.

2. La difusión de la Innovación

El desarrollo de sistemas de innovación marca la diferencia entre ser o no ser competitivos. En este sentido, Krippendorff (2008) afirma que las empresas que aportan mayor valor a sus productos y al mercado son las que se sobreponen y permanecen: "La innovación, dice, no es una opción, sino un requisito fundamental para sobrevivir". Sánchez Tabernero (2002) abunda en esta idea y achaca el prestigio de las organizaciones que triunfan a su espíritu innovador: "Han desafiado las reglas de juego convencionales, han buscado satisfacer nuevas demandas, mejorar los procesos y adecuarse con rapidez a los cambios sociales".

Rogers (2003) considera la innovación como una idea, práctica u objeto que es percibido como nuevo por un individuo o unidad de adopción. Es decir, pone el énfasis en la percepción: le resta importancia a que la innovación sea o no algo nuevo, pero condiciona su aceptación al grado de conocimiento. En este sentido, la posibilidad de acceso a procesos de innovación se condiciona por parte de distintos autores a la implantación de un modelo difusionista. También Lerner y Schramm, de la Universidad de Stanford, defienden la difusión de la innovación como un catalizador de los procesos de cambio social apoyado necesariamente en los medios. Daniel Lerner (1958) atribuyó a los medios un papel determinante en los procesos de modernización social y Wilbur Schramm (1964) analizó el rol de la comunicación al servicio del desarrollo.

Rogers y Shoemaker (1971) en su libro *Communications of Innovations* advertían de que se estaba produciendo, más que nunca, una época de cambio: "sin embargo, las estructuras sociales predominantes suelen obstaculizar la difusión de innovaciones. En nuestras actividades dentro de la educación, la agricultura, la medicina, la industria y otros campos no solemos contar con el auxilio de los conocimientos más recientes derivados de la investigación. Es preciso cerrar la brecha entre lo que se sabe y lo que se utiliza. Para eso, debemos entender cómo se divulgan las ideas nuevas, desde su origen hasta quiénes las reciben, junto con los factores que afectan la adopción de esas innovaciones".

El problema al que aludían Rogers y Shoemaker persiste. En los últimos años se ha impuesto una *moda* de la innovación, materializada en muchos trabajos que abordan experiencias concretas y que han tenido gran influencia en el campo de la imagen corporativa, el empaquetado y la presentación de productos (Jiménez, 83). Sin embargo, no se ha aplicado de manera global a estructuras políticas, sociales o empresariales y económicas, a pesar de que el estudio de casos reales muestra cómo el éxito de un proceso de difusión de innovaciones tiene consecuencias positivas relacionadas con el prestigio, mejora de la gestión pública, aceptación popular, etc.

Everett Rogers ha dedicado la mayor parte de su producción académica a estudiar la difusión de la innovación y su contribución al desarrollo. Este autor (Rogers, 2002) define la difusión como el proceso mediante el cual una innovación es comunicada en el tiempo y difundida por determinados canales, entre los miembros de un sistema social. Subraya que se trata de un tipo especial de comunicación, pues sus mensajes están centrados en la difusión de nuevas ideas y requieren de una serie de factores para garantizar su efectividad, destacando los siguientes: la innovación misma, los canales de comunicación empleados para la difusión, el tiempo de difusión de la innovación y el sistema social donde se difunde la innovación.

De esta manera, el modelo difusionista tiene en cuenta la importancia y necesidad de control del proceso de innovación y no ignora el poder de los medios de comunicación en los procesos de transferencia del conocimiento, ni la notoriedad que posibilitan. "El efecto amplificador que los medios generan en los mensajes y la consiguiente diseminación de estos en la sociedad, es una actividad a la que recurren aquellas organizaciones que quieren aportar valor a su marca y productos; incrementar su influencia, disponer de un número mayor de potenciales adoptantes y reducir su brecha de innovación" (Jiménez, 83). Existe por tanto una creciente necesidad de que los medios aborden el desarrollo de la innovación de manera que pueda ser compartido por todos los interesados (Baigorri y Vara, 2006), desde profesionales de la innovación, empresarios, investigadores, políticos y ciudadanos en general, que deben ser el objetivo prioritario de los medios de comunicación en su labor divulgativa.

3. Periodismo de Innovación

Contribuir a mantener el progreso y potenciar el crecimiento económico y desarrollo social a través de la difusión de la innovación es sin duda uno de los nuevos cometidos del Periodismo, pero con la exigencia de hacerlo desde la solvencia y rigor que garantiza la especialización, lo que posibilitará que se imponga el criterio del periodista y no el de la fuente, como sucede frecuentemente en la actualidad.

Los medios siempre han tenido un papel determinante en los procesos de modernización social (Lerner, 1958) y estos procesos se aceleran con una difusión eficaz de los avances que se producen en el terreno científico, tecnológico, etc. En este sentido, es importante que desde el Periodismo Especializado surja la inquietud de despertar el interés de los medios de comunicación por la difusión de las innovaciones (Mast, Huck y Zerfass, 2005), al objeto, entre otros cometidos, de contribuir a la creación de una conciencia de innovación sostenible y, con ello, al desarrollo de un modelo de comunicación para la sostenibilidad (Díaz Nosty, 2009; Filho, 2006). Concretamente, los medios, en su responsabilidad y contribución al progreso social, no pueden ser neutrales sino que deben atender y divulgar procesos de innovación orientados a la readaptación del sistema productivo, de la cultura del consumo y destinados a la preservación del medio ambiente.

3.1. Antecedentes

La innovación no era una palabra clave ni un concepto explícito en los medios, aunque desde hace décadas se publican contenidos relacionados, dentro de los clásicos planteamientos del difusionismo. Especialmente importante fueron los años 90 con la aportación de revistas como *Business Week*, en las que la innovación ha sido tema central (Baigorri y Vara, 2006). Asimismo, estos contenidos son cada vez más frecuentes en publicaciones especializadas y medios generalistas de nuestro país, aunque no de manera reglada sino, por el contrario, caótica, vendiéndose como innovación lo que sólo es publicidad o construyéndose el mensaje bajo el control absoluto de la fuente, sin tener en cuenta factores de interés para los ciudadanos.

El concepto de Periodismo de Innovación se inicia con este siglo y fue acuñado en 2001 por David Nordfors con el fin de potenciar la investigación periodística sobre la innovación en Suecia, en el programa *InJo de VINNOVA*, financiado por The Swedish Foundation for Strategic Research. El profesor de la Universidad de Stanford retoma los planteamientos difusionistas de la innovación pero para conjugarlos con el Periodismo y sentar las bases de una nueva disciplina: "Innovation

Journalism". Su principal objetivo es habilitar nuevas herramientas entre los periodistas especializados para acelerar y hacer socialmente más permeables los procesos de innovación, dada su importancia. Precisamente en 2003, la Universidad de Stanford inició ya el desarrollo del primer programa de Periodismo de Innovación en EE.UU., "The Innovation Journalism Program at Stanford", que se encarga también de la "Conference on Innovation Journalism", con el objetivo de generar un espacio de comunicación y debate centrado en el desarrollo de la nueva disciplina.

3. 2. *Acotar el concepto*

Estos encuentros han constatado, entre otras cosas, la necesidad de delimitar con claridad cuál es el objeto del Periodismo de Innovación para evitar confusiones con otros campos especializados. Al respecto, Nordfords (2006) advierte que no se debe confundir el Periodismo de Innovación con la práctica de un periodismo innovador ni con procesos de innovación de los medios, aunque estos lleguen a ser objeto informativo. Considera que la práctica de un Periodismo innovador favorece la atención hacia estos contenidos, relativamente nuevos en lo que respecta a la agenda tradicional de los medios. Tampoco se debe confundir innovación con invención: de la génesis de una idea o de un producto se ocupa el Periodismo Científico, mientras que el de innovación cubre el proceso que se inicia en ese momento hasta su implementación en el mercado. Para explicarlo utiliza la bombilla como ejemplo. Un invento que normalmente se le atribuye a Thomas Edison y que ya había sido creado cuarenta años antes por Humphry Davy. Edison, tras comprar la patente y mejorarla, fue capaz de describir un modelo de negocio que atrajo a los inversores. La representación de la bombilla se utiliza por muchos como representación de la innovación.

3.3. *Horizontalidad*

Nordfors define el Periodismo que cubre la innovación como un proceso determinado en un ecosistema y defiende su horizontalidad por encima de la segmentación por temas: "El Periodismo de innovación es poner las cosas de cabeza: en vez de separar la innovación en temas como los negocios, la tecnología o la política, se trata de ver la innovación como un tema central que conjunta los negocios y la tecnología y la política".

Niclas Lilja (2005) concibe el Periodismo de Innovación como un nuevo campo científico que estudia técnicas comerciales, aspectos jurídicos y políticos de las innovaciones y sistemas de innovación. Comparte con Nordfors la idea de horizontalidad. Según esto, la división tradicional de noticias por secciones, como política, economía o cultura, no es válida para la innovación, dado que las noticias generadas, dependiendo del enfoque, podrían publicarse en cualquiera de ellas. Las nuevas herramientas TIC, por ejemplo, suponen no sólo innovación tecnológica, sino una revolución que afecta desde la participación pública y la creación cultural, hasta los nuevos modelos de negocio.

La innovación es un fenómeno con componentes de orden social, medioambiental, cultural e ideológico y no exclusivamente tecnológico y neutro (Garteiz). Por ello, los periodistas deben de hacer un esfuerzo para tratar la información de manera transversal, desde todos los ángulos posibles, trabajada en profundidad, con diversidad de fuentes y huyendo de las facilidades que ofrecen las propias fuentes. Asimismo, es fundamental responder al reto que supone la comprensión y explicación sobre los procesos de innovación y su interactuación con la economía, la política, la investigación, etc.

3.4. Definición

Siguiendo los planteamientos anteriores y conjugándolos con los principios y características del Periodismo Especializado, se propone la definición siguiente: Periodismo de Innovación es el que informa sobre los procesos innovadores de generación de ideas y productos, sobre su implementación y consecuencias; que analiza todos los ángulos posibles y tiene en cuenta tanto aspectos técnicos como legales, económicos o políticos, pero también valores culturales y sociales, y que favorece su divulgación para que sean comprendidos por todos, generen debate ciudadano y se cree una conciencia de innovación sostenible.

4. Materia informativa

Los estudios sobre los contenidos de los medios reflejan el incremento de las noticias relacionadas con la innovación durante los últimos años, no sólo en publicaciones especializadas sino también en los medios de información generalistas. Estos estudios muestran los temas sobre innovación que despiertan mayor interés y generan un mayor volumen de noticias publicadas. De manera generalizada, destacan los relacionados con las telecomunicaciones, la salud y la informática.

Al incremento de las noticias sobre innovación experimentado en las últimas décadas ha contribuido sin duda el cambio de orientación en la comunicación de la información I+D, de la divulgación científico-técnica, que, junto a la educación, se configura en las sociedades modernas como una necesidad básica. Este cambio de orientación obedece también al hecho de que parte de los fondos que se gastan en I+D son públicos, lo que incrementa el derecho de los ciudadanos a conocer en qué y cómo se emplean y cuáles son los resultados de las investigaciones realizadas. Es decir, existe una exigencia clara de transparencia y de divulgación de proyectos y resultados.

Junto a ello, hay que tener en cuenta los comunicados y noticias que sobre innovación generan los departamentos de comunicación de muchas organizaciones y empresas, que no se refieren tanto a la divulgación de ideas, productos o servicios de interés para el mercado o los ciudadanos, sino que son anuncios de productos que responden únicamente a las necesidades de estas organizaciones.

La observación de los medios generalistas e, incluso, de publicaciones especializadas, muestran un elevado porcentaje, que sería necesario cuantificar, de noticias "vendidas" como innovación sin que tengan relación alguna y de una mala praxis del trabajo del periodista. En líneas generales, la tendencia es incluir los temas de innovación en distintas secciones sin un criterio claro. Principalmente se publican en las páginas de sociedad relacionadas con la divulgación científica y tecnológica, así como en suplementos especializados. Ejemplos destacados son el suplemento *Negocios* de *El País*, que incluye la sección "Innovación", u otros casos que incluso llevan la innovación a la cabecera: *Innovadores*, de *El Mundo*, o *Innova*, de Vocento.

La falta de criterio es evidente y no favorece el desarrollo de la información sobre innovación ni la formación de periodistas especializados. Es más, como afirma Elías (2004), el que se publique entremezclada con temas que no tienen relación le hace perder fuerza y relevancia, al verse diluida en una sección que con frecuencia "parece un vertedero caótico de noticias variadas más que un espacio diferenciado de información bien ordenada".

5. Las fuentes en el Periodismo de Innovación

Un somero análisis de las fuentes utilizadas en los medios españoles nos indica aspectos importantes del proceso informativo de la innovación, desde déficits evidentes en los contenidos, con poca producción propia, avalancha de comunicados y relevancia excesiva de aspectos secundarios, hasta la necesidad urgente de la formación especializada de los periodistas. Por un lado, las noticias relacionadas con la innovación tienen un circuito de distribución que se caracteriza por su escasa accesibilidad: empresas, investigadores y científicos principalmente, fuentes muy reacias a facilitar información aun cuando la información sobre estos o su trabajo sea positiva. Además, su alta cualificación dificultará la relación con el periodista si este no domina este campo especializado. La posibilidad de manipulación se acrecienta en un entorno en el que parece evidente la necesidad de control del mensaje por parte de la fuente, que tratará de que este tenga el efecto deseado.

Otras fuentes importantes en la innovación son las revistas científicas y demás publicaciones especializadas. Las primeras son las preferidas por los investigadores para publicar sus trabajos, que previamente han sido sometidos a los controles habituales, lo que las convierte en fuentes fiables y de calidad. Tienen además la ventaja de su accesibilidad para los periodistas, por lo que constituyen un lugar donde encontrar información de interés. No obstante, en una pequeña muestra realizada por los alumnos del Máster Universitario en Investigación en Comunicación Periodística (curso 2012-2013) de la Universidad de Málaga, se constata que muchas de las informaciones que tienen como fuente estas publicaciones son simples traducciones, sin aportación alguna del periodista, que, aun así, suele firmarlas.

El tercer grupo de fuentes relevante es el constituido por los centros de comunicación de las empresas u organizaciones de toda índole, que mediante notas de prensa inundan los medios de "publinoticias". La mayoría se reproducen tal cual, sin reelaboración alguna, y se pueden encontrar con la misma factura en la página web de la empresa en cuestión. Lo más grave es que los medios consienten en hacer publicidad bajo la apariencia del rigor científico.

El último grupo importante lo forman las agencias de noticias, con una presencia destacada, pero la información que ofrecen tiene características muy negativas: reproducción de comunicados, fuentes sin contrastar, y un alto porcentaje de noticias internacionales, principalmente con origen en Estados Unidos, en detrimento de las nacionales. Ello influye en la escasa cobertura de los temas de innovación que se producen en España e impide una correcta divulgación.

Las dificultades para el tratamiento y uso de las fuentes sobre temas de innovación son numerosas, derivadas principalmente de su cualificación, de la agresividad empresarial por "colocar" su producto y de la falta de especialización de los periodistas, que les impide una interrelación adecuada e imponer un criterio periodístico frente al de la fuente (Blanco Castilla, 2004). Calvo Hernando (1992) advertía ya en su *Manual de Periodismo Científico* de una serie de problemas importantes: vulnerabilidad del periodista ante ciertas fuentes; dificultad para encontrar opiniones objetivas; orientación de las actividades de relaciones públicas de las Universidades y otros centros de investigación, y, en general, riesgo de manipulación a través de las fuentes. Por todo ello, es imprescindible que el periodista esté bien formado y pueda distinguir la noticia de la propaganda.

Por tanto, es fundamental sentar las bases teóricas y homologar criterios que sirvan como herramientas para el trabajo de los periodistas especializados, desde el convencimiento de que el mejor canal para difundir los conceptos de la innovación son los medios de comunicación, mediante los cuales los ciudadanos podrán conocer e incorporarse a estos procesos. Los periodistas deben conocer cómo funciona el ecosistema de la innovación (*Red de instituciones en los sectores público y privado cuyas actividades e interacciones inician, importan, modifican y difunden nuevas tecnologías.* Freeman, 1987) y cómo contar qué sucede en el mismo. Lo principal ahora es la organización como disciplina del Periodismo de Innovación, ya que se trata de un campo especializado que interesa y que tiene presencia en los medios, aunque no de manera organizada ni siquiera en la ubicación de contenidos y, a simple vista, fuertemente condicionado por la publicidad, una situación que dista mucho de la aspiración de contribuir a la creación de una conciencia de innovación sostenible.

6. Referencias

Baigorri Ruiz, Manuel y Vara Miguel, Alfonso (2006). Business Week como modelo del Periodismo de Innovación. En *Prensa y Periodismo Especializado* (vol. 2). Guadalajara: Editores del Henares.

Blanco Castilla, E. (2004). Emisores de mensajes informativos. Características, tipología y comportamiento de las fuentes especializadas. En Fernández del Moral (Ed.). *Periodismo Especializado*. Madrid: Ariel.

Calvo Hernando, M. (1992). *Manual de Periodismo Científico*. Madrid: Ed. Paraninfo.

COTEC (2003). *El Sistema Español de Innovación. Diagnósticos y Recomendaciones*. Recuperado el 20 de septiembre de 2012 en http://www.cotec.es/index.php/pagina/publicaciones/busqueda-por-colecciones/show/id/30/titulo/informes-cotec-sobre-el-sistema-espanol-de-innovacion.

Díaz Nosty, Bernardo (2009). Comunicación para la innovación. Estrategias en el escenario de los parques científicos y tecnológicos. *Telos*, (80), julio-sep. Recuperado el 25 de agosto de 2012, en http://sociedadinformacion.fundacion.telefonica.com/telos/articuloautorinvitado.asp@idarticulo=2& rev=80.htm.

—(2009). Cambio climático, consenso científico y construcción mediática. Los paradigmas de la comunicación para la sostenibilidad. *Revista Latina de Comunicación Social*, (64), 99-119. La Laguna (Tenerife): Universidad de La Laguna. Recuperado el 4 de julio de 2012, de http://www.ull.es/publicaciones/latina/09/art/09_808_15_climático/Bernardo_Diaz_Nosty.html.

Elías, C. (2004). De la sección de Economía a las de Sociedad y Ciencia. Una perspectiva desde los gabinetes de prensa. En *Comunicar la Innovación. De la empresa a los medios* (pp. 33-48). COTEC. Recuperado el 20 de septiembre de 2012 en http://ocw.bib.upct.es/pluginfile.php/6386/mod_resource/content/1/Comunicar_la_InnovaciA3n_2004_.pdf.

Filho, Walter L. (Ed.) (2006). *Innovation, Education and Communication for Sustainable Development*. Francfort: Peter Lang.

Freeman, C. (1987). *Technology Policy and Economic Performance: Lessons from Japan*. London: Frances Pinter.

Garteiz, Gonzalo (1999). Medios de comunicación e innovación. En *Informar sobre innovación*. Madrid: Cotec.

Hachten, William A. (2005). *The Troubles of Journalism. A Critical Look at Whats Right and Wrong With the Press*. Tercera Edición. New Jersey: Lawrence Erlbaum Associates. Mahwah.

Krippendorff, Kathan (2008). *The way to innovation*. Platinum Press.

Lerner, Daniel (1958). *The Passing of Traditional Society: Modernising the Middle East*. Nueva York: Free Press.

Lilja, Ninclas (2005). The Rise of Analysts as Sources in Innovation Journalism. *Innovation Journalism*, 2(4), 25 abril 2005. Recuperado el 10 de septiembre de 2012 de http://innovationjournalism.org/archive/INJO-2-2.pdf.

Luna, David: *La cuarta hélice*. Recuperado en octubre de 2011 de http://issuu.com/madaiqu/docs/libroperiodismocuartahelice.

Mast, C. Huck, S. y Zerfass, A. (2005). Innovation communication. Outline of the concept and empirical findings from germany. *Innovation Journalism*, 2(7), mayo.

Meritum. Cañibano, L., Sánchez, P., García-Ayuso, M. y Chaminade, C. (Eds.) (2002).*Guidelines for Managing and Reporting on Intangibles (Intellectual Capital Statements)*. Madrid: Vodafone Foundation.

Meyer, Philip (2004). *The Vanishing Newspaper. Saving Journalism in the Information Age*. Columbia and London: University of Missouri Press.

Nordfors, David et al. (2006). Innovation Journalism: Towards Research on the Interplay of Journalism in Innovation Ecosystems. *Innovation Journalism*, 3(2), Stanford.

OCDE. *Manual de Oslo. Guía para la recogida e interpretación de datos sobre innovación*. Recuperado el 6 de noviembre de 2012 en: http://www.conacyt.gob.sv/Indicadores%20Sector%20Academcio/Manual_de_Oslo%2005.pdf; http://issuu.com/creainnova/docs/manual_de_oslo_guia_innovacion.

Rogers, Everett M. (2003). *Diffusion of innovations*. 5ª ed. Nueva York: Free Press.

Rogers, Everett M. y Shoemaker, Floyd (1971).*Communications of Innovations*. New York: The Free Press.

Sánchez, M. Paloma (2006). La tercera edición del Manual de Oslo: cambios e implicaciones. Una perspectiva de capital intelectual. *Revista I+D*, (35), marzo-abril de 2006. Recuperado el 13 de octubre de 2012 de http://www.uam.es/personal_pdi/economicas/palomas/articulos/LA%20TERCERA %20EDICION%20DEL%20MANUAL%20DE%20OSLO.%20CAMBIOS%20E%20IMPLICACIONES.pdf.

Sánchez Tabernero, A (2002). Liderazgo, innovación y cambio tecnológico. En *Dirección estratégica de empresas de comunicación*. Madrid: Cátedra.

Schramm, Wilbur (1964). *Mass Media and National Development. The Role of Information in the Developing Countries*. Stanford: Stanford University Press.

Uskali, Turo (2005). Journalism in trouble – need for rescue operations. *Innovation Journalism, 2*(4), 25 abril 2005. Recuperado el 10 de septiembre de 2012 de http://www.innovationjournalism.org/archive/injo-6-6.pdf.

Zerfass, A (2005). Innovation Readiness. A Framework for Enhancing Corporations and Regions by Innovation Communication. *Innovation Journalism, 2*. Recuperado el 10 de septiembre de 2012 en http://innova tionjournalism.org/archive/INJO-2-8.pdf

Presencia del Periodismo Especializado en los medios generalistas: contenidos y estructura productiva

MONTSE QUESADA
Universidad Pompeu Fabra
montse.quesada@upf.edu

1. Introducción

Preparar una ponencia, y más cuando se trata de un trabajo que, en primera instancia, van a conocer nuestros propios colegas, nos da la oportunidad de compartir algunas reflexiones que tal vez nos puedan llevar a esbozar nuevas líneas de investigación, vistos los cambios cada vez más sorprendentes que se están produciendo en los contenidos que publican los medios. Confieso de entrada que todavía no he encontrado respuesta a algunas de las cuestiones que quiero plantear y que tienen que ver con el lugar que ocupa la información especializada en los medios generalistas, pero confío en que, juntos, haremos el ejercicio de resituar al Periodismo Especializado dentro de los nuevos marcos informacionales que están naciendo de la mano de la crisis, o muy a pesar de ella.

Cada año, en mi curso de doctorado sobre "Análisis de contenidos especializados", suelo poner a mis alumnos a localizar textos en la prensa de información general para su posterior análisis desde las variables propias del Periodismo Especializado. Pues bien, en los últimos cursos he empezado a detectar índices de presencia francamente bajos, sobre todo en los temas que más pueden afectar y/o interesar a los ciudadanos y sobre los que, por tanto, debería existir una mayor cantidad de información especializada: me refiero a los temas políticos y a los económicos, aquellos precisamente que no por casualidad responden a la definición de *hard news* y que, como sabemos, suelen estar muy controlados por las fuentes oficiales.

Tampoco en información internacional –otro ámbito de gran interés, si tenemos en cuenta que la cultura del viaje cada vez alcanza a mayores capas sociales– encontramos demasiados textos elaborados con metodologías especializadas.

Esta constatación, persistente en el tiempo, me ha llevado a hacerme la pregunta que ahora quiero trasladaros: ¿Es que la prensa generalista ya no tiene interés en publicar textos especializados sobre temas de actualidad para ofrecer a sus lectores el valor añadido que aporta la información de calidad? O tal vez esta pregunta tendríamos que plantearla desde un enfoque distinto: ¿no será que la información especializada ha empezado a desplazarse hacia entornos digitales poco relacionados con los medios clásicos de comunicación? Y, en caso de que esto sea así, ¿por qué motivo?

Las audiencias sectoriales que surgieron de la fragmentación de las audiencias de masas cuentan ya con algunos años de experiencia localizando la información que satisface sus necesidades informativas y probablemente sea ésta una de las causas que mejor puede explicar las dificultades de la prensa generalista para vender periódicos. El progresivo alejamiento de los medios clásicos de comunicación de las audiencias sectoriales, en especial de las más jóvenes, es una conclusión avalada por múltiples investigaciones. Entre las razones que explican este distanciamiento destaca el hecho incontestable de que los periódicos no se ocupan de los temas que a ellos les pueden interesar o que, cuando sí lo hacen, no cubren enfoques distintos a los impuestos por la correspondiente línea editorial. Es, desde mi punto de vista, una acusación que los empresarios del sector no deberían ignorar, pues implica que la prensa no está cumpliendo la función de ofrecer en sus páginas una interpretación de la realidad social, sino tan sólo una visión partidista de determinados hechos que la conforman, lo cual se comprueba fácilmente a poco que analicemos el uso que hacen de unas fuentes de información y no de otras.

Abundando en la misma idea, la práctica de un Periodismo de Declaraciones en el que han caído todos los medios escritos en las dos últimas décadas no sólo no es ya un anzuelo para estas audiencias sectoriales, sino que ha empezado a provocar el efecto contrario: actúa como elemento disuasorio por su capacidad de enmarañar la realidad y de distraer la atención de lo que verdaderamente interesa a la audiencia.

1.1. *El nuevo marco comunicacional*

El Periodismo Especializado tiene ya medio siglo de vida en los medios escritos del mundo occidental, desde que a finales de los años 70 un grupo de editores decidiera superar la crisis de lectores que se derivó, entre otras causas, de la competencia directa de los informativos de televisión e incorporara a sus rutinas de producción la estructura profesional necesaria para producir textos especializados sobre los asuntos de actualidad periodística (Quesada, 2012, 26).

En España el tiempo de vida de esta práctica profesional es algo más corto, porque primero hubo que enterrar una dictadura militar, después lidiar con una transición política que nos situó en el mapa de las democracias y sólo entonces se dieron las condiciones para que la prensa se animara a mirar a Europa y a tratar de seguir el mismo modelo profesional. Esto ocurría en los años 80 y a fecha de hoy constato que seguimos estando ante una asignatura pendiente, a pesar de todas las promociones de licenciados en Periodismo que hemos ido formando en este tiempo y a pesar también de lo mucho que nos hemos esforzado para que puedan trasladar al ámbito de las empresas los conocimientos y habilidades que les enseñamos en nuestras aulas.

Junto a esta realidad hay que tener en cuenta otra no menos importante y que ha discurrido paralela a esas políticas empresariales. Me refiero a la experiencia que ya tenemos todos en navegar por Internet que ha acabado por hacer bueno el pronóstico de Niklas Luhmann cuando, en los años 70, se aventuró a afirmar que no estaba lejos el día en que el acceso al conocimiento científico y técnico dejaría de estar controlado por intereses gremialistas, políticos o de cualquier otro tipo. Nadie entonces podía imaginar que sus augurios fueran a cumplirse en un plazo tan breve y, mucho menos, que lo que hasta hace muy poco habían sido fuentes de información decidieran un día prescindir de la mediación de los periodistas para abrir sus propios medios en la red, sin poner ningún tipo de cortapisa a su acceso.

Como consecuencia de todo ello, el nuevo panorama comunicativo –aún difícil de describir y mucho más de analizar– no deja en buen lugar a los medios clásicos, más preocupados ahora por recuperar su amenazada rentabilidad que por fidelizar a sus audiencias con productos de calidad. Con sus políticas de supervivencia están consiguiendo salvar la nave, pero no tienen en cuenta que, por primera vez en la historia, tienen ante sí a varias generaciones de jóvenes con un extraordinario nivel de formación que ya no se conforman con cualquier producto informativo, sino sólo con aquéllos que satisfacen sus verdaderas necesidades de información.

Muchos de esos jóvenes pueblan nuestras aulas. Pertenecen, por definición, a la llamada generación de la red; es decir, son jóvenes que ya nacieron con la revolución digital en marcha y para quienes los medios digitales no ofrecen mayor secreto que el que para mí pueda tener una lavadora. Pues bien, estos jóvenes se resisten cada vez más a acercarse a los medios generalistas, aún a pesar de ser estudiantes de Periodismo. No saben muy bien cuál es el Periodismo que les gustaría ejercer, pero tienen claro que no es el que les obligará a aparcar sus mentes creativas para acatar las estrictas rutinas generalistas, amén de una determinada línea editorial.

1.2. *Diagnóstico de la situación*

Mi diagnóstico de la situación, por lo tanto, es bastante negativo. Si en los años 70 –los 80 para España– vivíamos la ilusión de que las nuevas audiencias sectoriales, cada vez más numerosas y mejor formadas, forzarían a los medios escritos a acoger con normalidad la práctica del Periodismo Especializado, esa ilusión se ha desvanecido por completo en el presente.

A nadie se le escapa que una de las respuestas del sector empresarial de prensa al avance de la revolución digital y a la economía globalizada fue la de incorporar a las redacciones a jóvenes periodistas cuya formación tenía mucho más que ver con la capacidad de producir textos periodísticos en cualquier soporte y a la velocidad de la luz que con los conceptos fundamentales del Periodismo. A estos nuevos periodistas se les llamó periodistas *polivalentes*, o sea, que lo mismo servían para un roto que para un descosido. Y, por todo lo que tengo hablado con bastantes de ellos, no era a eso a lo que aspiraban cuando se matricularon en la carrera. ¿O es que acaso el periodista *polivalente* tiene el espacio, el tiempo, la estructura productiva y la posibilidad real de ejercer en esos medios como periodista especializado o como periodista de investigación? Es evidente que no.

Tal vez como consecuencia de ello, hoy más que nunca los jóvenes periodistas que de verdad aman su profesión están regresando a la Universidad, tras unos pocos años de ejercicio profesional, para ampliar su formación con un Máster o un Doctorado relacionados con la especialización. Cosa muy distinta es que después puedan trasladar a sus medios lo aprendido en estos postgrados. Yo me inclino más por pensar que dentro de algún tiempo les veremos en Internet abriendo blogs especializados de éxito y compitiendo directamente con sus antiguas empresas. De alguna manera, ese será el precio que los medios generalistas tendrán que pagar si no empiezan a flexibilizar las viejas estructuras de producción de la información para dar cabida a la especialización.

2. La especialización sigue siendo un asunto personal

Hace ahora exactamente veinte años un prestigioso periodista de *La Vanguardia*, Xavier Batalla, respondió a algunas de mis preguntas sobre la presencia de Periodismo Especializado en la prensa generalista diciendo que "la especialización era un asunto personal". Con ello quería dar a entender que ni en su periódico ni en ningún otro que él conociera se daban las condiciones necesarias para que un periodista pudiera elaborar información especializada con asiduidad. Dos décadas después podemos constatar que su afirmación continúa teniendo plena vigencia; al menos en lo que se refiere a las *hard news* que nos interesan a todos.

Algunos ejemplos ilustran esta afirmación. Desde hace dos años participo con algunos de los presentes en una investigación sobre cambio climático y comunicación pública. Como previa hay que decir que desde que la crisis se convirtió en el tema recurrente, la información medioambiental ha pasado en todos los medios a ocupar un segundo plano. Pues bien, una de las conclusiones a la que estamos llegando es que el mayor o menor nivel de especialización de los textos que informan del cambio climático depende más, como señalaba el veterano periodista, de que el medio disponga de un redactor "interesado/apasionado" por ese tema que de que el medio comprenda la necesidad de explicar en profundidad los importantes cambios que están afectando al planeta y a sus habitantes.

En esa misma investigación he analizado el diario *La Vanguardia* y, por ejemplo, una de las grandes sorpresas con las que me he topado es que, en ocasiones, el editorial no respalda los textos firmados por Antonio Cerrillo, el periodista especializado en medio ambiente de ese periódico. Especialmente, cuando en el tema del que se informa interfieren intereses económicos. Es el caso concreto del tratamiento periodístico que da este diario al tema de la energía nuclear: mientras el periodista muestra abiertamente su posición contraria a la apertura de nuevas centrales y se extiende en sus argumentos sobre sus peligros y en los datos que refuerzan su apuesta por las energías renovables, el editorial del mismo día zanja la cuestión posicionándose abiertamente a favor de ellas, aunque eso sí, siempre curándose en salud al señalar que la seguridad de las mismas es un requisito insoslayable para afrontar con garantías esa política energética.

También en otra investigación sobre información internacional que realicé hace algún tiempo constaté algo parecido. Las veces que se publicaba un texto especializado, firmado por un periodista "interesado/apasionado" –el propio Xavier Batalla–, lo hacía conviviendo en la misma sección, e incluso en la misma página, con un texto firmado por un enviado especial que todo lo más que aportaba a la información de agencia eran pequeños elementos extraídos de la prensa local y alguna que otra declaración procedente de alguna fuente oficial.

Estoy segura de que para todos los presentes la existencia o no de Periodismo Especializado en los medios generalistas no debería depender de cuestiones personales, sino de una política editorial que antepusiera el código deontológico de la profesión al código empresarial. Tal vez esa sería la mejor vía no sólo para atraer a las nuevas audiencias sectoriales, sino también, y muy especialmente, para recuperar la olvidada función pedagógica de los medios.

2.1. *Las fuentes oficiales continúan imponiendo su autoridad*

A pesar de todo lo dicho hasta aquí, es cierto que todavía hay secciones en todos los medios en las que es posible localizar textos especializados. Las más receptivas a esta modalidad periodística son las de Cultura, las de Deportes y las de Sociedad. A nadie se le escapa, sin embargo, que ninguna de esas secciones forma parte del núcleo duro de la información diaria. Es como si, de alguna manera, no se confiara en la capacidad del Periodismo Especializado para cumplir su propio objetivo: informar en profundidad sobre la realidad social aportando interpretaciones independientes avaladas por fuentes expertas.

Una de las razones que explica esta distribución de la especialización dentro del medio generalista tiene que ver, además de con la disponibilidad de periodistas especializados en esos ámbitos, con la presencia/ausencia de fuentes de información que impongan sus versiones oficiales de los hechos. Así, en los ámbitos en los que las fuentes oficiales no ostentan el control de la información, los periodistas –algunos periodistas– tienen la posibilidad y la libertad de elaborar textos especializados con el beneplácito de sus empresas. En el resto, en cambio, y muy especialmente en el político, en el económico y en el internacional, esa posibilidad queda reducida a mero simbolismo.

Las complicadas y conflictivas relaciones entre el medio y las fuentes oficiales son hoy tan evidentes para cualquier lector avispado que ya nadie lee el periódico con la intención de informarse sobre lo que está ocurriendo en el mundo, sino más bien para conocer qué opiniones al respecto se barajan en ese medio, en función siempre de su línea editorial.

En cuanto a la información internacional que publica la prensa generalista, continúan siendo las agencias internacionales de noticias las que señalan los vaivenes de la *agenda-setting* y, en la actualidad, incluso son ellas las que determinan los *frames* más adecuados desde los que hay que abordar cada información. Las sugerencias que puedan hacer los corresponsales al proponer temas alternativos o al aportar una explicación diferente a la versión que imponen las grandes agencias no suelen ser tenidas en cuenta, pues para las empresas sigue siendo más importante el hecho de formar parte del *pool* de los medios que siguen las versiones oficiales que difunden las agencias, que el poder marcar su propia línea informativa, distanciándose de la información generalista imperante para aportar algún elemento de valor añadido.

3. Líneas de futuro

Por otro lado, creo que tampoco a nadie se le escapa que los tiempos acelerados en los que vivimos han ido provocando que los textos periodísticos sean cada vez más breves, más escuetos. Atrás quedaron aquellos magníficos reportajes que en décadas anteriores ocupaban las páginas diarias de la prensa generalista. Ahora los periódicos han desplazado estos textos a las ediciones de los domingos, suponiendo con ello que durante el fin de semana sus lectores serán capaces de liberarse del estrés y encontrarán algo más de tiempo para dedicarlo a la lectura.

No tienen en cuenta, sin embargo, dos factores decisivos que, en mi opinión, van a marcar las líneas de futuro del Periodismo Especializado. Por un lado, ya empiezan a ser mayoría los que disponen de, además de Internet, tantos canales de televisión como estén dispuestos a pagar. La oferta de medios es tan gigantesca que muchos ya hemos perdido la esperanza de acercarnos siquiera una sola vez a cada uno de ellos para conocer sus contenidos. Y, por otro lado, la era del *infoentretenimiento* se ha instalado definitivamente entre nosotros y todo apunta a que no va a ser una moda pasajera de la que podamos librarnos pronto.

En consecuencia, el Periodismo Especializado debe empezar a adaptarse a la nueva situación si no quiere correr el riesgo de desaparecer. Mi apuesta al respecto pasa por potenciar la presencia del Periodismo Especializado, tanto en Internet como en el medio televisivo, ya sea mediante el clásico formato de reportaje o, mejor aún, utilizando formatos innovadores que encajen bien en la oferta de *infoentretenimiento*.

No quiero concluir mi intervención sin mencionar uno de esos nuevos formatos que está empezando a tener importantes cifras de audiencia. Me refiero al programa "Salvados", de La Sexta, presentado, producido y dirigido por Jordi Évole. A medio camino entre la información, la opinión y el entretenimiento y con un estilo humorístico y muy provocativo, este comunicador elige cada semana un tema, busca a sus protagonistas, cuestiona sus opiniones con un sentido de la ironía abierto y descarado y les llama la atención, desde una mirada siempre sorprendente, sobre lo que en su opinión no es correcto. También incluye habitualmente en el programa breves entrevistas a posibles "fuentes especializadas" que interpretan la realidad a favor de los argumentos principales de cada programa.

Mis alumnos me han llegado a preguntar si podemos considerar "Salvados" como un tipo de Periodismo Especializado. Y, aunque en principio un programa de humor y entretenimiento no encaja para nada en nuestra modalidad, creo que el ejemplo sí nos puede servir para reflexionar sobre los cambios que intuyo que habrá que hacer de cara a futuro si queremos que el Periodismo Especializado siga ocupando el lugar que le corresponde en el mercado de la información y siga cumpliendo con la función que le diferencia de cualquier otra modalidad periodística.

La enseñanza del Periodismo Político.
Más allá de enfoques descriptivistas

CRISTÓBAL RUITIÑA TESTA
Universidad Camilo José Cela
cruitina@ucjc.edu

1. ¿Qué es el Periodismo Político?

Esta fue la primera pregunta que me hice la primera vez que me encargué de un temario de esta especialidad. El Periodismo que informa de la actualidad política, me respondí. ¿Y qué hace falta para ser periodistas políticos? Pensar como periodistas de información política. ¿Cómo se llega a pensar como periodistas de información política? Tratando de comprender para qué sirve el Periodismo de información política. ¿Y para qué sirve el Periodismo de información política? Todo parece indicar que para garantizar la democracia. Es decir que, por ejemplo, pueden existir partidos políticos sin existir la democracia. De hecho, en el siglo XVIII ya había partidos políticos y no existía la democracia. A lo largo del siglo XIX, la democracia es más que precaria. Y, sin embargo, hay partidos políticos.

Todo nos induce a pensar que hay una relación más directa entre prensa y democracia. Y ésta, creo yo, debe ser la cuestión central que debe vertebrar todo programa de enseñanza de Periodismo Político. La democracia no puede existir sin la prensa. Y la prensa, tal y como la conocemos hoy al menos, no puede existir sin la democracia. Más en concreto, no puede haber democracia sin la parte de la prensa que se dedica a informar de ella: la prensa de información política. Recordemos, por ejemplo, el ascenso de Hitler al poder y el estallido de la II Guerra Mundial. ¿Se pudo haber evitado la II Guerra Mundial? Es una pregunta que se siguen haciendo los historiadores. Nosotros podemos preguntarnos por el papel de la prensa de información política en el estallido de la II Guerra Mundial.

En las elecciones generales alemanas de 1928, los nazis habían obtenido el 2,6% de los votos y tan sólo una docena de escaños. Pero en septiembre de 1930 –cuando Alemania contaba ya con cinco millones de parados como consecuencia del derrumbamiento de la bolsa de Nueva York en octubre de 1929– el Partido Nazi obtuvo el 18,3% de los votos y más de cien escaños en el Parlamento alemán. Un mes después de la conferencia de Lausana de junio de 1932, que ponía fin al pago de las compensaciones de guerra a que Alemania estaba obligada en virtud del Tratado de Versalles, el Partido Nazi consiguió el 37,4 % de los votos. En aquellas elecciones, los partidos antidemocráticos obtuvieron el apoyo de la gran mayoría del electorado: por primera vez en la Historia, un gran Estado moderno votó voluntariamente contra la democracia. En ese momento, con Alemania rota por la crisis, Hitler consiguió lo que todo líder de éxito necesita: partidarios. Seis meses más tarde era nombrado canciller.

Desde Gran Bretaña, sólo Winston Churchill alertaba sobre lo que estaba pasando. Pero los periódicos más influyentes se burlaban de él. Al estallar la II Guerra Mundial pidió una y otra vez que Gran Bretaña acometiera un exhaustivo programa de rearme. Pocos le escucharon. Al contrario, fue denigrado. En ese mismo mes, el gobierno de Chamberlain, el entonces Primer Ministro Británico, decidió no emprender la guerra con Alemania por el plan de Hitler de desmembrar Checoslovaquia, una postura que la gran mayoría de los británicos recibió con enorme alegría. Sólo el 15 de marzo de 1939, cuando los nazis ocuparon lo que quedaba de Checoslovaquia, el pueblo británico cayó en la cuenta de que Churchill podría tener razón con respecto a las verdaderas intenciones de Hitler (Roberts, 2003). Pero era demasiado tarde.

¿Pudo haber evitado el Periodismo Político la guerra? ¿Pudo haber alertado a la opinión pública de lo que estaba a punto de pasar? No es posible saberlo. Pero tampoco resulta difícil aventurar qué pudo haber contribuido al menos a llamar la atención sobre lo que estaba pasando. Para que la democracia siga existiendo el Periodismo Político resulta clave.

Por eso, el Periodismo Político nace en España con los primeros esfuerzos para redactar una constitución democrática hace exactamente 200 años, durante las Cortes de Cádiz. Y por eso, lo primero que hacen los sectores que aspiran a implantar una dictadura es silenciar la información política. Es lo que se pudo ver durante el golpe de estado del 23-F. Es de conocimiento común la entrada de Tejero en el Congreso. Pero menos habitual resulta recordar que una de las primeras cosas que hicieron los golpistas fue romper las cámaras de televisión para que no pudiesen enviar la señal en directo. Después ha habido novelas, películas y series en las que aparecían personajes que estaban viendo la tele cuando Tejero irrumpió en el Congreso. Pero es un recuerdo falso. Lo cierto es que las cámaras siguieron grabando pero no en directo. Por eso existen las imágenes del golpe, pero nadie pudo haber visto el golpe en directo por televisión.

La Historia del Periodismo Político se divide en dos grandes bloques. Una época en la que los poderes públicos pueden recurrir a la censura. El periodismo luchará por eludirla y los poderes políticos por imponerla. Sucederá sobre todo en el siglo XIX y hasta el final del franquismo. Y, una segunda época, que empieza a manifestarse en Estados Unidos en los 70 y que llegará a España en los 80, o más bien los 90, en la que los gobernantes ya no pueden utilizar la censura y buscan otras vías para controlar la información. Es cuando nace la comunicación política propiamente dicha y la práctica del *spinning*. Bosetti la define como "la actividad de políticos, normalmente asesores, que consiste en comunicar los asuntos de tal forma que favorezca a sus intereses al tiempo que se busca perjudicar al adversario" (citado en Castells, 2009).

2. Periodismo Político y censura

En España, las Cortes de Cádiz fueron el principal banco de pruebas del Periodismo Político. El deseo de los periodistas de informar a sus lectores sobre la labor legislativa chocó con la oposición de algunos diputados que –como sucediera en Inglaterra en el siglo anterior– preferían celebrar las sesiones a puerta cerrada. Esta tendencia inaugura una diálectica entre periodistas y políticos que ya no terminará nunca, ni siquiera en los períodos en los que no ha existido censura. Desde siempre, los políticos han intentando condicionar lo que escribían los periodistas. Tal vez porque, en muchos casos, los periódicos fueron el germen de los partidos políticos. Las ideologías y corrientes de opinión generaron una prensa propia antes de convertirse en movimientos políticos organizados. De hecho, los dos primeros "partidos" de la España contemporánea, el liberal y el absolutista, surgieron en las Cortes de Cádiz al calor del debate sobre la libertad de imprenta; el republicanismo y el socialismo utópico empiezan a gestarse en los años 30 y 40 del siglo XIX en publicaciones como *El Grito de Carteya, El Huracán* y *El Republicano*; el órgano marxista *La Emancipación* serviría de embrión al futuro PSOE, fundado casi diez años después; la revista *Bizkaitarra* precede en dos años al Partido Nacionalista Vasco; *La Veu de Catalunya* inicia su andadura diez años antes de la creación de la Lliga Regionalista y hasta los orígenes de UCD y del PSOE renovado de la transición democrática pueden en cierta forma rastrearse en publicaciones del tardo-franquismo como *Ya* y *Cuadernos para el Diálogo* (Pizarroso, 1994).

Los primeros periódicos fueron gubernamentales. Lo eran las diferentes gacetas, los primeros papeles periódicos. A finales del XVIII y principios del XIX empieza a abrirse paso la idea de que no sólo debe ser el poder quien tenga la posibilidad de imprimir, es decir, de editar periódicos. Por eso, una de las principales batallas de las Cortes de Cádiz fue el reconocimiento de la libertad de imprenta. La guerra y la revolución habían creado las condiciones para la discusión política. El 10 de noviembre de 1810, las Cortes de Cádiz aprobaron el decreto que permitía a los ciudadanos escribir, imprimir y publicar sus ideas políticas. Después, durante todo el siglo XIX, la lucha partidista fue el motor del Periodismo durante gran parte del siglo XIX. He ahí una especie de pecado original que aún hoy puede estar condicionando la práctica del Periodismo Político. Sólo a finales de ese siglo empezarían a aparecer las primeras cabeceras que se declaraban apolíticas, aunque ni lo fueron, ni, por supuesto, desterraron la información política de sus páginas.

Pero aparece entonces otra de las trampas en las que puede caer el periodista político: el peligro de terminar suplantando a la sociedad o al gobierno, en lugar de mantenerse como un intermediario. Ya entonces los defensores del Antiguo Régimen acusaban a la prensa de haber contribuido a deformar la opinión, más que a manifestarla. Se detecta en aquella época una politización masiva. Esta dinámica será común a todos los períodos que garanticen unas ciertas libertades, como posteriormente sucederá durante el trienio liberal (1820-1823) o en la II República. Coincidirá con los períodos en los que desaparezca la censura. A lo largo del siglo XIX y hasta hace treinta años, la censura irá apareciendo y desapareciendo en función de las fases políticas y, con ella, la información política. En realidad, en épocas de censura, no existe la información política: existe la propaganda.

En esas épocas, es el caso del franquismo, poco se puede decir del Periodismo Político porque, en realidad, no existe como tal. Después, hacia finales de los 70 se detecta un cierto idilio entre los periodistas y los políticos que lideraban la Transición. Fue, sin embargo, un espejismo. En los 80 todo había terminado (Santos, 1995). Por aquel entonces, periodistas y políticos llegaron a tratarse como camaradas. Lo normal, sin embargo, es que periodistas y políticos estén enfrentados. El periodista no tiene por qué tener un contacto extraprofesional con el político. Hay quien dice que lo peor es un periodista metido a político. Pero es bastante más grave un político metido a periodista. Algunas veces los políticos llaman al director para decir que una información es errónea, por eso es tan importante argumentar la información. Como mínimo, para después poder defenderse. De ahí la importancia de recibir una formación como periodista especializado. Esta permite reflexionar sobre lo que se hace y por qué se hace. Quien carece de ella tenderá a hacer las cosas de forma automática. Puede que el resultado final sea bueno, pero en la compleja dialéctica entre políticos y periodistas no basta con hacer las cosas bien; es preciso saber explicarlas. En este punto es importante asumir que la lógica de los periodistas y la lógica de los políticos es diferente. A veces, las cuestiones por las que se interesan los periodistas no son las mismas sobre las que los políticos quisieran hablar. El objetivo del periodista es obtener del político respuestas precisas, especialmente sobre asuntos más polémicos, que son los que acostumbran a incomodar al político. El objetivo del político, muy al contrario, tiende a mostrar los aspectos de su acción que más le revalorizan y que la hacen más positiva y estimable. En esta dialéctica, insisto, no basta con conocer el entramado institucional de una democracia. Es preciso averiguar los mecanismos que están detrás de cada movimiento.

El periodista de información política deberá acostumbrarse a que los políticos le reprochen que se interese habitualmente por temas que ellos consideran polémicos, escandalosos o frívolos. Les acusarán de despreocuparse de las cuestiones que ellos consideran más serias o más positivas, que suelen coincidir con lo que hacen bien. A los periodistas, por su parte, les defrauda que los políticos se escurran. Esta pequeña guerra se reproduce cada día, ya sea en un debate televisado o radiofónico, en una entrevista formal, en una rueda de prensa o cuando un periodista aborda al político en los pasillos del Parlamento. Es una tensión y un juego que están en la naturaleza de las cosas. Y es normal que sea así. Lo anormal sería que desapareciese por complacencia o debilidad de los periodistas. Por otra parte, el político respeta más al periodista crítico que al periodista complaciente. Pero ese mayor respeto no significa mayor comprensión hacia la autonomía de la que debe disfrutar todo periodista. Los políticos no aceptan que los periodistas se deban únicamente a sus lectores (Santos, 1995).

También sucede que en el grado de atención que un político presta a un periodista influye mucho el mayor o menor relieve del medio de comunicación al que pertenece. Siempre hay lo que se llama un ministro –o alcalde o consejero– "asustaperiodistas" (Santos, 1995). A veces, ese tipo de político, cuando una pregunta no le gusta, pregunta él mismo: "¿Y usted de qué medio es?". Los políticos la toman con los medios de comunicación, a los que hacen responsables de su descrédito. Normalmente, en privado (y a veces en público) los políticos aseguran que muchas de las dificultades con las que se encuentran en su actividad se deben a la prensa. No se dan cuenta de que si determinados asuntos no existieran –como la corrupción o la crisis económica– no habría que contarlos. Y estos son los puntos ciegos a los que debe llegar el periodista político: a aquellos lugares que la mera descripción del entramado institucional no muestra.

3. La contraofensiva de los políticos: controlando la agenda

Desde finales de los 60, todo cambia. Los políticos pasan a la ofensiva. Empieza en EEUU y se traslada a Europa. A España llega a finales de los 80. Aparecen los *think tanks* encargados de construir los mensajes para su difusión mediática. Aparece la práctica del *spinning*. Surge porque, a finales de los 60 y principios de los 70, los políticos estadounidenses se dan cuenta de que han perdido el control de los medios. La televisión, sobre todo, informó sobre la Guerra del Vietnam. Reveló la existencia de pruebas inventadas. Sucedió durante el incidente del golfo de Tonkin en 1964. El gobierno de Johnson fingió el incidente del Golfo de Tonkin para intensificar la Guerra de Vietnam y la opinión pública se manifestó en contra de la intervención militar del gobierno. A principios de los 70 dimite el presidente Nixon, por el escándalo Watergate.

Será la última vez que los políticos dejen a los periodistas indagar en sus asuntos. Años más tarde, empezarán a controlar su acceso. Por ejemplo, en la Guerra del Golfo de 1990 no dejaron que entrasen cámaras ni periodistas. Los propios militares distribuían las imágenes. Normalmente, imágenes nocturnas tomadas con infrarrojos que no mostraban las consecuencias de los bombardeos, es decir, los muertos, o las catástrofes ecológicas por la destrucción de pozos petrolíferos. En la Guerra de Irak de 2003 habilitarían una solución intermedia: los periodistas empotrados. Se permitía que fuesen periodistas, pero empotrados en las unidades militares aliadas. De esa forma, sólo podían dar una versión del conflicto: la de los aliados.

Los políticos, después de la Guerra de Vietnam y el escándalo Watergate, se dieron cuenta de que estaban perdiendo el control de la opinión pública y decidieron tomar medidas. Estos *think tanks* invierten ahora ingentes cantidades de dinero en estrategias para colocar el mensaje en los medios. Las instituciones democráticas siguen siendo las mismas, las que describen los manuales canónicos. Pero algo ha cambiado. Entre los principales objetivos de las nuevas estrategias políticas aparecen el establecimiento de la agenda, el enmarcado y la priorización de información en los medios. No vetan. No censuran. Elaboran ingente información principalmente en torno al comportamiento y las declaraciones de los líderes políticos. El momento culminante de toda esta labor tiene lugar durante las campañas electorales. Aparece la política de la personalidad. Y la política del escándalo. O, como dicen otros autores, la política de la crispación (Castells, 2009).

Un aspecto central de toda esta dinámica es el *enmarcado*. El enmarcado es el proceso de "seleccionar y resaltar algunos aspectos de los acontecimientos o asuntos y establecer relaciones entre ellos con el fin de promover una determinada interpretación, evaluación y/o solución" (Castells, 2009). Se concreta en palabras e imágenes que llaman la atención, son comprensibles, fáciles de recordar e incluyen carga emocional. Por eso, los políticos suelen resultar tan repetitivos. Políticos y periodistas mantienen una lucha diaria acerca de quién marca la agenda a quién. Pero no está muy claro que los periodistas estén ganando la batalla. Su especialización debe, en todo caso, destinar tiempo y esfuerzo a comprender los nuevos fenómenos de la comunicación política, sin olvidar que, en los últimos años, los asesores de comunicación de los políticos ya no se centran tanto en los informativos o en los periódicos. Por ejemplo, para incrementar el apoyo a la Constitución Europea de 2005 el gobierno utilizó *Gran Hermano*. Ahora procuran que los políticos aparezcan en programas no estrictamente políticos. Los asesores quieren que los políticos salgan lo más posible en televisión, sin importar lo que digan. O, mejor, que no digan nada. De esta forma, los políticos resultan más próximos al público, participan de una mayor intimidad.

La prensa escrita, sin embargo, sigue gozando de una credibilidad que no tiene ningún otro medio. Los asesores la utilizan sobre todo en la fase inicial del proyecto de lanzamiento y de consolidación de un político. La prensa, destacan, es el lugar más adecuado para discutir y analizar las políticas que se han difundido previamente en los medios audiovisuales. El *off the record* es un recurso muy habitual para tratar de influir en los periodistas. El periodista debe darse cuenta de cuándo le están dando una información o, sencillamente, intoxicando. La especialización del periodista de información política debe, por lo tanto, incorporar materiales procedentes del campo de la comunicación política, de ese terreno pantanoso en el que confluyen el *marketing*, la sociología y la semiótica, por mencionar sólo unos pocos ámbitos.

4. La información parlamentaria. Las claves

¿Cómo se forman los grupos parlamentarios? ¿Qué diferencia hay entre una moción y una pregunta? ¿Quién tiene la iniciativa a la hora de presentar el presupuesto? Todas estas preguntas tienen una fácil respuesta. Normalmente, cualquier persona puede localizarla en los reglamentos de cada Asamblea. Antes del inicio de la Legislatura, los partidos deben conformar sus grupos parlamentarios. Para eso, lo primero que deben hacer sus señorías es acreditarse como diputados. Para ello, tienen un plazo de unos 22 días. Entre otros documentos, los diputados deben entregar su declaración de bienes y actividades. La acreditación tiene cobertura informativa. De hecho, el Congreso habilita un estudio fotográfico donde sus señorías posan para la foto que se incluirá en su ficha oficial de la Cámara. Un día después, se constituyen las Cortes. Los parlamentarios juran o prometen la Constitución. Lo primero que se hace es elegir a los diputados que formarán parte de las mesas del Congreso y del Senado. La sesión constitutiva del Congreso la preside el diputado de mayor edad. Le asisten los dos más jóvenes. En esta sesión, se vota al presidente del Congreso o del Senado, en su caso. Lo normal es que pertenezca al grupo mayoritario, aunque, a veces, especialmente en parlamentos autonómicos, el grupo mayoritario puede ceder la presidencia a uno minoritario, con el que ha llegado a algún tipo de acuerdo de legislatura. Una vez constituidas las mesas de cada Cámara, los partidos tendrán cinco días para constituir los grupos parlamentarios. Los diputados que no se adscriban a ningún grupo pasarán al Mixto. Todo esto está más o menos claro.

Pero, ¿cómo responder a preguntas que hasta entonces nadie se ha formulado? Porque la vida parlamentaria, como la democracia, es más dinámica y compleja de lo que se puede concluir de la pura descripción normativa. ¿Por qué a veces forman un grupo parlamentario partidos políticos de tendencia aparentemente diversa? ¿Por qué se plantean mociones si de antemano se sabe que están perdidas? La especialización debe ir más allá de la pura descripción de las instituciones democráticas. El Periodismo Político no debe ser ciencia política explicada a los periodistas. En política, el contexto puede ser decisivo. Por eso, la especialización no debe descuidar el tratamiento de los procesos históricos. No tiene por qué detenerse en los acontecimientos, pero sí en sus causas, aunque indagar en las causas le llevará inevitablemente a los acontecimientos. Dos procesos históricos nunca son iguales, pero la práctica del comparatismo sí nos puede proporcionar alguna clave. Del mismo modo, el periodista político no debe olvidar que la política es escenificación. Deberá, por lo tanto, incorporar a su instrumental teórico una cierta tendencia a pensar semióticamente. Rara vez un político no dice nada. Hasta cuando no dice nada, está significando. Es muy común que los periodistas novatos en esta área regresen de las ruedas de prensa diciendo que el político de turno no ha dicho nada. ¡Imposible!

5. La información gubernamental. Las claves

A finales de 2011, Mariano Rajoy logró algo insólito en la democracia española: que no se filtrase la lista de su gobierno. El secretismo que rodeó los nombres de los ministros fue elogiado como síntoma de seriedad y rigor. Desde un punto de vista periodístico, lo sucedido evidenció que la información política no había resultado dañada. Porque esa, en definitiva, no es su función primordial. Adelantarse a los nombramientos del Ejecutivo siempre puede ser interesante. Pero es justamente a partir de ese momento cuando un periodista de información política se la juega. Lo de adelantarse a los demás para saber quién es el ministro de qué no le servirá de mucho al día siguiente. Pero sí le resultará de enorme utilidad saber qué significa que quién sea ministro de qué. Para empezar, lo más común es que la estructura del gobierno sea el reflejo del programa electoral del partido que gana las elecciones. Por ejemplo, Economía y Hacienda pueden estar juntas o no. Infraestructuras y Medio Ambiente pueden estar juntas o no. Igualdad puede tener un ministerio o no. Vivienda puede tener un ministerio o no. Depende de la prioridad que conceda el presidente del gobierno a cada una de estas materias. Por ejemplo, el Instituto Cervantes puede estar en Cultura o en Exteriores. Incluirlo en Exteriores quiere decir que se le quiere dar una gran proyección internacional a la cultura española. Innovación puede estar en Industria o en Educación. En el primer caso serán las empresas las que la lideren; en el segundo, las Universidades. He ahí, por lo tanto, un campo de indagación decisivo para la práctica del Periodismo de Información Política.

Más que conocimientos sobre cómo se conforma un gobierno el periodista deberá desarrollar una gran capacidad para interpretar cómo se ha conformado uno en particular. Para esta tarea, le resultará de gran utilidad el Decreto de estructuración del gobierno, que debe promulgar el presidente antes de nombrar a los ministros. Obtenerlo es muy sencillo. Aparece publicado en el *BOE* y precisa el número y el nombre de cada ministerio, el número y el nombre de cada Secretaría de Estado y de cualquier otro rango y, por supuesto, las competencias que tendrá cada uno de los cargos. Reparar en las distintas competencias resultará a la postre decisivo para una información periodística de calidad. Porque la importancia de lo que diga un político dependerá de las competencias que gestione. Por ejemplo, el vicepresidente puede ser también Ministro de Economía o Ministro de Interior. Las palabras sobre economía de un vicepresidente con competencias sobre Economía tendrán más valor que las de uno que no las tenga. Lo mismo con Interior. En el actual gobierno existen dos figuras que gestionan la economía: el Ministro de Hacienda, Cristóbal Montoro; y el Ministro de Economía, Luis de Guindos. Para averiguar quién tiene más poder se debe reparar en las competencias de cada uno. De Guindos apenas tiene las que tenía el anterior Ministerio de Ciencia y Tecnología. Pero Montoro acumula las de Presupuesto y Administración Pública. Además, es importante que el periodista de información política conozca el Decreto para saber a quién debe preguntar sobre un asunto en particular. Por ejemplo, en un determinado gobierno las PYMES pueden estar en Trabajo, pero, en otro, pueden haber pasado a Vicepresidencia. Por una parte, esto indica que el gobierno que las incorpora en Vicepresidencia da una mayor importancia a las PYMES y, además, que es en Vicepresidencia donde debemos preguntar por este asunto.

Pero, además, llegará un punto en que al periodista no le interese tanto saber a qué se dedica uno u otro ministerio, sino que precise localizar algo tan difuso como los principales centros de poder. Por ejemplo, desde una perspectiva puramente descriptiva el periodista de información política puede dar gran importancia a las palabras del Ministro de Defensa pero, si se ha preocupado un tanto por conocer las dinámicas de la simbología del poder, puede darse cuenta de que el Ministro de Defensa no es, en el fondo, nadie en el Ejecutivo y que no conviene dar demasiada importancia a lo que dice. Un dato para saber quién manda más en un gobierno después del presidente es averiguar quién preside la Comisión General de Secretarios de Estado y Subsecretarios. Normalmente es un vicepresidente. Pero si hay dos o tres, el que la presida será el más importante. En esta reunión se preparan los temas que van al Consejo de Ministros. También es un indicador de poder dentro del gobierno gestionar las competencias sobre los espías, es decir, dirigir el Centro Nacional de Inteligencia.

Por poner un ejemplo concreto, actualmente, y por primera vez en la historia de España, una misma persona gestiona la Comisión de Secretarios de Estado y el CNI: la vicepresidenta Soraya Sáenz de Santamaría. Este dato es importante porque para un periodista de información política es importante saber quién manda más en un gobierno para dar a las palabras de quien las pronuncie la relevancia que merezcan tener, ni más ni menos. De esta forma, aunque Dolores de Cospedal es la Secretaria General del PP y, oficialmente, la número 2 de Rajoy en el Partido, el poder que acumula Sáenz de Santamaría en el gobierno confirma a esta última como la verdadera mujer fuerte de Rajoy. Esto la convierte, de facto, en el número 2 del PP. Porque, como decía Felipe González, cuando un Partido gobierna, la Ejecutiva es el Consejo de Ministros.

6. Los partidos políticos. Las claves

Y llegamos, finalmente, al verdadero corazón político de democracias como la española: los partidos. Una vez más, en este terreno todo parece estar más o menos claro. Los partidos políticos europeos tienen militantes. Con una serie de derechos y deberes. Entre sus derechos está la posibilidad de elegir a sus representantes. Entre sus deberes, la obligación de no excederse en sus críticas públicas al partido. A veces, sin embargo, los militantes se dan cuenta de que sólo manda un grupo de dirigentes. Y expresan sus críticas en público. Y son expulsados. Es entonces cuando piden más "democracia interna". Pero ya es tarde. En otros casos, no los expulsan. A veces, sectores de los propios partidos denuncian que en el interior del partido no existe democracia. Y algunos partidos, para hacer frente a estas denuncias, han establecido mecanismos de participación interna. Tradicionalmente, la participación de los militantes se ha limitado a los momentos en los que se convocan los congresos. Pero, últimamente, en algunos partidos, especialmente en los socialistas (aunque también lo hace UPyD) se ha abierto paso la idea de las primarias, pero sólo para la elección de candidatos, no de líderes internos.

Los militantes de los partidos están normalmente organizados en secciones locales. En esas secciones locales tienen la posibilidad de debatir acerca de la gestión del partido y de elegir a sus representantes en las estructuras superiores. Así, eligen a sus representantes en los órganos de gobierno de, por ejemplo, la dirección regional o en la dirección nacional. Es el llamado sistema de delegados. En otros casos, los congresos son asamblearios, es decir, pueden ir todos los militantes que quieran. Por eso a veces es importante el lugar en el que se celebran los congresos. Todos tienen una dirección: lo que pasa es que en unos casos se llama Junta Directiva y, en otros, Comisión Ejecutiva. Normalmente, la expresión "Ejecutiva" se utiliza en los partidos de tradición de izquierdas. En el resto, se puede llamar Junta Directiva, Directiva o Presidencia. En cualquier caso, esa dirección la encabeza una persona que en los partidos de tradición de izquierdas ostenta el cargo de Secretario General y en los de tradición de derechas el de presidente. Esta distinción es importante tenerla en cuenta a la hora de informar porque los partidos de tradición de izquierdas también eligen a un Presidente, pero suele ser un cargo honorífico.

En campaña electoral las normas suelen estar también muy claras. Oficialmente, una campaña electoral se inicia quince días antes del día que precede al día de reflexión, que, a su vez, es el día que precede al día de las votaciones. Temporalmente se limita a quince días, los que van desde el día 38 desde la convocatoria de las elecciones hasta el día 52 (dos días antes de la jornada electoral, para respetar el día de reflexión).La Administración facilita gratuitamente locales y espacios para la celebración de actos y para la colocación de carteles. Los medios audiovisuales de titularidad pública ofrecen gratuitamente espacios para propaganda electoral. Los gastos electorales están subvencionados, incluido el *mailing* electoral. Reciben una cantidad fija por voto. Pero sólo los que tienen representación parlamentaria. Sólo pueden buzonear en los días de campaña.

Pero cuando el periodista de esta especialidad observa de cerca el devenir de las diferentes instituciones que la vertebran no tarda en percatarse de que una de ellas prevalece sobre todas las demás, al menos en el caso español. A los partidos políticos debe atribuir el periodista todo aquello que no explican los manuales de ciencia política. Sobre ellos, como sobre todas las instituciones, también operan procesos históricos, pero su lenguaje interno es si cabe más indescifrable e, incluso, más impredecible. En su interior se gestan dinámicas que apenas resulta posible comprender si no es desde la pura observación filosófica. Para empezar, en su seno acostumbra a tomar todo el sentido el concepto de "voluntad de poder" con el que Nietzsche intentó explicar ciertas conductas humanas. En ellos, la frontera entre el ser y el deber ser resulta a menudo borrada. Es lo que descubrió Michels (1979) cuando concluyó que a pesar de contar con miles de militantes, sólo un pequeño grupo de dirigentes controla los partidos. Todo informador político debe tener en cuenta la llamada "ley de hierro de la oligarquía". Si no, no comprenderá nada. Y no podrá informar con eficacia.

7. Conclusiones

La enseñanza del Periodismo Político debe cuidarse de caer en dinámicas puramente descriptivistas. Concentrar los programas en el funcionamiento interno de las instituciones democráticas según lo que figura en sus respectivas normativas puede acabar resultando escasamente útil para el informador especializado. Pronto se percatará de una serie de zonas de sombra que no han previsto los manuales al uso. Más que describir el papel de cada uno de los actores, un programa adecuado de especialización política deberá indagar, desde una perspectiva histórica, en las interacciones entre los mismos, centrando la observación en los aspectos conflictivos para no caer en una mera enunciación cronística de los distintos procesos.

Del mismo modo, esta especialización deberá trabajar el papel del lenguaje o los lenguajes en este tipo de información, dado que gran parte de los enunciados que se formulan en este campo tienen valor performativo. El informador político deberá disponer de las herramientas conceptuales adecuadas para comprender la dimensión, más que escénica, "escenificadora" de la labor de los actores presentes en este campo. Desde "el otro lado" hace tiempo que están trabajando este aspecto. La disciplina de la comunicación política maneja con gran pericia el instrumental teórico procedente de los campos semiótico o psicológico. La especialización tradicional acostumbra a despachar este tipo de prácticas como meros estorbos a la labor del informador político.

Finalmente, todo programa de especialización en este campo debería articular desde el principio su reflexión teórica en torno al sentido último de la información política, a su estrecha relación con el advenimiento, consolidación y salvaguarda de la democracia. No perder de vista la misión original de este ámbito de especialización ayudará al informador a no dejarse arrastrar por las fuerzas que pretenden reducirlo a un simple heraldo de intereses particulares.

8. Referencias

Castells, M. (2009). *Comunicación y poder*. Madrid: Alianza Editorial.

Michels, R. (1979). *Los partidos políticos. Un estudio sociológico de las tendencias oligárquicas de la democracia moderna*. Buenos Aires: Amorrortu.

Pizarroso Quintero, A. (1994). *Historia de la prensa*. Madrid: Editorial Centro de Estudios Ramón Areces.

Roberts, A (2003). *Hitler y Churchill. Los secretos del liderazgo*. Madrid: Taurus.

Santos, F. (1995). *Periodistas. Polanquistas, sindicato del crimen, tertulianos y demás tribus*. Madrid: Ediciones Temas de Hoy.

La partícula mediática.
El descubrimiento del bosón de Higgs en cinco diarios de información general

IGNACIO BRAVO ALONSO
UNIVERSIDAD COMPLUTENSE DE MADRID
ignacioba2000@yahoo.es

1. Introducción

El descubrimiento del bosón de Higgs, el Higgs en lenguaje coloquial de los científicos, tuvo una amplia repercusión mediática el jueves 5 de julio de 2012. Hacía décadas que se especulaba con la existencia de esta partícula subatómica, que explicaría el origen de la masa de las partículas elementales. Predicha teóricamente hace medio siglo por el científico británico Peter Higgs, era indetectable al carecer los físicos de las instalaciones necesarias. Con la construcción y laboriosa puesta a punto del Gran Colisionador de Hadrones (LHC), el acelerador de partículas más grande del mundo, exponente admirable de la *big science* (la ciencia a gran escala que nació con el proyecto Manhattan de desarrollo de la primera bomba atómica) ha sido posible su detección.

Diseñado con la intención prioritaria de encontrar el bosón de Higgs, también conocido, con el recelo de los científicos, como la partícula de Dios, la esquiva partícula se "manifiesta" por fin. Se hace noticia y se convierte en una verdadera partícula mediática, al entrar a formar parte de la *agenda-setting* de los medios, que tienen muy presente la monumentalidad del LHC, los maravillosos experimentos que allí se hacen y el factor de interés humano encarnado en su descubridor, el físico Peter Higgs, de 83 años de lucidez mental, y automáticamente candidato al Nobel de Física 2012 (que finalmente no ha recibido, a la espera –la ciencia es así de escrupulosa– de posteriores comprobaciones experimentales que no dejen lugar a la más mínima duda de que la partícula puesta en evidencia es, efectivamente, el Higgs).

2. La partícula mediática

A su favor para salir en los medios de comunicación tiene el hecho de que para su detección necesita una grandiosa instalación científica, y el LHC es verdaderamente ciclópeo. Se trata de un anillo circular, un túnel de 27 kilómetros de circunferencia a 100 metros de profundidad, en la frontera entre Francia y Suiza, y puerta de entrada por Grenoble. Con una maquinaria de proporciones gigantescas, como el detector ATLAS (46 metros de longitud y 25 de diámetro) y el detector CMS (22 metros de longitud y 15 de diámetro), entre otros artilugios, y miles de piezas (9.600 imanes de los que 1.200 son dipolos superconductores que deben mantenerse a una temperatura próxima al cero absoluto) tan pesadas como frágiles, que encajan al milímetro a lo largo del túnel. Ahí dentro, a esas profundidades, se manejan inmensas cantidades de energía que se emplean para hacer chocar los protones a una velocidad próxima a la de la luz y detectar, así, las partículas subatómicas que se generan, o la huella que dejan, en la consiguiente desintegración catastrófica. Ahora se ha conseguido detectar el Higgs, y ya se estudia la posibilidad de encontrar otras partículas desconocidas, inyectando más y más energía para generar colisiones más apocalípticas, "a ver qué sale esta vez".

En estos choques de infinita brutalidad los físicos pueden reproducir las circunstancias que hicieron posible el Big Bang, con el interés añadido, teóricamente no descartable, de ocasionar microagujeros negros ¿capaces de tragarse la tierra? Aun excluida esta última posibilidad, tan excitante, la instalación y los experimentos son, en extremo, espectaculares y mediáticos. Si a todo esto le sumamos que a la susodicha partícula se la conoce también como, nada menos, la partícula de Dios, ¡quién da más! Su interés periodístico está servido, aunque su significado íntimo resulte incomprensible para el común de los mortales. Sólo unos pocos privilegiados pueden entenderlo física y matemáticamente con todas sus consecuencias. ¡Todo es maravilloso! Y el periodista especializado en la comunicación de la ciencia se encuentra ante su mayor reto: explicar lo inexplicable. ¿Estará a la altura del desafío? Argumenta Francisco Esteve (1999, 16) que "la especialización pone al alcance del profesional la necesaria información para conocer a fondo la problemática que rodea un acontecimiento. El informador puede, así, contextualizar adecuadamente el hecho y analizar sus causas y posibles efectos".

3. Un lugar en la portada

Aunque el descubrimiento del bosón de Higgs es un acontecimiento noticiable internacionalmente, la realidad concreta de España genera informaciones "próximas" que interesan al lector y que pueden ser portada con mayor, menor o igual protagonismo que el Higgs. Aun así, el bosón de Higgs es portada en los cinco diarios, solo igualado por el escándalo financiero del "caso Bankia" (economía). La rocambolesca recuperación del Códice Calixtino (sucesos y rareza) también sobresale, con cuatro portadas.

Éxito, pues, de portada para el acontecimiento científico, pero con distinto énfasis y significado. El protagonismo de la noticia es máximo en *El País*, con fotografía y titular destacados sobre las demás informaciones. Le sigue *La Razón*, que exhibe una amplia fotografía que contiene el texto informativo. En tercer lugar se encuentra *El Mundo*, en el que la noticia, que suma tres pequeñas fotografías, comparte protagonismo con otras dos informaciones en un conjunto en el que ninguna sobresale claramente sobre las demás. Para *La Vanguardia*, que incluye una pequeña fotografía, y *Abc*, el único sin ilustración sobre el evento, la información que se publica en portada es un titular que conduce al lector interesado en la noticia a las páginas interiores.

3.1. *El País*

Este diario es reconocido por la atención que presta a las informaciones científicas, que va más allá de la sección de ciencia. El Higgs no es una excepción y así lo demuestra, entre otras cosas, la relevancia de la portada. Destaca con rotundidad la noticia científica sobre las demás, que quedan empequeñecidas frente al gran titular, "Hallada la partícula clave para la comprensión del universo", y la gran fotografía del histórico acontecimiento. El titular principal elude la denominación bosón de Higgs, que sustituye por la de "partícula clave", que prosigue "para la comprensión del universo", con lo que se subraya la relevancia del descubrimiento. De los dos subtitulares que acompañan al principal, el primero, "El acelerador de Ginebra da con el bosón de Higgs, que explica el origen de la masa", aporta más datos sobre el descubrimiento: instalación empleada (acelerador), ubicación geográfica (Ginebra), denominación científica (bosón de Higgs) y lo que se ha descubierto (origen de la masa). Con el segundo subtitular, "EL CERN: 'Es un hito en la explicación de la naturaleza'", se reitera, ahora con reproducción textual entrecomillada del organismo responsable de la investigación, el CERN (Organización Europea para la Investigación Nuclear o también conocido como Laboratorio Europeo de Física de Partículas Elementales), la magnitud del acontecimiento.

La fotografía seleccionada para ilustrar el descubrimiento no es la imagen "psicodélica" de la colisión entre partículas, de la que se obtiene el rastro dejado por el bosón de Higgs, y que es la imagen elegida por los otros tres diarios (*La Vanguardia, El Mundo, La Razón*) que acompañan con fotografía el descubrimiento en portada. *El País* se decanta por una instantánea en la que se ve el salón de actos del CERN abarrotado por los científicos, que atienden las explicaciones de los responsables del experimento que ha conducido a la detección del esquivo bosón de Higgs. Con esta fotografía lo que se pretende es mostrar que los grandes avances científicos son el resultado de una labor en equipo, consecuencia de una política científica diseñada con antelación.

3.2. *La Razón*

Una gran fotografía preside la portada y representa, en corte transversal, la huella del Higgs en el detector CMS. De este modo se "personaliza" el bosón de Higgs como si fuera la pupila y el iris del mismísimo ojo de Dios, que todo lo ve y nos observa; que ésa es la asociación de ideas que impacta en el lector, cuando lee el titular entrecomillado que acompaña a esta imagen frontal de la desintegración del bosón de Higgs: "Dios está detrás de la partícula divina". Un lector que no puede evitar fijar su atención en la circunferencia de color oscuro y en el punto central desde donde salen numerosas y finas líneas amarillas que llenan el interior del círculo, en el que también hay líneas verdes discontinuas que circunvalan ese punto central. A la imagen le acompaña el antetítulo informativo "La física descubre el origen de la materia", con el rotundo titular entrecomillado: "Dios está detrás de la partícula divina", e inmediatamente debajo se identifica al que parece ser el autor de la afirmación: "El canciller de la Pontificia Academia de Ciencias dependiente de la Santa Sede, subraya que 'no hay ninguna contradicción con el hallazgo del bosón de Higgs y la teología católica'". También tiene la imagen su pie de foto escrupulosamente "laico": "La imagen muestra una colisión entre protones que da origen al bosón de Higgs".

3.3. *El Mundo*

Encajar una noticia científica, aunque sea espectacular, dentro de la portada siempre es una decisión meditada por parte de los responsables del diario, que pueden llegar a incluir la información más que por convencimiento por obligación, aunque no es el caso de *El Mundo*, que lo destaca por convicción.

Con el titular de portada "Descubren el 'cemento' de la materia", *El Mundo* es el único medio que se arriesga a titular la noticia recurriendo a una metáfora para superar el término científico "bosón de Higgs". Ya dentro de la información, en la misma portada, el periodista científico Miguel G. Corral contextualiza el bosón de Higgs con las otras partículas y remarca lo del "cemento", a lo que añade el símil de los "ladrillos": "Las partículas elementales de la Física –la unidad mínima con la que trabaja este campo científico– se dividen en fermiones y bosones, por los físicos Enrico Fermi y Satyendra Nath Bose. Los primeros son los *ladrillos* de los que está hecha la materia. Y los segundos, los mediadores entre las fuerzas en el Universo, es decir, el *cemento* con el que se unen los *ladrillos*".

La estrategia informativa del periódico para acercar la noticia al público es, por consiguiente, apostar con decisión por la palabra "cemento" obviando la terminología científica de "bosón de Higgs". El titular podía haber sido, por ejemplo: "Descubren el bosón de Higgs, el 'cemento' de la materia", que incluye la denominación científica aunque a costa de hacer más largo el titular. También había la posibilidad de aprovechar el subtitulo para hacer referencia explícita al bosón de Higgs, pero en lo que se incide es en el aspecto humano de la noticia, que es el hecho de que ha pasado medio siglo desde que un tal "profesor Higgs" propuso su existencia para explicar el origen de la masa de las partículas elementales: "La teoría del profesor Higgs, demostrada 48 años después en el CERN".

3.4. La Vanguardia

El descubrimiento del bosón de Higgs se reduce a un titular con una fotografía pequeña de la representación, aunque críptica siempre llamativa, del choque entre partículas que pone al descubierto las huellas de la existencia del bosón de Higgs. Situado inmediatamente debajo de la cabecera del periódico, en el titular no se identifica el descubrimiento con la partícula de Higgs sino con una denominación que causa furor en los *mass media*: "La 'partícula de Dios' abre nuevas puertas a la física". No dice qué puertas ni el motivo de su fama, que es la capacidad de explicar por qué las partículas poseen masa. No obstante, el conjunto "partícula de Dios" más la afirmación de que "abre nuevas puertas a la física" más la ilustración, puede servir de acicate a la curiosidad del lector generalista, un poco fatigado de nuestra penosa actualidad cotidiana.

3.5. ABC

Sorprende la poca relevancia con la que se presenta en portada la noticia, reducida al antetítulo, un tanto convencional, de "Hito científico", y al titular, con más información, "Encuentran el bosón de Higgs, la partícula que explica el origen de la materia del universo". Algo frío para el lector poco motivado por la aventura de la ciencia, que requeriría algo más de sensacionalismo, de sensacionalismo aceptable se entiende, según lo definíamos como "el acondicionamiento de la información científica al mensaje periodístico, en el que el periodista especializado en ciencia asume el riesgo de una excesiva simplificación del mensaje, incluso de su frivolización, al manipular de manera intencionadamente positiva la información para incidir en lo que tiene de sensacional, con el objeto de captar la atención de una audiencia habitualmente ajena a las novedades científicas" (I. Bravo, 2010, 78). La ausencia de fotografía termina por condenar la noticia a la marginalidad en cuanto hecho destacado de portada.

4. Explicar lo inexplicable

Pero, ¿es posible explicar en los medios de comunicación de masas lo que es el bosón de Higgs? Periodistas y científicos lo intentan con diferente suerte pero siempre con ilusión y esfuerzo. Por definición, no hay barreras para el periodista científico a la hora de afrontar el reto de explicar cualquier logro científico. Para hacer entendible el bosón de Higgs los periodistas –y los científicos también, por supuesto– se devanan los sesos buscando las explicaciones, metáforas, comparaciones, analogías y símiles más apropiados para acercar, en la medida de lo posible y de lo imposible también, el enrevesado y surrealista e irreal concepto de bosón de Higgs al lector. Para Heloisa Dallanhol (1999, 615): "El uso de buenas analogías puede eliminar barreras de comunicación porque tanto lectores como científicos y periodistas tienen en común el raciocinio analógico. Esta manera de pensar típica de la mente humana se produce cuando nos presentan un dato nuevo y, para asimilarlo más pronto, lo comparamos a algo que ya sabemos y que sea análogo en cierto aspecto". El "dato nuevo" es la existencia del bosón de Higgs, y "algo que ya sabemos" es lo que el científico y el periodista buscan con ahínco en la realidad cotidiana para establecer la comparación que permita al lector familiarizarse con el Higgs.

Un lector que no puede ser pasivo, que debe poner de su parte para alcanzar la ansiada meta de vislumbrar, en lo esencial, el mundo de las partículas subatómicas en donde habita el bosón de Higgs. En este contexto de exigencias, los desvelos del periodista también tienen su recompensa; la íntima satisfacción, que no se paga con dinero, de intuir que con sus desvelos ha ayudado al lector a que pueda seguir la actualidad científica.

4.1. Pero, ¿qué es el bosón de Higgs?

Con la habitual e inevitable premura de tiempo que caracteriza a la información periodística, los periodistas de los medios analizados buscan, con la creatividad de que son capaces, las fórmulas que consideran más efectivas para explicar el bosón de Higgs, y que el lector pueda disfrutar de esa maravillosa noticia científica, que de otra manera resultaría opaca.

Pero antes de analizar lo que hacen los periodistas y los científicos colaboradores de los medios, es oportuno buscar una explicación de alta divulgación científica –lo que encontramos en la revista *Investigación y Ciencia*–, útil como referencia básica para las interpretaciones sobre el Higgs ofrecidas en los medios de comunicación.

4.1.1. A modo de definición
Explican las científicas Martine Bosman y Teresa Rodrigo (2012, 16) "'[…] el bosón de Higgs no es una partícula más: desempeña un papel muy destacado en nuestra concepción de las leyes más profundas de la naturaleza. Todo lo que sabemos sobre el mundo subatómico queda englobado en el modelo estándar, una teoría que describe con una precisión extraordinaria las propiedades de todas las partículas elementales conocidas y la manera en que estas interaccionan entre sí. Sin embargo, existe una cuestión fundamental para la que el modelo estándar no encuentra fácil respuesta: ¿por qué las partículas elementales poseen masa? La pregunta surge porque, en principio, las ecuaciones básicas que describen las interacciones entre partículas nos dicen que estas deberían carecer de masa. Pero, si así fuese, el universo mostraría un aspecto completamente distinto del que conocemos. No habría átomos ni materia ordinaria y, por supuesto, no existiríamos".

En este punto conviene remarcar que la afirmación final de que sin el bosón de Higgs "no existiríamos" ayuda a entender el motivo por el que ha hecho fortuna la expresión "partícula de Dios". Denominación que tiene su origen en un malentendido entre el Nobel de Física Leon Lederman, que proponía como denominación del bosón de Higgs, para el libro de divulgación que había escrito, el de "partícula maldita," por las dificultades para su detección, y el editor del libro, que lo cambió por el más comercial de "partícula divina", quedando para la posteridad como "partícula de Dios". A este respecto, dicotomía bosón de Higgs-partícula de Dios, hay que decir que de los dos editoriales que ha generado el Higgs (*El País* y *El Mundo*) en *El Mundo* se apunta la trascendencia religiosa de la partícula: "Los creyentes verán en este descubrimiento un designio divino a la hora de crear el mundo, mientras que los agnósticos defenderán que se ha dado un paso más para entender la materia".

Las científicas prosiguen su explicación del bosón de Higgs concluyendo que: "Es aquí donde interviene el mecanismo de Higgs. La idea consiste en postular la existencia de un 'medio' omnipresente en el universo: el campo de Higgs. Al interaccionar con dicho medio, las partículas adquieren masa como resultado de la fricción que se genera". Para creer lo que sucede –el nacimiento de la masa– que parece ciencia-ficción, hay que tener "fe" en la ciencia, confiar en la capacidad de los científicos para desentrañar los misterios de la Naturaleza.

4.2. Interpretación mediática

Todos podemos participar en la aventura de buscar nuestra analogía de lo que es el bosón de Higgs. Desde mi perspectiva de periodista científico visualizo el Higgs en un escenario en el que lo comparo con la temperatura y el estado del agua: A temperatura normal (equivalente a no existir el campo de Higgs) el agua se mantiene líquida (partículas subatómicas sin masa), pero al disminuir la temperatura a bajo cero (el bajo cero es el campo de Higgs) el agua pasa de estado líquido a estado sólido, a hielo (el proceso de congelación sería la masa de las partículas subatómicas). Dicho de otra manera: sin la temperatura bajo cero (sin el campo de Higgs) no existiría el hielo (no existirían las partículas con masa); sería agua líquida (serían partículas sin masa).

De toda la información que genera en los medios el descubrimiento del Higgs, nuestro interés se circunscribe exclusivamente a la explicación de lo que es, precisamente, el bosón de Higgs. Si una de las características de la noticia de ciencia es que puede ser necesario para su comprensión explicar el significado de alguno de los hechos contenidos en ella, el caso del Higgs es un ejemplo paradigmático de las dificultades que hay que superar para llegar al lector.

4.2.1. El País

Como todos, la veterana periodista especializada en ciencia, Alicia Rivera, tiene que pensar en la fórmula más adecuada para acercar a sus lectores el concepto que encierra el Higgs. Y lo hace reproduciendo en su reportaje la explicación directa de los científicos, lo que siempre es una fuente de autoridad, aunque también aporta de su propia cosecha. Al inicio del reportaje escribe: "El Higgs, dicho de modo muy sencillo, ayuda a explicar por qué existe la masa de las partículas elementales. Si el electrón, por ejemplo, no tuviera masa no se formarían los átomos y sin átomos no existirían ni estrellas, ni planetas ni personas". Hacia la mitad del reportaje reitera la explicación, acudiendo a la propia fuente: "Sin masa, el universo sería un lugar muy diferente", explican los científicos del CERN. "Por ejemplo, si el electrón no tuviera masa, no habría química, ni biología ni personas. Además, el Sol brilla gracias a una delicada interacción entre las fuerzas fundamentales de la naturaleza que no funcionaría si algunas de esas partículas no tuvieran masa". La tercera explicación es la más extensa y parece que también la que más convence a la periodista: "Una de las ideas más eficaces es la propuesta por el físico del CERN Gian Francesco Giudice en su libro *A Zeptospace Universe*: las partículas adquieren masa al interaccionar con el llamado campo de Higgs. Piense en agua en la que nadan delfines y se bañan hipopótamos, dice Giulice; para las partículas que no tienen masa, como el fotón, el agua es totalmente transparente, como si no existiera, mientras que las que tienen masa, pero poca, se deslizan fácilmente sin apenas interaccionar con el líquido, como los delfines. Las partículas masivas, como si fueran hipopótamos, se mueven con dificultad en el agua. El campo de Higgs, el agua en el símil, se expresa en determinadas condiciones como una nueva partícula, como una ola en el agua, que es la que probablemente han encontrado ahora los físicos del LHC".

Se recurre, también, al líquido elemento para explicar el Higgs en la ilustración que acompaña el reportaje de la periodista. La explicación de lo que puede entenderse que es el Higgs se localiza en el punto 3 de la infografía, con dibujo de ballena incluido y texto: "3. El ejemplo de la sardina y la ballena: Muy usado para explicar el campo de Higgs: la sardina (electrón) se desplaza rápidamente porque tiene menos masa y por tanto interactúa menos con el agua (campo de Higgs). La ballena (quark) se desplaza más pesadamente, pues tiene mayor masa y su interacción con el agua es mayor".

Sumar a la información redactada por la periodista la colaboración del científico siempre es enriquecedor. *El País* recurre a la opinión, especialmente autorizada, del físico Álvaro de Rújula, que trabaja en el CERN, y que nos cuenta: "[…] Las partículas elementales, a diferencia de un buen vino, tienen muy pocas propiedades *personales*. Nuestro querido bosón estándar, por ejemplo, tiene solo su masa; su carga eléctrica y su *spin* son nulos. Sus demás propiedades son *sociales*: la intensidad con la que interacciona con otras partículas, incluido consigo misma. La autointeracción del bosón parecería su faceta menos erótica, pero es la más interesante: implica nada menos que el vacío y la nada no sean lo mismo. El vacío –el estado de mínima energía– está *lleno* de una sustancia, el campo de Higgs, cuyas vibraciones son los bosones de Higgs. La interacción del vacío –que no lo está– con el resto de las partículas hace que tengan las masas que las caracterizan: el vacío les concede buena parte de su *carné de identidad* […] ". Todo un derroche de imaginación por parte del físico teórico en su afán de acercarnos el bosón de Higgs a nuestra vida cotidiana.

También colabora con un artículo de opinión el físico Cayetano López, director general del CIEMAT (Centro de Investigaciones Energéticas, Medioambientales y Tecnológicas), en donde explica lo difícil que es identificar el Higgs de entre otras partículas: "[...] de entre billones de interacciones en las que se generan centenares de partículas elementales, había que demostrar que apenas unas decenas de ellas, en las que podría haberse formado la hipotética partícula, poseían las características inequívocamente asociadas a su formación y posterior desintegración". Queda claro para el lector que no hay foto del bosón de Higgs, sino foto de su paso fantasmal.

A los dos artículos de opinión de los físicos se suma el del periodista científico Javier Sampedro, en donde también se dan pistas para entender por donde se mueve el Higgs "[...] el bosón de Higgs tiene una naturaleza dual: es a la vez una partícula y un campo ondulatorio que permea todo el espacio [...]", "[...] ese campo es un residuo directo del Big Bang. El campo de Higgs fue la primera cosa que existió una fracción de segundo después del origen de nuestro universo, y la que explica no sólo las propiedades de este mundo –como la masa exacta de todas las demás partículas elementales–, sino también su mera existencia".

4.2.2. La Razón

En la infografía que acompaña al reportaje del periodista que lleva los temas de ciencia y educación, J.V.Echagüe, se plantean tres preguntas: ¿Qué es el bosón de Higgs?, ¿qué se ha descubierto?, y ¿cómo se ha hallado? Para responder a la primera pregunta se incluye la que se denomina "La analogía de la 'celebrity'", que en tres cuadros ilustrados con las figuras de un grupo de personas trata de familiarizarnos con el Higgs. En la primera infografía el texto nos introduce: "En una fiesta, los invitados están esparcidos por la sala (ésta es el campo de Higgs, el universo). De pronto, llega algún famoso y los invitados…". Sigue el texto en la segunda infografía: "…forman corrillo a su alrededor. A medida que el famoso camina por la sala, el grupo de invitados que le rodea se hace mayor y adquiere mayor impulso". Y en la tercera infografía se concluye: "Ahora, parar al grupo es más difícil de lo que sería parar a un invitado solo. Así podemos decir que el grupo ha adquirido masa". Para recalcar el mensaje añaden el resumen: "Famoso (tipo de partícula) interactúa con Grupo (bosones de Higgs)".

En el reportaje del periodista que narra la historia del descubrimiento, no hay una explicación elaborada de lo que es el Higgs, aunque se pueden extraer los siguientes comentarios: "Si Newton explicaba por qué la manzana caía al suelo, 'el bosón de Higgs' revelaría que, si la pieza de fruta cae, se debe a que es materia dotada de masa. Porque sin masa, no habría ni gravedad. Y sin gravedad, no habría universo. Y sin universo..." (concluye la frase con puntos suspensivos), y: "...tras confirmar que existe una partícula –divina o no– responsable de que el resto tengan masa, quizás pueda aportarnos pistas de fenómenos que permanecen abiertos al debate, como esa materia oscura que vaga por nuestro universo y cuyas propiedades se desconocen".

Se ofrece más información sobre la naturaleza del Higgs en la entrevista al teólogo y físico de la Universidad de Navarra, Javier Sánchez Cañizares. A la pregunta: "¿Cómo puede entender una persona de a pie este hito de la ciencia?", contesta: "[...] Es una partícula que dura muy poco y se deduce su existencia de los productos finales. Se podría explicar con un ejemplo: es como si las partículas fundamentales fuesen diferentes tipos de fruta y quisiéramos adivinar de qué árbol proceden, de qué bosque, de qué tierra. El bosón sería como el humus de ese terreno, la energía necesaria". Y termina con el interrogante existencial: "Lo apasionante es descubrir qué hay debajo de ese suelo".

4.2.3. El Mundo

Prosigue el periodista la información de portada en el reportaje de páginas interiores. En la entradilla se identifica el bosón de Higgs con "el 'pegamento' que une la materia..." y, próxima la conclusión del reportaje, compara el bosón de Higgs con el fotón, partícula ésta que puede resultar familiar a más lectores: "Por ese motivo, Peter Higgs predijo la existencia de un mecanismo que se puede describir como un campo invisible presente en todos y cada uno de los rincones del universo. Ese campo es precisamente el que hace que las partículas que lo atraviesan tengan masa. El bosón de Higgs es el componente fundamental de ese campo, de la misma manera que el fotón es el componente fundamental de la luz. Es el intermediario presente en todas partes del universo que hace que las partículas tengan masa, el *cemento* que permite a otras partículas elementales como los quarks organizarse y formar cuerpos como los electrones, neutrones y protones que componen el átomo, y por tanto la materia". Ningún medio apuesta tan fuerte a la hora de emplear una metáfora para explicar el Higgs, lo que debe reconocerse como valor añadido a la noticia científica.

4.2.4. La Vanguardia

La característica distintiva con respecto a los otros medios analizados es que en el periódico de papel no se explica lo que es el bosón de Higgs. Al final del reportaje, para el lector interesado en acceder a una explicación, se remite a la web de *La Vanguardia*: "Guía básica para comprender el bosón de Higgs". Así se obvia la explicación dentro del reportaje. Un reportaje, firmado por el periodista científico Josep Corbella, en el que se cuenta todo lo que hay que contar sobre el descubrimiento, excepto lo que es el Higgs. Tampoco se aprovechan las posibilidades de la infografía que acompaña al reportaje para explicarlo. Es una decisión que puede provocar la frustración del lector, que siente curiosidad por saber "qué demonios" es eso, que ha leído en la portada, de: "La 'partícula de Dios' [...]".

No obstante, alguna pista se ofrece en el reportaje: "El problema de observar el Higgs es que es tan efímero que se vuelve a transmutar en energía y en otras partículas antes de que los físicos puedan verla. De ahí que haya que deducir su existencia a partir de las partículas que nacen de ella. Viene a ser como identificar a un fugitivo a partir de las huellas que deja". También hay dos destacados que llaman la atención de la trascendencia cósmica de esta partícula tan especial: "Universo visible: El bosón de Higgs es la última pieza que falta en la teoría que explica el universo visible" y "Universo oscuro: La nueva partícula puede arrojar luz sobre la materia y la energía oscuras".

4.2.5. ABC

Es de subrayar el despliegue informativo de *ABC* en el interior del periódico, que no se puede presagiar en la pobre referencia del descubrimiento que se hace en la portada. Hay que destacar que en la interpretación del bosón de Higgs se acude a las explicaciones del "intelectual profano", el periodista especializado en ciencia y el científico de prestigio.

Escribe el jefe de opinión de *ABC*, Jaime González, sobre el hallazgo y reconoce que es un profano en el tema, lo que ejemplariza, una vez más, que el conocimiento de la actualidad científica no se considera conocimiento cultural. Una de las reivindicaciones de la ciencia es que los intelectuales de "letras" lo sean también de "ciencias" para, así, ser intelectuales completos, ya en pleno siglo XXI. De todas formas, es de elogiar su interés en comentar el descubrimiento, que leerán con especial curiosidad los lectores habituales (vínculo sentimental con el columnista) de sus artículos de opinión: "Cómo explicarles lo que significa el hallazgo del bosón de Higgs, si no sé lo que es un bosón y hasta hace un rato ignoraba que Higgs fuera un físico británico. En mi afán por aclararme, topé con este ejemplo en una revista científica: 'Imagine que se encuentra en una fiesta y entra Jessica Alba. Quienes están junto a la puerta se agrupan en torno a ella. A medida que se mueve por la sala, los asistentes más cercanos se ven atraídos por la actriz que se mueve con más dificultad que si estuviera sola, pues todos intentan acaparar su atención. Este efecto de acúmulo es el mecanismo de Higgs'".

El periodista científico José Manuel Nieves se preocupa en su reportaje de acercarnos al recién descubierto bosón de Higgs con una explicación muy detallada, que inicia con el comentario: "[...] sin la que el Universo, sencillamente, no existiría tal y como lo conocemos". Pocas líneas después se extiende: "Según Higgs, existe un campo de energía que permea todo el Universo, y las partículas se mueven a través de ese campo igual que los peces lo hacen a través del agua o un avión a través del aire. Cuanto mayor es la partícula más resistencia encuentra al moverse". Y prosigue: "La masa sería precisamente eso, la cantidad de resistencia encontrada por las partículas al moverse por el campo de Higgs. Algunas partículas, como los fotones, no tienen masa y pueden viajar a la velocidad de la luz. Pero esa es una excepción. Todas las demás –protones, electrones, neutrones– viajan más despacio porque encuentran esa resistencia e interactúan con las 'piezas' mínimas que componen el campo, esto es, los bosones de Higgs". Para concluir la explicación: "Cuando colisionan con ellos, las partículas pasan de ser 'paquetes de energía' a 'paquetes de materia'. Lo cual, dicho sea de paso, es el proceso que permite que existan los objetos sólidos como nosotros. El bosón de Higgs, por su parte, obtiene su masa directamente del campo del que forma parte".

No ceja el periodista del *ABC* en su esfuerzo de familiarizarnos con el Higgs, y en el artículo que escribe a continuación insiste: "El bosón de Higgs está asociado a un campo energético, llamado el Campo de Higgs, que inunda todo el Universo de la misma forma en que el agua inunda una piscina. Y es precisamente así, 'nadando' en el campo de Higgs, como las diferentes partículas (protones, neutrones, electrones, etc.) adquieren su masa". Y continua con la explicación: "Las más pequeñas y ligeras encuentran menos resistencia a la hora de moverse. Las más grandes lo hacen con mayor dificultad. Sin este mecanismo ninguna partícula tendría masa y ninguna de ellas habría podido juntarse con otras partículas para formar átomos y después, poco a poco, objetos más complejos y grandes como estrellas y planetas (o seres humanos)".

Acude el medio, también, a la colaboración, con un artículo de opinión, de un científico que ocupa un cargo de máxima relevancia en el organigrama de la investigación en España; Emilio Lora-Tamayo, presidente del CSIC (Consejo Superior de Investigaciones Científicas): "Según teorizaron entonces, todo el universo está lleno de un campo invisible, llamado campo de Higgs. La 'fricción' de las partículas con este campo, que se opone a su movimiento, es la que produce el efecto de una masa. Los bosones de Higgs son las excitaciones de ese campo, como las ondas producidas en un estanque […]".

5. Conclusión

Los periodistas afrontan el problema de la interpretación de lo que es el Higgs con profesionalidad, acudiendo a los científicos y buscando analogías que ayuden a entender el intrincado concepto que esconde esta partícula elemental tan especial y su increíble mundo subatómico. La lectura de las explicaciones elaboradas por los científicos, mas la que nos ofrecen los periodistas, hace que nos vayamos familiarizando con el bosón de Higgs, y comprendiendo mejor su compleja "forma de ser".

Y aunque todo es mejorable, los periodistas especializados en ciencia cumplen con su trabajo, con su misión, como afirma Manuel Calvo Hernando en el punto I de su *Decálogo del Divulgador de la Ciencia*: "Ante todo, tendrá conciencia de su altísima misión: poner al alcance de la mayoría el patrimonio científico de la minoría". Misión imposible, quizás, pero misión cumplida a la espera de las próximas hazañas del bosón de Higgs que el periodista científico afrontará con la experiencia conseguida en la redacción de la noticia de su descubrimiento.

6. Referencias

Bosman, M. y Rodrigo T. (2012). La búsqueda del bosón de Higgs. En *Investigación y Ciencia* (pp. 16 y 18). Barcelona: Prensa Científica.
Bravo Alonso, I. (2010). El sensacionalismo aceptable. Necesario para incrementar la audiencia del periodismo científico. E. Blanco Castilla y F. Esteve Ramírez (Eds.). *Tendencias del periodismo especializado* (p. 78). Málaga: Servicio de publicaciones de la Universidad de Málaga.

Dallanhol, H. (1999). Como facilitar la comprensión de las noticias sobre ciencia a través del uso de analogías. En Ernesto Páramo Sureda (Coord.). *Comunicar la ciencia en el siglo XXI. I Congreso sobre comunicación social de la ciencia. Libro II Actas del Congreso* (p. 615). Granada: Parque de las Ciencias.

Esteve Ramírez, F. (1999). *Comunicación especializada*. Alicante: Ediciones Tucumán.

ANEXO (Portadas de los diarios analizados: 5 de julio de 2012)

La partícula mediática. El descubrimiento del bosón de Higgs...

Periodismo Institucional. La experiencia en el Ayuntamiento de Madrid como una forma de Periodismo Especializado

MARÍA JOSÉ CAVADAS GORMAZ
UNIVERSIDAD COMPLUTENSE DE MADRID
mcavadas@ccinf.ucm.es

1. Introducción

La comunicación institucional ha sido un campo donde han impactado de forma sobresaliente los cambios producidos en los últimos años. Las transformaciones en el terreno sociopolítico, económico, e incluso científico han afectado al espacio institucional de tal manera que se ha convertido en el punto donde convergen y se desarrollan las nuevas teorías y experiencias.

Las instituciones, consideradas tradicionalmente como fuente informativa que mantenía una actitud receptiva y de espera ante las demandas informativas, han dado un paso hacia adelante para convertirse en proveedoras de contenidos de forma proactiva.

En poco más de dos décadas, las instituciones han desarrollado herramientas de comunicación para mantenerse constantemente visibles ante la opinión pública. Ni siquiera aquellas instituciones que por sus características tradicionalmente han huido del protagonismo de los medios, departamentos de asuntos económicos, policía, seguridad nuclear, entre otros, se resisten al atractivo de notoriedad y se han lanzado a la arena informativa con pasión. La "politización" que se ha impuesto en cualquier parcela de actuación y el afán de sus responsables por ganar prestigio mediático explican esta búsqueda de los focos. Vivimos en un estado de permanente campaña electoral que obliga a los aspirantes a mantener una constante presencia en los medios. El presente trabajo explica las características de la comunicación en el Ayuntamiento de Madrid, institución que sirve de referencia sobre una forma de Periodismo Especializado que encuentra en la proximidad y en la utilidad sus características más representativas.

2. La institución como centro de interés mediático

El Ayuntamiento de Madrid, como el de cualquier otro municipio, constituye una fuente informativa de primer orden dentro del ámbito local. A esta afirmación hay que añadir características distintivas por tratarse de una localidad de grandes dimensiones y que, además, es la capital de España. Desde este punto de vista, el ayuntamiento madrileño pertenece a esa constelación de grandes capitales donde lo global y lo local resulta un todo indisoluble, y esta dualidad proporciona argumentos informativos más que suficientes para atraer la atención de los medios de comunicación.

Las ciudades se han convertido en epicentro de grandes batallas políticas y comerciales y dentro de este juego de poderes la comunicación se ha revelado como un valor estratégico que abarca cualquier parcela de gestión y cualquier estamento político o social.

La suma de estos factores ha dado un vuelco radical al modelo de comunicación institucional en general, pero han sido las ciudades quienes han abrazado este cambio con mayor pasión habida cuenta del peso demográfico y político adquirido. Además del peso demográfico, las ciudades sirven de plataforma de lanzamiento a los políticos para alcanzar instancias superiores. El Ayuntamiento de Madrid es un caso paradigmático como trampolín político, pero otro tanto puede decirse de otros municipios europeos.

En este contexto, la comunicación política ha necesitado desarrollarse y para ello ha tomado herramientas de comunicación comercial más agresivas que garanticen la presencia constante de los aspirantes a ocupar cargos en los medios de comunicación. Si la comunicación comercial ha demostrado que, en este mundo global, lo que más vende es lo local (Roberts, 2008), el aserto se puede aplicar a la comunicación institucional sin peligro de cometer desliz alguno. Como se verá más adelante, las estrategias del *marketing* han irrumpido de tal forma en la comunicación institucional que las ciudades responden a los mismos criterios de marca que cualquier otra corporación.

Comencemos por definir qué es una institución. Institución es la ley, costumbre, uso, práctica, organización u otro elemento establecido en la vida social y política de un pueblo. El principio regulador o convención al servicio de las necesidades de una comunidad organizada, según Scrutton (1982, 225). El concepto de institución lleva consigo el debate de quien responde a la misma. Está compuesta por personas, pero no se identifica con una de ellas; tiene personalidad jurídica propia distinta de la personalidad que tiene cada una de las personas que están en ella.

¿Es lo mismo comunicar una Concejalía de Medio Ambiente que una agencia de viajes? Para empezar, se puede decir que las instituciones públicas se diferencian de las privadas en la duración del mandato de quienes las lideran, en la selección de personal, en los condicionantes legales y en los públicos. El liderazgo de una institución pública está sujeto a unos plazos electorales que generalmente son más cortos que los de las instituciones privadas y tienen importantes implicaciones en términos de comunicación.

Las instituciones pueden ser económicas, culturales y políticas, aunque toda organización tiene una cierta dimensión política. Una organización se legitima, en parte, gracias a la aceptación del resto de los ciudadanos que le otorgan reconocimiento, añade Sotelo (2001, 24). Y aquí radica la dimensión comunicativa de la institución pública: en que su supervivencia está ligada a la capacidad que tenga para definirse, para mostrar sus objetivos, para justificar sus acciones y para implicar a los demás. Su identidad se constituye no sólo por lo que la ley le atribuye, sino a través de la interacción que establece con cada una de las personas relacionadas con ella.

La comunicación de las instituciones públicas está regulada de manera más estricta que la comunicación de las empresas. Para alcanzar su propósito general, la comunicación de la institución pública debe seguir rigurosamente lo establecido por ley.

El público de una institución pública es más extenso que el de una privada, su segmentación y variedad son también más complejos.

3. Información institucional y especialización

A continuación cabe preguntarse si la comunicación ejercida desde un ayuntamiento, en este caso el de Madrid, constituye una forma de Periodismo Especializado. Para ello debe reunir los requisitos de tiempo, espacio y periodicidad. Según señalan Esteve y Fernández del Moral (1999, 79 y 82): es decir, "los hechos relatados tienen que suceder en la localidad donde se edita el diario o está ubicada la emisora de radio o televisión y debe ser una sección continua y diaria porque recoge el pulso de la localidad". Debe cumplir el criterio de proximidad: "El ciudadano se siente implicado" y se utiliza un lenguaje claro, directo y expresiones propias de la zona geográfica.

La información local es una forma de especialización. Fernández del Moral y Esteve (1996, 51) y Romano (1984, 87) entienden por especialización el conjunto de actividades encaminadas a la elaboración, transmisión y recepción de informaciones y conocimientos relativos a un área concreta del Periodismo. Dentro de esta definición se consideran áreas de especialización el conjunto de parcelas informativas interrelacionadas por unos mismos contenidos e intereses similares.

Tradicionalmente estas grandes áreas de especialización periodística se asignan a las secciones de política, economía, social y cultural. Por otra parte, el tono informativo se encuentra dentro de lo que se conoce como Periodismo de Servicio (Diezhandino, 1994, 53), es decir, la mayoría de las informaciones son útiles para el ciudadano: agenda cultural, de tráfico, programas de salud y atención educativa, datos prácticos: fechas, horarios, direcciones, etc. Además cumple una función social (vid. E. Dovifat, 1960, 49); es decir, pone en comunicación a los grupos sociales propiciando la integración.

La idoneidad de la especialización ha sido muy debatida. Antonio Alcoba López (1993,137) considera las áreas temáticas Política, Economía, Social y Cultural como géneros periodísticos, mientras que Pedro Ortiz Simarro (1997, 96) asegura que el periodista especializado es tan bueno como el mejor de los periodistas generalistas. Otros autores defienden que una de las maneras de atajar la crisis que aqueja al Periodismo actual es la especialización, "una forma de conocimiento profundo de la parcela del Periodismo en la que se trabaja" (Diezhandino, 2012).

Podemos concluir que estamos ante un ejemplo de Periodismo Local de corte institucional que responde a las características que se atribuyen al Periodismo Especializado.

4. Nuevos hábitos informativos

La siguiente cuestión que se plantea es quién realiza esta labor de comunicación en las instituciones locales. La respuesta inmediata está en los gabinetes de prensa, mediadores entre los gobernantes y los medios de comunicación. "Los comunicadores son, ante todo, mediadores en la medida misma en que el orden del Estado, el de las demandas sociales y el de las libertades públicas se separan unas de otras"(Touraine, 1992, 47).

El Ayuntamiento es la principal fuente informativa dentro del ámbito local y difunde la información a través del Gabinete de prensa. Yolanda Martínez Solana (2004, 90) justifica la razón de ser de un gabinete de comunicación porque la institución desconoce los códigos de funcionamiento interno de los medios.

La información que puede suministrar un ayuntamiento obedece a una enorme variedad temática. Economía, sanidad, educación, urbanismo, seguridad, cultura, deportes, hacienda... La lista es interminable. La variedad de los asuntos objeto de información permite colocar a la comunicación institucional local dentro de lo que se conoce como "mesoinformación", según Esteve (1999, 89). Mientras que a un ministro solamente se le preguntará por los asuntos específicos de su cartera, a un alcalde, especialmente si es el alcalde de una ciudad capital, le pueden preguntar por una guardería o por el referéndum de independencia de una comunidad autónoma.

En menos de dos décadas los gabinetes han ampliado el horizonte de competencias para dar cabida a un concepto de comunicación más amplio. Además de cumplir el precepto legal de informar de las decisiones de gobierno, el objetivo de la estrategia de comunicación es atraer al ciudadano elector, de la misma manera que en las corporaciones comerciales se dirigen al ciudadano consumidor.

A partir de este cambio de enfoque, la comunicación institucional local echa mano de herramientas orientadas a la promoción, imagen de marca y notoriedad. Si los gabinetes de prensa tradicionales se limitaban a emitir comunicados y notas de prensa sobre las decisiones de gobierno que pudieran incidir en la ciudad: asuntos relacionados con urbanismo, sanidad, medio ambiente, consumo o deportes, y el flujo informativo lo marcaba estrictamente el ritmo de la gestión municipal, en los últimos tiempos es el interés por comunicar lo que inspira buena parte de la gestión municipal. Se ha impuesto la costumbre de "vender", como se conoce en el argot periodístico a distribuir noticias, actuaciones de gestión cuando todavía son un simple esbozo. Un ejemplo es la remodelación del Eje Cultural Prado-Recoletos.

Una vez que se ha identificado al ciudadano elector como destinatario de la estrategia de comunicación, lo inmediato es colocar ante sus ojos a la persona que acudirá a la contienda electoral. De este modo, la comunicación institucional se ha ido personalizando en la figura del alcalde. Una visita a la página web del portal municipal madrileño (www.madrid.es) permite comprobar que la información sobre la alcaldesa ocupa la parte más visible de la *home*, además de otorgarle un tratamiento diferenciado en cuanto a diseño, tipografía y color que la diferencia del resto de los contenidos.

El nuevo modo de comunicar es particularmente llamativo en el tratamiento fotográfico. Las fotos oficiales, hieráticas y envaradas, han sido sustituidas por otras de mandatarios que suben en bicicleta, se sientan en un pupitre junto a los escolares y saludan a los ancianos. El fotoperiodismo ha ganado un espacio donde predominaba el sentido del protocolo.

5. El impacto de Internet

Internet aparece en el momento de auge de esta tendencia explosiva de la comunicación política. La red amplía hasta el infinito las posibilidades de visibilidad, al tiempo que hace realidad el mito de la comunicación. Es decir, los ciudadanos se sienten actores de un proceso y no simples destinatarios (Timoteo, 2005).

Las posibilidades de la web 2.0 dispara el número de impactos, al tiempo que altera por completo el ritmo de trabajo de los medios de comunicación, muy especialmente de la prensa escrita, considerada tradicionalmente el espacio apetecido por los políticos, por encima de los audiovisuales.

Las redacciones de los periódicos se liberan de las limitaciones de la hora de cierre de los diarios para entrar en la imprenta. Desde ese instante hasta la siguiente edición no había posibilidad de introducir modificaciones ni actualizar contenidos. La tecnología digital permite acceder a la información en el mismo instante en que se produce y el espacio digital es infinito. Lo *on line* abre nuevas posibilidades de incrementar la presencia en el espacio virtual pero, al mismo tiempo, incrementa las servidumbres. Las instituciones deben ampliar los recursos para atender las exigencias informativas. Los gabinetes de prensa deben adaptar sus horarios y fórmulas de trabajo para atender a los medios digitales.

6. El marketing como herramienta de comunicación institucional

El cambio operado en la comunicación institucional no podría comprenderse sin los cambios sociológicos y de consumo de las últimas décadas. Estamos ante un ciudadano que se considera protagonista y depositario del poder (Timoteo, 2005) que le otorga derechos, protagonismo y una cierta capacidad de elegir. Las Tecnologías de la Información (IT), le han colocado en sus manos la llave para interactuar con los habituales suministradores de información, es decir, con las fuentes tradicionales depositarias de ese poder. De tal manera que el ciudadano da un salto hacia adelante y abandona la resistencia a dirigirse al ayuntamiento para solicitar información.

Por otra parte, según los hábitos de consumo, el ciudadano demanda sobre todo noticias por encima de las opiniones o las interpretaciones. Y quiere conocer cuanto ocurre en tiempo real. Todo ello aboca a una forma de ejercer la comunicación más comercial.

El *marketing* está concebido como una forma de comunicación comercial, orientada a la promoción de servicios, marcas e ideas. Está más vinculado a las organizaciones empresariales y financieras y concebido para el incremento de ventas (Martínez Solana, 2004, 120).

Las herramientas de la comunicación comercial se han adaptado en las instituciones con unos resultados de éxito notable. No se trata de la tradicional supervisión de las campañas publicitarias a las agencias contratadas, sino de aplicar criterios comerciales en la elaboración de los mensajes. Hoy día, los valores de marca de unas ciudades impregnan los mensajes informativos con el fin de proporcionar lazos emocionales con el público.

7. Nuevas estrategias

El auge de la comunicación institucional tiene todavía otra explicación. El debate partidista se ha trasladado en buena medida a las instituciones. En su seno, los partidos políticos libran batallas dentro de sus propias siglas y esta circunstancia coloca a las instituciones en el foco mediático. El concepto de ciudadano/vecino amplía horizontes y la comunicación busca al ciudadano/elector y al ciudadano/cliente, consumidor. La tarea de comunicar exige nuevas y sofisticadas estrategias.

Ya no se pretende buscar un hueco en la agenda informativa de los medios de comunicación, sino marcar la agenda bien por la vía de las convocatorias (inauguraciones, visitas de los mandatarios, discursos) o por la vía de introducir temas que puedan resultar atractivos. A ello se añade un sentido del espectáculo a tono con las exigencias de un público acostumbrado a las pantallas (televisión, computadoras y teléfono) y aparecen nuevos protagonistas de la información, expertos en dirigir las miradas del público allí donde interese. Los *spin doctors* hacen su aparición. Conciben la política como *marketing* y el *marketing* como comunicación. La única estrategia para ganar elecciones y mantener el poder consiste en convertir la acción política en actuación en los grandes medios (Bosetti, 2007).

Tony Blair, ex Primer Ministro en el Reino Unido, reconocía ante la Escuela de Periodismo de Reuter que su trabajo consistía en emitir notas de prensa, responder y adelantarse a los medios en crear mensajes, ser más creativo que los medios en establecer la agenda del debate público, ganar en credibilidad a los medios: "La gente no cree en los políticos; tampoco en los *Media*; hay que ganar con hechos visibles (no importa si virtuales): hospitales, escuelas, cárceles, ocupación, bienestar, calidad de vida".

El clima de permanente campaña electoral que viven las instituciones, y todo lo que de ellas se deriva, exige resultados a corto plazo y obliga a los profesionales a desarrollar estrategias que garanticen la máxima visibilidad en el menor plazo de tiempo posible.

Se impone el control de la agenda informativa para llevar el debate a los asuntos que favorecen los intereses de quienes representan a la institución y acudir a técnicas próximas al *marketing* y a la neurociencia. Para ello se impregnan los mensajes informativos con las características de la marca-ciudad de modo que incrementan la vinculación con el destinatario, el ciudadano elector. Se puede comprobar cómo las características atribuidas a la marca Madrid por la empresa Landor (vitalidad, pasión, entre otras) se trasladan a los contenidos informativos difundidos cada día a través de la web. De este modo, el proceso de conexión con el ciudadano se ve reforzado por lazos emocionales similares; las denominadas *Love marks* (Gobé, 2005, 87).

Por otra parte, las instituciones, y en este caso concreto el ayuntamiento madrileño, aplican criterios "ecológicos" en el suministro de información en el sentido de que "reciclan" contenidos para darles una nueva apariencia informativa. Las direcciones de comunicación se convierten en potentes máquinas de selección y tratamiento de contenidos potencialmente noticiosos. Debido a la variedad de asuntos de competencia municipal, un ayuntamiento es una fuente imbatible. Los servicios públicos (oficinas de información y atención al público, centros culturales, equipamientos deportivos, asistencia sanitaria, servicios de seguridad y urgencias) constituyen yacimientos de primer orden. La falta de noticias es suplida con contenidos "reciclados"; balances, dossieres, resumen de actividades y actualización de campañas, entre otros materiales.

8. La comunicación del Ayuntamiento madrileño

A continuación se aportan ejemplos de cómo la denominada información de servicios y el *marketing* político alimentan la comunicación institucional hasta el punto de constituir el principal soporte informativo en momentos en que el impacto de la crisis económica obliga a reducir las inversiones y los proyectos que tradicionalmente daban lugar a las noticias.

La investigación se ha centrado en los contenidos informativos generados por el Ayuntamiento madrileño y recogidos en su portal oficial *www.madrid.es* entre los días 1 y 7 de mayo de 2010 y de 2012. Se ha dejado fuera el intervalo de un año porque en mayo de 2011 se celebraron elecciones municipales y esta circunstancia cambia el ritmo informativo y sesga el resultado del estudio.

Como se puede apreciar en los siguientes gráficos, el flujo informativo sufre un fuerte descenso en 2012. Aunque es cierto que la crisis comenzó en 2008, la maquinaria inversora se mantuvo activa a lo largo de 2010 con la vista puesta en las elecciones del siguiente año. Sin embargo, se produjo un frenazo en 2012 y esto se manifiesta en los contenidos informativos.

Hay que aclarar que en los años objeto de estudio la alcaldía madrileña ha cambiado de manos, y aunque ambos regidores pertenecen al mismo partido político y el equipo de comunicación –en cuanto a estructura se refiere–, tampoco no ha sufrido grandes cambios, acusa la diferencia de estilo de los mandatarios locales.

A grandes rasgos se ha aplicado el criterio de mantener un flujo informativo abundante, emitiendo notas de prensa a los medios de comunicación de cualquier actividad que pueda ser mínimamente noticiable. Para ello se recurre a las técnicas reseñadas anteriormente de estimular la información de servicios, reciclar los resultados de campañas y balances, "fabricar" noticias a base de incorporar datos y convertir en material informativo todo aquello susceptible de atraer al ciudadano. El protagonismo del alcalde, su presencia en cualquier acto, constituye una noticia en sí misma, contribuye al volumen informativo.

Las noticias se complementan con fotografías, documentos sonoros, dossieres, planos, mapas y otros recursos que amplían el peso informativo.

Además de las notas de prensa, la web incluye la agenda con las previsiones de las actividades de la alcaldía y del resto de miembros del gobierno local, así como una agenda cultural y de los distritos.

El predominio de la información cultural y de servicio es absoluto en ambos años, pero se hace más patente en 2012. Hay que aclarar que en el apartado de asuntos económicos la mayoría de las noticias se refieren a balances de campañas realizados por departamentos dependientes del área de Economía, lo cual refuerza las estrategias de buscar contenidos que puedan ser noticiables, aunque no constituyan noticias propiamente dichas.

Dada la variedad temática de los asuntos locales, tal y como se ha visto anteriormente, se han estudiado los principales aspectos de la gestión municipal: cultura, deportes, servicios sociales, medio ambiente, participación ciudadana, policía y seguridad, economía, educación y urbanismo. A estos temas genéricos, que se corresponden con el directorio municipal, se incorpora el tema "Alcaldía", aquellas informaciones que están protagonizadas por el alcalde, independientemente del tema concreto que traten. También se ha incluido como categoría temática la información de servicios, noticias sobre asuntos varios, balances de gestión y campañas puntuales sobre servicios de utilidad general.

El resultado de la investigación demuestra que en 2010 se enviaron en los primeros siete días de mayo un total de 81 notas de prensa, un 20% más que en 2012. Los días 2 y 7 se enviaron el mismo número de notas, mientras que el 6 de mayo de 2010 la cifra duplicó respecto a la misma fecha dos años después (Vid. gráficos 1 y 2).

Gráfico 1 NOTICIAS
Número de notas de prensa
entre los días 1 y 7 de mayo de 2010.

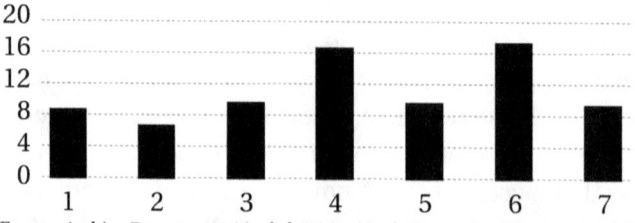

Fuente: Archivo Documentación de la Dirección de Comunicación, Ayto. Madrid

Gráfico 2 NOTICIAS
Número de notas de prensa
entre los días 1 y 7 de mayo de 2012.

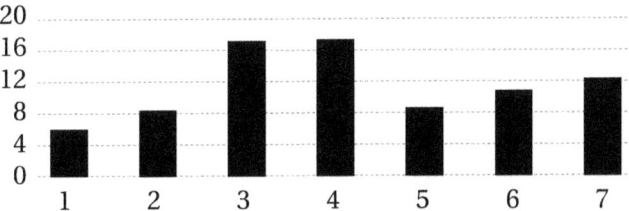

Fuente: Archivo Documentación de la Dirección de Comunicación, Ayto. Madrid

Respecto a las noticias protagonizadas por el alcalde, en la primera semana de 2012 fueron un 34% menores que en el mismo período de 2010 (Vid. gráficos 3 y 4).

Gráfico 3
NOTICIAS ALCALDE 2010
Número de notas de prensa entre los días 1 y 7 de mayo.

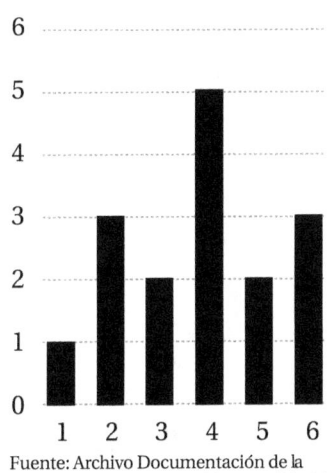

Fuente: Archivo Documentación de la Dirección de Comunicación, Ayto. Madrid

Gráfico 4
NOTICIAS ALCALDE 2012
Número de notas de prensa entre los días 1 y 7 de mayo.

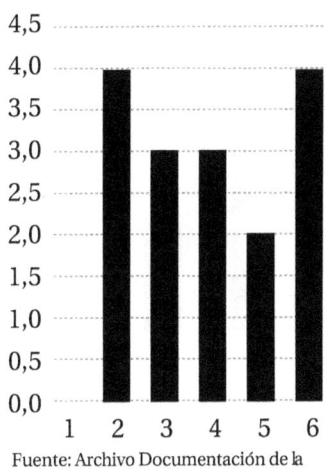

Fuente: Archivo Documentación de la Dirección de Comunicación, Ayto. Madrid

Cabe señalar que el 5 de mayo de 2010 fue el día en que el alcalde fue titular de una decena de informaciones emitidas por el gabinete de prensa. Dos años más tarde, en esa misma fecha, la alcaldesa protagonizaba dos notas de prensa.

Las noticias sobre Cultura son las más numerosas en las fechas consultadas en ambos años. En 2010 la cifra supera en un 3% a la de 2012 (Vid. gráficos 5 y 6).

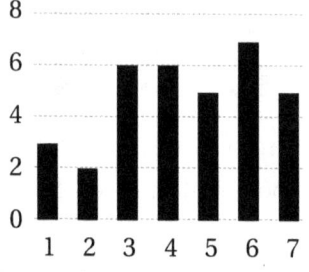

Gráfico 5
NOTICIAS CULTURA 2010
Número de notas de prensa entre los días 1 y 7 de mayo.
Fuente: Archivo Documentación de la Dirección de Comunicación, Ayto. Madrid

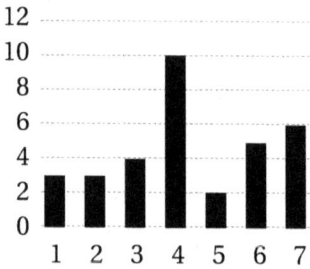

Gráfico 6
NOTICIAS CULTURA 2012
Número de notas de prensa entre los días 1 y 7 de mayo.
Fuente: Archivo Documentación de la Dirección de Comunicación, Ayto. Madrid

La jornada del 4 de mayo de 2012 fue la más prolífica en la emisión de notas de cultura.

Lo que se conoce como "Información de Servicio", es decir, aquella que aporta datos prácticos, fue superior en un 47% la primera semana de mayo de 2012 con respecto a la de 2010 (Vid. gráficos 7 y 8).

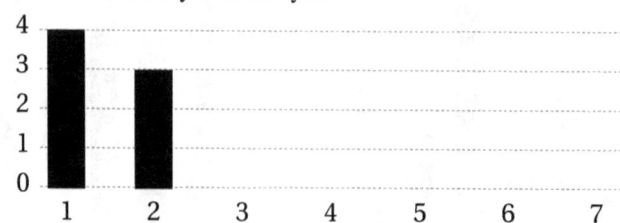

Gráfico 7 INFORMACIÓN SERVICIOS 2010
Número de notas de prensa entre los días 1 y 7 de mayo.
Fuente: Archivo Documentación de la Dirección de Comunicación, Ayto. Madrid

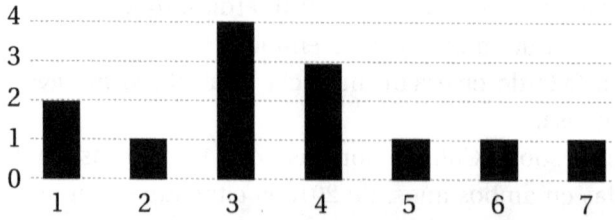

Gráfico 8 INFORMACIÓN SERVICIOS 2012
Número de notas de prensa entre los días 1 y 7 de mayo.
Fuente: Archivo Documentación de la Dirección de Comunicación, Ayto. Madrid

Porcentualmente, le siguen las notas de prensa emitidas sobre temas de urbanismo. Aquí se aprecia una superioridad absoluta en 2010 (un 83,40% más que en 2012) (Vid. gráficos, 9 y 10).

Gráfico 9
NOTICIAS URBANISMO 2010
Número de notas de prensa entre los días 1 y 7 de mayo.

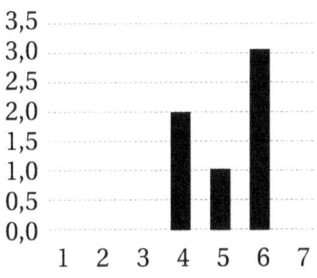

Fuente: Archivo Documentación de la Dirección de Comunicación, Ayto. Madrid

Gráfico 10
NOTICIAS URBANISMO 2012
Número de notas de prensa entre los días 1 y 7 de mayo.

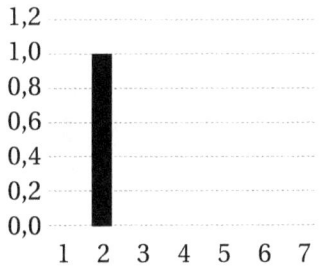

Fuente: Archivo Documentación de la Dirección de Comunicación, Ayto. Madrid

Las notas de prensa sobre Asuntos Económicos superarán en un 40% las emitidas en esa misma fecha a las de 2012 (Vid. gráficos 11 y 12).

Gráfico 11
NOTICIAS ECONOMÍA 2010
Número de notas de prensa entre los días 1 y 7 de mayo.

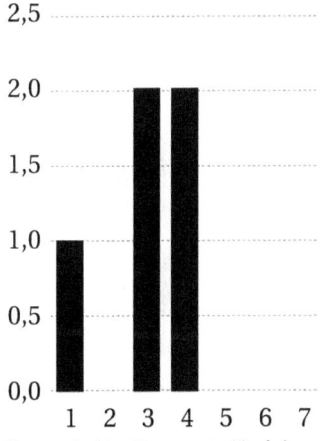

Fuente: Archivo Documentación de la Dirección de Comunicación, Ayto. Madrid

Gráfico 12
NOTICIAS ECONOMÍA 2012
Número de notas de prensa entre los días 1 y 7 de mayo.

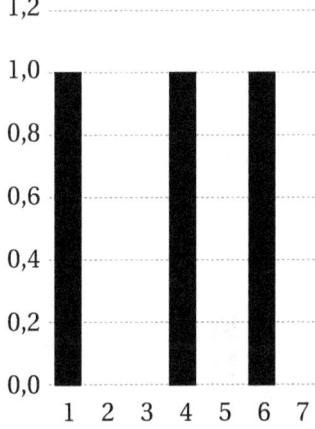

Fuente: Archivo Documentación de la Dirección de Comunicación, Ayto. Madrid

Los temas de educación ocuparon el 50% de las notas emitidas durante la primera semana de mayo de 2010, respecto a las mismas fechas de 2012 (Vid. gráficos 13 y 14).

Gráfico 13
NOTICIAS EDUCACIÓN 2010
Número de notas de prensa entre los días 1 y 7 de mayo.

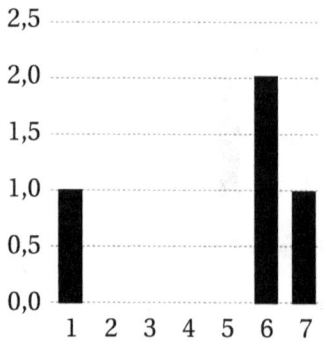

Fuente: Archivo Documentación de la Dirección de Comunicación, Ayto. Madrid

Gráfico 14
NOTICIAS EDUCACIÓN 2012
Número de notas de prensa entre los días 1 y 7 de mayo.

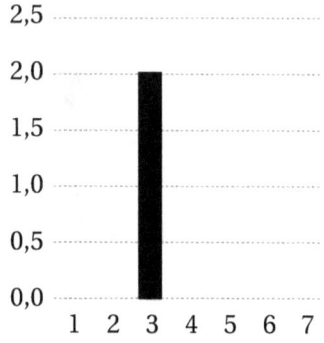

Fuente: Archivo Documentación de la Dirección de Comunicación, Ayto. Madrid

En contraste con lo reseñado hasta ahora, las notas sobre Actividades Deportivas superan en un 70% las emitidas en 2012 a las de 2010 (Vid. gráficos 15 y 16).

Gráfico 15
NOTICIAS DEPORTES 2010
Número de notas de prensa entre los días 1 y 7 de mayo.

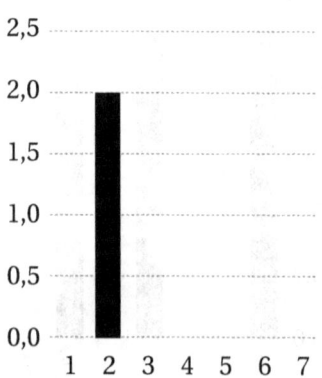

Fuente: Archivo Documentación de la Dirección de Comunicación, Ayto. Madrid

Gráfico 16
NOTICIAS DEPORTES 2012
Número de notas de prensa entre los días 1 y 7 de mayo.

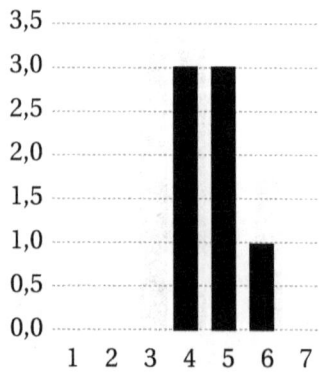

Fuente: Archivo Documentación de la Dirección de Comunicación, Ayto. Madrid

En asuntos de servicios sociales, las notas emitidas en 2010 superan en un 50% a las de 2012 (Vid. gráficos 17 y 18).

Gráfico 17
SERVICIOS SOCIALES 2010
Número de notas de prensa entre los días 1 y 7 de mayo.

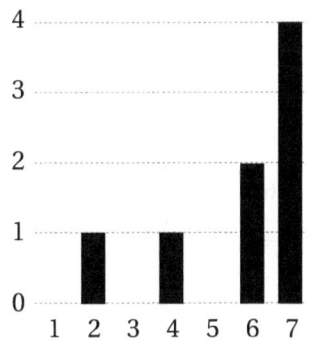

Fuente: Archivo Documentación de la Dirección de Comunicación, Ayto. Madrid

Gráfico 18
SERVICIOS SOCIALES 2012
Número de notas de prensa entre los días 1 y 7 de mayo.

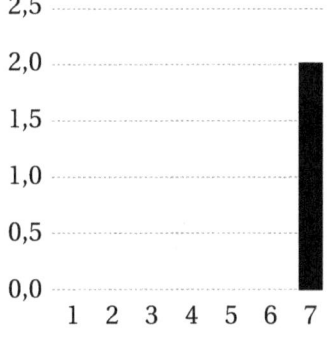

Fuente: Archivo Documentación de la Dirección de Comunicación, Ayto. Madrid

Las notas emitidas sobre asuntos de medio ambiente son completamente inexistentes en el período estudiado de 2012 con respecto a las mismas fechas de dos años antes (Vid. gráficos 19 y 20).

Gráfico 19
MEDIO AMBIENTE 2010
Número de notas de prensa entre los días 1 y 7 de mayo.

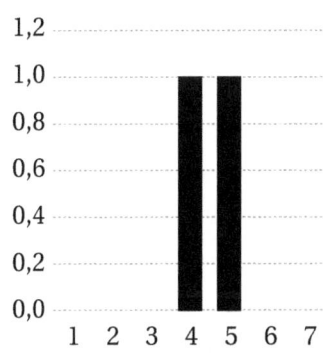

Fuente: Archivo Documentación de la Dirección de Comunicación, Ayto. Madrid

Gráfico 20
MEDIO AMBIENTE 2012
Número de notas de prensa entre los días 1 y 7 de mayo.

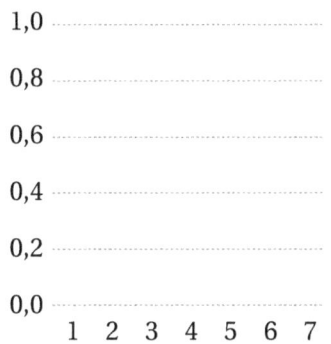

Fuente: Archivo Documentación de la Dirección de Comunicación, Ayto. Madrid

Por primera vez se produce unanimidad en el número de notas sobre Participación Ciudadana emitidas en los dos años estudiados (Vid. gráficos 21 y 22).

Gráfico 21
PARTICIPACIÓN 2010

Número de notas de prensa entre los días 1 y 7 de mayo.

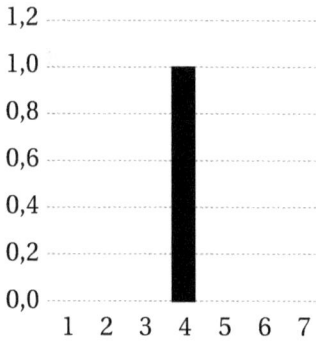

Fuente: Archivo Documentación de la Dirección de Comunicación, Ayto. Madrid

Gráfico 22
PARTICIPACIÓN 2012

Número de notas de prensa entre los días 1 y 7 de mayo.

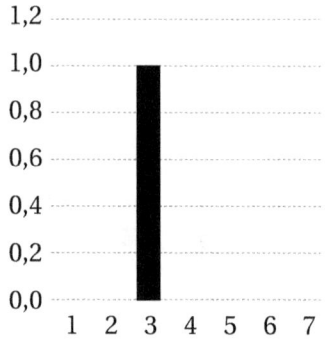

Fuente: Archivo Documentación de la Dirección de Comunicación, Ayto. Madrid

Los asuntos sobre Policía Municipal solamente aparecen en una nota de prensa emitida en 2010 (Vid. gráficos 23 y 24).

Gráfico 23
NOTICIAS POLICÍA 2010

Número de notas de prensa entre los días 1 y 7 de mayo.

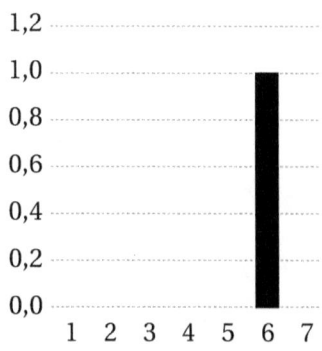

Fuente: Archivo Documentación de la Dirección de Comunicación, Ayto. Madrid

Gráfico 24
NOTICIAS POLICÍA 2012

Número de notas de prensa entre los días 1 y 7 de mayo.

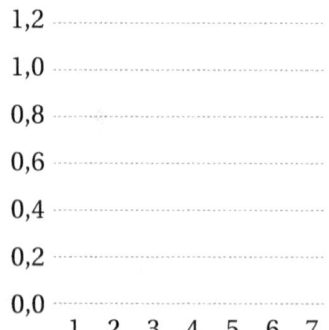

Fuente: Archivo Documentación de la Dirección de Comunicación, Ayto. Madrid

9. Conclusiones

- La politización de la vida pública ha impregnado las instituciones hasta tal punto que se ha impuesto un clima de permanente campaña electoral y este hecho tiene una repercusión inmediata en la comunicación.
- Las instituciones públicas adquieren cada vez más protagonismo mediático puesto que se han convertido en el espacio adecuado para el debate partidista.
- La presión electoral ha cambiado la posición de las instituciones en tanto que fuente informativa. En lugar de esperar a ser reclamadas por los medios, se anticipan a suministrar contenidos y tratan de dominar la agenda informativa.
- Las instituciones se han apropiado de las herramientas de la comunicación comercial y convierten en material noticiable todo aquello susceptible de captar la atención de la opinión pública, aunque no responda a los estrictos criterios de la noticia.
- Los nuevos hábitos de consumo han determinado una forma de comunicación basada en la inmediatez y en establecer lazos emocionales con el ciudadano/elector.

10. Referencias

Alcoba López, Antonio (1993). *Cómo hacer periodismo deportivo*. Madrid: Paraninfo.
Ayuntamiento de Madrid. http://www.munimadrid.es (Consultado 28 y 29 de septiembre de 2012).
Blair, T. (2007). *Our Nation's Future-Public Life*. Discurso en el Instituto de Periodismo de Reuter. Londres: 12 junio.
Bosetti, G. (2007). *Spin: Trucchi e tele-imbrogli della politica*. Venezia: Marsilio ed.
Diezhandino, P. (1994). *Periodismo de Servicio*. Barcelona: Bosch.
—(2012). *El Periodista en la encrucijada*. Madrid: Fundación Telefónica.
Dovifat, E. (1960). *Periodismo II*. México: Utecha.
Esteve, F. y Fernández del Moral, J. (1999). *Áreas de especialización periodística*. Madrid: Fragua.
Esteve, F. (1997). *Comunicación especializada*. Alicante: Ed. Tucumán.
Fernández del Moral, J. y Esteve, F. (1996). *Fundamentos de la Información Periodística Especializada*. Madrid: Síntesis.

Fernández del Moral, J. (1997). La Especialización Periodística como Nexo Necesario entre Ciencia y Sociedad. En F. Esteve (Ed.). *Estudios sobre Información Periodística Especializada*. Valencia: Fundación Universitaria San Pablo CEU.

Gobé, M. (2005). *Branding Emocional: El nuevo paradigma para conectar emocionalmente las marcas con las personas*. Barcelona: Divine Egg Publicaciones.

Landor Associates, Brand Madrid-Case Study.

Martínez, Y. (2004). *La comunicación institucional: análisis de sus problemas y soluciones*. Madrid: Fragua.

Ortiz, P. (1997). La formación dual del periodista especializado. En F. Esteve (Ed.). *Estudios sobre Información Periodística Especializada*. Valencia: Fundación Universitaria San Pablo CEU.

Roberts, K. (2008). *El País*, wwww.elpais.com. Consultado el 1 de noviembre de 2012.

Romano, V. (1984). *Introducción al periodismo: información y conciencia*. Barcelona: Teide, D.L.

Scrutton, R. (1982). *A Dictionary of political thought*. London and Basingstoke.

Sotelo, C. (2001). *Introducción a la comunicación institucional*. Barcelona: Ariel Comunicación.

Timoteo J. (2005). *Gestión del poder diluido: la construcción de la sociedad mediática*, cap.5. Madrid: Pearson.

Touraine, A. (1992). *El nuevo espacio público*. Barcelona: Gedisa.

"Curiosity" en el planeta rojo: la NASA informa

GUADALUPE GONZÁLEZ GARCÍA
Escuela Superior de Comunicación de Granada
ggonzalez@escogranada.com

1. Introducción

"La curiosidad es increíblemente fuerte. Sin ella, no seríamos lo que somos hoy. La curiosidad es la pasión que nos lleva a través de nuestras vidas. Nos hemos convertido en exploradores y científicos con nuestra necesidad de hacer preguntas y ser curiosos".

Estas palabras son parte de la redacción de Clara Ma, una estudiante de 12 años de Kansas que ganó el concurso organizado por la NASA (agencia espacial norteamericana) para bautizar al nuevo aparato de exploración de Marte y al que ella propuso el nombre de "Curiosity".

Si el ser humano muestra interés por todo lo que le rodea, esta expectación y curiosidad se agranda ante lo desconocido y ante lo intangible. El Periodismo elabora la información sobre aquello que la ciencia logra, y existen múltiples ejemplos a lo largo de la historia. Hoy un objetivo es Marte. Aunque sin dejar de mirar a la luna y conscientes de que hay aspectos desconocidos del planeta Tierra.

Y nace la misión "Mars Science Laboratory" (MSL) que, tras su lanzamiento desde el Kennedy Space Center (en Cabo Cañaveral, Florida) el 26 de noviembre de 2011 y el aterrizaje de "Curiosity" en la superficie del Planeta Rojo en agosto de 2012, tendrá dos años de duración (uno marciano, que suma 686 días).

Este planeta acapara la atención desde 1837, cuando varios astrónomos investigaron hasta alcanzar logros como el primer mapamundi de los alemanes Beer y Mädler, el cartógrafo del italiano Giovanni Schiaparelli o los conocidos "canales de Marte" de 1898 que visionó Lowell. Ese mismo año H.G. Wells escribe la novela *La guerra de los mundos*. Esta obra será adaptada en un serial radiofónico por G. Orson Wells alcanzando tal credibilidad (especialmente a los oyentes que no entendieron o escucharon la explicación inicial) que el pánico hizo creer que era real: que los marcianos invadían la tierra. Esto refuerza más aún que allí hay vida, pero también echa más leña al fuego sobre los "seres extraterrestres" y la burlesca ante este ámbito futurista fomentado por el cine, los comics....

La carrera aeronáutica a Marte despega con la primera nave espacial bautizada como "Mariner 4" en 1965. La sonda espacial "Viking 1" fotografió la "cara" de Marte en 1976 y 33 años más tarde la sonda "Beagle 2" fue puesta en órbita por la sonda "Mars Express", aunque se perdió. Posteriormente lo hizo la sonda "Mars Odyssey" en el 2002, la "Mars Express Orbiter" en 2004 y la "Phoenix" en 2008.

El balance: hasta el año 2011 se han producido 49 expediciones a Marte –una japonesa y otras soviéticas, rusas, japonesas y estadounidenses–, de las que por diversos motivos, han fallado 26. Todas han sido foco de atención informativa, aunque con muchas coincidencias en los titulares, el enfoque de la noticia y el uso de las mismas fuentes.

Este interés por lo que hay en otros planetas continúa y más ahora que la sociedad dispone de prensa, radio, televisión e Internet. La actual misión MSL ha costado unos 2.500 millones de dólares y su eje es el robot astromóvil "Mars Curiosity", que viaja a bordo del cohete Atlas V y desde que se posó en el cráter Gale (de 6.000 m.) investigará si hay vida (por lo tanto existencia de carbono, hidrógeno, nitrógeno, oxígeno, fosforo y azufre).

El robot "Curiosity" (sucesor de "Spirit" y "Opportunity" que hacen recorridos por Marte desde el 2004) pesa 1.000 kilos y dispone de seis ruedas alcanzando una velocidad de 90 kilómetros por hora, y no se alimenta de energía solar como sus antecesores sino de una pila nuclear. Se enfrenta a una temperatura de cien grados.

Este vehículo explorador afronta cuatro objetivos sobre este planeta: analizar el clima, ver si hubo vida, determinar su geología y preparar la exploración humana de Marte. "Curiosity" lleva varias cámaras de navegación y un láser cuyo rayo proyectado contra una piedra permitirá leer la composición de sus elementos convertidos en plasma. Entre los diversos instrumentos de análisis de laboratorio destaca un detector de hidrógeno diseñado para localizar la presencia de agua que ha creado Rusia.

España aporta la estación meteorológica denominada *Rover Enviromental Monitoring Station* (REMS) desarrollada por investigadores del Consejo Superior de Investigaciones Científicas (CSIC) junto al Centro de Astrobiología (organismo mixto del CSIC-INTA), y que también se constituyen en fuente autorizada para los periodistas. REMS tomara datos meteorológicos de la superficie del planeta y cuenta con el apoyo de una antena construida en el centro "Astrium" de Barajas (Madrid).

Todos los datos y aspectos anteriores han generado y continuarán generando noticias que se incrementan precisamente un 25 de diciembre de 2011, en plenas navidades, cuando los telediarios nacionales de cadenas privadas y públicas incorporan en sus sumarios de nuevo "La búsqueda de vida en Marte". Este titular invade los medios. El catedrático de Periodismo Científico Carlos Elías se preguntaría: ¿Por qué esto es importante? o ¿por qué debería publicar esto? Y además, ¿cómo se pública? ¿A qué fuentes hay que recurrir para obtener información?

1.1. Objetivos

Desde el origen del Periodismo esta profesión tiene asignada la función principal de informar mediante la transmisión de noticias, de novedades, que son sometidas a un proceso de elaboración y a un determinado ordenamiento. Esa periodicidad está realizada por el propio redactor con los datos obtenidos y puede ir más allá si efectúa "la transformación de la información en conocimiento" (Aguinaga, 2001).

Por lo que respecta al periodista o redactor, se podría definir como el profesional de un medio con la capacidad de decisión sobre "tres cuestiones: sobre los temas o asuntos que van ser abordados; sobre las fuentes que van a ser utilizadas y sobre las formas expresivas concretas en que los mensajes informativos van a ser plasmados" (Martínez Albertos, 1981a y 1981b).

En su trayectoria, el periodista va adquiriendo una especialización impulsada por pertenecer a una sección específica de un medio y con sus características propias. En el campo de la ciencia una de ellas es la escasa o inexistente interacción comunicativa entre periodistas y científicos. Pero la necesidad de que llegue a la sociedad aquello que investigan, descubren o están realizando obliga a disponer de gabinetes de comunicación. Eso no garantiza la calidad y claridad del mensaje; más bien es garantía de informar sobre lo que se quiere contar. Aquí hay que retomar y tener presentes las teorías de la comunicación impulsadas por McLuhan, Lasswell, Jackobson, Cohen, McCombs y Shaw.

Además de disponer de "cosas sobre las que informar" la *agenda-setting* fijará el conjunto de temas a comunicar ordenados y en un determinado momento. Su efecto puede "crear opinión" (Cohen, 1963) e "influye en muchas facetas de nuestra vida cotidiana" (Bryant y Zillman, 1996). Además, las noticias son la representación que de la realidad hacen los periodistas (Canel, 1999).

"El buen Periodismo y la buena ciencia son las mejores garantías para un gran futuro" (Elías, 2008). Los científicos deben plantearse cómo afrontar este reto. Los periodistas sí que deben "analizar asuntos que van más allá de la simple divulgación, como el buen uso de los dineros públicos destinados a la ciencia, el comportamiento ético y profesional de los científicos o la trascendencia (o muchas veces la intrascendencia) de los resultados científicos que le 'venden' a los investigadores", lo que exige que exista una "adecuada cultura periodística y científica del redactor".

Por todo lo anterior: ¿por qué no se cuestiona esta misión? ¿Por qué ya es exitosa si todavía no ha llegado a su fin? ¿Por qué coinciden todos los titulares? ¿Por qué se repiten apenas sin modificar las notas de prensa? ¿Por qué no hay otras fuentes que expliquen o manifiesten otras opiniones o enfoques? ¿Qué mensaje llega a la sociedad? ¿Cuál es la aportación específica del periodista especializado en ciencia?

2. Una huella en Marte

2.1. El inicio de otra noticia espacial histórica

Nadie puede dudar de lo interesante que es desde el punto de vista informativo esta noticia espacial.

La misión, la primera astrobiológica de la NASA, tras los necesarios años de investigación y preparación, acaba de empezar. La expectación se centra en el 6 de agosto de 2012 cuando "Curiosity" llega a la corteza marciana. Durante todo el tiempo, las noticias sobre este tema se centran en informar de que todo va según lo previsto y crea expectación permanente. Google retorna más de 122 millones de resultados con solo poner "curiosity" en la barra del buscador.

Pero este hecho se enlaza con otra noticia anterior también de repercusión internacional: la perforación en las minas de Río Tinto, paraje muy similar a Marte. Este proyecto tenía el fin de comprobar la existencia de microbios en el subsuelo. Desde finales de 2011 este tema es abordado por diversos programas, en varias cadenas televisivas, principalmente mediante reportajes. El grupo RTVE incide durante los meses de noviembre, diciembre, enero y febrero en esta temática (www.rtve.es) y con un incremento en agosto y el seguimiento de la noticia.

2.2. El inicio de una espiral

La divulgación de ese hecho a través de prensa, radio, TV e Internet presupone que "dichos medios deberían tener, por sus características, la responsabilidad de ser ese instrumento de calidad mediador entre la comunidad científica y la sociedad, a la que todos pertenecen, que posibilite el que los ciudadanos obtengan una actitud crítica y concienciada". Así lo afirma en *Algunos apuntes sobre divulgación y periodismo científico* Alex Fernández Muerza que efectúa junto a varios autores interesantes reflexiones en el dossier *Comunicar la ciencia* publicado en septiembre de 2012 en la revista *SEBBM*, de la Sociedad Española de Bioquímica y Biología Molecular.

Las informaciones, que nacen de las notas de prensa tanto de la NASA como del CSIC-INTA, repiten su contenido en todos los programas de los distintos medios con la única creación de un discurso futurista y la intervención de fuentes que siempre son los propios investigadores vinculados al proyecto.

La curiosidad lleva a indagar en la Red. Las noticias se repiten. Los titulares son los mismos, copiados de la nota de prensa de los organismos oficiales o con explicaciones de los responsables de la misión. También proceden de las agencias de noticias principales de cada país (EFE y Europa Press en España). Pero aunque no aparezcan en la misma proporción ni en los principales medios de comunicación, no toda la comunidad científica está convencida de la existencia de vida en este planeta. O de forma más precisa: no comparten esa aseveración o la forma de explicarlo y de avanzar ya una victoriosa misión. Algunos blogs críticos así lo demuestran, pero hay que buscarlos, pues no son tan visibles.

2.3. Un ejemplo: "a hombros de gigantes"

Encender el dial un sábado a la 1 de la madrugada o el domingo a las 10.00 horas de la mañana y escuchar Radio 5 es acercarse a la ciencia a través del programa *A hombros de gigante* que presenta Manuel Seara. En uno de sus programas el locutor indica:

"Los astrónomos llevan mirando a Marte desde el siglo XIX. Los telescopios de la época ya eran suficientemente potentes como para observar su superficie. Pero apenas distinguían unas manchas blancas y negras. Algunos astrónomos como Percivall Lowell, creyeron ver en ellas canales construidos por vida inteligente. La idea de que existan marcianos no ha dejado de alimentar nuestro imaginario fantástico, pero también se ha convertido en una aventura científica que lleva cincuenta años ideando la forma de probar la existencia de vida allí. Al principio pensamos que se trataba de un planeta muerto, pero descubrimos un paisaje por el que había fluido agua y la esperanza de si hubo o hay vida en el planeta rojo se disparó. El trabajo de los científicos será fundamental en desvelar si estamos solos o no en el universo. Desde 1960 se han enviado 43 misiones para averiguarlo, de las que más de la mitad, 22, han fracasado. *Curiosity* es el nombre del último robot lanzado a Marte. Es la primera vez que tecnología española viaja a este planeta. Algunos de esos científicos que participan en esta aventura son Ricardo Amils y Víctor Parro que saben cómo podrían ser las formas de vida marcianas. Javier Gómez-Elvira conoce cómo se construye un robot de exploración para detectar vida extraterrestre y Felipe Gómez y Elena Feichtinger cuánto tiempo nos falta para colonizar nuestro planeta vecino".

Días más tarde el espacio *España en Comunidad* de TVE-2 también se refiere a esta búsqueda de vida en Marte y habla con el coordinador del proyecto REMS, Javier Gómez (fuente autorizada y que participa en diversos medios). Este afirma que el objetivo es buscar una respuesta principal respecto a "si hay vida y si se detecta agua. Y está preparado para estudiar el medio ambiente de Marte".

La idea es relacionar ambientes terrestres: "pasar de la química (hierro y azufre) a la biología. Esto ocurrió hace 3.500 millones de años. Si hubiera vida subterránea en Marte se darían avances en la ciencia similares a los de la teoría de la evolución de Darwin o la física cuántica. Y situaría esa investigación en la frontera del conocimiento" dice esta fuente. Y agrega: "Si llega, el paradigma de la vida no es exclusiva de la tierra".

De nuevo *A hombros de gigante* emite el 23 de diciembre del 2011 el programa dedicado a "Río Tinto: Marte en la Tierra" donde se investiga la presencia de micro-organismos en la zona española similar a la marciana (hay cinco áreas en el mundo con similitud al entorno del planeta rojo: la sudafricana de Barberton; el desierto chileno de Atacama, las minas de Río Tinto en Huelva y de Harakiri y Rotorua (en Nueva Zelanda).

El locutor señala:

"Si hay un lugar en la Tierra donde las condiciones son especialmente extremas, ese lugar es Río Tinto [...] Tiene unos 100 kilómetros de longitud, un pH muy ácido, de 2 (en una escala que va del 1 al 14) que en algunos puntos alcanza 0,8 (como el ácido sulfúrico concentrado). Sus aguas están cargadas de metales, sobre todo hierro que es el que proporciona su color rojo característico [...] Y en contra de lo que pudiera pensarse, en esas aguas hay vida [...] Allí viven unos microorganismos llamados quimiolitotrofos, que se alimentan de los metales [...]Se trata, por tanto, de un extraordinario laboratorio natural para estudiar los seres que viven en ambientes extremos [...] Tanto es así, que se ha convertido en un modelo para la posible vida en Marte [...] El pasado 26 de noviembre, al mismo tiempo que la NASA lanzaba el rover 'Curiosity' hacia el Planeta Rojo, en Río Tinto comenzaba la perforación del proyecto 'Vida Subterránea en la Faja Pirítica Ibérica' para buscar microbios en el subsuelo [...] En el programa hemos hablado con su responsable, Ricardo Amils, catedrático de Microbiología de la Univ. Autónoma de Madrid e investigador asociado al Centro de Astrobiología (CSIC-INTA)".

Es suficiente con esas fuentes, y en un espacio especializado en ciencia. Estos programas difunden y aportan un apasionante futuro de la comunicación científica que pasa inevitablemente por un diálogo entre ciencia y sociedad. Aportan un debate entre la información y la divulgación. Pero también plantean aspectos que se recogen en el informe elaborado por el Ministerio de Ciencia e Innovación junto a la Fundación Española para la ciencia y la Tecnología (FECYT) titulado *Meta-análisis: comunicación científica y Periodismo Científico*, del año 2011. Este texto profundiza en la crisis de los medios de comunicación, la reubicación del universo periodístico y el declive de las secciones informativas de ciencias en el contexto de la revolución social del sistema comunicativo en la era de Internet.

En sus más de 70 páginas destaca: que el lector está cada vez más preparado o se prepara; que existe una ruptura de los intermediarios para apostar por la información de primera mano y defiende la comunicación-divulgación de la ciencia. En la misma línea se efectuó la denominada "Declaración de la Ciencia y el uso del Conocimiento Científico", adaptada en la Conferencia Mundial de la Ciencia de 1999, auspiciada por la UNESCO. El I Congreso sobre "Comunicación Social de la Ciencia" que se celebró en Granada en 1999 ya alcanzó un decálogo del divulgador donde se abogaba por poner al alcance de la mayoría el patrimonio científico y evitar el mal uso o sensacionalismo controlado. Todos estos documentos poco aportan sobre cómo debe llevarse a cabo el binomio información-ciencia.

2.4. *El lenguaje científico*

Nada caracteriza más a un periodista especializado que el lenguaje que puede y debe utilizar, con el objetivo de dar a entender y divulgar la información a los usuarios (lectores, espectadores, radioyentes e internautas).

En esta serie de informaciones sobre la vida en Marte se descubre cómo existe un contraste al comparar la nota de prensa, las informaciones vertidas y las páginas de algún experto. Este, bien en un ámbito más académico o en su propio blog, decide explicar o contar lo que es difícil de entender y que significa todo lo que está pasando, sus posibles consecuencias. Las palabras siguen siendo científicas y los procesos realmente complejos (astrofísica, mineralogía y tecnología aeroespacial, entre otros).

Sin un análisis profundo ya se observa lo que Furio Colombo califica de "noticia acatamiento", es decir, "el periodista no critica o cuestiona argumentos, los repite" y así "los organismos oficiales de investigación transmiten un poder casi incuestionable". Se sobreentiende que la vida en Marte no aporta lugar a dudas.

Jorge Wagensberg en su artículo titulado "A más Popper menos Khun" indica que "el científico, en su progreso de construir conocimiento científico debe ser, por oficio, tan objetivo y tan inteligible como sea posible dada la complejidad de la realidad que pretende estudiar y dadas las condiciones de su investigación". Carmen Galán, en el texto "La ciencia en zapatillas: análisis del discurso de divulgación científica", matiza que este fenómeno permite vincular la ciencia a la sociedad como un discurso específico que obedece a unas estrategias textuales y retóricas distintas a las del discurso científico.

Pero la ventana comunicativa que engloba ese referente denominado "Dios Google" devuelve titulares como: "Trajes espaciales con inteligencia artificial podrían buscar vida en Marte", "Los científicos exploran una nueva ventana a los orígenes de la vida", "La situación climática de Marte hace imposible que un astronauta pise su suelo por lo que se recurre a los robots" o "Planea en el aire la idea de que si hay vida en el Planeta Rojo, podría haber vida en todo el universo". La mayoría augura un productivo futuro y recuerda la mítica frase que Neil A. Armstrong, comandante miembro de la tripulación del Apolo 11, dijo al pisar la Luna: "un pequeño paso para un hombre, un gran salto para la Humanidad".

Ejemplos de titulares:
- El Curiosity concluye que el suelo de Marte es muy similar al de las islas Hawaii.
- El Curiosity encuentra en Marte una piedra similar a las de la Tierra.
- PRIMERA HUELLA EN MARTE. Un pequeño paso para el Curiosity, un gran paso para la humanidad.
- ROCAS. El Curiosity descubre las primeras evidencias de la existencia de agua en Marte.
- CURIOSITY. Administrador de la NASA: "Gracias a España sabemos el tiempo en Marte".
- NASA. El Curiosity encuentra rocas formadas por agua en la superficie de Marte.
- La NASA proclama en Marte que llegarán humanos "en un futuro no muy lejano".
- PLANETA ROJO. El Curiosity envía la primera imagen en color de Marte.

En un titular del 2 de noviembre del 2012, *El País* indica "Marte perdió parte de su atmósfera, según los datos del robot 'Curiosity'" al cumplir tres meses de estancia en la superficie marciana y recoge: "los científicos, según sus teorías, consideran que el medio ambiente marciano, en el pasado más lejano, pudo ser muy diferente, con presencia de agua y de una atmósfera más densa", señala la NASA en un comunicado. No hay más fuentes.

2.5. ¿Credibilidad?

Marte parece que centra hoy el futuro, pero sin olvidar el pasado. Hay que retrotraerse al éxito que la NASA inició hace ya muchos años (tantos que es necesario ver las imágenes del hombre pisando la luna, un 16 de julio de 1969) bajo la batuta de Daniel Goldin (el director o administrador general de la institución científica y tecnológica que alcanzó ese logro histórico): el reto de la exploración del sistema solar. Son momentos, muy similares a los actuales, difíciles y con recortes presupuestarios, pero en este entorno, un 6 de mayo de 1996 se avanza en rueda de prensa:

"La NASA ha realizado un relevante descubrimiento que apunta la posibilidad de que una forma microscópica de vida primitiva puede haber existido en Marte hace más de 3.000 millones de años. La investigación está basada en un sofisticado examen de un antiguo meteorito marciano que llegó a la Tierra hace unos 13.000 años. La evidencia es excitante, casi irresistible, pero no concluyente. Es un descubrimiento que necesita mayor profundización científica. La NASA está dispuesta a tomar parte en el proceso de una investigación científica rigurosa y a animar el debate científico que va a provocar este descubrimiento. Quiero que todo el mundo entienda que no estamos hablando sobre 'pequeños hombres verdes'. Se trata de extremadamente pequeñas estructuras unicelulares que tienen cierta semejanza con nuestras bacterias terrestres. No existe evidencia alguna, ni siquiera se sugiere, que haya podido existir cualquier forma superior de vida en Marte.

Los científicos e investigadores de la NASA que han realizado este descubrimiento estarán disponibles mañana en una conferencia de prensa para presentar y discutir sus resultados. Explicarán paso a paso la 'detectivesca historia' que explica cómo el meteorito llegó desde Marte y el camino que han seguido para llegar a la evidencia de la existencia de vida arcaica en esta antigua roca. También se presentarán imágenes fascinantes que documentan esta investigación".

Una nota cargada entusiasmo. La rueda de prensa fue un éxito y confirmó que "se han encontrado evidencias que sugieren firmemente que ha podido existir vida primitiva en Marte hace 3.600 millones de años". Esta información ocupó teletipos, portadas de periódicos, radios y televisiones de todo el mundo. Los medios coincidieron en señalar que este descubrimiento de los investigadores de la NASA sólo puede ser confirmado con nuevas misiones espaciales con destino a Marte. Incluso el entonces presidente de los Estados Unidos, Bill Clinton, encargó a su vicepresidente y fervoroso defensor del medio ambiente, Al Gore, que organizara una cumbre para tratar el nuevo programa espacial norteamericano.

¿Y qué editan en ese momento las reconocidas revistas científicas? La británica *Nature* (nace en 1869) en su volumen 382 del 15 de agosto de 2012 publica un editorial y tres artículos en los que indica: "La ciencia moderna es nada más y nada menos que el brazo operativo de la insaciable curiosidad de la sociedad. Esto parece ser obvio, pero la forma en que desde hace algún tiempo la ciencia ha decidido venderse a sí misma, supera lo imaginable". *Science* (nace en 1883) publica un día más tarde, el 16 de agosto de 2012, un artículo científico original, que ya estaba en su edición electrónica, y en su contenido comienzan a plantearse dudas. Así se refleja en el comentario: "Está claro que los controvertidos hallazgos están insuflando ya nueva vida a la exploración del sistema solar".

De repente el globo se ha desinflado. Aparecen las dudas y el escepticismo que derivan en críticas. Y en desaparición. La noticia ya no tiene repercusión, es como si nunca se hubiera producido. La NASA no lo desmintió hasta dos años más tarde.

3. Conclusiones

Queda para la reflexión el análisis actual del proceso informativo, de cómo funcionan las fuentes de información, cómo actúan y reaccionan los periodistas, cuál es el funcionamiento interno de los medios de comunicación de masas (por ejemplo, cómo se seleccionan las noticias de portada y con qué criterio), cuáles son los intereses involucrados, cuál es el papel de las revistas científicas de referencia y otros aspectos principalmente relacionados con el acceso a un amplio volumen informativo pilotado por la Red.

Desde 1996 hasta el año 2012 han pasado unos quince años de investigación, incertidumbre, noticias y contradicciones. Unos indican que sí hay vida en Marte y otros creen que es imposible. Pero los medios buscan en las páginas oficiales, en las explicaciones de los científicos autorizados, y en las notas de prensa o comunicados. Y como auténticos voceros expanden esos contenidos. ¿Y el trabajo del periodista especializado? ¿Y las otras fuentes mucho más silenciosas? La sociedad debe recibir una exquisita información científica como parte de la cultura de un país.

El receptor de la información es plenamente consciente de que los titulares se repiten, de que las fuentes son las mismas y de que el mensaje es positivo. Pero no es tonto y se plantea él mismo acceder a estas informaciones de primera mano: de fácil acceso e incluso traducidas están las miles de páginas con datos tanto del CSIC como de la NASA.

Habrá que cuestionarse si el Periodismo Especializado cumple sus objetivos, sus retos e incluso si lo hace el Periodismo actual. La tradición periodística puede ser algo de otros tiempos pero la información veraz es exigida con la misma rotundidad que en el origen de la profesión. Profundizar en una noticia es una demanda que efectúa la sociedad ante este *boom* de información pero desde el conocimiento de la especialización científica que sin duda pasa por el manejo de fuentes especializadas.

Hoy en día los organismos, las instituciones o las siglas imperan en los titulares como protagonistas de la información. Son los ayuntamientos, el gobierno, los sindicatos, los bancos, u otros sujetos dispersos los que ensombrecen a personas concretas, a fuentes. En este caso es la NASA la que controla la información, y en un espectro mundial, mientras los periodistas se limitan a repetir. La información sobre ciencia, cuyos orígenes se remontan a 1978 en el *New York Times* y a 1982 en el diario español *La Vanguardia*, por sus propios sesgos requiere especial atención.

El año 2012 el espacio centra la actualidad informativa debido a la actividad de tres naves: la cápsula Space X Dragón (primer vehículo comercial privado en hacer historia en la carrera espacial), el telescopio Kepler (que continúa añadiendo planetas extrapolares a los más de 700 encontrados) y la nave Curiosity.

Quizá cuando sea una realidad el ExoMars –que impulsa la Agencia Espacial Europea (ESA) con el fin de enviar un orbitador en 2016 y que agregará dos exploradores robóticos en 2018–, también se logre informar con rigor, veracidad y con el preciso número de fuentes diversas y contrastadas.

4. Referencias

Aguinaga, E. de (1988). Esencia del Periodismo: la periodificación. R*evista de Ciencias de la Información*, (5). Madrid: Facultad de Ciencias de la Información. Universidad Complutense.

—(2001). Hacia una teoría del Periodismo. *Estudios sobre el mensaje periodístico* (7), 241. Madrid: Servicio de Publicaciones Universidad Complutense.

Bryant, E. G. y Zillmann, D. (1996). *Los efectos de los medios de comunicación: Investigaciones y Teorías*. Barcelona: Paidós.

Calvo Hernando, M. (1997). *Manual de Periodismo Científico.* Barcelona: Editorial Bosch.

Canel Crespo, M. J. (1999). *El País, ABC y El Mundo*: tres manchetas, tres enfoques de las noticias. Bilbao: *ZER Revista de Estudios de Comunicación* (6), 97-117.

Cohen, B. (1963). *The Press and Foreing Policy*. Princeton (Nueva Jersey): Princeton University Press.

Colombo, F. (1997). *Últimas noticias sobre periodismo.* Barcelona: Anagrama.

De Semir, V. (2011). *Meta-análisis: comunicación científica y periodismo científico.* Fundación Española para la Ciencia y la Tecnología (FECYT).

Durán i Escriba, X. (1997). *Tractament periodistic de dos fets tecnològics: els primers Sputnik (1957) i L´arribada a la Lluna (1969) a la premsa diària de Barcelona* (Tesis, Facultad de Ciències de la Comunicaciò, Universitat Autónoma de Barcelona).

Elías, Carlos (2008). *Fundamentos de periodismo científico y divulgación mediática.*

Martínez Albertos, J. L. (1981a). *La información en una sociedad industrial.* Madrid: Tecno.

—(1981b). Periodismo: en defensa de una profesión libre. Semanario *Hoja del Lunes.* Madrid, 30 de noviembre.

McCombs, M. y Shaw, D. (1972). The Agenda-Setting Function of Mass Media. *Public opinión Quartely, 36* (2),176-187.

McCombs, M. (2006). *Estableciendo la agenda. El impacto de los medios en la opinión pública y el conocimiento.* Barcelona: Paidos.

5. Referencias web

http://ciencia.nasa.gov
http://mars.jpl.nasa.gov/msl/at
http://www.nasa.gov/
http://www.nasa.gov/centers/ames/spanish/news/releases/2003/03_74AR_span.html
http:/www.csic.es
http://cass.jsc.nasa.gov/pub/lpi/meteorites/life.html
http://cu-ames.arc.nasa.gov/marslife/
http://www.rtve.es/alacarta
www.occ.upf.edu/index.php?idioma=12
(Observatorio de Comunicación Científica Universidad Pompeu Fabra).

Características de la especialización periodística en política en el tratamiento de los escándalos en la prensa española

LAURA TERUEL RODRÍGUEZ
UNIVERSIDAD DE MÁLAGA

teruel@uma.es

1. El Periodismo Especializado en política en España

La especialización de contenidos surge como respuesta necesaria al exceso de información y, sobre todo, a la complejidad de los mensajes que requieren, para su completa comprensión por parte del consumidor, de un tratamiento adecuado, divulgativo y técnico. En el ámbito de la política, la necesidad de ofrecer contenidos de calidad, correctamente interpretados, narrados y contextualizados alcanza una importancia incuestionable. En primer lugar, la comunicación de la política es necesaria porque permite conocer a aquellos que quieren gobernar y analizar las propuestas ideológicas y programáticas que presentan. En segundo lugar, posibilita que las decisiones que adopten los gobernantes sean vinculantes para aquellos a quienes va dirigida, en tanto compartan su alcance y finalidad.

En último lugar, Canel (1999, 17-18) afirma que la comunicación de la política es imprescindible para organizar a la comunidad: "Sirve para orientar la sociedad por medio de la definición de unos objetivos y de la identificación de los problemas; sirve para conseguir consenso, ya que acerca los intereses facilitando la comprensión de las distintas posturas así como las percepciones de los valores tradicionales; sirve para la resolución de conflictos, trascendiendo las diferencias, verificando las distintas opciones y razonando la elección de una de ellas entre varias". El Periodismo Político posee, por tanto, una capacidad legitimadora en tanto divulga la acción de los gobernantes.

La necesidad de un Periodismo Especializado en política persigue funciones clásicas e ideales como las que enuncia Muñoz Alonso (1995). Elige y presenta los acontecimientos que se convierten en información veraz en sus páginas; explica estos datos en textos informativos y de opinión. Con ello, contribuye a la formación de la opinión pública y, también, a la fijación de la agenda política. Nutre a la ciudadanía con la selección e interpretación de los acontecimientos, y, al mismo tiempo, sirve como agente para la canalización y expresión de sus respuestas. Se da, por lo tanto, una influencia recíproca entre los medios y la opinión pública que se completa con la capacidad de fijar la atención de los políticos sobre los temas que interesan y preocupan a la sociedad. Tras estas labores de selección y tratamiento de la información, el Periodismo aspira a controlar al gobierno y las instituciones, desarrollando la función clásica de vigilancia del entorno que esgrime Lasswell. Muñoz Alonso lo identifica, especialmente, con que, gracias a la información publicada por los medios, se puedan poner en marcha mecanismos de control que cuestionen la acción gubernamental.

El periodista, por tanto, profesionaliza el intercambio social de mensajes de las instituciones públicas y políticas. El caudal de información que emana de estas es ingente: se divide en los datos de origen administrativo (gobierno, comunidades autónomas, Jefatura del Estado...), parlamentario (Congreso, Senado y Asambleas Autonómicas), del funcionamiento interno de los partidos y las organizaciones ciudadanas (Sindicatos, Asociación de Consumidores...) principalmente. Ello requiere una hiperespecialización por parte de los medios, que encamina la especialización de los periodistas a estas áreas para que dominen, así, la terminología, contexto y fuentes inherentes a cada una de ellas.

Se configuran mensajes complejos que el profesional debe ordenar y codificar para que lleguen de forma comprensible y veraz al receptor y que, de esta manera: "se diversifiquen las fuentes, se contextualice la información para hacerla más comprensible e integradora y se ceda la palabra a los expertos independientes para que complementen, contrasten y expliquen las versiones oficiales de los hechos de actualidad" (Quesada, 2012, 124).

Así pues, para alcanzar las funciones atribuidas al Periodismo Político, a las anteriormente expuestas cabe añadir las siguientes características:

- El conflicto es inherente a la acción política. La colisión de intereses opuestos –en términos ideológicos, económicos o sociales –determina la gestión de las instituciones públicas. Asimismo, la negociación es consustancial en un grado similar y de ambas es necesario dar cuenta en la cobertura periodística. Debate y disputa –con muchos intereses e interlocutores implicados– marcan el día a día de la información política como no sucede en otras áreas de especialización como cultura, deporte o ciencia. La tensión es especialmente significativa en el caso de la política española, situada dentro del sistema de medios mediterráneo, caracterizado por un alto grado de paralelismo partidista y polarización política (Hallin y Mancini, 2003; Bernecker, W. L. and Maihold, G., 2007). Ello supone una exigencia mayor de pluralidad de fuentes en los textos políticos y de contextualizar y denota un mayor grado de ideologización, mezclando información y opinión en la prensa de referencia.
- Especialmente en el caso español, los medios especializados en política no son ajenos de la gran desafección ciudadana hacia ésta. En un momento de crisis económica como el actual, el CIS revela, barómetro tras barómetro, que la credibilidad de las instituciones públicas se desploma. La ciudadanía, sin embargo, no huye de la información política sino que la reclama para situarse en la actualidad y sustentar su opinión. Así, la anterior gran crisis de la economía española, a partir de 1992, deparó a la prensa unos altos índices de venta en los años posteriores. Actualmente, los periódicos digitales se hallan en una curva creciente de consumo. Por ello, la capacidad divulgativa y analítica de esta especialización es especialmente trascedente para la ciudadanía.
- La información política está fuertemente institucionalizada. Predominan las fuentes de los partidos, poderes Ejecutivo y Legislativo… en detrimento de los expertos independientes, colectivos sociales… Paralelamente, los políticos aprenden a pergeñar su actividad comunicativa para atraer la atención de los medios e intentar controlar el discurso mediático que se articula sobre ellos. Se trata, así, de interlocutores igualmente capacitados en el intercambio de mensajes especializados a diferencia de lo que puede ocurrir, por ejemplo, en la información sobre ciencia o sucesos. Se habla, así, de una democracia mediatizada (Peñamarín, 2008) en la que los partidos políticos se comunican con la ciudadanía a través de los medios y, por ello, cualquier discurso o acción política

está diseñada para ser transmitida a través de la televisión, la radio, la prensa o, más recientemente, Internet y las redes sociales. Así pues, los partidos y agentes políticos conocen la importancia de influir en las dinámicas informativas, y aprenden y cultivan habilidades para conseguirlo de acuerdo con sus intereses.

• A colación de lo anterior, cabe señalar que las instituciones políticas desarrollan cada vez más actos exclusivamente encaminados a atraer la atención de la prensa (mítines, ruedas de prensa, presentación de recursos, inauguraciones…) y que cuentan con muchos recursos para hacerlo frente a unos medios cada vez más debilitados por la crisis que obliga a reducir redacciones y, con ello, cercenar la especialización. Los partidos e instituciones ofrecen a los periodistas cortes de audio, vídeo, crean páginas webs, tuitean los actos… A ello se enfrenta la independencia del periodista para seleccionar y construir sus temas que, acuciado por la falta de tiempo y medios, puede caer en acoger sin crítica la información construida con fines persuasivos.

Así pues, el objetivo de este trabajo es analizar la presencia de las características de la especialización periodística en política en un suceso complejo de esta área como son los escándalos.

2. Los escándalos políticos como acontecimiento informativo: la iniciativa corresponde al medio

Este trabajo se centra en el estudio de la especialización periodística desarrollada en política a través del estudio de caso de los escándalos políticos, acontecimientos singulares donde las características de las rutinas del profesional de la información se cristalizan. Del mismo modo que las elecciones son eventos en los que se manifiestan características específicas de la comunicación y el Periodismo Político. Sin embargo, se ha optado por analizar la presencia de la especialización en este tipo de acontecimientos porque no son preparados por los partidos e instituciones sino que surgen a instancias del medio. De esta manera, se estima que la capacidad de investigar, contextualizar, introducir diversas fuentes y secuenciar el desarrollo del acto corresponden más al periodista que a los políticos y sus asesores.

En la compleja sociedad contemporánea, los medios de comunicación son elementos indispensables para fomentar la transparencia y el rendimiento de cuentas (*accountability*). La influencia de la prensa en la política no es sólo instrumental: los medios no son una mera herramienta a través de la cual se superan las distancias temporales y espaciales sino que determinan la forma en la que se ejerce el poder actualmente. Han tenido una repercusión determinante en el aumento de la visibilidad o publicidad de los políticos y tienen un gran poder sobre el mayor capital simbólico del que disponen los políticos: su reputación.

En el ejercicio de su labor de control de los actores y las acciones políticas, los medios investigan y publican hechos en los que el cumplimiento de la legalidad o de la moral queda en entredicho: los escándalos políticos. Estos pueden definirse como una "acción o acontecimiento que implica ciertos tipos de trasgresión que son puestos en conocimiento de terceros y que resultan lo suficientemente serios para provocar una respuesta pública" (Thompson 2000, 32). La publicación de estos acontecimientos supone, por una parte, una manifestación efectiva de la labor de control que deben ejercer los medios y, por la otra, una oportunidad de influir en el sistema político y la opinión pública a través de la definición y el enfoque (*framing*) de los hechos.

Así pues, en la sociedad actual, hay que considerar que la prensa no es sólo narradora o investigadora de estos hechos. En palabras de Thompson (2000, 92): "Los escándalos mediáticos no son simplemente escándalos reflejados por los medios y cuya existencia es independiente de esos medios: son provocados, de modos diversos y hasta cierto punto, por las formas de comunicación mediática". Esto es, que los medios son parcialmente constitutivos del escándalo mismo; contribuyen, por tanto, a construir el escándalo.

Las definiciones más compartidas en el campo de la comunicación de los escándalos mediático-políticos coinciden en señalar que son una respuesta social a una quiebra de determinadas normas compartidas. Jiménez (1995, 23) amplía la definición al entender que la reacción se encamina a "marcar" moralmente a quién comete el escándalo:

"El escándalo político es una reacción de la opinión pública contra un agente político al que se considera responsable de una conducta que es contemplada como un abuso de poder o una violación de la confianza social sobre la que se basa la posición de autoridad que mantiene o puede llegar a mantener tal agente. Esta reacción consiste en un intento de estigmatizar a tal agente, de modo que quede marcado en adelante por una nueva identidad con una categoría moral inferior".

Uno de los indicadores de calidad de un texto especializado es la comprensibilidad y exposición adecuada de la información. La eficacia de la comunicación especializada es la capacidad para seleccionar y tratar adecuadamente los hechos para que sean claramente comprendidos por la audiencia, sin desvalorizar los contenidos para explicar la complejidad del tema. En el caso de los escándalos políticos resulta especialmente interesante estudiar la narración que cada medio hace del mismo, cómo dota al caso de significado, lo contextualiza y, sobre todo, ofrece una narración comprensible e integrada de fuentes y datos para el lector.

2.1. Caso de estudio: dimisión del ministro Mariano Fernández Bermejo

En esta investigación se ha seleccionado un escándalo reciente para estudiar la presencia de la especialización periodística en política. Se trata de la dimisión de Mariano Fernández Bermejo como Ministro de Justicia en febrero de 2009. Se han seleccionado los dos periódicos de referencia en España por su tirada, por sus diferenciadas líneas editoriales y porque ambos cuentan con una plantilla extensa y cualificada de periodistas de nacional.

Se ha estimado el caso como especialmente idóneo, en primer lugar, porque en él se observaban con claridad las fases por las que atraviesa un escándalo mediático. En segundo lugar, porque afectaba al partido en el gobierno en su máxima escala, un ministerio, lo que garantizaba una intensa cobertura de los medios, así como también que los partidos articularían sus estrategias comunicativas al más alto nivel. En tercer lugar, el escándalo fue descubierto por un medio de comunicación –*El Mundo*–, lo que permite estudiar el protagonismo que los medios de prensa adquieren en este tipo de acontecimientos, la reacción del periódico de mayor tirada en España –*El País*– y la cercanía entre los argumentos de ambos y de los partidos. Por último, el caso se inició como un escándalo "de zona gris", en el que no se había traspasado ningún límite legal, por lo que la conducta del ministro se situó en el ámbito del debate moral. La amplitud de las dramatizaciones del discurso es mucho mayor que si se trata de un acto de la "zona negra", donde es más probable que todos los medios coincidan en la gravedad del hecho.

El 11 de febrero de 2009, *El Mundo* publicó que Fernández Bermejo y Baltasar Garzón, juez que se encontraba investigando por aquella fecha los inicios del "caso Gürtel" –caso vinculado a diversos cargos del PP–, habían compartido un fin de semana de caza en Torres, provincia de Jaén. En los primeros días de la revelación, especialmente Bermejo y las fuentes que aportó *El País* explicaron la coincidencia en virtud de una invitación a la cacería por personas diferentes, insistiendo en que, en todo momento, estuvieron acompañados por el resto de participantes en la cacería. En *El Mundo* se reflejaron los resultados de sus propias investigaciones y las declaraciones del PP, principalmente, en las que el hecho se consideró una quiebra de la separación de poderes y una muestra de falta de independencia judicial, toda vez que Garzón se encontraba instruyendo un caso que les afectaba.

El diario de Pedro J. Ramírez contó, durante días, que el juez había cazado en otras fincas de titularidad pública en los últimos años. Mientras tanto, en el cruce de acusaciones y defensa de los diferentes partidos, el ministro declaró que la cacería fue "innecesaria e inoportuna". Mostradas las posturas de uno y otro, el asunto parecía encallado, pues no se atisbaba ni la dimisión ni un cese del ataque por parte de la oposición. El ambiente se encontraba, además, enrarecido por una huelga de jueces que el gobierno no aprobó y sobre la que la oposición mostró un discurso múltiple, censurando en algunos casos y comprendiendo en otros.

El Mundo publicó el día 19 de febrero de 2009, en su edición digital, que Bermejo no disponía de licencia de caza para Andalucía. En ese momento se reinició y redimensionó el escándalo. El ministro admitió desde el primer momento la carencia de licencia y se defendió argumentando que se había equivocado por la cercanía del lugar de la cacería con Castilla-La Mancha, comunidad para la cual sí contaba con licencia. Arreciaron las críticas al ministro y al presidente desde las filas del Partido Popular que exigieron su dimisión, reafirmándose en su decisión de romper el Pacto por la Justicia hasta que la dimisión no se produjera. Dentro de las filas socialistas las voces de apoyo a Bermejo se debilitaron.

El día 23 de ese mismo mes, se hizo pública finalmente su dimisión. Los medios explicaron que, en realidad, se venía fraguando desde hacía tiempo. Para *El Mundo* se precipitó por su descubrimiento de la cacería con Garzón y de la falta de licencia; para *El País* las causas fueron la huelga de jueces, el caso de la cacería y la falta de modernización de la justicia, tarea que afirmaba el ministro debía haber acometido durante su mandato y que había sido postergada.

3. Análisis de las características de la cobertura de los escándalos políticos en el discurso del Periodismo Especializado

El Periodismo Especializado debe buscar la comprensión por parte del lector de fenómenos complejos a través de la terminología, descripción, interpretación y elección de fuentes y géneros adecuada. Los escándalos políticos son acontecimientos convulsos y complejos donde la descodificación adecuada y rigurosa de los medios se hace especialmente necesaria.

La selección, análisis y tematización de la información por parte de los profesionales es el inicio del proceso para la creación de contenidos especializados. Los periodistas determinan el enfoque, el contexto y la significación global del caso. En un escándalo político, donde se trata de hechos pero, sobre todo, de la trascendencia ética y legal que pueden tener, la labor de mediación del profesional de la información es determinante. Éste puede optar por exponerlo como un error aislado o como una muestra de la ética –o falta de ella– extensible a todos los políticos; puede entender que se quiebra la confianza social en la política en general o que se trata de un caso menor instrumentalizado por la oposición para socavar la reputación del gobierno, entre otras argumentaciones.

En el escándalo analizado, el ejercicio de tematización y encuadre es la primera manifestación de que la especialización periodística determina la cobertura. El tratamiento de *El Mundo* y *El País* de los hechos que motivaron la dimisión de Fernández Bermejo evidencia un enfoque narrativo propio, coherente con la política informativa y editorial de cada uno.

La centralidad que tiene el caso y el protagonista para cada periódico son diferentes. En *El Mundo* se convierte en el "caso cacería" un escándalo con entidad propia y, por ello, se observan nítidamente las fases que señala Jiménez para este tipo de suceso. Es el medio que lo descubre, al que se dirige el informante anónimo en un primer momento. El protagonista del escándalo es el ministro Fernández Bermejo desde que surge la cacería con Garzón hasta que dimite. Frente a ello, *El País* no le da al caso una entidad propia prácticamente en ningún momento. Al principio, el tema sale a la luz de forma secundaria, dentro de una pieza sobre la cobertura del caso Gürtel en la que se menciona que el PP está instrumentalizando ese descubrimiento poco trascendente como estrategia de defensa –como "cortina de humo"–. En el diario de

Prisa, por tanto, este caso forma parte de la estrategia de defensa de los implicados en otro escándalo político de gran envergadura que afecta al partido de la oposición.

Así pues, en *El Mundo* el "caso cacería" es un escándalo independiente y pasa por cada una de las fases –desde la publicación hasta la dimisión del implicado pasando por la dramatización que hacen los afectados por los hechos y la defensa del ministro–, mientras que, en *El País*, sale a la luz como escudo de defensa de otro actor político en su propio escándalo. El caso Gürtel es, a su vez, un escándalo político-económico de magnitud nacional, que afecta a empresas y miembros del PP, revelado por este diario. Es una clara muestra de la intencionalidad de los medios y de su foco de atención en relación con la información perjudicial para los principales partidos políticos con los que se alinean ideológicamente.

La segunda de las características, e indicador de la calidad de un texto periodístico, es la riqueza informativa de sus fuentes y la forma de identificarlas. En el caso de los escándalos políticos, en tanto se trata de acontecimientos en los que, por definición, existe el componente de la ocultación es importante atender a los informadores a los que alude cada medio. En *El Mundo* se suceden las fuentes anónimas. No se identifica a quienes suministran la información que destapa los datos sobre la montería. Sin embargo, *El País* sí identifica a quien, dentro de la cacería, refuta los datos dados por el diario de Unidad Editorial sobre la relación del juez y el ministro durante el evento.

En las fases posteriores del escándalo, uno y otro medio evidencian una notable polarización en la selección de fuentes. *El Mundo* recoge las declaraciones del PP y de asociaciones en contra de la cacería, principalmente. Es frecuente que no identifique a los informadores y los presente de forma parcial –"fuentes cercanas a…"–. No es hasta varios días después de sacar a la luz el escándalo que da cabida a las palabras de los socialistas. *El País*, por su parte, es reticente a informar del escándalo y retrasa la información hasta que obtiene una declaración de un testigo de los hechos que desmonta la versión de *El Mundo*. Una vez publicada esta réplica, el diario se centra en la cobertura del caso Gürtel y olvida el asunto hasta que se hace público que Fernández Bermejo carecía de licencia para cazar en Andalucía. Entonces, si bien de forma reducida, recoge las declaraciones del ministro y los socialistas, especialmente tras su dimisión. Así pues, cada periódico se ciñe a las declaraciones de uno u otro partido para configurar el escándalo mediático y ofrece una escasa pluralidad de puntos de vista. Aunque hay que destacar que el diario de Prisa identifica a sus fuentes en todo momento.

La atribución de las informaciones está íntimamente relacionada con la calidad del Periodismo de Investigación, como el que se trata en este caso. El escándalo sale a la luz porque una de las personas que participaba en la cacería informa a *El Mundo* de la coincidencia de Garzón y Fernández Bermejo. No se conoce cómo, posteriormente, se averigua que el ministro no tenía licencia de caza para Andalucía. Se trata, por tanto, de investigaciones que no provienen de la iniciativa del diario ni de las pesquisas de sus profesionales sino de una fuente que se dirige a la redacción para contar los hechos.

En tercer lugar, otra característica de la especialización en un medio es la presencia de periodistas centrados en cada una de las áreas informativas cuya trayectoria garantiza un flujo informativo constante y capacidad de análisis y contextualización de los hechos. En *El Mundo*, el escándalo está cubierto principalmente por Joaquín Manso –que, entre otros casos, se encargó del seguimiento del juicio del 11M–, Manuel Sánchez –corresponsal político con el PSOE– y Marisa Cruz –veterana corresponsal política ahora en el Consejo de Ministros–. Por su parte, en *El País* los periodistas que tratan el tema son José Yoldi –especializado en tribunales–, Manuel Altozano –cubre la actualidad de la Audiencia Nacional–, Julio M. Lázaro –especialista en tribunales– y Carlos E. Cué –especializado en política y economía–. Ambos medios configuran, así, cobertura colectiva y técnica del caso. Para el primero de los medios se trata de una combinación de profesionales centrados en la investigación y la política y, para el segundo, se unen información política y tribunales. Ello evidencia que, para *El País*, este escándalo carece de entidad propia y es presentado como una coartada del PP para distraer la atención de la opinión pública del caso Gürtel –verdadero protagonista de las páginas de dicho diario esas fechas– y que, para *El Mundo*, el "caso cacería" es una exclusiva que quieren explotar en términos informativos y se convierte en su tema estrella esas semanas.

El trabajo continuo de profesionales especializados se manifiesta en la diversidad de géneros hallados en la cobertura del tema en ambos medios. En el diario que destapa el caso se encuentran reportajes sobre el mismo y análisis sobre la trayectoria y comportamiento del Ministro de Justicia. En *El País*, por su parte, se publican análisis profundos y extensos con una terminología especializada sobre el caso Gürtel. Una vez que se produce la dimisión, ambos publican perfiles sobre el ya ex ministro. De cualquier manera, cuando aborda el caso de la cacería, también se ofrece una codificación adecuada de los hechos, se contextualizan los mismos y se recogen testimonios de los diferentes actores implicados.

El diario dirigido por Pedro J. Ramírez despliega una gran cobertura especialmente para las dos fases de publicación o inicio del caso: cuando se supo que compartió la montería con Garzón y cuando, posteriormente, averiguaron que no tenía licencia para cazar en Andalucía. En cuanto a los géneros, tratan el tema a través de reportajes, infografías, vídeos en la edición digital... Y sobre las fuentes se observa que consultan con expertos en licencias, organizadores de cacería de la zona, asociaciones contra el maltrato animal, políticos del PP... Con todo ello, explican el tema de forma exhaustiva y argumentan de forma didáctica la opinión del periódico al respecto.

En la selección y tratamiento de temas influye la personalidad del medio, su línea editorial y el interés en dar a conocer determinados hechos frente a otros. En el caso español es consabida la presencia de elementos de opinión en los textos informativos. Hay un paralelismo incuestionable entre la argumentación sostenida en los textos informativos de uno y otro medio y la línea editorial del mismo. Frente a la extensa cobertura en *El Mundo* –con 162 piezas, 10 portadas en dos semanas y 19 textos editoriales sobre el tema–, *El País* opta por la estrategia del silenciamiento del escándalo y su tratamiento como parte del caso Gürtel.

4. Conclusiones

El análisis de este escándalo político pone de manifiesto la presencia de las características y carencias del Periodismo Especializado en Política en la prensa de referencia española. Un equipo de profesionales especializados, de áreas complementarias, en cada medio ofrece una cobertura continua, técnica y divulgativa de los hechos. Ello garantiza una correcta comprensión del lector de estos complejos episodios. Asimismo, la prensa evidencia su iniciativa a la hora de seleccionar fuentes y enfoques y de secuenciar el caso.

A diferencia de la cobertura electoral o del debate sobre el Estado de la Nación, hechos para los que los partidos e instituciones ponen a trabajar su aparato informativo, los escándalos surgen por la investigación del medio y es éste quien tiene más capacidad para construir narrativamente los primeros instantes del mismo. Posteriormente, los afectados por esas revelaciones inician su estrategia de defensa e intentan controlar el discurso mediático al respecto.

El que el origen de la información surja de la iniciativa mediática es determinante para poder estudiar la selección de géneros, la narración y contextualización del hecho y las fuentes propias a las que recurre. En este caso, se observa la presencia de las características definitorias de esta especialización en tanto:

- Se presenta el conflicto político en términos cualificados, contextualizados y dando cabida a todos los actores implicados, tanto los protagonistas del escándalo como aquellos que se sienten afectados u ofendidos por el mismo.
- Se configura una cobertura completa, explicativa y continua a cargo de un grupo constante de periodistas especializados.
- Dejando visible el paralelismo político que caracteriza al sistema de medios español, cada medio se decanta por un punto de vista propio, coherente con su línea editorial pero cercano a los partidos mayoritarios.
- Se seleccionan gran cantidad de fuentes –expertas, testigos, políticos…– en cada uno de los medios. Esa pluralidad refleja, sin embargo, una finalidad persuasiva o una clara identidad ideológica del medio; por ello, la gran cantidad de fuentes que citan ambos periódicos ofrecen una única interpretación de los hechos que difiere frontalmente en cada uno de ellos. Se evidencia con ello la presencia del conflicto inherente a la actividad política y del secreto asociado al concepto de escándalo.

En conclusión, a través de este análisis quedan patentes los rasgos del Periodismo Especializado en Política que se encuentra en la prensa española. Éste ofrece un relato continuo, divulgativo, técnico, comprensible, con pluralidad de fuentes pero con un patente paralelismo político y presencia de opinión en los géneros informativos.

5. Referencias

Balfour, S. (ed.) The *Politics of Contemporary Spain*. Londres/ Nueva York: Routledge.

Bernecker, W. L. y Maihold, G. (Eds.) *España: del consenso a la polarización. Cambios en la democracia española*. Madrid: Biblioteca Iberoamericana.

Canel, M. J. (1999). *Comunicación política. Técnicas y estrategias para la sociedad de la información*. Madrid: Tecnos.

Canel Crespo, M. J. y Sanders, K. (2005). El poder de los medios en los escándalos políticos: la fuerza simbólica de la noticia icono. *Anàlisi*, (32), 163-178.

Esteve Ramírez, F. y Fernández del Moral, J. (1999). *Áreas de especialización periodística*. Madrid: Fragua.

Fernández del Moral, J. (Coord.) (2004). *Periodismo especializado*. Madrid: Ariel.

Hallin, D., Mancini, P. (2003). *Comparing Media Systems; Three Models of Media and Politics*. Cambridge University Press.

Jiménez Sánchez, F. (1995*). Detrás del escándalo político: opinión pública, dinero y poder en la España del siglo XX*. Barcelona: Tusquets.

Muñoz Alonso, A. y Rospir, J. I. (Dirs.) (1995). *Comunicación Política*. Madrid: Editorial Universitas, S.A.

Orive, P. y Fagoaga, C. (1974). *La especialización en el periodismo*. Madrid: Dossat.

Peñamarín, C. (2008). ¿Hay vida política en el espacio público mediatizado? *CIC, Cuadernos de Información y Comunicación, 13*, 61-78. Madrid.

Quesada Pérez, M. (2010). Ventajas de la especialización en la información local. En E. Blanco Castilla y F. Esteve Ramírez (Eds.). *Tendencias del periodismo especializado* (pp. 123-133). Málaga: Universidad de Málaga.

Swanson, D. L. y Mancini, H. (Eds.) (1996). *Politics, Media, and Modern Democracy. An International Study of Innovations in Electoral Campaigning and Their Consequences*. Wesport: Conn. Praeger.

Thompson, J. B. (2000). *El escándalo político. Poder y visibilidad en la era de los medios de comunicación*. Barcelona: Ediciones Paidós Ibérica.

Deporte, educación y Periodismo Especializado

RAMÓN COBO ARROYO
UNIVERSIDAD COMPLUTENSE DE MADRID
ramoncobo@ccinf.ucm.es

1. Introducción

No hace tanto tiempo que el deporte era un asunto por el cual la investigación sociológica no se sentía interesada. Con certeza sabemos que esto era así porque para esta área del saber el deporte no era considerado un asunto serio. Sin embargo, desde la década de los 50 la actividad deportiva por sí misma estaba cristalizando ya como un acontecimiento social. Para entonces, el Periodismo Deportivo iba cumpliendo una labor informativa que había comenzado desde el nacimiento del deporte moderno; sin interferir en su camino realizaba su misión dentro del ámbito de una dependencia del acontecimiento del deporte. Cuando los medios consiguieron a través del progreso tecnológico una mayor fuerza social y la televisión se posiciona ofreciendo "el deporte en casa", pasan a ejercer una influencia de carácter político y económico en el mundo del deporte. En la década de los 60 ambos mundos caminan juntos y se convierten en lo que llamamos "fenómeno de masas del siglo XX". En cuanto a los estudiosos de este acontecimiento tenemos que remitirnos a algunas excepciones pioneras como la obra del alemán Bero Rigauer en los 60, a estudios de sociólogos franceses como los de Jean Marie Brohm, e ingleses como los de N. Elías y E. Dunning. Todos los estudiosos del deporte se entregaron al análisis de la actividad deportiva utilizando los mismos métodos científicos que para cualquier otro asunto de la sociedad moderna. Son un ejemplo de precedentes que asumieron de manera comprometida su interpretación académica hasta MacPherson, en 1989, quien marcó una pauta académica con su obra certificando los trabajos anteriores y la "seria" consideración académica hacia el deporte, estableciéndolo así como una parte integral de la sociedad y de la cultura al publicar *El significado social del deporte*.

Uno de los estudiosos más celebrado por sus trabajos en el campo científico sobre el deporte como parte de la cultura, es el catedrático de Leicester Eric Dunning (1999, 11), quien hablando de la importancia sociológica del deporte, manifiesta lo siguiente:

"No es necesario demostrar con hechos y cifras que el deporte es importante. Basta ofrecer unos cuantos datos, que no podrán negar las personas indiferentes al deporte ni las que lo aborrecen. Pensemos, por ejemplo, en la atención que los medios de comunicación prestan regularmente al deporte: la cantidad de dinero –público y privado– que se invierte en deporte; el grado de dependencia en la publicidad del negocio del deporte; la mayor implicación del estado en el deporte por razones tan diversas como el deseo de combatir la violencia de los espectadores, mejorar la salud pública o aumentar el prestigio nacional; el número de personas que practican deportes o asisten como espectadores, por no hablar de los que dependen directa o indirectamente de él; el hecho de que el deporte funcione como una *coiné* que no solo permite estrechar lazos entre amigos, sino también romper el hielo entre extraños; el abundante empleo de metáforas deportivas en esferas aparentemente tan diversas de la vida como la política, la industria y el ejército, hecho indicador del eco emocional y simbólico del deporte […] Ninguna actividad ha servido de centro de interés y a tanta gente en el mundo".

2. Función educativa del deporte

Basándonos en estudios, teorías y análisis que nos preceden hemos llegado a la conclusión de que en nuestro Periodismo y en nuestro deporte concurren circunstancias que distorsionan la función social del deporte y que todavía no se conoce la verdadera función educativa que potencialmente encierra merced a heredar las cualidades del juego. De los efectos que el deporte provoca en nosotros, señas de identidad, sentimiento de pertenencia, pasión, ritual próximo a lo sagrado, implicación en el espectáculo como generador de bellezas, y de convivencia, probablemente sea, en el momento presente, el educativo el de mayor proyección social hacia el futuro. Esto puede explicarse y ser justificado merced a la gran aportación en humanidades que conlleva el deporte. Sin embargo es una cuestión que pasa inadvertida cuando el deporte se mira y se siente exclusivamente por el lado competitivo y sólo se espera de los acontecimientos deportivos que arrojen un resultado de preeminencia de uno sobre otro. Es decir, cuando la confrontación solamente activa, por un exacerbado deseo de victoria, que nuestros contrincantes pasen a ser enemigos y derrotados dejando de ser contrincantes honrosos pese a nuestra victoria. Algunos deportes despiertan tanta pasión cifrada en este aspecto que quien se involucra con el deporte exclusivamente bajo este sentimiento se pierde gran parte de su significado, tal vez todo. La competición obliga a que haya siempre un ganador y un perdedor y no es esto lo único importante.

Por otro lado, y sirva de ejemplo, también este elemento de gran riqueza vivencial resulta un potente remedio de eficacia sanadora e integradora en jóvenes que han sufrido situaciones extremas, como los niños-soldado que se han visto forzados a empuñar armas y a participar en guerras dañando gravemente su mundo emocional, su conciencia y en definitiva sus vidas. Lo mismo ocurre en los casos de presos de larga condena que sienten más llevadera su vivencia sin libertad gracias al deporte. El deporte les proporciona satisfacción, expresión y convivencia y les aporta una liberación ante las dificultades de la vida habitual. Algo de gran potencial benéfico se activa dentro de nosotros cuando jugamos. Los ejemplos en los que el deporte de equipo se utiliza para salir al paso de problemas sociales es cada vez mayor, como es el caso de los jóvenes albinos de África.

La Información Periodística Especializada estudia como hecho fundamental los contenidos informativos y el "qué" del famoso paradigma de Lasswell, nos dicen textualmente Esteve y Fernández del Moral (1999, 53) para inmediatamente recordarnos que "desde el punto de vista de la dimensión educativa de las Ciencias de la Información, la investigación de los contenidos –el qué del proceso– es necesaria para la especialización profesional" (Benito 1984, 22). Si consideramos como tarea comunicativa dentro de las Ciencias de la Información la Información Deportiva, y esta es una de las distintas áreas en que se puede dividir la especialización, la Información Deportiva es una profesión cuyo cometido es construir textos sobre juego, deporte y deporte profesionalizado. El elemento inmaterial del juego, rico en cualidades, que contiene el deporte como juego organizado sujeto a reglas y a un orden absoluto, es un aporte educacional que ha demostrado su eficacia a lo largo de más de 150 años.

3. Dar sentido a la Información Deportiva

Las humanidades, como contenido de las cualidades del juego, han de ser el rumbo que debe regir el sentido con que se construye la información del deporte. Cierto es que el deporte es pasión, señas de identidad y deseo de victoria y que su aspecto administrativo responde a inquietudes económicas y que también la política aprovecha el poder de convocatoria del deporte para sus intereses particulares –sean de arrogarse méritos, de dominación etc.–. Por todo ello, el informador deportivo debe construir su discurso alertado por las funestas consecuencias que su labor puede acarrear para el deporte si se alía con alguna de las fuerzas sociales que están alrededor de él. Recordemos que en Estados Unidos se hace la vista gorda, en aras del espectáculo, ante el uso de anabolizantes por parte de los jugadores de la NBA –Liga Nacional de Baloncesto–.

Por lo que el deporte despertó e interesó a la ciudadanía del siglo XIX la información deportiva supuso una consecuencia inmediata. El deporte, todavía embrionario, fue objeto de un seguimiento entusiasta, y los medios de comunicación, que eran escritos, sirvieron con urgencia la información que demandaba el creciente número de seguidores. En poco tiempo los aficionados y seguidores necesitaban noticias acerca de cuanto acontecía en el mundo incipiente del deporte aun cuando en la Inglaterra de mitad de siglo todavía no estaban organizadas las competiciones ni existían las ligas deportivas. La primera publicación dedicada al deporte en la historia aparece en Inglaterra en 1852, en respuesta a una urgencia que se impuso por sí misma cuando apenas el deporte se había echado a la calle desde los espacios libres de los grandes colegios y de las Universidades inglesas. El primer registro fiable de un club de fútbol en Inglaterra (Dunning, 1999, 118) lo realiza el Sheffield F.C. en 1855. La información deportiva necesitó palabras para contar el deporte que se remitía a enfrentamientos esporádicos de fútbol y rugby. Ni siquiera las reglas estaban definidas en cuanto a estos dos deportes. Sólo el remo y el críquet fueron los primeros en quedar establecidos.

El gran público quiso saber cuál había sido el resultado de las confrontaciones, qué había ocurrido y cómo. Se imponía la crónica deportiva y algunos afamados autores se vieron involucrados en esa misión por ser buenos narradores, como Jack London, o Conan Doyle entre otros, y también a poetas y literatos relacionados con el Periodismo, como Walt Whitman, les ocurriría lo mismo más tarde en Estados Unidos. Esta respuesta exigía datos, noticias, información, contenido, es decir, el Periodismo se vio forzado a buscar expresiones, a redactar un texto, a encontrar un guión general para contar y describir el hecho deportivo en particular y el acontecimiento en general. Se convirtió entonces, revivido periodísticamente, en otra realidad: el deporte a través del Periodismo. El texto deportivo emergió entre el Periodismo clásico y nació así el discurso del deporte. Juntos, como ya sabemos, conformaron el acontecimiento de masas del siglo XX, que se mantiene y prospera en el XXI, ayudado por la aparición de la televisión particularmente.

Ningún evento se acerca a las cotas de audiencia que alcanza esta formidable simbiosis donde la comunicación interpreta al deporte y además lo proyecta. Ni tampoco se acerca a sus cifras en el consumo de información y de seguimiento por parte de los receptores, sea cual sea la naturaleza del medio de que se sirva para ello. Las cifras resultan escandalosas y sirven de ejemplo: 6.000 periodistas de todo el mundo siguieron *in situ* los últimos juegos olímpicos.

La atmósfera en que vive el deporte desde la organización de las competiciones –la liga inglesa de fútbol, por ejemplo, arranca en 1872–, la encontramos en sus razones, tanto en las denominadas según B. Jeu (2004) en su *Análisis del deporte* como "poéticas" formando parte de la herencia biológica y del desarrollo antropológico y cultural –el mundo de sentimientos y también de connotaciones de lo sagrado–, es decir del imaginario humano, como en las otras denominadas "políticas" que tienen su origen también en el juego, pero responden a una organización de orden administrativo, político y económico. Se afirma que el deporte vive en una "burbuja lúdica" dentro de la sociedad pero ya hay quien afirma que no se trata ya de una sociedad indirecta sino de la propia sociedad lúdica global manifestándose a través del deporte. Lo cual supone un concepto de gran alcance sociológico y antropológico. Según Umberto Eco (1996) el periodista deportivo se refugia en esa sociedad indirecta dentro de la sociedad en general, y protegido por su inmunidad, como si se tratara de una burbuja protectora, actúa impunemente manejando periodísticamente el deporte y sus inexcusables valores de una manera precaria y distorsionada. Lo hace sin ninguna responsabilidad por lo que dice, por cuanto dice y por el modo en que lo dice, debido a que su "cháchara deportiva" –según el profesor de Bolonia– no afecta a los órganos de poder. Esta circunstancia es una de las principales causas de que el periodista deportivo no se conciencie con el loable destino que exige su profesión y de que haya deteriorado tan importante tarea hasta los límites más criticables por entregarse a intereses particulares, elitistas, y mercantiles, por servilismos a la sociedad del espectáculo y por traicionar, en fin, los valores y la labor social que el deporte provoca cuando se administra y se maneja con justicia. El Periodismo Deportivo español está repleto de protagonistas que desconocen hasta lo más elemental del valor del deporte y de su discurso. Nadie sanciona al periodista deportivo, entre otras razones porque son pocos los que atesoran un saber experto en los dos grandes mundos que se citan: deporte y comunicación.

La realidad de cada día nos demuestra que pocas cosas en nuestra sociedad atraen a la mujer y al hombre de hoy como el deporte y con tan profunda capacidad para implicar. Bastaría esta razón para tener en nuestra mano justificación de lo que apuntamos, pero no sólo es el seguimiento teórico y táctico de un juego o deporte y sus repercusiones sociales como un hecho físico, social y cultural, lo es también como asunto político y económico. Estas son, entre otras, las razones que forman parte de lo que hemos denominado lo "serio" del deporte para todas las corrientes sociológicas que hoy se ocupan de preguntarle al deporte por su esencia, sus razones, por sus señas de identidad y su sentido. Pero junto a ellas, constatamos otras que producen un efecto negativo en el fondo del deporte y también en su forma. Éstas provienen del modo en que la Información Deportiva en España lleva a cabo su función periodística.

4. Revisión de la información deportiva

Por todo ello, y por lo que representa en la sociedad, se hace inexcusablemente necesaria una revisión urgente de la forma y el fondo con que tratamos deporte y comunicación. Ya hemos apuntado que uno interpreta al otro y además lo proyecta como objeto de entretenimiento y consumo y escasamente como una actividad que encierra valores. Ya sabemos que los medios de comunicación educan, no es necesario apelar siquiera a uno de los pilares y fundamentos sobre que se asienta la teoría y ciencia del Periodismo Especializado como es el fundamento pedagógico. Los expertos de la UNESCO afirman que "la comunicación engendra un medio educativo" por sí misma, así lo reflejan los catedráticos J. Fernández del Moral y F. Esteve Ramírez (1996). Es innegable, constatable y rotundo: los medios de comunicación educan.

Si aceptamos los valores que manejamos cuando hablamos de deporte y entendemos que se deposita en él lo sagrado o algo tan próximo que se nutre de la misma esencia, damos la razón también a Jeu (2004), quien nos dice: "Es indiscutible que en el deporte hay algo de sagrado. No es hacer prueba de originalidad afirmarlo". No hay otra solución para nuestro "problema", no hay otra alternativa, por tanto, que poner todo nuestro empeño en estudiar desde qué principios lo interpretamos, con qué espíritu lo entendemos y con qué sentido lo comunicamos.

En otras palabras, es oportuno que académicamente la Información Deportiva revise su actitud y conducta hacia algo que en la mayoría de las ocasiones desconoce cuando lo dice y lo cuenta, informando u opinando. Bien sea por el hecho lamentable de la ignorancia a secas, bien sea por la esclavitud que impone el interés de mercado y la sociedad del espectáculo a que las empresas induzcan y condenen a los informadores, o, como dijimos, porque la burbuja de inmunidad en que se desenvuelve el mundo del deporte informativamente no acarrea ninguna responsabilidad política ni social al periodista. Los textos de Eco (1996,184) en *El mundial y sus pompas,* comentados por Pericles Trífonas (2004, 70) en *Umberto Eco y el fútbol,* no tienen desperdicio al respecto: "La cháchara deportiva en cuanto 'discurso sobre el juego' permite al hablante disertar sobre el tema como un experto sin aceptar ninguna responsabilidad real por las ideas y actitudes expresadas, incluso si –o quizás sobre todo– porque las circunstancias de la emisión se basan en simulaciones de la realidad y no en hechos empíricos. La conversación en torno al deporte permite al hablante 'asumir posiciones, pronosticar soluciones' sin temor a posibles represalias por parte del poder imperante, puesto que el tema de debate se halla 'fuera del área de poder del hablante'".

Es precisamente el lado brillante de ambas partes, deporte y comunicación, es decir, el lado humano, el lado constructivo para la sociedad, el que da importancia trascendente al texto que lo cuenta. Sólo están autorizados para hacerlo el conocimiento sobre el deporte y la belleza de la palabra. Es la idea del catedrático Carlos Elías en su ponencia en el X Congreso del IEPE "Verdad y retórica", y con ella se puede conseguir que la Información Deportiva encuentre el camino por el que logre transmitir el bien social que representa el deporte en todos sus sentidos. Las bases de conocimiento del Periodismo Especializado y su contenido teórico son un modelo epistemológico que ha de servir para que, informando con entusiasmo pero con rigor, los valores del deporte ayuden al sentido de la vida de los ciudadanos y los pueblos. Es precisamente lo que ya hemos mencionado anteriormente, lo más ignorado por la mayoría de cuantos en la actualidad ejercen la Información Deportiva. Siguiendo la pauta que nos marcan los fundamentos del Periodismo Especializado: el estudio del "qué", y del "por qué" en nuestro caso del deporte como razón de ser, significado verdadero y sentido de una materia, y del "cómo", habrán de arrojar el necesario material para construir un contenido inteligente basado en un saber experto y servirán para contextualizar dos materias, cuestión que se hace más necesaria hoy que en ningún otro momento de la historia del Periodismo en general. No podemos tomar a la ligera y permitir que el elitismo, la mercantilización, la incitación a la violencia, la sumisión a la sociedad del espectáculo, como disfunciones definidas por Esteve y Fernández del Moral (1999, 285) en *Áreas de especialización periodística*, a las que unimos la esclavitud periodística, que no es de nuevo cuño, pero sí de vergonzosa profusión hoy, desvirtúen el deporte.

Al respecto, y evidenciando el lado funcional de lo que decimos, el presidente Nelson Mandela advirtió que el estadio, como recinto sagrado, era el lugar donde se oficia el ritual que provoca prodigios. Era el caso de la República de Sudáfrica y resultaba trascendente que la unión de negros y blancos empezara de algún modo en aras de construir la paz y la armonía necesarias para lograr un país mejor. Mandela tuvo fe en el deporte e hizo todo lo necesario para que el deporte obrara su labor: consideró necesario que el equipo nacional de rugby representara a todos en el campeonato del mundo que se celebraba en su país. Esto podía contribuir a sufragar las heridas del Apartheid. Mandela nos envió un referente con su frase: "El deporte ha hecho más por la unión de los pueblos que el mejor de los políticos". Por otro lado, si reflexionamos sobre los motivos que manejan quienes se ocupan, como dijimos anteriormente, de la recuperación psicológica y afectiva de los muchachos que se han visto involucrados como soldados en guerras y han vivido y protagonizado atrocidades y lo primero que hacen es organizar el partido de fútbol de cada día, como actividad indispensable de todos sus programas, encontraremos razones y humanidades que lo justifican. Nos hicimos la pregunta: ¿dónde se halla el prodigioso efecto que provoca bondades en un partido de fútbol para redimir mentalmente de las miserias humanas? La respuesta la encontramos en las cualidades del juego.

Todo lo que nos afecta, que es lo que nos importa a los seres humanos, y ya hemos visto en qué nivel de cualidad y cantidad lo hace el deporte, bien merece que sea un informador y comunicador especializado quien se encargue de tan delicada labor. Sobre el informador deportivo pesa la obligación de saber que maneja un mundo complejo, y por cuanto decimos, también pesa la obligación académica de descifrarlo, conocerlo e interpretarlo a través del modelo científico que proponen las Ciencias de la Información. Debe ser consciente a la hora de realizar el ejercicio profesional de comunicar el deporte que no debe alterar una esencia rica en sentido y que contiene valores pedagógicos y de formación. Con éstas referencias ha de verse inducido a dar un giro en su discurso. El sociólogo Bernard Jeu (2004) afirma: "Hablar de deporte es una cosa, describirlo es otra". Se trata por tanto de afirmar la racionalidad del deporte en todos sus parámetros de forma eficaz y eficiente. El deporte, como cualquier actividad o cosa en la vida responde a una ciencia que lo contiene y que lo explica.

Desde el Periodismo Especializado es la labor que nos proponemos y que intentaremos lograr, convencidos de que es el modelo para el Informador Deportivo: utilizar adecuadamente la gestión del conocimiento de su disciplina periodística aplicada al deporte y a sus humanidades, para beneficio del receptor y del sentido inteligente y evolutivo que debe caracterizar a cada sociedad y la civilización en general. No existe otro modo de poner remedio a la mala gestión del conocimiento: los medios académicos. No hay mejor remedio que la ciencia para contrarrestar y extirpar la ignorancia y el mal efecto que provoca en el receptor un fluido constante de mala información como distorsión generadora de dificultades que se interpone entre el sentido inteligente y provechoso que atesora el deporte y el receptor.

5. El deporte como bien social

Estos argumentos justifican que lo propongamos no ya como una conquista teórica y como una ciencia, sino como el camino para alcanzar el bien social para el que nació el deporte e inexcusablemente como producto de una adecuada y correcta información. Tenemos que lograr con ello que el periodista deportivo "se sienta antes responsable de sus mensajes ante su audiencia que ante su propia empresa o fuente", tal y como afirma Fernández del Moral (2004, 21) con neto convencimiento de la ética y del sentido en la labor profesional, y cabría añadir que ante sí mismo también. Hay que evitar que todo periodista especializado sucumba ante las frívolas propuestas con que la sociedad del espectáculo provoca degradación y destrucción a la cultura e inicia procesos de "descivilización", extremos de los que nos advirtió Guy Debord (1967) en *La sociedad del espectáculo:* "[...] espectáculo moderno era ya esencialmente el dominio autocrático de la economía mercantil que alcanza un *status* de soberanía irresponsable y el conjunto de la nuevas técnicas de gobierno que acompañan a ese dominio". Estos ataques y procesos de desgaste resultan difíciles de detectar ya que no ocurren bruscamente sino que forman parte de un mecanismo que gira su rueda con movimientos apenas perceptibles y que además actúa de manera subrepticia camuflado en el voluptuoso cuerpo de la publicidad y de algunas modas que se apoderan del buen pensar y actuar.

Debemos romper en la Información Deportiva la barrera periodística que representa la no aplicación del saber científico del deporte en aras de su aplicación humanística. El informador deportivo pasa por ser un especialista para el gran público pero el deportista le considera un ignorante. En la mayoría de los casos el conocimiento que demuestra el informador deportivo es un conocimiento de primer nivel, es decir un conocimiento vulgar como el de cualquier aficionado a quien ciega la pasión y la preeminencia ante el contrincante, desprovisto de un sentido de lo absoluto, del respeto frente al adversario y de la razón y del placer que asiste a quien disfruta con el sentido de la justicia. El comunicador ha de ser alguien que ilustre y ayude al destinatario de la información convencido de la fertilidad de los valores del deporte. Las ideas y los caminos periodísticos que proporciona el dominio de una materia a la hora de ser comunicada; permiten alcanzar un texto bello y certero – propuesta de Carlos Elías como fusión de saber y de saber comunicar–. En definitiva, ha de entregarse a la construcción de un texto que persiga la verdad sin rodeos, ni frases hechas, ni coletillas, ni amaneramiento, ni equívocos, ni intereses. La fórmula sería: verdad y belleza unidas en la labor periodística. En Esteve y Fernández del Moral (1999, 53) encontramos la puntualización de Rodrigo (1989, 30): "La realidad que construyen los medios es una construcción, el producto de una actividad especializada". Lo que perseguimos es demostrar que resulta posible fijar los elementos de que se compone el fenómeno informativo como categoría científica en la información deportiva como materia susceptible, como otras, de ser interpretada también científicamente como nos sugieren Fernández del Moral y Esteve (1999, 26). Nuestro planteamiento busca la clarividencia que el informador deportivo debe adquirir sobre la materia con que ha de construir su mensaje, texto o discurso. Sería entonces cuando la Información Deportiva daría sentido a los valores del deporte haciendo justicia a su verdad. Finalmente sería el receptor, como destinatario de verdades bien contadas, así sin más, quien recogería el fruto, individual y colectivamente. No nos cabe ninguna duda al respecto. El deporte bien vivido y bien contado ayuda al progreso de los pueblos.

6. Referencias

Benito, A. (1984). *Fundamentos de teoría general de la información*. Madrid: Pirámide.
Debord, G. (1967). *La sociedad del espectáculo*. París: Buchet-Chastel. (3ª edición 2007 de Pre-textos. Traducción de José Luis Pardo de edición de Gallimard 1996).
Dunning, E. (2003). *El fenómeno deportivo*. Barcelona: Paidotribo.
Eco, U. (1996). *El mundial y sus pompas*. Madrid: Letra Internacional.
Elías, N. y Dunning, E. (1986). *Deporte y ocio en el proceso de la civilización*. México D.F.: Fondo de Cultura Económica.
Esteve Ramírez, F. y Fernández del Moral, J. (1999). *Áreas de especialización periodística*. Madrid: Fragua.
Fernández del Moral, J. (Coord.) (2004). *Periodismo especializado*. Barcelona: Ariel.
Fernández del Moral, J. y Esteve Ramírez, F. (1996). *Fundamentos de la información periodística especializada*. Madrid: Síntesis.
Huizinga, J. (2005). *Homo ludens*. Madrid: Alianza.
Jeu, B. (2004). *Análisis del deporte*. París: Gallimard.
Lázaro Carreter, F. (1999). *El español en el lenguaje deportivo*. Madrid: EFE.
Pericles Trifonas, P. (2001). *Umberto Eco y el fútbol*. Barcelona: Gedisa (2ª edición 2004).
Villoro, J. (2006). *Dios es redondo*. Barcelona: Anagrama.

Derechos Humanos y su tratamiento especializado en Periodismo

MARÍA CONCEPCIÓN TURÓN PADIAL
Universidad de Sevilla
mturon@us.es

1. Introducción

Los Derechos Humanos son una tangibilidad social en la Historia de la Humanidad.
Desde su Carta Universal, allá cuando estábamos a mediados del siglo XX, los medios de comunicación social han atendido esta temática en torno al ser humano y sus derechos sin que se haya producido una especialización periodística en un ámbito que es la propia epidermis del mundo.

Sin desear entrar en un análisis sociopolítico, el orbe terráqueo sigue en su debate de una necesidad de garantía sobre los derechos mínimos para el ciudadano, que en muchas zonas planetarias queda sin las bases de una dignidad como persona.

Los tradicionales periódicos, las fluyentes radios o las miradas televisiones siguen sin profundizar en las garantías innatas del hombre y sus nuevas necesidades que emanan nuevos derechos de persona para una convivencia sin desequilibrios.Y se alzan voces que demandan una atención comunicativa y por consiguiente especializada para que no sea un sencillo trámite de contar cosas que acontecen.

Objetivo del análisis es acercarnos a los Derechos Humanos en su presente, con pautas sobre las peticiones emergentes sobre los mismos para concretar sobre la situación y las reivindicaciones en torno al tratamiento especializado que se requiere de los medios para que la sociedad tenga conciencia de los desgajes humanitarios de la Tierra y sus estructuras.

2. En torno a la especialización periodística

En estos momentos la situación actual es de gran tensión ciudadana, debido a la gravísima crisis que nos azota y que se despierta en el ciudadano ansias por entender la situación, sus orígenes, el momento real que nos afecta, las posibilidades que se ofrecen para una salida de ella y, en general, por controlar intelectualmente todo el proceso. Contradictoriamente se está produciendo una saturación mediática de los *mass-media*, que literalmente embotan el entendimiento de los receptores, ante la avalancha de mensajes excesivamente retóricos sobre Economía, Derecho, Ambientalismo, etc., que difícilmente pueden ser comprendidos y analizados por estos. Cada vez se está creando mayor confusión generalizada, pues necesitaríamos una información continuada y desmenuzada sobre los contenidos, lo cual demanda un conocimiento periodístico especializado por el informador para comentar los contenidos y ponerlos al alcance de una comprensibilidad del receptor.

Junto a la desinformación que pueda crear esta comunicación deficitaria que se produce cuando el ciudadano medio tiene que descifrar un código que realmente no maneja, sin ningún tipo de ayuda o formación por parte del periodista, podemos unirle la perversión en que pueden caer ciertos medios que atienden a unos intereses creados, y así utilizando un lenguaje de demasiado nivel, el público en general puede caer ante sentencias de opinión, sin saber a ciencia cierta si se trata de una realidad o un hecho congruente, o por otro lado, sólo una interpretación mediatizada por los mencionados intereses sociopolíticos que pueden albergar una cierta intencionalidad de dirigir el pensamiento de un modo unidireccional.

Nos encontramos así con una doble disyuntiva a la que se deberían dar propuestas de salida. Por un lado, la necesidad de un acercamiento del emisor y el receptor para una comunicación efectiva, y por otro lado la necesidad de medios independientes (en la medida de lo posible) que no nieguen el derecho a ser informados, tanto por la mediación de un lenguaje difícil de interpretar como por la invisibilización que de numerosos acontecimientos se realizan. Con respecto a la primera propuesta, los profesores Fernández del Moral y Esteve Ramírez (1996) proponen: "La pluralidad del conocimiento diverso hace imprescindible la figura del especialista que sepa valorar y analizar correctamente aquellas informaciones más necesarias e imprescindibles", y prosiguen diciendo que "la información periodística especializada contribuye a establecer un diálogo más rico y variado favoreciendo, asimismo los conocimientos [...] a todos los niveles de comprensión".

Sobre el segundo punto referido a la intencionalidad sociopolítica que pueden tener los *mass-media*, ya nos advierte el jurista Garzón (2012), desde Argentina, quien se muestra sorprendido "por la acumulación de poder de determinados grupos" que manejan la información "con intencionalidad política". En ese sentido podríamos poner un gran número de ejemplos sobre lo que se retransmite o imprime; así no es difícil en estos momentos encontrar cómo una noticia destacada del día, una gran y buena noticia, el que el Ibex 25 ha subido "x" puntos, cuando en realidad, si esa posición alcanzada no se mantiene a lo largo de un tiempo, no tiene ningún valor realmente significativo en cuanto al estado real de la mejoría del estado de la Economía. Sin embargo, por el desconocimiento de cierta audiencia, consigue que esta se considere supuestamente informada y se acueste con la sensación de haber recibido una buena y tranquilizadora noticia sobre los buenos derroteros que, tras las decisiones que se están tomando, llevarán al fin de la crisis.

Son bastantes los datos comprobables que se pueden aportar sobre la incidencia que puedan tener los mercados. Pongamos un ejemplo de influencia mediática. Si leemos *ABC* y apreciamos que el Banco Sabadell patrocina una doble página a color (Sevilla, 08/10/1912, 6-7), es bastante extraño encontrar culpabilizaciones a la banca como productora, directa o indirectamente, de la crisis económica o reflexiones que ilegitimicen los aportes estatales para su recuperación, o su grado de culpabilidad en las diarias acciones de desahucios.

Y queriendo afinar más, estudiemos el tipo de anunciantes de este diario; en el mismo día y número, encontramos: Audi (pág. 11), Viajes El Corte Inglés (pág. 13), Volvo (pág. 17), Línea Directa del grupo Bankinter (pág. 19), BMW (pág. 23), La Caixa (pág. 31), Repsol (pág. 35), BBVA (pág. 67) o Endesa (pág. 77) entre otros. Con esta lista de sustentadores del periódico se pueden obviar comentarios sobre la poca independencia que puede tener a la hora de publicarse sobre la red de decrecimiento, sobre la deuda ecológica o la primacía de la especulación, áreas todas ellas que esta investigadora (2012) ha desarrollado y que pueden calificarse como esenciales en los Derechos Humanos.

En este sentido hacemos referencia a lo declarado por el Secretario de Gobernación de México, Alejandro Poiré (2012), cuando asegura que los medios de comunicación han sido un aliado fundamental para promover la estrategia del gobierno federal en torno a la importancia de los valores de seguridad.En ambos casos mencionados se hace referencia a una misma realidad aunque los resultados sean los mismos, cada uno con un valor intrínseco propio, es decir, en el caso de *ABC* desde una posición oculta de redireccionar las opiniones hacia el consumo.

En cambio, en el caso de México se hace una declaración abierta y plausible del efecto conseguido con una campaña mediática a favor de la seguridad ciudadana, pero en el trasfondo, los dos casos nos dan la dimensión real de los *mass-media* en cuanto a la influencia ante la opinión pública.

Prosiguiendo con la IPE nos parece más que apropiada la denominación que de ella hacen los profesores Fernández del Moral y Esteve Ramírez (1996): "La Información Periodística Especializada es aquella estructura informativa que penetra y analiza la realidad de una determinada área de la actualidad a través de las distintas especialidades del saber; profundiza en sus motivaciones; la coloca en un contexto amplio, que ofrezca una visión global al destinatario, y elabora un mensaje periodístico que acomode el código al nivel propio de la audiencia, atendiendo sus intereses y necesidades". Del mismo modo lo entendemos aquí que debe ser una vez que se superen las barreras anteriormente enumeradas y reflexionadas.

Deberían ir surgiendo, junto a las nuevas tecnologías, numerosas y variadas posibilidades de ejercer un Periodismo Especializado de gran calidad e independiente, ya que los avances tecnológicos proporcionan un acceso a la información sin elevadísimos costes como los que suponen editar un periódico impreso, así como cadenas radiofónicas o televisivas, conllevando la posibilidad de liberación, para su funcionamiento, de poderes tanto políticos como de mercados, dándose así la posibilidad al periodista de desarrollar un trabajo independiente y donde "el personal especializado debe profundizar en la realidad aportando el resultado de su investigación respecto a las causas que han podido originar un hecho informativo", como mantienen los indicados profesores.

3. El hoy de los Derechos Humanos

3.1. Fundamentos de la visión crítica de los Derechos Humanos

Cómo bien insistía el profesor Joaquín Herrera Flores (2005), los tres grandes preceptos de cualquier teoría crítica deben ser: visibilizar, desestabilizar y transformar. Es por lo que queremos hacer en este apartado un pequeño resumen de cómo se encuentran hoy los Derechos Humanos en su estructura a la que le ha llevado la teoría y práctica neoliberal occidental, ya que, para emprender un debate ideológico, primero tendremos que conocer bien los fundamentos en los que se están fundamentando, para poder acertar a visibilizar sus carencias y contradicciones; desmontar el corpus teórico con razonamientos capaces de abatirlo, y por último, ir creando y recreando nuevos caminos y posibilidades de articular un corpus antisistémico que consiga una nueva vida para el hombre, "una vida digna de ser vivida".

Demos unas pinceladas sobre el orden hegemónico imperante: "El neoliberalismo es, al mismo tiempo, una forma de gobernar, una ideología y un abanico de valores sociales que implican un conjunto de propuestas sociales presentadas como indiscutibles y una concepción del mundo que impregna todas las dimensiones de la vida social", según el profesor Torres López (2011). Es este un contexto realmente árido para teorizar de un modo distinto, alternativo, ya que entre otras cosas, el discurso está siempre en los poderosos, en el poder hegemónico que no está dispuesto a perder su posición estratégica. Como protección a la ideología que crea y sustenta, no está dispuesto a la inclusión de cualquier otro pensamiento que pueda desestabilizar sus propias estructuras. La evolución reconducida de este "pensamiento único" ha provocado, para el expresado profesor, "una sensible pérdida de debate social y de democracia, ha sido realmente impuesto sin contemplaciones desde todas las fuentes de convencimiento y de legitimación social".

Así, la resignación de los perdedores del sistema ha sido la única vía de supervivencia sin sospechar opciones que puedan hacerles salir del estatus de sustentadores del gran coloso del capitalismo, dentro del cual sólo llegan a ser tuercas de tornillo que son únicamente engrasadas para proseguir con la buena marcha de la maquinaria.

Así una de las grandes victorias del neoliberalismo es que "sus postulados han sido asumidos por la mayoría de los colectivos sociales que resultan realmente perjudicados por su aplicación" (Torres López, 2011, 1). Es muy difícil encontrar caminos disidentes cuando sólo se nos presenta un sendero por el que nos enseñan a caminar desde nuestros primeros pasos en la vida. Los principales postulados del neoliberalismo los podemos condensar en: "el mercado es el espacio en donde pueden resolverse todos los problemas sociales" (T. L., 2011, 2), lo que provoca la despolitización cada vez mayor de los estados y depositar el destino social en manos de un poder hegemónico que únicamente se mueve por intereses acumulativos; el profesor Torres López remarca que el individuo está por encima de las colectividades, siendo el lucro privado el detonante de la actividad humana, produciéndose un abandono de la dimensión social con una realidad capitalista siempre a favor del lucro privado.

Cuanto expresamos hasta ahora, en esta pequeña reflexión, nos hace entender qué es el neoliberalismo. No olvidemos que la libertad ha sido y sigue siendo el símbolo más emblemático del pensamiento occidental; sin embargo "la libertad liberal no puede ser otra que la libertad desigual, la que no tiene más proyecto que salvaguardar el orden de privilegios sobre el que se sostienen los mercados capitalistas" (Torres López, 2011, 7).

Es en este contexto donde hemos de situarnos a la hora de presentar las distintas voces críticas que abogan por nuevos caminos ideológicos que confrontan todo el *corpus* imperante que, por las condiciones ya mencionadas, parecen reproducirse eternamente si no encuentran a aquellos que sean capaces, desde la dialéctica y el rigor, de acabar con el pensamiento único creado siempre por los mismos actores: el poder hegemónico.

El recordado Herrera Flores (2008, 42) ya nos indicaba que "para conocer un objeto cultural, como son los Derechos Humanos, se debe huir de todo tipo de metafísica u ontología trascendente. Debe haber una investigación que saque a relucir los vínculos que dicho objeto tiene con la realidad, para contaminarlo de contexto. El análisis se extenderá a descubrir y potenciar las relaciones que dicho objeto tiene con el mundo híbrido, mezclado e impuro en el que vivimos". El alejar el hecho de la realidad hace que se conciban ideas puras que después habrá que trasladar a situaciones mundanales y hacerlas casar sin ningún tipo de lógica real.

En los Derechos Humanos hay que adentrarse en ellos "situándolos en el espacio, en la pluralidad y en el tiempo" (Herrera Flores, 2000, 25) ya que sin estos preceptos caeríamos en el universalismo que a lo largo de los siglos ha demostrado una falta de eficacia absoluta en cuanto a la aplicación generalizada de ellos. "El único universalismo válido consiste en el respeto y la creación de condiciones sociales, económicas y culturales que permitan y potencien la lucha por la dignidad" (Herrera Flores, 2008, 156). Es precisamente el universalismo una de las mayores trampas en la que podemos caer a la hora de teorizar críticamente. Cuando desde el mundo occidental se ha logrado un determinado derecho con la lucha y la sangre que, en numerosas ocasiones, ha tenido que derramarse, hay una tendencia casi inconsciente a intentar generalizarlo a todas las personas del planeta, olvidando que esta actitud no deja de ser una forma más del imperialismo de las ideas. Significaría un no aceptar la diversidad y la idiosincrasia de cada unidad cultural y los derechos según el estudioso Herrera Flores (2008, 45) "están penetrados por intereses ideológicos y no pueden ser entendidos al margen de su trasfondo cultural". Es esta otra gran confrontación entre la teoría crítica y la hegemónica, ya que esta última hace alarde de "pureza" y no reconoce que tras ella pueda haber ningún tipo de interés o intencionalidad.

Se puede decir, como nos indica el profesor Herrera Flores (2008, 11), que desde la Declaración de los Derechos Humanos de 1948 "tenemos los derechos, aun antes de tener las capacidades y las condiciones adecuadas para poder ejercerlos", toda vez que "el contenido básico de los derechos humanos no es el derecho a tener derechos (círculo cerrado que no ha cumplido con sus objetivos desde que se 'declaró' hace seis décadas). [...] Será el conjunto de luchas por la dignidad, cuyos resultados, si tenemos el poder necesario para ello, deberá ser garantizado por las normas jurídicas, las políticas públicas y una economía abierta a las exigencias de la dignidad", indicando que "los derechos vendrán después de las luchas por el acceso a los bienes" (H. F., 2008, 23-28), quedando patente así que son las luchas las que fundamentan la legitimización de los mismos, ya que dejan de ser derechos *per se*, a derechos propiedad de las comunidades que se han movilizado para lograr los distintos objetivos y la posibilidad y suficiencia de ir haciéndolos evolucionar, adecuándolos a las distintas contextualizaciones donde surgen.

Cuando hablamos de dignidad humana nos referimos al fin que los distintos procesos de luchas sociales pretenden conseguir pero, como nos comenta Joaquín Herrera (2008, 26): "Entendiendo por dignidad, no el simple acceso a los bienes, sino que dicho acceso sea igualitario y no esté jerarquizado por procesos de división del hacer, que colocan a unos en ámbitos privilegiados a la hora de acceder a los bienes, y a otros en situación de opresión y subordinación". Sin este salto cualitativo en los posicionamientos de poder, no se llegará a la consecución estructural de dignidad para todas y todos, considerando que son los Derechos Humanos todos los elementos que conforman la dignidad de cada uno de los seres humanos.

Creemos que, con cuanto hemos reflejado en este apartado, queda patente nuestro posicionamiento en torno a los derechos y como deben ser éstos concebidos.

3.2. Demandas en el presente y para un mañana

Si un sujeto con plenos derechos es un sujeto digno, habrá que entrar en las distintas particularidades de las diversas cosmogonías para entender qué hace digno a sujetos de variadas idiosincrasias. Así entendemos que la extrapolación de concepciones no es el camino más adecuado para conseguir un mundo más justo y equilibrado. No sienten las mismas necesidades humanas un ciudadano de Oslo que un indígena del Amazonas o un musulmán del Oriente Medio, así que consideramos que, uno de los primeros y esenciales pasos que tiene que dar la Humanidad para encarar el presente y el futuro de los Derechos Humanos, debería ser la pluralidad (cultural, religiosa, política, etc.); entender que el mundo es un lugar donde toda idea o pensamiento no pernicioso para segundos tiene cabida. No hay un solo modelo de pensamiento y sentir.

Cada pueblo ha ido moldeando sus necesidades existenciales para el logro de la felicidad y satisfacción personal: si un occidental tiene el derecho fundamental de un techo donde vivir, un indígena ecuatoriano abogará por una selva libre de explotación foránea. Si un español exige el derecho a la huelga, un polinesio exigirá la deuda ecológica. Si un ruso lucha por una concentración de factorías en determinado lugar donde el obrero pueda convivir en un medio adecuado a sus necesidades, no dispersando las infraestructuras necesarias para ese modelo de vida industrial, un africano querrá retomar su agricultura tradicional, libre de transgénicos y sin sometimiento a la ley del mercado ya que, ante todo, está la soberanía alimentaria y los productos elegidos milenariamente por sus pueblos. Con esto no queremos decir que existan diversos tipos de derechos según individuos, sino derechos que hagan digna una vida en su entorno propio.

Es muy lógico pensar que la soberanía alimentaria, por ejemplo, sería uno de los derechos que podríamos denominar como más universales, ya que no se puede concebir ningún tipo de vida sin el libre acceso a esta necesidad básica, no dándose el mismo caso que cuando hablamos de derecho al mercado libre si antes no hemos conseguido la igualdad de acceso a los bienes y posiciones. Pensamos que en este punto es donde más ha incidido la política neoliberal y ha convencido al ciudadano común de que esa "libertad" es el primero de los principios, sin advertir que, sin la mencionada igualdad, genera desigualdad en todos los ámbitos, es decir, la falta del resto de derechos para el que no posee los medios, ya que para estos, llegar al empoderamiento suficiente como para ejercer esa hipotética libertad llega a convertirse en una quimera.

4. La especialización periodística en Derechos Humanos

Si ya de por sí la especialización es un tema complicado y en el que encontramos posturas diversas de autores, al enfrentarnos a cómo debiera ser el esbozo del periodista especializado en Derechos Humanos aún se complica más, pues no se trata de un área del conocimiento determinado ya que aquellos son un compendio de ideologías que inundan todas las parcelas que rodean al hombre. A duras penas puede considerarse una gran matriz en la que incluir los Derechos Humanos, pero son tantas las materias transversales, que en estudios específicos tendríamos que hablar de subespecializaciones de ella. En mi reciente libro (2012) sobre tratamiento periodístico de los Derechos Humanos ya efectuamos una división en 15 áreas de temas generales en los que incluir las diversas vertientes de los Derechos Humanos, y 124 subáreas.

Cuadro temático sobre los Derechos Humanos para un tratamiento en el Periodismo Especializado	
Área	Subárea
Cooperación	Acciones Humanitarias
	Acciones Planificadas de Desarrollo
	Autoridad de los Países Receptores
	Cooperación Gubernamental (Bilateral)
	Cooperación Multilateral (Organismos Internacionales)
	Cooperación No Gubernamental
	Coordinación entre Donantes y Receptores
	Educación para el Desarrollo
	Resultados evaluables
	Sensibilización de la Opinión Pública
Decrecimiento	Contaminación
	Exclusión Social
	Ideario de Apariencia
	Preservación del Medio Ambiente
	Reducción del PIB
	Estrés
	Vacío de Relaciones y Falta de Sociabilidad

Democracia	Contra-Poderes
	Democracia Participativa
	Fundamentos Culturales y de Identidad
	Transparencia Política y de Organismos
Derecho Laboral	Derecho del Empleador (Empresario)
	Derecho de los Empleados
	Productividad
	Sindicatos y Desregulación del Mercado de Trabajo
Derecho Penal	Ciudadano y Enemigo
	Demonización del Enemigo
	Derechos de Excepción
	Enmascaramiento de las causas de la Guerra
	Grupos Especialmente Peligrosos
	Guerras Legales
	Guerras Quirúrgicas
	Medidas de Seguridad
	No-Violencia
	Violación de dos Derechos Humanos por el Estado
	Violación de Pueblos Internac. Reconocidos

Derechos Sociales	Derecho a la Ciudadanía
	Derecho a la Condición Sexual
	Derecho a la Disidencia Cultural y Social
	Derecho a la Educación
	Derecho de la Infancia
	Derecho a la Libre Expresión
	Derecho a la Sanidad Pública
	Derecho a la Vivienda
	Derecho al Agua
	Derecho al Alimento
	Derecho al Transporte
	Derecho Social al Trabajo
	Derechos de Asilos Políticos
	Derechos de los Discapacitados
	Reducción de Derechos
	Derecho Transicional (Delitos de Lesa Humanidad. Derecho a la Verdad. Indemnizaciones y Pensiones. Medidas de Reparación. Rehabilitación del Sujeto. Restitución de Bienes Robados)
	Igualdad de Razas
	Libre Circulación
	Otros...
Desarrollismo	Acumulación
	Ahorro Costos de Organización
	Competitividad
	Deslocalización
	Economía de Escala (Mayor Nivel de Producción)
	El Estado al Servicio de las Empresas
	Pérdida de Importancia de la Agricultura
	Precios de Transferencia
	Rescates financieros
	Quiebra de la Competitividad de los Asalariados
	Tercerización

Ecologismo	Agotamiento de los Suelos (Agronegocio)
	Agua Virtual
	Biodiversidad
	Comercio Ecológico Desigual
	Concienciación Ecológica
	Destrucción de Zonas Naturales
	Ecología Política
	Economía Ecológica
	Exportación de Residuos Tóxicos al Sur
	Extractivismo
	Justicia Ambiental (Ecología de los Pobres)
	Las Multinacionales del Agua
	Residuos Tóxicos
	Ríos Transfronterizos
	Trasvases
Emergencia de los Países Pobres	Deuda Ecológica
	IDH (Índice de Desarrollo Humano)
	Índice Gini
	IPH (Índice de Pobreza Humana)
	Reanudar las Historias Interrumpidas
	Reapropiación de Identidades Propias
	Recuperación de Técnicas Tradicionales
	Relaciones de Dependencia Económica y Cultural con el Norte
Género	Derecho a la Dignidad e Integridad Física
	Derecho a la Igualdad en el Trabajo
	Reconocimiento de los Trabajos de Cuidados
	Otros...

Globalización	Comercio como Único Garante Regulador de toda Relación
	Competitividad
	Consumismo y Posición de Bienes
	Crecimiento como Única Vía
	Crisis Bancaria
	Crisis Globalizadas
	Desarrollo de las Fusiones
	Deslocalización
	Explotación
	Individualismo
	Primacía de la Especulación
	Redes de Crimen Organizado
	Uniformación cultural
Movimientos de Resistencia Global	Asamblea Mundial de los Habitantes
	Movimiento de Indignados
Organizaciones Internacionales	Banco Mundial
	Banco Europeo
	FMI
	ONU
	OTAN
Pensamiento Social	Sociedad del Conocimiento
	Medios de Comunicación (Democratización de la comunicación. Desequilibrio de Contenidos y Medios)
	Propaganda (Diversa. Mensajes de inducción/persuasión. Propaganda de Guerra)
Pueblos Indígenas	Buen Vivir
	Espacio Territorial como Hábitat de Supervivencia
	Espacios Públicos No Estatales
	Indígena como Sujeto de Derecho
	Multiculturalidad
	Pacto Intercultural
	Procesos Culturales Indígenas
	Reconocimiento Constituyente de las Culturas Indígenas

Como comentamos anteriormente y podemos comprobar en este cuadro, el periodista especializado ha de tener una amplia formación en multitud de materias, pero no ya sólo para canalizar y hacer comprensible la noticia al público, sino para indagar en los distintos temas y encontrar cuál es realmente el hecho que afecta a los derechos. Si se tratase por ejemplo de una noticia sobre la producción de biomasa en el Cono Sur de América, sería útil saber rastrear y dar a conocer las inmensidades de territorios que se dedican a la plantación de palma o grano para la producción de biodiesel que irá a parar al mundo industrializado y mecanizado en general. Es ahí donde se tendrán que poner en práctica todos los conocimientos y saber explicar las consecuencias perversas que ello conlleva como son la pérdida de la soberanía alimentaria, tanto por la enorme subida que adquiere en el mercado el grano, así como por la pérdida de terrenos naturales con la consabida pérdida de biodiversidad y donde la agricultura tradicional será también sustituida por estas enormes plantaciones, además de la deuda ecológica que contraen estas grandes compañías que son las encargadas de estas millonarias producciones. Con todo esto, además del conocimiento puramente académico de las materias tratadas, el especialista en Derechos Humanos ha de tener una particular sensibilización hacia estos y una implicación que no podría ser más que puramente vocacional.

Encontramos unas interesantes declaraciones de César Alejandro Orozco Sánchez (2012), visitador de la Comisión Estatal de Derechos Humanos del Estado de Jalisco, en la que nos dice que "los periodistas son los interlocutores de la defensa de los Derechos Humanos, ya que a través de sus productos periodísticos evidencian y denuncian la violación de estas garantías constitucionales", con lo que añadimos un reto más para esta especialización, que es ser uno de los garantes de su cumplimiento, y las posteriores denuncias si aquellos no se respetaran. Así, en determinadas ocasiones y coyunturas especiales, el periodista especializado en Derechos Humanos puede convertirse en el enemigo del orden establecido o en un personaje peligroso al visibilizar y denunciar ciertas actuaciones, o la realidad de determinados acontecimientos, sacando del oscurantismo las intenciones reales que existen tras determinadas acciones, leyes e incluso constituciones; sigue diciendo Orozco Sánchez (2012): "Lo que publica el periodista no sólo afecta a los gobernantes, también llega a afectar a los poderes fácticos, reales o salvajes; narcotráfico, empresarios, mismos medios de comunicación. Está muy expuesto el periodista frente a los poderes formales y los poderes fácticos, es muy necesario estructurar un mecanismo de protección del periodista".

Otra peculiaridad del Periodismo en Derechos Humanos es que se da, en multitud de ocasiones, el divorcio entre periodista y medios, ya que contrastadamente se dan más periodistas comprometidos e independientes que medios de las mismas características, y es por ellos que están dándose nuevas leyes sobre protección del periodista en distintos países latinoamericanos, pero no sobre medios. Sirva como testimonio final estas palabras tomadas de un artículo de Antonio Rico (2012) donde deja patente el decir del presidente Rafael Correa sobre el poder de la propiedad de los medios: "¿No decían que había independencia en los medios y que por el profesionalismo los periodistas garantizaban que hay independencia? Vea: desde que se inventó la imprenta, la libertad de prensa es la voluntad del dueño de la imprenta, no nos engañemos"[1].

5. Referencias

ABC (2012). Sevilla: 8 de noviembre.

Fernández del Moral, Javier y Esteve Ramírez, Francisco (1996). *Fundamentos de la información periodística especializada*. Madrid: Síntesis.

Garzón, Baltasar (2012). La Ley de medios no cercena derechos de libertad sino todo lo contrario. *Notibaires*. <http://notibaires.com/nota.asp?Id=34903>. [Consulta: 3-11-12].

Herrera Flores, Joaquín (2000). *Hacia una visión compleja de los derechos humanos. En El vuelo de Anteo. Derechos humanos y crítica de la razón liberal*. Bilbao: Desclée de Brouwer.

—(2005). *Los Derechos Humanos como productos culturales. Crítica del humanismo abstracto*. Madrid: Libros de La Catarata.

—(2008). *La reinvención de los Derechos Humanos*. Sevilla: Atrapasueños.

Orozco Sánchez, César Alejandro (2012). Declaraciones en *Sur de Jalisco*. <http://www.periodicoelsur.com/contactenos.aspx>. [Consulta: 10-11-2012].

Poiré Romero, Alejandro (2012). Medios de Comunicación, aliado fundamental: Poiré. *El Sol de México*. <http://www.oem.com.mx/eloccidental/notas/n2753537.htm>. [Consulta: 3-11-12].

---

[1] Palabras pronunciadas en la entrevista a Erika Reija, del Canal 24H de TVE, con motivo de su presencia en España, a primeros de noviembre de 2012, para asistir a la Cumbre Iberoamericana celebrada en Cádiz.

Rico, Antonio (2012). ¿Qué es de Anita Pastor? *Faro de Vigo*, 18 de noviembre. <http://www.farodevigo.es/opinion/2012/11/18/anita-pastor/713257.html>. [Consulta: 18-11-2012].

Torres López, J. (2011). *El neoliberalismo*. Texto ofrecido en los archivos de lecturas para el Máster Universitario en *Derechos Humanos, Interculturalidad y Desarrollo* de la Universidad Pablo Olavide (UPO) y Universidad Internacional de Andalucía (UNIA). Se ofrece a pie de página un hipervínculo <Users/juantorreslopez/lo%20mio%20pro/ac-cursos/master%20cadiz/neoliberalismo.htm> que visto al 07-10-2011 no conecta con ninguna página o portal web, por lo que basamos la cita en el uso del texto en el señalado Máster.

Turón Padial, Mª. Concepción (2012). *Un acercamiento a los Derechos Humanos en periódicos de Sevilla*. Sevilla: Equipo de Investigación de Análisis y Técnica de la Información de la Universidad de Sevilla.

La influencia del Gabinete de Comunicación en las rutinas productivas de los periodistas deportivos

MIGUEL FERNANDO OLABE
Universidad Miguel Hernández
folabe@gmail.com

1. Introducción

Los clubes de fútbol profesionales en España, aquellos que disputan las competiciones de primera y segunda división en el campeonato, cuentan en la actualidad con Departamentos de Comunicación que, en muchos casos, se refuerzan con otras disciplinas como el *marketing*, o se integran en la direcciones de comunicación. De hecho, según un estudio sobre la evolución de las estructuras organizacionales de los clubes de fútbol en España de 1996 a 2006, realizado sobre los clubes que participan en la primera división de la LFP, el departamento que más ha evolucionado dentro de estas entidades ha sido el de comunicación. Hasta el punto de que se considera el aspecto que más había crecido en estos clubes, por encima de la gestión de las áreas deportiva y financiera (Gómez et al., 2008, 9).

Esta dimensión mediática del fútbol se comprende por el papel fundamental que los Gabinetes de Comunicación desarrollan con los medios. Así lo entiende Cleland (2009, 424-425), quien subraya que el papel de los Departamentos de Comunicación de los clubes de fútbol se centra en cumplir cuatro objetivos básicos: desarrollar una imagen positiva del club y su marca, ofrecer información a los aficionados y a los medios de comunicación, establecer una relación bidireccional con los fans mediante su participación en el club y gestionar las situaciones de crisis para que afecten lo menos posible a la imagen del club. Como advierte Fortunato (2000, 494), en el ámbito de las relaciones entre los medios y los Departamentos de Comunicación de las entidades deportivas, estos últimos consiguen, con una estrategia proactiva, incluir como contenidos en los medios de comunicación los mensajes corporativos de sus instituciones.

2. Los Gabinetes de Comunicación en los clubes de fútbol profesionales

Al igual que en otras competiciones deportivas profesionales, los clubes de fútbol y los medios de comunicación conviven en un mutuo y necesario escenario para la supervivencia de ambos, en el que la cobertura mediática garantiza visibilidad a estas instituciones deportivas y los clubes aportan buena parte del contenido informativo necesario para los medios (Tesone et al., 2005, 2-3).

El actual escenario global acarrea importantes cambios para la actuación de los Departamentos de Comunicación de los clubes de fútbol: por un lado, permite integrar las nuevas herramientas comunicativas que aportan las TCI y que posibilitan diferentes maneras de relacionarse con los públicos de estas entidades (Boyle y Haynes, 2004, 158); por otro, como consecuencia de ello, se superan los modelos comunicativos tradicionales que empleaban estos departamentos, basados principalmente en las relaciones informativas con los medios tradicionales (Schultz et al., 2010, 6-8), como se aprecia en la figura 1.

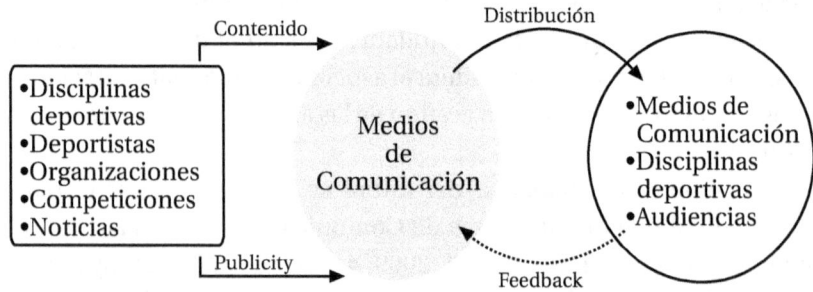

Figura 1. Modelo clásico: relaciones entre organizaciones, medios y audiencias (Schultz et al., 2010, 2).

Las relaciones entre las entidades deportivas, los medios de comunicación y las audiencias de esos deportes se han modificado con la aparición de la web 2.0 y sus plataformas sociales, donde las audiencias, ya sean socios, aficionados, seguidores u otros públicos de las organizaciones deportivas no solo interactúan, sino que también actúan como generadoras de contenidos relacionados con esas entidades, tal y como se aprecia en la figura 2.

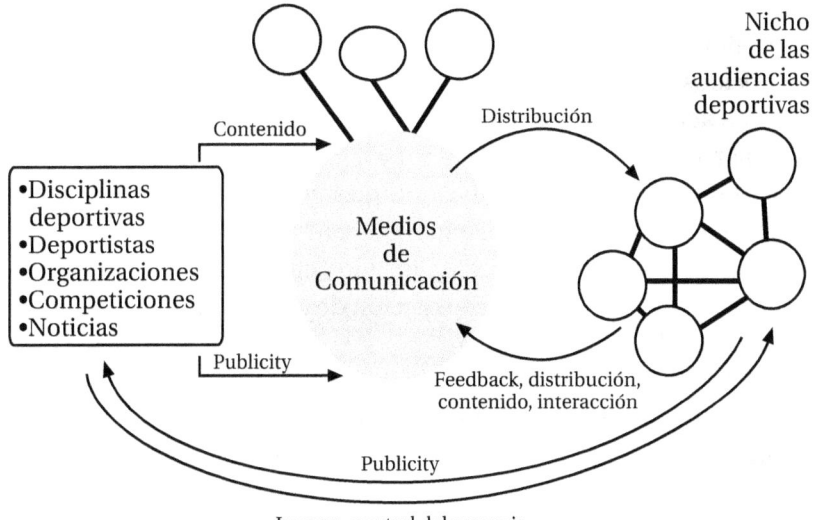

Figura 2. Modelo 2.0: relaciones entre organizaciones, medios y audiencias (Schultz et al., 2010, p. 2).

Según este esquema, los medios tradicionales siguen desempeñando un rol significativo en el actual modelo comunicativo que implementan las organizaciones deportivas. Se aprecia que los Gabinetes de Comunicación de los clubes de fútbol trascienden el mero papel de fuentes de información que se les ha atribuido durante mucho tiempo, aunque su relación con los medios, como uno de los públicos objetivos –no sólo del propio Departamento de Comunicación, sino también de la misma organización– sea uno de los principales cometidos de este departamento, pero desde una perspectiva más amplia y completa. No obstante, no hay que olvidar que los medios de comunicación son un público necesario para los Departamentos de Comunicación de los clubes de fútbol ya que les permiten otra forma de acceder directamente a los consumidores de sus productos (Hopwood, 2010, 65).

Por tanto, los Departamentos de Comunicación de los clubes son conscientes de que una buena relación con los medios resulta positiva, ya que las opiniones que generan se instalan también en los seguidores de estas entidades deportivas (Pedersen, et al., 2007, 268), entre otras razones porque los medios de comunicación siguen teniendo la capacidad de dar forma al contenido del mensaje generado por cualquier acción del Gabinete de Comunicación (Nichols et al., 2007, 63).

3. El fenómeno digital en la comunicación de los clubes de fútbol

Los clubes de fútbol han cambiado su modelo de gestión comunicativa, especialmente en su relación con los medios de comunicación. Favorecidos por la implantación de las TIC, los Departamentos de Comunicación de estas entidades se constituyen en *gatekeeper* al controlar y emitir, a través de sus propios medios de comunicación, como las televisiones y radios propias y los soportes *online*, las informaciones que ellos mismos generan (Ginesta, 2010). De este modo, ellos controlan los mensajes y los emiten directamente a sus públicos objetivos sin la intermediación de los medios convencionales (Moragas et al., 2011, 138).

Para los clubes de fútbol profesionales, la comunicación digital se configura como una herramienta estratégica en el diálogo de los clubes de fútbol con su mapa de públicos objetivos, entre los que se encuentran los medios de comunicación, y de posicionamiento en el ciberespacio (Zilles, 2008). Ello supone un mayor control de la información y de los mensajes que gestionan los Departamentos de Comunicación y convierte a los periodistas en meros transcriptores de la información institucional de estas entidades (Boyle, 2007).

Túñez et al. (2010, 88) destacan que el panorama comunicativo, con diversos actores ejerciendo de informadores (los medios de comunicación de masas, los medios sociales y las organizaciones con sus propios soportes y plataformas) han provocado una saturación informativa que obliga a que las fuentes, los clubes de fútbol, ejerzan la función de mediadores y gestionen directamente la información para aumentar su credibilidad ante toda la exposición informativa que llega a sus aficionados y seguidores. Una de las consecuencias del uso de Internet, tanto como fuente informativa de los periodistas como con el incremento del ciclo de noticias (con una cobertura continua de 24 horas, 7 días a la semana), radica en que el trabajo del periodista deportivo se resiente en la faceta de verificar los datos que conforman las noticias y reportajes (Boyle, 2007, 8). La facilidad de acceso a la información y el volumen de contenidos a su disposición origina que muchos periodistas relajen sus rutinas productivas a la hora de contrastar los datos en Internet (Masip, 2005, 564). También se agiliza el proceso y el tiempo de producción de las informaciones gracias a esa facilidad de acceso a la información institucional (Hachigian y Hallahan, 2003).

Callison y Seltzer (2010, 141-146) concluyen que las relaciones de los Departamentos de Comunicación con los periodistas mejoran si se establece entre ellos un modelo comunicativo basado en la atención permanente a sus necesidades informativas. Ambos autores entienden que las herramientas de las TCI y los recursos *online* asociadas a ellas, como la web corporativa, las RSS, y las redes sociales corporativas, contribuyen a satisfacer las necesidades de los medios de forma más efectiva, lo que repercute en la reputación de la empresa.

Boyle (2007) argumenta que los sitios web corporativos de las organizaciones deportivas están diseñados para buscar las declaraciones de los jugadores, de los entrenadores o de los directivos. Para los periodistas resulta esencial la estructura y diseño de la web corporativa, de forma que les permita localizar con rapidez todos los recursos informativos (Settles, 1996, 12). Los contenidos que los profesionales de la comunicación incluyen en los sitios web corporativos a menudo no coinciden con los intereses noticiosos que precisan los periodistas (Callison, 2003, 30). Bransford (2001) sostiene que los periodistas buscan cuestiones sencillas en los sitios web corporativos: comunicados de prensa, fórmulas de contacto con el Departamento de Comunicación y datos corporativos. Según González Molina (2009, 130), los sitios web corporativos emplean todas las posibilidades de interactividad, hipertextualidad y multimedia en su relación con los periodistas como público objetivo.

4. Los soportes informativos de los clubes como herramienta estratégica de su gestión comunicativa

De acuerdo con Boyle (2007), los clubes se han percatado de que es preferible no sólo controlar la información a través del Departamento de Comunicación, para que llegue a los periodistas lo suficientemente filtrada, sino que también resulta imprescindible gestionar ellos mismos la información que genera la organización, mediante sus propios canales, con lo que se evitan la intermediación de los medios tradicionales y controlan todo el proceso.

A principios del 2000, con la eclosión de los punto.com, los Departamentos de Comunicación de clubes incorporaron a equipos de periodistas que les confirieran criterio periodístico a sus sitios web (Boyle y Haynes, 2004). Dado que los contenidos informativos sobre los clubes llegan mejor a los seguidores de esas entidades a través de los medios digitales y de los medios audiovisuales tradicionales (Boyle,

2007), no es de extrañar que los clubes de fútbol hayan apostado por controlar los mensajes institucionales a través de sus propios medios, para acceder de forma directa a los seguidores de la entidad. Estos medios de comunicación propios, según Ginesta (2010, 150), estarían diferenciados en función de los públicos a los que se dirigen: los escritos, para los socios y abonados, y la web y servicios móviles, destinados a la comunicación externa. En este sentido, Boyle (2007, 5) afirma que el Departamento de Comunicación de los clubes de fútbol maneja una agenda diferente a la de los profesionales de los medios, lo que favorece que los aficionados de los clubes de fútbol tengan como principal fuente de información a la web corporativa de la entidad antes que a los medios.

El hecho de que los Gabinetes de Comunicación controlen el flujo informativo de las noticias a través de sus propios medios implica que se sustrae a los receptores, esto es, a sus seguidores y a la opinión pública, la posibilidad de que los medios de masas puedan contrastar esa información, por lo que se trata de contenidos que no pasan por ningún filtro periodístico (Sixto, 2008, 244). Además, los medios propios de los clubes se utilizan no sólo como herramienta de información, sino también como canal de comercialización de los productos de la entidad, lo que abre, por otro lado, una nueva vía para generar ingresos atípicos en estas organizaciones (Gómez, et al., 2010, 200).

Quizá, como asegura Boyle (2010), el contexto de convergencia tecnológica entre los distintos medios de comunicación provocará que la información deportiva en el futuro se adapte al soporte que el usuario utilice para descargarse esa información, desde tabletas hasta móviles. Las estadísticas también lo corroboran. Aunque en España ha crecido significativamente el número de personas que recurren a Internet para conseguir la información deportiva, más del 50% de los ciudadanos de Inglaterra, Francia y Alemania suelen utilizar estos soportes informativos habitualmente, según el estudio realizado por la consultora Sport+Markt[1].

En síntesis, la creación de sus propios medios de comunicación por parte de los clubes de fútbol, según Ginesta (2008, 154), pretende no solamente poder relacionarse directamente con sus *stakeholders*, sino

---

1 Cfr. Sport + Markt (2010): Sponsor Globe Newsletter. Number of people in four major European markets who use the internet for sport information: development 2005 – 2010. Consultado el 4 de abril de 2011 en la url: http://www.sponsor-globe.com/newsletter/Portals/0/Reports/20101209%20SPONSORGLOBE%20Internet_eng.pdf

también controlar sus propios mensajes corporativos, practicando una comunicación integral, mediante diferentes herramientas comunicativas, especialmente las de Internet, consideradas las más eficientes (Ginesta, 2008, 167-168), al menos hasta la irrupción de las redes sociales que, como veremos, han alterado las relaciones comunicativas entre los Departamentos de Comunicación, los usuarios y los medios.

5. Las relaciones entre los periodistas y los Gabinetes de Comunicación

Periodistas y profesionales de la comunicación corporativa llevan acusándose mutuamente desde hace años, y mantienen unas relaciones basadas en la desconfianza. Para los profesionales de la comunicación corporativa, la actitud de los periodistas responde al convencimiento de que su profesión es más ética que la de aquellos, lo que demuestra su escaso conocimiento sobre las capacidades de los profesionales de la comunicación corporativa (DeLorme y Fedler, 2003, 99-100). Al mismo tiempo, desde los Departamentos de Comunicación se considera que los periodistas descontextualizan sus informaciones (Stegall y Sanders, 1986, 342) y que tienden al sensacionalismo (Cutlip et al., 2001).

Si bien la mayoría de los periodistas mantienen una percepción negativa de los Departamentos de Comunicación, y consideran que entorpecen su trabajo poniendo demasiados filtros y buscando conseguir *publicity* para sus empresas (Len-Rios et al., 2009, 57), otros autores entienden que ese desprecio se queda en algo teórico, porque la realidad de las prácticas habituales demuestra que las relaciones no son tan tirantes (Cameron et al., 1997, 151-152). Para Merkel et al. (2007), las relaciones de los periodistas con los Departamentos de Comunicación se mueven en la paradoja de odiarles, pero al mismo tiempo cooperar con ellos y necesitarles para su trabajo. Sin embargo, esto no es lo habitual, y los periodistas siguen manteniendo una percepción negativa hacia los Departamentos de Comunicación, independientemente de que las características de esa relación varíen en función de la idiosincrasia del país que se analice (Tilley y Hollines, 2008).

Lo cierto es que la interacción entre ambos colectivos gira en torno a la necesidad de los Departamentos de Comunicación de conseguir sus objetivos estratégicos, suministrando a los periodistas todo tipo de información e intentando influir en el proceso de la construcción de las noticias. Por su parte, los periodistas precisan de esa información institucional pero intentando mantener su autonomía en el proceso de selección de noticias (Shin y Cameron, 2005, 320). Ambos grupos comparten la misma percepción de lo que es noticia, saben distinguir los valores noticiosos, aunque los profesionales de la comunicación corporativa, a diferencia de los periodistas, lo emplean para conseguir una difusión favorable de la imagen de sus empresas a través de las informaciones publicadas en los medios de comunicación (Kopenhaver, 1985, 38).

Pese a las diferencias entre ambos profesionales, resulta evidente que la interacción entre periodistas y los Departamentos de Comunicación de las organizaciones genera el flujo informativo diario en los medios (Sallot y Johnson, 2006, 151). Favorecer las condiciones de trabajo de los periodistas, estando atentos a sus necesidades informativas, permite incrementar las buenas relaciones entre periodistas y Gabinetes de comunicación, lo que redunda además en una mejor percepción de la empresa (Grunig y Hunt, 2000).

6. Los periodistas deportivos y la información especializada

En el escenario empresarial en el que se desenvuelve el fútbol actualmente, el Periodismo Deportivo se ve sometido a los intereses comerciales y empresariales tanto de los eventos (caso de unos mundiales de fútbol) como de los clubes a los que cubren informativamente. Esta situación provoca que el fútbol genere una mayor atención mediática[2], en detrimento de otras disciplinas deportivas que apenas encuentran acomodo en los diferentes soportes (Pedersen et al., 2007, 81-83)[3]. El estudio internacional sobre prensa deportiva, realizado en 2005 en el marco de la conferencia internacional *Play the Game* y dirigido por el Instituto Danés de Estudios del Deporte (Danish

---

[2] En España, por ejemplo, entre las 50 emisiones televisivas más vistas durante 2011, 35 corresponden a partidos de fútbol, tanto de la emisión de los encuentros como los programas especiales previos y posteriores a esos partidos. Datos del *Análisis Televisivo 2011*, elaborado por la consultora audiovisual Barlovento Comunicación, consultado el 10 de febrero de 2012 en la url: http://www.barloventocomunicacion.com/images/publicaciones/ANALISIS_TELEVISIVO_2011%5B2%5D.pdf

[3] No obstante, esta perspectiva sobre el tratamiento informativo a cada especialidad deportiva está condicionada, en ocasiones, al valor noticia de la actualidad, pero la medida de ese valor noticia es relativa. Cuando se trata de Fórmula 1, tenis o baloncesto, deportes en los que los éxitos de deportistas o equipos españoles adquieren una dimensión internacional, los medios de comunicación incrementan su cobertura en detrimento del fútbol, su mayor proveedor de contenidos informativos. No ocurre, sin embargo, lo mismo con los éxitos internacionales de otras disciplinas deportivas minoritarias, como el caso del voleibol. El día en que España logró el Campeonato de Europa a nivel de selecciones, un hecho sin precedentes para un deporte con apenas 3.000 jugadores federados, las portadas de los diarios deportivos españoles y los periódicos generalistas optaron por recoger la decepción por la derrota de la selección española de baloncesto también en el Campeonato de Europa de su especialidad. Un ejemplo de ello es la primera página del diario *El Mundo* de ese día, que se puede consultar en la url: http://estaticos.elmundo.es/papel/2007/09/17/Library/portada.pdf

Institute for Sports Studies –Idan–)⁴, incide en el condicionamiento de los intereses económicos y financieros del deporte sobre el trabajo de los periodistas deportivos. El estudio, realizado sobre la base del análisis de 10.000 artículos deportivos en 37 periódicos de diez países, advirtió de la presión que ejercen los clubes y los deportistas sobre los editores de los diarios para que el tratamiento informativo acerca de ellos no sea crítico por parte de los periodistas.

Los investigadores detectaron que casi el 60% de la información de los medios impresos se centra en la cobertura de acontecimientos deportivos y que son escasos aquellos artículos sobre los aspectos económicos, políticos o sobre el dopaje, así como los que tratan el impacto social del deporte. Posiblemente en ello influya el hecho de que la cobertura del fútbol supone para el periodista deportivo que su trabajo se basa en hechos que ya están programados previamente, por lo que se trata de elementos informativos previsibles y ajustados a una temporalidad (Paniagua, 2010, 193), como ruedas de prensa, competiciones oficiales, post partidos, entrenamientos, etc.

Como advierten Boyle et al. (2002, 164), los periodistas que cubren informativamente el fútbol se manejan en un ámbito en el que sus principales fuentes son sus compañeros de otros medios que también cubren a un determinado club, los portavoces oficiales y no oficiales de ese club, así como los jugadores y sus agentes, con los que también establecen una relación simbiótica. Los periodistas necesitan la información sobre los fichajes; a su vez, los agentes se apoyan en los medios para filtrar datos que puedan facilitar que un jugador fiche por un club u otro, o presionar a la entidad para que mejore las condiciones económicas de su representado (Dinan et al., 2002, 177).

En el caso español, de acuerdo con la investigación realizada por González Ramallal (2004, 277), la información deportiva depende fundamentalmente de los acontecimientos y eventos deportivos, lo que se manifiesta en el elevado uso del género de la noticia frente al reportaje y en el escaso porcentaje de informaciones en las que predomina el análisis, así como que un 45% de las piezas publicadas no hacen referencia a fuente alguna. Al igual que en España, el fútbol acapara de forma preferente la atención informativa de los medios impresos no

---

4 El Instituto Danés de Estudios del Deporte es una institución independiente creada por el Ministerio danés de Cultura, cuyo objetivo es permitir una visión general y crear un mayor conocimiento en el ámbito del deporte nacional e internacional. Cf. playthegame.org (2005): The sports press: The world's best advertising agency. Consultado el 11 de febrero de 2012 en la url: http://www.playthegame.org/upload//Sport_Press_Survey_English.pdf

especializados en las ligas de Alemania e Inglaterra, así como en otros países cuyas competiciones no tienen la misma dimensión mediático-deportiva (Horky, 2009).

Todo ello ha provocado que el rol de los periodistas deportivos muchas veces se identifique más con el del aficionado y seguidor del equipo que con el del propio oficio de periodista, aunque esto también favorece un mayor grado de identificación de los seguidores que se informan a través de los medios de comunicación sobre la actualidad de su equipo (Ortiz, 2005, 32), pese a que los contenidos informativos estén dirigidos hacia el dato y la anécdota y no tengan la altura informativa necesaria (Paniagua, 2002, 19).

Como asegura Castañón (2006), la evolución del fútbol profesional ha condicionado también el Periodismo Deportivo, hasta el punto de que el periodista ha pasado de ser un mero informador a integrarse también en la complejidad de este deporte y sus condicionantes económicos, publicitarios y comerciales que se reflejan en sus informaciones. Dader (2007, 42-43) se llega a plantear si la dependencia de determinadas fuentes o grupos ideológicos (que en el caso del fútbol se podría extender a la adhesión a determinados clubes) genera una falta de profesionalización de los periodistas y, en consecuencia, un cierto sectarismo.

Pese a que la información deportiva ha dejado de ser la hermana pobre del Periodismo para convertirse, gracias a la espectacularización del fútbol, en un área de información con peso propio dentro de los medios tradicionales (Alcoba, 1993), carece del prestigio de otras ya que se la relaciona con el ocio, el divertimento y la frivolidad de sus informaciones (Rowe, 2004). Es más, los periodistas que cubren el fútbol no han sido siempre bien valorados en la jerarquía de la información deportiva, al considerarse esta disciplina como un deporte de masas (Boyle y Haynes, 2009, 165) y por la falta de formación de estos profesionales en comparación con los periodistas de otras secciones especializadas (Beck y Bosshart, 2003, 15). Se le reprocha al Periodismo Deportivo su carácter acomodaticio, de centrarse fundamentalmente en la cobertura diaria de los temas, sin ampliar las temáticas, de utilizar pocas fuentes, y de que su actividad periodística se basa en anticipar, describir y reflexionar sobre los acontecimientos deportivos y los deportistas que participan en esos eventos, especialmente las estrellas, lo que ha provocado que sea más un Periodismo de entretenimiento y de celebridades (Rowe, 2007, 390). Asegura Boyle (2007) que en un entorno marcado por un elevado flujo de información en el que compiten una multitud de plataformas comunicativas, el Periodismo Deportivo llega a difuminar las fronteras entre información y deporte.

A ello se añade el hecho de que los periodistas que cubren informativamente a los clubes de fútbol profesionales, como por ejemplo en España, se han imbuido, también, de los rituales, rutinas y ritmos que acompañan a los futbolistas y a los equipos (Llopis Goig, 2006, 127), ya que la forma en que se organiza la temporada de un club y el día a día del equipo, en cualquiera de las competiciones, afecta y condiciona el trabajo periodístico. En el caso de los clubes de fútbol españoles que reciben mayoritariamente la cobertura informativa a través de los medios locales o provinciales, se produce, además, un grado de identificación y empatía entre los clubes, los jugadores, los periodistas y los medios, que llega a generar una dependencia directa, en muchos casos, e indirecta en otros, entre todos estos protagonistas (Limia e Isasi, 2005, 591). Se alerta, incluso, de que los periodistas deportivos tienen diferentes estándares éticos que el resto de periodistas de otras secciones, ya que están más expuestos a los regalos y las prebendas corporativas de aquellas instituciones que cubren profesionalmente (Hardin et al., 2009, 326).

Por tanto, los periodistas deportivos que cubren actualmente la información sobre los clubes de fútbol se encuentran con un panorama en el que las fuentes habituales han variado su comportamiento y sus rutinas (Boyle, 2007). Por un lado, los clubes de fútbol han creado sus propios Departamentos de Comunicación con un buen número de periodistas que, con una agenda diferente a los medios, dotan de contenidos noticiosos las diferentes plataformas comunicativas del club. Por otro, los jugadores, obsesionados con controlar su imagen, no sólo poseen sus propios medios de comunicación a través de las redes sociales (especialmente *twitter*), sino que en determinados casos se han dotado con sus propios responsables de comunicación para gestionar su imagen[5].

7. Conclusiones

Resulta evidente que los medios de comunicación contribuyen de forma significativa a la percepción que los públicos objetivos de las organizacio-

---

[5] Algunos jugadores, como el brasileño Kaká, cuentan con su propio jefe de prensa, y otros, como el caso de los internacionales españoles, Fernando Torres y Pedro, son asesorados por la consultora Bahía Internacional que gestiona tanto su imagen como aspectos empresariales y jurídicos. Consultado el 6 de marzo de 2012 en la url: http://www.bahiatyc.es/index.php?s=static&identif=4a9b92bb362f9

nes deportivas adquieren sobre estas, lo que otorga un papel fundamental al Departamento de Comunicación y a las acciones de relaciones públicas que llevan a cabo para contribuir a forjar esa imagen (Desmarais y Bruce, 2008, 1). Siguiendo a Post, et al. (2002), podemos afirmar que los clubes de fútbol profesionales, como organizaciones, y los medios de comunicación, como *stakeholders*, poseen intereses comunes: los primeros, emitir mensajes que lleguen al resto de sus públicos objetivos; los segundos, obtener información que les permita desarrollar su actividad profesional y empresarial. Se trata de una relación simbiótica, en la que ambos obtienen beneficios de su contacto, ya que tanto los medios como las entidades deportivas son instituciones sociales que tienen como objetivo el negocio (Helland, 2007,107-111). Según este autor, la mejor ejemplificación de esa dependencia y beneficio mutuo se observa en cómo ha contribuido el deporte al desarrollo de la televisión y cómo los operadores televisivos no sólo han incrementado la visibilidad de las disciplinas deportivas, sino también su capacidad para generar ingresos atípicos.

De acuerdo con Cleland (2009, 419-420) las relaciones entre los medios y los clubes de fútbol se basan, históricamente, en la interdependencia entre ambos. El interés de la opinión pública por conocer la actualidad futbolística incrementaba las ventas de los periódicos y ayudaba a los clubes a relacionarse con los seguidores. Esa dependencia, según Vinnai (1986, 73), incrementó la cobertura del fútbol como elemento prioritario en los medios de comunicación en detrimento de otras especialidades deportivas, circunstancia que se sigue manteniendo hoy día (González Ramallal, 2004, 271-280). De hecho, los Gabinetes de Comunicación han adquirido en los últimos tiempos las mismas rutinas de producción que los medios, lo que favorece, por un lado, el trabajo de los periodistas que cubren a las organizaciones y, por otro, consiguen que su organización adquiera protagonismo mediático (Manning, 2001, 67).

Podemos concluir, por tanto, que el modelo comunicativo de los clubes de fútbol está cambiando, favorecido por la inclusión en su estrategia comunicativa de las TCI, lo que les conduce a la coexistencia de los modelos de comunicación *offline* y *online*, en mutua convivencia (Cleland, 2009, 417). La entidad ha pasado de ser fuente a ser editora de las propias noticias que genera, por lo que el papel de los medios de comunicación se ha desdibujado. La puesta en marcha de nuevos soportes (webs corporativas, canales de televisión, *twitter,* blogs o radios), que se suman a las tradicionales publicaciones impresas con las que mantenían en el pasado su relación con los aficionados, ha generado un nuevo ecosistema informativo en torno a la actualidad de estas entidades deportivas, un espacio que ya no está dominado por los medios tradicionales, que han perdido su hegemonía al alterarse los polos de emisión (Prudkin, 2010, 7-9).

8. Referencias

Alcoba López, A. (1993). *Cómo hacer periodismo deportivo*. Madrid: Editorial Paraninfo.

Beck, D. y Bosshart, L. (2003). Sports and media. *Communication Research Trends, 22*(4), 1-44.

Boyle R. (2007). Sports journalism and communication: challenges and opportunities in the digital media age. *Asia Communication and Media Forum*, 14-16, sept 2007, Beijing, China.

—(2010). Sport and the Media in the UK: the Long Revolution? *Sport in Society, 13*(9), 1298-1311.

Boyle, R. y Haynes, R. (2004). *Football in the new media age*. London: Routledge.

—(2009). *Power Play. Sport, the Media and Popular Culture*. Edinburgh: Edinburgh University Press Ltd.

Boyle, R., Dinan, W. y Morrow, S. (2002). Doing the business? Newspaper reporting of the business of football. *Journalism, 3*(2),161-181.

Bransford, K. (2001). Better Access, Better Information, Better News: The Ten Essential Elements of an Online Newsroom. Recuperado el 20 de diciembre de 2011, en http://www.vocus.com/TenElements.

Callison, C. (2003). Media relations and the Internet: how *Fortune* 500 company web sites assist journalists in news gathering. *Public Relations Review, (*29), 29-41.

Callison, C., y Seltzer, T. (2010). Influence of responsiveness, accessibility, and professionalism on journalists' perceptions of Southwest Airlines public relations. *Public Relations Review, 36* (2) 141-146.

Cameron, G. T., Sallot, L. M., y Curtin, P. A. (1997). Public relations and the production of news: A critical review and a theoretical framework. En B. Burleson (Ed.). *Communication Yearbook*, (20). Thousand Oaks, CA: Sage Publications, 111-155.

Castañón Rodríguez, M. (2006). Cambios en la redacción periodística del deporte en América y España en el siglo XXI. *Revista Digital Universitaria, 7*(6), 1-10.

Cleland, J. (2009). The Changing Organizational Structure of football clubs and their relationship with external media. *International Journal of Sport Communication*, (2), 417-431.

Cutlip, S. M., Center, A. H. y Broom, G. M. (2001). *Relaciones Públicas eficaces*. Barcelona: Gestión 2000.

Dader, J. L. (2007). Del periodista pasible, la obviedad informativa y otras confusiones en el Estanco de Noticia. *Estudios sobre el Mensaje Periodístico* (13), 31-53.

Delorme, D. E. y Fedler, F. (2003). Journalists' hostility toward public relations: An historical analysis. *Public Relations Review*, 29(2), 99-124.

Desmarais, F. y Bruce, T. (2008). Blurring the boundaries of sports public relations: National stereotypes as sport announcers' public relations tools. *Public Relations Review*, 34(2), 183-191.

Dinan, W., Boyle, R. y Morrow, S. (2002). Doing the Business? Newspaper reporting of the business of football. *Journalism*, 3(2), 161-181.

Fortunato, J. A. (2000). Public relations strategies for creating mass media content: A case study of the National Basketball Association. *Public Relations Review*, 26(4), 481-497.

Gil Morales, P. (2009). Una experiencia de investigación: la presencia de las noticias deportivas femeninas en la prensa. Recuperado el 6 de septiembre de 2011, en http://pablogilmorales.blogspot.com.es/2009/11/039-la-informacion-deportiva-y-la-mujer.html

Ginesta Portet, X. (2008). Comunicación corporativa y fútbol en la era de las TIC: los casos del FC Barcelona, Sevilla FC y RC Recreativo de Huelva. En F. Sabés y J. J. Verón (Coords), *Internet como sinónimo de convergencia mediática y tecnológica* (pp. 153-170). Zaragoza: Asoc. Prensa de Aragón.

—(2010). Los medios propios de los clubes de fútbol españoles. De la revista oficial a los canales de TDT. *Estudios sobre el mensaje periodístico*, (16), 145-166.

Gómez López-Egea, S., Martí C. y Opazo, M. (2008). The structural characteristics of sport organisations: Differentiation within elite Spanish professional football clubs. *CSBM: Center for Sport Business Management*, Working Paper 751, May, 1-16.

—(2010). Value creation from the organizational structure of a sports entity. En S. Gómez, K. Kase e I. Urrutia (Eds). *Value creation and sport Management* (pp. 176-208). Cambridge: Cambridge University Press.

González Molina, S. (2009). La digitalizació dels gabinets de premsa i comunicació. Estudi del cas del Servei Català de Trànsit (SCT). *Trípodos*, (24), 117-131.

González Ramallal, M. E. (2004). El reflejo del deporte en los medios de comunicación en España. *Revista de Estudios Sociológicos*, (4), 271-280.

Grunig, J. y Hunt, T. (2000). *Dirección de Relaciones Públicas*. Barcelona: Gestión 2000.

Hachigian, D. y Hallahan, K. (2003). Perceptions of public relations web sites by computer industry journalists. *Public Relations Review*, (29), 43-62.

Hardin, M., Zhong, B., y Whiteside, E. (2009). Sports coverage: 'Toy department' or public-service journalism? The relationship between reporters' ethics and attitudes toward the profession. *International Journal of Sports Communication*, (2), 319-339.

Helland, K. (2007). Changing Sports, Changing Media. Mass Appeal, the Sports/Media Complex and TV Sports Rights. *Nordicom Review*, Jubilee Issue, 105-119.

Hopwood, M. (2010). Public Relations and the Media. En S. Hamil y S. Chadwick (Eds), *Managing Football. An international perspective* (pp. 55-67). Oxford: Butterworth-Heinemann.

Horky, T. (2009). Contenidos y modelos de elaboración de la información deportiva en la prensa escrita. Resultados de un estudio comparativo internacional. *Apunts. Educación Física y Deportes*, 3º trimestre, 70-79.

Kopenhaver, L. L. (1985). Aligning values of practitioners and journalists. *Public Relations Review*, *11*(2), 34-42.

Len-Ríos, M. E., Hinnant, A, y Park, S. (2009). Understanding how health journalists judge public relations sources: A rules theory approach. *Public Relations Review*, (35), 56-65.

Limia Fernández, M., e Isasi Varela, A. (2005). El Real Club Deportivo de La Coruña, S.A.D. en el discurso periodístico cotidiano de Deporte Campeón, localismo, vinculación empresarial y dependencia informativo-ideológica. En X. Pereira Fariña, X. López García y X. Villanueva Rey (Coord). *Investigar sobre periodismo: Reunión Científica de la Sociedad Española de Periodistica (SEP), Santiago de Compostela, 27-28 de mayo de 2005* (pp. 588-615). Santiago de Compostela: Universidad de Santiago de Compostela, Servicio de Publicaciones.

Llopis Goig, R. (2006). El fútbol como ritual festivo. Un análisis referido a la sociedad española. *Anduli. Revista Andaluza de Ciencias Sociales*, (6), 115-132.

Manning, P. (2001). *News and News Sources*. London: Sage.

Masip, P. (2005). *Rutinas periodísticas e internet en la información diaria. Congrés Internacional Comunicació i Realitat*. Barcelona: Maig.

Merkel, B., Russ-Mohl, S., y Zavaritt, G. (Eds.). (2007). *A complicated, antagonistic & symbiotic affair: Journalism, public relations and their struggle for public attention*. Lugano, Switzerland: European Journalism Observatory.

Moragas, M., Kennett, C y Ginesta, X. (2011). Football and media in Europe. A new sport paradigma for the global era, en A. Tomlinson, C. Young y R. Holt (Eds). *Sport and the Transformation of Modern Europe. States, media and markets 1950-2010* (pp. 128-149). Oxon (RU): Routledge.

Nichols, W., Moynahan, P., y Hall, A. (2007). *Media Relations in Sport*. Morgantown: Fitness Information Technology.

Ortiz, S. (2005). Premsa esportiva: Informació o espectacle? *Capçalera*, (128), 28-35.

Paniagua Santamaría, P. (2002). La crítica y el deporte: el placer de la influencia. *Estudios sobre el mensaje periodístico*, (9), 17-26.

Pedersen, P. M., Miloch, K. S. y Laucella, P. C. (2007). *Strategic Sport Communication*. Champaign, IL: Human Kinetics.

Post, J., Preston, L. y Sachs, S. (2002). Managing the extended enterprise: the new stakeholder view. *California Management Review*, 45(1), 6-28.

Prudkin, G. (2010). Mapeo y visualización de las blogosferas futbolísticas argentina y brasilera. Su comprensión en el campo comunicacional a partir del concepto de Red Social. *Comunicação & Sociedade*, (31), 29-52.

Rowe, D. (2004). *Sport, Culture and the Media: The Unruly Trinity*. Maidenhead: Open University Press.

—(2007). Sports journalism. Still the 'toy department' of the news media? *Journalism*, 8(4), 385-405.

Sallot, L. M. y Johnson, E. A. (2006). Investigating relationships between journalists and public relations practitioners: Working together to set, frame and build the public agenda, 1991-2004. *Public Relations Review*, 32(2), 151-159.

Schultz, B., Caskey, P. y Esherick, C. (2010) *Media Relations in Sport*. West Virginia: Fitness Information Technology.

Settles, C. (1996). How to build a press center on the Web. *Public Relations Tactics*, 3(11).

Shin, J. H. y Cameron, G. T. (2005). Different sides to the same coin: Mixed views of public relations practitioners and journalists for strategic conflict management. *Journalism & Mass Commnication Quarterly*, 82(2), 318-338.

Sixto García, J. (2008). Gabinetes que informan, medios que ratifican. *Pensar la Publicidad*, 2(1), 235-246.

Stegall, S., y Sanders, K. (1986). Coorientation of PR practitioners and news personnel in education news. *Journalism Quarterly* 63(2), 341-347.

Tesone, D., Platt, A., y Alexakis, G. (2005). Collapsing Stakeholder Groups: Insights Into Professional Sports Organizations And Competitive Positioning. *The Journal of Applied Business Research*, 21(2), 1-8.

Tilley, E., y Hollings, J. (2008). Still stuck in "A love-hate relationship": Understanding journalists' enduring and impassioned duality towards public relations. *ANZCA08 Conference, Power and Place. Wellington, July*, 1-24. Recuperado el 20 de febrero de 2011, en http://pep.massey.ac.nz/massey/fms/Colleges/College%20of%20Business/Communication%20and%20Journalism/ANZCA%202008/Refereed%20Papers/Tilley_Hollings_ANZCA08.pdf

Tuñez López, M., Martínez Solana, Y., y Abejón Mendoza, P. (2010). Nuevos entornos, nuevas demandas, nuevos periodistas. *Estudios sobre el mensaje periodístico*, (16), 79-94.

Vinnai, G. (1986). *El fútbol como ideología*. México: Siglo XXI Editores.

Zilles Borba, E. (2008b). *O cibermarketing no futebol. A comunicação interativa nos websites dos clubes que integram a Liga Portuguesa de Futbol Profissional* (Tesis, Universidade Fernando Pessoa, Porto). Recuperado el 5 de agosto de 2010, en http://bdigital.ufp.pt/bitstream/10284/1057/1/eduardo%20zilles%20borba.pdf

Periodismo Especializado en Salud con enfoque de género

IDOIA CAMACHO MARKINA
UNIVERSIDAD DEL PAÍS VASCO
idoia.camacho@ehu.es

1. Diferencias y desigualdades en salud

En el ámbito médico, como en otras áreas de la sociedad, también se reproducen los estereotipos de género. Tradicionalmente, los problemas de salud han sido definidos por los grupos de poder socialmente mejor posicionados. Desde las organizaciones feministas y las asociaciones de mujeres se ha denunciado reiteradamente que ha sido el poder médico masculino quien ha venido definiendo cuáles son los problemas y las prioridades en la atención a la salud de las mujeres, tal y como nos recuerdan Lasheras, Pires y Rodríguez (2004, 11).

Desde esta perspectiva androcéntrica, el análisis teórico y práctico de los procesos de salud-enfermedad se ha realizado con diversos sesgos de género que han supuesto riesgos para la salud de las mujeres, según indica Isabel Martínez Benlloch en el Programa de Formación de Formadores/as en Perspectiva de Género en Salud, del Ministerio de Sanidad y Consumo:

1.1. Excluir a las mujeres de los estudios de investigación y de los ensayos clínicos y extrapolar a toda la población los resultados de dichos estudios

Esta práctica, mayoritaria hasta hace pocos años, implica asumir que los factores de riesgo y los protectores de la salud son los mismos para toda la población, lo cual conlleva invisibilizar las diferencias en las formas de enfermar y de morir entre hombres y mujeres.

Así por ejemplo, muchos estudios evidencian que, a pesar de que las enfermedades cardiovasculares son ya la primera causa de muerte en las mujeres, por encima del cáncer de mama, a menudo no son detectadas, pues los factores de riesgo son diferentes a los de los varones, cambian a lo largo del ciclo vital y presentan distintos síntomas.

1.2. Atribuir a las mujeres las mismas características del sexo masculino en la definición de los problemas de salud que les afectan

La salud de mujeres y hombres es diferente y es desigual. Diferente, porque hay factores biológicos que se manifiestan de forma distinta en la salud y en los riesgos de enfermedad: embarazo, parto, aborto, menstruación, menopausia, hormonas etc. Desigual, porque hay factores socioculturales que influyen en la salud de las personas (clase social, nivel de estudios, situación laboral, roles familiares, apoyo social, hábitos de alimentación, consumo de tabaco y drogas...).

Las mujeres y los hombres enferman y mueren por causas diferentes. En los países industrializados, por ejemplo, las mujeres viven más años que los hombres pero con peor calidad de vida ya que presentan con mayor frecuencia enfermedades de carácter crónico debilitante, como por ejemplo la diabetes y la artrosis.

También está demostrado que hay una mayor utilización de los servicios hospitalarios por parte de los hombres. En cambio, las mujeres utilizan más los servicios ambulatorios. Es decir, los hombres tienen más problemas agudos: vómito de sangre, pulmonía, etc. y piden ayuda de urgencias en el hospital; mientras que los problemas más frecuentes de las mujeres son cansancio y dolor, y casi siempre patologías crónicas, no agudas, es decir, malestares que sobrevienen en el tiempo y que duran mucho tiempo.

1.3. Enfocar síntomas desde un punto de vista biomédico y farmacológico

Es práctica habitual la prescripción de analgésicos o ansiolíticos de forma sistemática a mujeres que demandan atención médica, incluso sin que se haya realizado ninguna exploración previa. Es decir, a menudo se psicologiza y medicaliza su malestar.

La depresión aparece con doble frecuencia en mujeres que en varones, y, a menudo, presenta trastornos somáticos (cardiacos, gastrointestinales, fibromialgia) que se tratan con medicamentos. En la base de los síntomas depresivos están las características del estereotipo femenino: inferioridad social, desamparo legal o económico, dependencia emocional, autoestima devaluada, complacencia...

Lo mismo ocurre con los trastornos de ansiedad y los trastornos de la conducta alimentaria, que también son mayores en las mujeres. Hay una persistente relación entre los modelos de género y los síntomas asociados a estos trastornos: miedo, angustia, inseguridad, dependencia, estrés...

2. La salud en los medios de comunicación

Los medios de comunicación son utilizados cada vez más por los ciudadanos para obtener información sobre medicina y salud, en mayor medida incluso que las visitas a médicos u otros profesionales de la salud. Los medios tienen capacidad para educar a la población y ayudarla a adoptar modos de vida más saludables, debido principalmente a tres razones: pueden llegar a muchas personas rápidamente, gozan de la credibilidad de la gente y pueden ofrecer advertencias constantes y reforzar los mensajes.

El aspecto educativo de la sanidad no fue asumido por las políticas sanitarias de los diferentes Estados hasta bien entrado el siglo XX. Anteriormente, los servicios sanitarios convencionales se dedicaban principalmente a ejecutar un conjunto de actuaciones orientadas al tratamiento de las enfermedades, sin tener en cuenta las medidas de educación para la salud ni las destinadas a la prevención de las dolencias. Así, la sanidad era entendida en clave reduccionista y circunscrita al mundo de la medicina. Habrá que esperar a los años 40 del mismo siglo para encontrar actuaciones en el ámbito internacional destinadas a educar a la población para la salud, es decir, destinadas a crear pautas saludables de conducta (Chimeno, 2004, 435).

De esta forma, se deja de entender la salud meramente como la ausencia de enfermedad y se avanza hacia una concepción integral de la salud, que engloba el bienestar físico, psíquico y social. Esta visión positiva de la salud supone que los factores políticos, económicos, sociales, culturales, de medio ambiente, de conducta y biológicos pueden intervenir a favor o en detrimento de la misma, por lo que el nuevo objetivo es hacer que todas esas condiciones sean favorables para alcanzar un mejor nivel de salud. Se pondrá el énfasis en la prevención, en la necesidad de actuar antes de que se produzcan las enfermedades, sentando las bases para que la sociedad no incorpore a su forma de vida hábitos que puedan ser perjudiciales. Las personas dejarán de ser meros objetos de atención y se constituirán en sujetos que participan activamente en la búsqueda de su bienestar, conscientes de la importancia de recuperar el poder sobre su propio cuerpo y sobre el ambiente que les rodea (Arredondo, 1994, 423).

En el sistema de salud suelen considerarse tres niveles de atención a las y los pacientes: el nivel primario, que es la atención dispensada en los centros de salud; el secundario, que es la atención que se ofrece en los hospitales comarcales; y el nivel terciario, que es el de los centros médicos, generalmente académicos. El primer gran foco sobre el que los medios de comunicación ejercen su influencia es en el nivel del autocuidado, que es un nivel básico que precede al de la atención primaria (Encuentro Internacional Salud, Comunicación y Sociedad, 1999, 78-79). Este nivel comprende las medidas preventivas que adopta una persona por su cuenta antes de consultar a un profesional sanitario. Y es que no es habitual acudir al médico estando sano, por lo que este vacío en el área de la salud es ocupado en gran medida por el Periodismo como transmisor de conocimientos que contribuyan al mejoramiento de la calidad de vida.

Numerosas investigaciones apuntan a la salud y la medicina como uno de los temas emergentes que más interés despierta en la sociedad del siglo XXI, cada vez más sensibilizada en la adquisición y mantenimiento de hábitos que contribuyan a mejorar su salud. Esta preocupación por la salud queda constatada en el Barómetro Sanitario[1] que realiza el Ministerio de Sanidad, en el que a la pregunta de "¿cuál es el área de mayor interés para los ciudadanos y las ciudadanas?" año tras año aparece en primer lugar la respuesta de la salud, por encima de la educación, la vivienda, las pensiones, entre otros temas.

Los medios de comunicación han respondido a este interés social aumentando considerablemente la cantidad de informaciones relacionadas con la salud, que ocupan cada vez más espacio en todo tipo de medios. Sin embargo, este incremento en la oferta de información sobre salud y medicina no siempre ha ido acompañado de una mejora sustancial en su calidad, y aún queda mucho camino por andar para liberarnos totalmente de ciertas prácticas periodísticas que siguen generando efectos contraproducentes en la ciudadanía (Fundación Vila Casas, 2006, 131). Y es que los contenidos de los

---

[1] Los datos de los informes anuales se pueden consultar en: http://www.msps.es/estadEstudios/estadisticassisInfSanSNS/informeAnual.htm

medios de comunicación pueden comportar efectos negativos sobre la población, si las informaciones no son tratadas con el suficiente rigor y la calidad necesaria en un tema tan crucial para el bienestar de una sociedad como es su propia salud.

Así, es preciso evitar algunas prácticas periodísticas que perjudican la calidad de las informaciones, como utilizar el sensacionalismo, crear falsas expectativas o alarma social en la audiencia, abusar de los tecnicismos, simplificar excesivamente temas complejos, encubrir publicidad en las informaciones o reproducir las desigualdades de género socialmente construidas. Los medios son instrumentos muy valiosos para romper con la invisibilidad, los estereotipos y roles tradicionales y la asimetría en la representación de las mujeres, y educar así a la población en materia de salud desde una perspectiva de género.

3. Género en el Periodismo Especializado en Salud

Las investigaciones que analizan las interrelaciones existentes entre salud, género y Periodismo tienen como objetivo fundamental examinar de qué manera se comunican los temas relacionados con la salud desde la perspectiva de género y comprobar qué papel desempeñan los medios de comunicación en este proceso.

En las últimas décadas se han llevado a cabo numerosos estudios que analizan el tratamiento periodístico de las informaciones teniendo en cuenta la perspectiva de género. El aumento de las investigaciones sobre género y medios de comunicación ha hecho que en el Estado español se haya consolidado este campo de trabajo, tal y como ya sucedía anteriormente en otros países europeos y en Estados Unidos.

Uno de los estudios más recientes lo ha llevado a cabo un equipo de la Universidad de Sevilla. En la investigación denominada "La satisfacción de las necesidades informativas de las mujeres. Análisis de la empresa periodística bajo la perspectiva de género", realizada sobre seis periódicos andaluces, analizan el tratamiento de los temas de género y la presencia femenina en las noticias (Bezunartea, 2012). Los resultados determinan que las mujeres no sólo no aparecen como protagonistas de las noticias, sino que tampoco tienen peso como fuentes de información, ni en función de los cargos que ocupan ni de las profesiones que desempeñan.

Sin embargo, son muy pocas las investigaciones que han estudiado la información especializada en salud y casi todas están basadas en el análisis de contenido de los medios, sin abordar otros elementos del proceso comunicativo. En el Estado español destacan dos investigaciones realizadas por equipos de la Universidad de Alicante y de la Universitat Pompeu Fabra, respectivamente, ambas centradas en la prensa escrita.

El primer equipo, dirigido por Mª Teresa Ruiz Cantero, analizó entre 2000 y 2001 las características de las noticias publicadas en los diarios *El País*, *ABC* y *El Mundo* durante la década de los 90 sobre ciertos tópicos de especial relevancia para la salud de las mujeres (Ruiz, 2001). Para ello, analizaron la visibilidad de las mujeres y la paridad entre los sexos, además del tipo de información que transmiten los periódicos.

Entre los resultados de dicha investigación, se evidenció que los hombres firman más que las mujeres las informaciones sobre salud (un 60% frente a un 38%), aunque cuando se habla sobre anorexia y malos tratos el porcentaje de artículos firmados por mujeres es mayor. También es significativamente mayor la presencia en las informaciones de hombres en exclusiva (42%) que la de mujeres (20%), y en los casos en los que la presencia femenina es menor, las mujeres aparecen como enfermas (38% frente al 13% de hombres) y como familiares (15% frente al 9%).

El equipo de la Universitat Pompeu Fabra, dirigido por Gemma Revuelta, analizó las noticias sobre salud de cinco diarios (*El País*, *ABC*, *El Mundo*, *La Vanguardia* y *El Periódico de Catalunya*) publicados entre 1997 y 2001, y de la versión electrónica de *The New York Times* correspondiente al período 1900-1999 (Observatori de la Comunicació Científica, 2003). El objetivo era analizar el papel de la prensa diaria en la transmisión de contenidos sobre salud teniendo en cuenta la perspectiva de género, desde tres puntos de vista: la responsabilidad de la información, según la distribución de sexos en las redacciones y las fuentes de información utilizadas; los aspectos de la salud de la mujer que centran la atención de la prensa; y la representación textual o iconográfica de determinados estereotipos y roles sociales.

Esta investigación comprobó que, en la mayor parte de los casos, las líneas generales y las decisiones finales sobre asuntos de redacción corren a cargo de hombres, y que también es superior la proporción de textos firmados por ellos. Las fuentes de información mencionadas en los diarios son mayoritariamente masculinas y los temas más tratados en el período analizado en relación con la salud de la mujer fueron de dos tipos: uno en el que la explicación biológica parece clara (sexualidad, reproducción, trastornos del sistema genito-urinario) y otro en el que no existe una justificación biológica, sino social (errores médicos, violencia doméstica y temas relacionados con la belleza y el cuidado del cuerpo).

Además, el estudio del tratamiento periodístico de algunos de estos temas mostró que aún se siguen reproduciendo determinados estereotipos de género que distorsionan la información y contribuyen a perpetuar ciertos roles sociales. En concreto, por ejemplo, en el tema de la osteoporosis se evidenció que, aunque los textos están redactados de manera rigurosa, algunos titulares destacan ideas estereotipadas ("Las mujeres soldado, más frágiles que los hombres"), representan a la mujer en el rol de ignorante o de víctima del sistema ("Muchas mujeres no saben que sus huesos han perdido densidad") o utilizan expresiones insultantes ("Las morenas, gordas y velludas son menos propensas a padecer osteoporosis").

También es destacable que muchos de los titulares analizados comienzan con la expresión "Una mujer", cuando no es muy frecuente que lo hagan con "Un hombre". Así, el estudio concluyó que en el lenguaje periodístico es muy habitual decir "Una mujer muere tras someterse a una liposucción", pero cuando se trata de un hombre, la práctica más generalizada es dar una explicación más precisa sobre quién es la persona, en lugar de comenzar por la expresión "Un hombre" ("Un médico", "Un vecino de tal localidad", "José Martínez", etc.).

Aparte de estos dos estudios, a nivel internacional podemos destacar una investigación llevada a cabo por Ángela María Rojas y Elvia Vargas en la Universidad de Los Andes (Bogotá), que describe el papel de los medios de comunicación en la construcción de las identidades con el género y las implicaciones de éstas en los procesos de salud y bienestar (Rojas, Vargas, 2010). Su objetivo es sensibilizar a los profesionales de los medios frente al efecto que tiene la exposición a los mensajes que transmiten en la construcción de identidades de género.

Esta investigación concluye que, aunque desde hace dos décadas existe en los mensajes de los medios de comunicación un interés creciente por visibilizar nuevas representaciones de hombres y mujeres, todavía hoy la socialización compartimentada y excluyente por sexo se da por sentada y además es alimentada constantemente, habiendo pocas intervenciones que desafíen las normas culturales dominantes.

4. Profesionales del Periodismo sobre Salud

La ANIS, Asociación Nacional de Informadores de la Salud, agrupa a más de 300 profesionales periodistas que trabajan en el ámbito de la salud, tanto en medios de comunicación como en gabinetes de prensa y en agencias de comunicación. Entre junio y septiembre de 2008 realizó, en colaboración con la Universidad Carlos III de Madrid, la I Encuesta Nacional de Periodismo Sanitario, a la que respondieron 400 periodistas (ANIS, 2009). Entre sus resultados podemos encontrar datos relativos a las diferencias y también a las desigualdades entre los y las profesionales del Periodismo sobre Salud.

El Periodismo Sanitario no ha sido ajeno al proceso de feminización que ha experimentado en los últimos años la profesión periodística en general. Las periodistas sanitarias suponen el 67,7% del colectivo de profesionales que se dedican a la difusión de información sobre salud. La distribución por sexos varía según se trata de medios o de gabinetes y agencias de comunicación. En los medios la presencia de las mujeres periodistas es de un 60%, cifra que asciende a un 76,1% en los gabinetes de comunicación.

Pese a ser mayoritarias en el ámbito de la información sanitaria, las mujeres también ganan menos que los hombres en este sector, al igual que ocurre en el Periodismo en general. Así, mientras que prácticamente no hay varones en los tramos salariales más bajos (menos de 750 euros), un 5,1% de las mujeres se ubican en este umbral. La presencia de féminas es mayor en los tramos de sueldos más bajos, y los hombres son los que alcanzan los tramos de ingresos más elevados, tal y como se resume en la siguiente tabla:

Diferencias salariales por sexo

	Hombres	Mujeres	Total
Hasta 450 euros al mes		3,8%	2,5%
Entre 451 y 750		1,3%	0,8%
Entre 751 y 1.000	5%	6,4%	5,9%
Entre 1.001 y 1.251	5%	9%	7,6%
Entre 1.251 y 1.500	12,5%	19,2%	16,9%
Entre 1.501 y 2.000	20%	15,4%	16,9%
Entre 2.001 y 2.500	22,5%	25,6%	24,6%

Entre 2.501 y 3.000	20%	9%	12,7%
Más de 3.000	15%	10,3%	11,9%
Total	100%	100%	100%

Fuente: I Encuesta Nacional de Periodismo Sanitario

Estos datos revelan que, aunque el grupo más amplio de hombres y mujeres se sitúa en el tramo comprendido entre los 2.000 y los 2.500 euros, el 35% de los varones gana más de 2.500 euros, frente al 19,3% de las mujeres. La diferencia más significativa se da en el tramo de los 2.500 a los 3.000 euros, donde se ubican un 20% de los hombres y tan sólo un 9% de las féminas.

Al margen de estos datos, las investigaciones sobre el contenido de salud de los medios de comunicación concluyen que la comunicación sobre salud es uno de los puntos menos desarrollados por los Planes de Igualdad. Así, a pesar de los esfuerzos realizados por asociaciones de mujeres de los medios y por el ámbito académico, sería necesario fortalecer el enfoque de género en los mecanismos de autorregulación de la propia profesión (Ruiz, 2004, 70).

Los profesionales de la información sobre salud, a través de la ANIS, firmaron en octubre de 2007 la llamada *Declaración de Sevilla*[2], que constituye desde entonces su código deontológico para un ejercicio libre y responsable de la profesión. Esta declaración, formada por diez principios, sólo alude de manera colateral, en su última recomendación, al tema de la igualdad de género. Concretamente, el texto dice:

"10. Responsabilidad. Acatar los Derechos Fundamentales reconocidos, no vulnerar la intimidad ni insultar, no ofender con calumnias ni injurias, no vulnerar el principio de presunción de inocencia, no hacer apología de las drogas, no hacer discriminación negativa ni racismo y evitar cualquier actividad o información que menoscabe la integridad personal o perjudique a inocentes, pacientes, periodistas, médicos, científicos, enfermeros o cualquier otra persona que esté involucrada en el área de la salud. Evitar la discriminación por motivos de género".

Así pues, parece lógico pensar que mientras desde dentro de la profesión no se defiendan y difundan unos principios que garanticen la participación igualitaria de todos los miembros de la sociedad en

---

2 Disponible en la web de ANIS, en el enlace:
http://www.anisalud.com/es/actualidad/noticias-anis/texto-definitivo-de-la-declaracion-de-sevilla-el-codigo-etico-sobre-informa

los medios de comunicación, será difícil que estos garanticen una información rigurosa e integradora de todas las perspectivas sociales.

5. Recomendaciones para el enfoque de género en las noticias sobre salud

Las tres investigaciones antes mencionadas incluyen una serie de pautas a tener en cuenta por las y los trabajadores de los medios de comunicación a la hora de elaborar las noticias sobre salud con enfoque de género. Se trata de un total de 25 recomendaciones, que podemos compendiar en las siguientes pautas de actuación:

- Equiparar el tratamiento dado a los hombres y a las mujeres en las informaciones y reflejar la diversidad de roles que las mujeres desempeñan en relación con la salud.
- Hacer un esfuerzo para salir del círculo rutinario de fuentes de información e incluir más voces de mujeres.
- Expresar en los mensajes tanto la dimensión interna de los problemas de salud (cogniciones, emociones, percepciones) como su dimensión externa (comportamientos, objetos).
- Construir una imagen positiva del proceso de cualquier enfermedad, sin utilizar clichés androcéntricos.
- Garantizar que la información sobre salud está dirigida a ambos sexos.
- Contribuir en la formación de prácticas saludables no sexistas desde el primer año de edad, con mensajes claramente diferenciados según la edad del público al que se dirigen.
- Sacar a la luz pública los problemas de salud derivados de estereotipos de género e interpretar la información con perspectiva de género.
- Comprobar que el lenguaje de los textos respeta la visibilidad tanto de hombres como de mujeres, utilizando la dualidad de género, empleando los plurales masculinos y femeninos, feminizando las profesiones, sirviéndose del contexto para especificar la verdadera composición del grupo, utilizando expresiones gramaticales que carezcan de género y centrándose en la acción o profesión más que en los protagonistas o profesionales, y en los genéricos colectivos más que en la función de sus participantes.
- Describir a las personas con problemas de salud y a su realidad con palabras y expresiones que las representen con dignidad, evitando la

inclusión injustificada de adjetivos, expresiones o ilustraciones que fomenten la persistencia de imágenes estereotipadas, especialmente si resultan insultantes o trivializan patologías graves.
• Denominar a las personas que aparecen en la información por el nombre y apellidos, y si procede por cargo y profesión. No mencionar a quien no tenga relevancia para el mensaje y limitar las referencias de parentesco a los casos en que se intente asegurar el anonimato.

6. Conclusiones

El Periodismo Especializado en Salud no contempla el enfoque de género en el proceso de producción de noticias. En este sentido, el Periodismo Sanitario se equipara a la información generalista, que "es un discurso que no contempla entre sus presupuestos y planteamientos las cuestiones de género" (Gallego, 2002, 238).

La desigualdad de género en el Periodismo Sanitario comienza ya en las condiciones laborales de sus profesionales, ya que las periodistas sanitarias, a pesar de ser más numerosas que sus compañeros, tienen sueldos más bajos que ellos.

En cuanto a contenidos, en el Periodismo Sanitario, al igual que ocurre en el Periodismo en general, no se contemplan las cuestiones de género a la hora de elaborar las informaciones, ya sea por desconocimiento, por negación o por indiferencia. El tratamiento periodístico de las desigualdades de género depende en gran medida de los impulsos o de la voluntad de cada periodista a nivel individual, y no de una conciencia de la profesión o de los medios de comunicación sobre la dimensión de género.

Esta realidad está directamente relacionada con el hecho de que los y las periodistas especializados en salud no hayan establecido unos códigos deontológicos que regulen el tratamiento de las informaciones desde una perspectiva de género.

Además, se extrapola al Periodismo Sanitario la práctica habitual en medicina de tratar la salud con sesgos de género. La invisibilidad de las mujeres en las noticias sobre salud puede comportar efectos negativos sobre la población especialmente en un tema tan crucial para el bienestar de una sociedad como es su propia salud.

Si determinados problemas que afectan sobre todo a las féminas no tienen una presencia informativa suficiente, esos problemas son invisibles para la mayor parte de la sociedad, por lo que no se intenta solucionarlos. Es lo que ha venido ocurriendo hasta hace pocos años, por ejemplo, con la violencia de género.

Si las noticias sobre determinadas enfermedades excluyen a las mujeres, la percepción que recibe el público es que son propias de los hombres. Es lo que sucede con las enfermedades cardiovasculares, que –aunque son ya en muchos países desarrollados la principal causa de muerte entre las féminas– muchas de las afectadas no saben que lo son, ya que sus síntomas son diferentes en ellas y ellos.

Si los medios no utilizan a mujeres como fuentes de información cualificadas (médicas, investigadoras, odontólogas, farmacéuticas, biólogas, físicas, psicólogas) están poniendo trabas al desarrollo de ellas como profesionales.

Tal y como ocurre en el Periodismo en general, o quizá en mayor medida aún, en el Periodismo Sanitario hay que hacer todavía mucho trabajo para conseguir que en las rutinas profesionales de los y las periodistas se incluya la perspectiva de género en el tratamiento informativo de los asuntos sobre salud.

7. Referencias

ANIS (2009). *I Encuesta Nacional de Periodismo Sanitario. Una aproximación al perfil y el entorno del informador de la salud en España*. Madrid: ANIS.

Arredondo, C. (1994). La comunicación es un instrumento fundamental para la promoción de la salud. *Revista de Sanidad e Higiene Pública* (68), julio-agosto, 423-425. Madrid: Ministerio de Sanidad y Consumo.

Bezunartea, O. (2012). La mujer como cargo y como fuente en la prensa escrita. La paridad no llega a las noticias. *Ámbitos* (21), 233-256. Sevilla: Universidad de Sevilla.

Encuentro Internacional Salud, Comunicación y Sociedad (1999). *Salud, comunicación y sociedad: informe*. Bilbao: Fundación BBV.

Fundación Vila Casas (2006). *Informe Quiral 2005: Medicina, Comunicación y Sociedad*. Barcelona: Rubes.

Gallego, J., Altés, E., Melús, M. E. et al. (2002). La prensa diaria por dentro: mecanismos de transmisión de estereotipos de género en la prensa de información general. *Análisi* (28), 225-242. Barcelona: Universidad Autónoma de Barcelons.

Lasheras, M. L., Pires, M. y Rodríguez, M. M. (2004). *Género y Salud*. Sevilla: Instituto Andaluz de la Mujer.

Martínez Benlloch, I. Actualización de conceptos en perspectiva de género y salud. Módulo 2 del Programa de Formación de Formadores/as en Perspectiva de Género en Salud. Ministerio de Sanidad y Consumo. Disponible en http://www.msc.es/organizacion/sns/planCalidadSNS/pdf/equidad/03modulo_02 pdf [Consultado el 6-11-2012].

Observatori de la Comunicació Científica (2003). *Género y salud en la prensa diaria.* Disponible en http://www.obsym.org/docsuser/ASP056.pdf [Consultado el 5-11-2012].

Rojas, Á. y M., Vargas, E. (2010). Salud, género y medios de comunicación. *Folios* (23). Medellín (Colombia): Universidad de Antioquía. Disponible en http://www.gobilingual.us/folios/n23/N23-3.pdf [Consultado el 15-09-2011].

Ruiz, M. T., Martín, M. y La Parra, D. (2004). El enfoque de género en las noticias de salud. *Gaceta Sanitaria, 18* (supl. 2), 65-74. Barcelona: Sociedad Española de Salud Pública y Administración Sanitaria. Disponible en http://scielo.isciii.es/scielo.php?script=sci_arttext&pid=S0213-911120 04000500009&lng=es&nrm=iso [Consultado el 2-11-2012].

Ruiz, M. T., La Parra, D., Martín, M. et al. (2001). *Salud y género en prensa escrita. Bases para la elaboración de un libro de estilo.* Alicante: Universidad de Alicante. Disponible en http://www.nodo50.org/ameco/salud%20y%20genero.pdf [Consultado el 6-11-2012].

Periodismo Especializado en Golf en España

JOSÉ GABRIEL FERNÁNDEZ FERNÁNDEZ
Universidad Rey Juan Carlos
josegabriel.fernandez@urjc.es

1. Introducción

Existe un dicho británico que asegura que "el golf es un deporte que se puede jugar incluso con sol". España es una de esas excepciones que confirman la regla ya que cuenta con esa poderosa arma para desarrollar el sector del golf, no ya sólo como deporte sino como industria. Este ámbito deportivo, social y turístico es una parcela muy atractiva también para el Periodismo Especializado en Golf, que tiene una amplia superficie para trabajar.

Es necesario concretar, antes que nada, qué es el Periodismo Especializado, para después analizar cómo se desarrolla en España el Periodismo de Golf en sus distintas versiones: deportiva, económica y social. Para ello comentaremos también cómo se presenta en la actualidad el sector del golf en España, una industria en crecimiento y muy particular gracias en parte al buen clima y sobre todo al sol.

2. Periodismo Especializado

El Periodismo Especializado es, ante todo, el futuro del Periodismo. La labor de contar historias se hace más necesaria con un narrador que conozca mejor el tema del que se trate. Eso no significa que un experto se convierta en periodista sino más bien que un periodista, en cumplimiento de su misión de informar, formar y entretener, divulgue una información de la mejor manera posible. Los periodistas, libres y responsables, deben estar bien formados para transmitir el conocimiento. Javier Fernández del Moral (2004,

19) explica en el libro *Periodismo Especializado* que "no es una técnica específica de codificación de mensajes, ni mucho menos una recopilación de contenidos especializados por materias, sino como una nueva disciplina dentro del nuevo *corpus* científico de las Ciencias de la Información capaz de poner las bases para combatir contra la especialización del conocimiento".

Existen numerosas disciplinas en las que la mayoría de las personas no tienen un conocimiento nada claro. En estos casos, los periodistas especializados tienen el deber de acercar esas materias a la mayoría. Fernández del Moral (2004, 24) insiste en este sentido al asegurar que "se trata de hacer posible al Periodismo su penetración en el mundo de la especialización, no para convertir a nuestros profesionales en falsos especialistas, no para obligar al Periodismo a parcelarse, subdividirse o compartimentarse, sino al contrario, para hacer de cada especialidad algo comunicable, objeto de información periodística, susceptible de codificación para mensajes universales".

La comunicación ha cambiado. Del viejo esquema emisor-mensaje-receptor, se ha pasado a un difícil y complicado esquema en donde el periodista debe ser el "salvador" que haga más fácil la transmisión del conocimiento desde un punto de vista más profesional. En primer lugar, el emisor tiene numerosas fuentes que contrastar. Cuanto más preparado sea el periodista, mejor podrá analizar y contar los hechos, para emitir una opinión libre y sobre todo responsable. En segundo lugar, esas fuentes se dividen en primarias y secundarias. Las primarias serían las fuentes principales, directas, a las que un periodista especializado podrá acceder más fácilmente. Las secundarias, representadas por los Gabinetes de Comunicación de las empresas, adquieren una importancia capital y de ahí que sus responsables deban ser conscientes también de la necesidad de ejercer un Periodismo responsable, dedicado a divulgar la información con informaciones no ya divididas en buenas o malas, sino en verdaderas o falsas. Las fuentes secundarias también son periodistas y por eso su relación con los medios debe ser muy intensa, fluida, y sin obstáculos, evitando ruidos e intoxicaciones.

En tercer lugar, el receptor cuenta con una marea de contenidos, de información, y su labor de selección se complica. El periodista especializado tiene la capacidad de orientar al receptor con un análisis autorizado y una fácil comprensión del mensaje. Por todo esto, un periodista más formado será un periodista mejor. La especialización ayuda precisamente a cumplir estos propósitos de informar, formar y entretener con conocimientos especializados que muchas veces se alejan de la gran mayoría.

2.1. Periodismo digital

En estos tiempos de crisis, cuando vemos que la mayoría de las puertas del futuro de la comunicación se cierran, vemos también gracias al recién nacido Periodismo Digital, una ventana que se abre, la ventana de la especialización. La llegada de nuevos medios, mejores canales y verdaderas autopistas de la información gracias a Internet y a la revolución digital, están dando la razón a los que miran más allá. De nada sirve tener las mejores vías de comunicación si no se tiene contenido, y la solución pasa, lógicamente, por la especialización que ofrezca una diversidad del producto y una garantía de calidad.

En todo caso esta especialización puede convertirse también en un arma de doble filo si no atendemos a la esencia del Periodismo. La multiplicación de los sitios web no implica una mayor especialización periodística. Es imprescindible recordar una serie de pautas.

Una de las críticas más escuchadas hacia los periodistas es que escriben de todo y no saben de nada. La información especializada es una de las soluciones a este teórico problema. El periodista debe informar y analizar una materia. Su labor es comunicar, no saber de esa materia como un experto. Debe sintetizar las cosas, hacerlas suyas, y explicarlas a los demás. El hecho de especializarse en un tema concreto ayuda a esa labor, pero no hay que perder de vista que la función del periodista es comunicar, no convertirse en un experto más y alejarse por tanto de la audiencia.

El Periodismo Especializado es una solución a la especialización del conocimiento y abre al periodista un mundo nuevo y un reto diferente: informar y formar a la sociedad de esos conocimientos desconocidos. Para esta "misión", renacida con la aparición de nuevos canales y medios de información, los periodistas deben ser conscientes de su responsabilidad porque son los transmisores de ese nuevo conocimiento. En este sentido, la conocida frase de "los hechos son sagrados, las opiniones libres", se refuerza con lo que Fernández del Moral (2004, 26) incluye al decir que "los hechos siguen siendo sagrados pero las opiniones deben ser sobre todo responsables", y añade que "el periodista especializado debe opinar, se le pide que opine... y eso incluye una dimensión ética que afecta a todo su trabajo".

2.2. Pautas para el Periodismo Especializado

Todo Periodismo Especializado tiene una serie de límites. El primero y más importante es que no es Periodismo Especializado lo que no es Periodismo, y ahí radica una de las principales diferencias con cualquier otra publicación digital que trate un tema específico. Para eso existen cuatro características básicas de lo que se puede considerar Periodismo según Otto Groth.

En primer lugar la actualidad. Un contenido o una información sin actualidad pierde una de las esencias de la noticia. Es necesario que una información especializada tenga también actualidad. De hecho, en muchas ocasiones, una información especializada pasa al primer plano de la actualidad, como cuando se lanza al espacio un cohete, o cuando hay unas elecciones en un país determinado. El periodista especializado cobra más importancia.

En segundo lugar la periodicidad. Tiene que haber material del que informar. Es evidente que una información que se puede seguir en el tiempo tiene más posibilidades de convertirse en una especialidad que cualquier otro tema puntual.

En tercer lugar la universalidad. Una información especializada debe también afectar a un público amplio, heterogéneo, y no limitarse a un grupo extremadamente reducido de aficionados que no supongan una audiencia de cierta entidad.

En cuarto lugar la difusión. Una información especializada debe tener también cierto interés general y contar con una audiencia a la que le atraiga el contenido. No puede hablarse de Periodismo Especializado con un hecho que tenga actualidad y periodicidad pero que no encuentre interés en la audiencia.

3. El golf en España

En España el golf es un deporte que se mira como minoritario y dirigido a un sector de la población de alto nivel adquisitivo. Esta visión del golf en España no es del todo correcta. Según datos de la Real Federación Española de Golf en diciembre de 2011 había 333.013 federados, un número de licencias sólo superado por deportes como la caza, el fútbol y el baloncesto, aunque esto supone el 0,7% de la población, un dato muy por debajo de la media europea que ronda el 5%, o el 10% de Estados Unidos.

En cuanto a campos de golf, a fecha de diciembre 2011, España cuenta con 424 campos, ocupando el sexto lugar en Europa después de Reino Unido, Alemania, Francia, Irlanda y Suecia. Lo cierto es que en 10 años, los federados en España han crecido un 88%, y los campos se han incrementado en 156. Se trata sin duda de datos lo suficientemente interesantes como para generar una información especializada periódica, de un amplio público, y que cuenta con informaciones de actualidad y con una audiencia más que aceptable.

Esta evolución es paralela a los resultados deportivos de los españoles en el golf profesional. Además de los reconocidos por todo el mundo como Severiano Ballesteros y Jose María Olazábal, España cuenta actualmente con varios jugadores entre los 50 mejores del mundo. Sergio García, Rafael Cabrera y Gonzalo Fernández Castaño, todos ellos con victorias en el Tour Europeo y en el caso de Sergio con victorias también en el PGA Tour. Además hay una amplia representación española en el Tour Europeo, con jugadores como Pablo Martín Benavides, Pablo Larrazábal, Álvaro Quirós, Miguel Ángel Jiménez, Ignacio Garrido o José Manuel Lara, también con victorias en el Circuito Europeo.

Junto a la participación de jugadores españoles, el Circuito ha contado también con numerosas pruebas en España. El Open de España, el Open de Andalucía, el Valderrama Masters, el Volvo World Match Play y el Madrid Masters, así como el Castellón Masters y el Open de Mallorca son pruebas que han acogido el Tour en los últimos años. Hasta siete pruebas, siendo el país que más torneos acoge del Circuito, si bien es cierto que debido a la crisis económica en 2012 sólo se han podido celebrar tres, el Open de Andalucía, el Volvo World Match Play y el Open de España.

Sin embargo, en la información general e incluso deportiva en prensa, radio y televisión, el golf, las victorias españolas y los torneos de relevancia celebrados en nuestro país, no siempre se tienen en cuenta ensombrecidos por el fútbol, el baloncesto o el tenis, y es la información especializada de golf la que da buena cuenta de estos acontecimientos.

4. El turismo de golf

Los medios especializados en golf tienen además, junto a los resultados deportivos, un amplio terreno económico y social para poder desarrollar su información. Según la consultora Aguirre Newman, en un estudio de 2011, en España acuden al año cerca de un millón de turistas de golf, siendo el segundo país en recibir turistas de golf por detrás de Estados Unidos. Cada uno de ellos se gasta una media de 170 euros por persona y día aproximadamente, lo que supone unos ingresos de alrededor de 1.200 millones de euros.

El turismo en España es uno de los soportes de su economía, con un peso del 10% de su PIB. En 2010, la economía española decreció un 0.1%. Sin embargo, el turismo creció un 1%. Parece, por tanto, que la apuesta por el turismo debe seguir y el golf es uno de los atractivos para este importante sector. Junto al tradicional sol y playa de España, el golf, que también se puede practicar con sol, es un reclamo al turismo, y además desestacionalizado, es decir, que si en el verano predomina el turista de playa, en invierno acude el de golf.

Estos datos evidencian que en la información de golf no sólo hay un componente deportivo sino también económico y social. En concreto, más de la mitad de los campos estudiados en este informe de Aguirre Newman están vinculados a un proyecto inmobiliario, un problema si se tiene en cuenta la crisis económica y concretamente del sector inmobiliario de estos momentos.

5. Periodismo de golf

Ya sea desde el punto de vista deportivo, económico o social, el Periodismo Especializado en Golf en España se ha convertido en la última década en uno de los periodismos especializados más dinámicos. El sector sigue fuera de juego en los medios generalistas, aunque en ocasiones logra acceder gracias a victorias como la de Rafael Cabrera Bello en Dubai el pasado mes de febrero, o la de Gonzalo Fernández Castaño en Italia en septiembre. En todo caso, hay que decir que estos medios buscan siempre el lado más espectacular del golf, es decir, victorias españolas, hoyos en uno, o acontecimientos sorprendentes relacionados con este deporte.

Es en los medios especializados donde la información de golf se está desarrollando más plenamente. En la última década han aparecido en España numerosas páginas web, diarios digitales, blogs, programas de radio y de televisión que han dinamizado las noticias deportivas, económicas y sociales relacionadas con este deporte, y por tanto la industria del golf en España. Aún así, la crisis económica ha frenado el impulso tanto del golf como de la prensa especializada en golf.

En televisión, Canal + Golf lleva nueve años ofreciendo una amplia programación con las pruebas del Tour Europeo y del PGA Tour en directo, y emitiendo programas informativos y de debate acerca del golf. En radio, Radio Marca cuenta con un programa dedicado al golf llamado *Bajo Par* que se emite los lunes, viernes y sábados, con actualidad, entrevistas, y tertulias sobre golf. Además, en la radio digital Golf Cast emite programas como *Par 72*, *El otro Tee* y *Tee de Rojas*, que cubren la demanda de actualidad del golf desde un punto de vista más económico y social, y también desde la visión femenina.

Son en todo caso los diarios digitales los que han revolucionado la oferta de información de golf, dejando claro que la prensa digital se ha convertido en una ventana nueva de la especialización. Allí es donde ha crecido a más velocidad. *Elperiodigolf*, *Doblebogey*, *Ten-golf*, *Opengolf*, *Golfinone* o *Cronicagolf* son las principales webs informativas.

Una de las peculiaridades de la información sobre golf es precisamente el terreno que abarca, que es mucho y no se limita sólo al deporte. No es por tanto una información exclusivamente deportiva, sino que se entremezcla con información económica, y con información de sociedad, ya sea por la repercusión que puede tener una competición o la construcción de un campo de golf en un terreno en particular, como por los aficionados al golf, que pueden ser caras conocidas del mundo del deporte, la cultura y el espectáculo. De hecho, en ocasiones este tipo de personajes públicos aparecen jugando al golf, dando una imagen de normalidad a este deporte-juego, y amplificando las informaciones de golf. Incluso hay políticos que juegan al golf que no han tenido reparos en dejarse fotografíar practicando este deporte, algo impensable en otro tiempo.

Es responsabilidad de los periodistas especializados en golf no sólo acercar este deporte a la sociedad, sino mostrar toda su magnitud, sus posibilidades, y también sus errores, en una actitud vigilante evitando dejarse llevar por las fuentes, una de las principales alertas que deben tener todos los periodistas especializados.

El hecho de que exista tanta oferta de información especializada en golf dice mucho de la importancia de este sector a pesar de su poca aparición en medios generalistas. En todo caso, la especialización periodística debe incidir más en la elaboración propia en estos medios especializados para lograr una mayor profesionalización de la prensa de golf, y conseguir mayor divulgación de este sector que une deporte, economía y sociedad, todo ello casi siempre, bajo un bonito y agradable sol.

6. Referencias

Estudio de Mercado de Campos de Golf. Aguire Newman Noviembre 2011. Disponible en http://www.rfegolf.es/ArtculosDocumento/Turismo%20e%20impacto%20econ%C3%B3mico/Turismo%20e%20impacto%20econ%C3%B3mico%202011/Estudio%20Mercado%20Golf%20Aguirre%20Newman%202011/Resumen%20ejecutivo%20mercado%20Golf%20nov%202011.pdf

Fernández del Moral, J. (2004). *Periodismo Especializado.* Madrid: Ariel.

http://www.rfegolf.es/ArtculosDocumento/LICENCIAS/evolucion licencias.pdf

Estrategias para generar alarma en el Periodismo Económico

CARMEN HERRERO AGUADO
Universidad de Valladolid
cherrer@fyl.uva.es

1. El Periodismo Económico, una larga trayectoria

La información económica ocupa cada día un espacio preferente en todos los medios de comunicación desde que estalló una crisis gravísima, persistente y cambiante para la que no parece haber soluciones claras y eficaces. Los contenidos económicos tienen una larga trayectoria en la Historia del Periodismo; siempre han interesado, al menos a unas minorías. El 1 de febrero de 1758 aparece –editado por Nipho– el *Diario Noticioso, Curioso-Erudito, Comercial, Público y Económico* con un contenido de marcado carácter económico que se nutría fundamentalmente de avisos comerciales. Y a partir del siglo XIX se desarrolla una potente información financiera mundial primero con *The Economist* y más tarde con *The Wall Street Journal* y *Financial Times*. En España aparece ya en 1901 *El Financiero*; la guerra y la dictadura suponen una crisis de la información económica, que resurge con fuerza en los 60 con *Actualidad Económica* y sobre todo desde los 90 con diarios y suplementos económicos.

La sección de Economía ha pasado de ser la menos leída a proporcionar material de portada y de editorial un día sí y otro también. Las encuestas sitúan el paro y los problemas económicos como las principales preocupaciones de los españoles durante el último año, que ha sido también el año en el que el gobierno ha tomado medidas de enorme calado sin que por el momento hayan empezado a dar resultados positivos: reforma del mercado laboral, intervención de Bankia, subida de impuestos, bajada de sueldos de los funcionarios, recortes generalizados en Sanidad y Educación, limitación de las prestaciones a los parados… En ocho meses, los sindicatos han convocado dos huelgas generales, además de las miles de manifestaciones que diariamente se celebran en todo el Estado y, sobre todo en la capital. El malestar social es elevado.

El interés por la información económica parece obligado y la llamada prensa salmón está obligada a responder a la demanda y hacerlo con datos, con expertos, con honestidad, con profesionalidad y con prudencia, añadiríamos.

"¿Contribuyen los medios a la crisis?". Así se preguntaba la Defensora del Lector del diario *El País* cuando algunos lectores le hacían llegar su desazón provocada por el exceso de pesimismo en las informaciones económicas y la aseveración de que este tratamiento informativo de la crisis contribuye a ahondarla: "¿Cuántas veces nos han dicho ya que estamos al borde del precipicio?", se preguntaba un lector y Milagros Pérez Oliva (*El País*, 29-01-2012, 29) ofrece las respuestas que le dieron Joaquín Estefanía, Miguel Jiménez y Enrique Gil Calvo:

"Los medios de comunicación han de reflejar la realidad y si esta es negativa, no pueden decir que es positiva. Ahora bien… por una parte, se debe contar y explicar lo que sucede, por muy grave y alarmante que sea y, por otra, se debe evitar inocular el miedo porque cuando el equilibrio se rompe del lado del alarmismo, la información tiene efectos paralizantes y hasta regresivos… El miedo siempre ha sido un aliado natural del poder. Es una emoción que inmoviliza, que neutraliza, que no permite actuar ni tomar decisiones con naturalidad. Por otro lado, hay que tener en cuenta que los medios son juez y parte en el relato de la crisis y, por tanto, son culpables de interferencia interesada y distorsionadora, por tres razones:

- Los propios medios están en crisis.
- Para hacer atractiva la información económica, farragosa y tecnocrática de por sí, han de exagerarse sus aspectos extraordinarios, tanto los positivos en épocas de bonanza, como los negativos en épocas de crisis.
- Los medios tienden a culpar a los otros de lo que ocurre (gobierno, Merkel, Troika)".

El camino lo tienen claro todos: informar con rigor, sin exagerar, ofreciendo el contexto, las alternativas y las consecuencias. Y, desde luego, cuidado con los calificativos, la negatividad y las previsiones de futuro.

La economía es un contenido especializado que no sólo interesa a los especialistas; su público potencial es hoy todo el público del medio en el que se inserta. Algunas investigaciones corroboran (Mateos, 2002) que ha sido siempre una sección árida, elitista y hermética, cuando no directamente "espantosa":

- Está excesivamente anclada en su carácter especializado.
- Tiene un enfoque mayoritariamente urbano, empresarial y monetarista.
- Está muy convencida de que el dato por sí solo es un mensaje suficiente.
- Presenta un nivel de comprensibilidad bajo.
- Obtiene un interés creciente por la audiencia y está valorado como uno de los sectores periodísticos de más prestigio (elitista).

Otros sitúan el Periodismo Económico "entre la simplificación y el rigor" (Arrese, 2006), o lo que es lo mismo, como un Periodismo que ha de abordar con rigor una realidad muy compleja y abstracta y que ha de hacerlo necesariamente simplificando para poder llegar al lector común y amplio de los medios de información generalista. Esto es, utilizando simplificaciones muy poco rigurosas.

Muchos se preguntan aún dónde estaban y para qué sirven los expertos, las agencias y los organismos nacionales e internacionales que no vieron venir la mayor crisis; y también otros se preguntan cuál es la función del Periodismo Económico y cómo trabajan sus profesionales respecto a la crisis, pero también en casos puntuales como el escándalo del timo de los sellos de Fórum Filatélico y Afinsa o las estrategias de las Cajas de Ahorros en la burbuja inmobiliaria, el caso de Bankia etc. Parece lógico que así sea; las consecuencias devastadoras que la crisis tiene y tendrá sobre todos y algunos en mayor medida, la falta de racionalidad y de explicación sobre las causas, los responsables y, sobre todo, la ineficacia de las medidas puestas en marcha hasta el momento, llevan a la ciudadanía a hacer preguntas y a buscar respuestas. Los medios de comunicación son una de las instancias de las que se esperan respuestas.

2. Los medios de comunicación y su influencia social

En medio de una crisis que no sólo es económica y que afecta también a las empresas periodísticas de manera tan grave que algunos ya le han puesto fecha al fin de los periódicos en soporte papel, aún es posible hablar de influencia social de los medios. Los medios son un poder y tienen poder:

"Se considere como se considere, la opinión pública se alza ante el individuo como una opinión que es, hasta cierto punto, una fuerza extraña. Este encuentro tiene lugar en virtud de esa especie de comunicación en que alcanza a borrarse toda relación humana, toda fe, toda confianza entre orador e ideólogo por un lado y, por el otro, público oyente y discípulo. En esta forma de comunicación los juicios y las opiniones se manosean como artículos de mercado y se ofrecen para el consumo en su realidad objetiva. Se prepara y ofrece a nuestra generación de manera más perfecta mediante los periódicos que aceleran al máximo la producción, la multiplicación y la distribución de los hechos y los pensamientos, al igual que la cocina de un hotel proporciona comida y bebida en una medida conveniente. La prensa es, así, el instrumento real de la opinión pública, arma y herramienta en manos de aquellos que saben cómo usarla; posee fuerza universal en tanto que crítica de los hechos y cambios de índole social. Es comparable y, en algunos casos, superior al poder material que poseen los estados en virtud de sus ejércitos, sus tesoros públicos y su servicio civil burocrático. A diferencia de éstos, la prensa no queda confinada dentro de fronteras nacionales sino que en sus tendencias y potencias es definidamente internacional comparable por tanto con el poder de una alianza temporal o permanente de los Estados. En consecuencia, puede concebirse como su objetivo final la abolición de la pluralidad de los Estados y su sustitución por una única república mundial coextensiva con el mercado mundial que se vería regida por pensadores, eruditos y escritores, y que no manejaría más métodos de coerción que los de naturaleza psicológica" (Tönnies, citado por Bouza, 1998).

Y eso aunque Alexis de Tocqueville dice en su libro *La democracia en América*: "No puedo negar que en los países democráticos, los periódicos comprometen a menudo a los ciudadanos en empresas disparatadas, pero, si no hubiera periódicos, casi no habría acción común. El mal que producen resulta, pues, mucho menor que el que remedian".

Influir es una forma de poder. Los medios de comunicación aportan hechos, personajes, lenguajes y discursos, símbolos y creencias que forman el conocimiento cultural que, unido a la experiencia individual, contribuirá a lograr un campo que podríamos denominar "conocimiento popular", esto es, el conocimiento que la ciudadanía tiene respecto a un asunto público. Además, los medios de comunicación han relegado a otras instituciones como la familia o la escuela en el papel de agentes de socialización política, de manera que podríamos afirmar que influir es la segunda tarea de los medios tras la de informar, si no la primera. Esta influencia de los periodistas es polifacética (Ortega y Humanes, 2000, 193) porque se distribuye en todas las dimensiones de la esfera pública y se manifiesta en cuatro funciones:

- Integración social y vertebración por la capacidad que tienen para dar crédito a las instituciones, proyectar imágenes de identidad y por la creación de líderes sociales.
- Dirección cultural mediante la creación de marcos simbólicos que sirven de referencia y de pauta a la sociedad.
- Acción política y construcción de la ciudadanía.
- Socialización política.

Hoy son las teorías del *framing* o encuadre las que vienen a corroborar que los medios de comunicación son agentes poderosos como generadores de marcos sociales que, si bien son útiles para el periodista como herramientas para construir el producto informativo, también son claramente enfoques marcados personal, profesional e ideológicamente. Y se convierten, en fin, en patrones de cognición y de interpretación de manera que la teoría del *framing* aplicada a la comunicación se inscribe en la teoría de la mediación informativa (Sádaba, 2004). En su tarea mediadora, los periodistas otorgan a las noticias un enfoque o encuadre determinado (*frame*) entendiendo por encuadre la idea central organizadora del contenido de las noticias que aporta un contexto mediante un proceso de selección, énfasis, exclusión y elaboración, o también la idea central organizadora que da sentido a los acontecimientos y sugiere cuál es la cuestión tratada. Desde estas ideas centrales con las que se definen las situaciones de la sociología interpretativa, se subrayan determinados aspectos de los problemas a través de mecanismos informativos como los titulares, los ladillos, las fotos y las citas. El *framing*, resume Sádaba, sería, por tanto, el proceso por el que una fuente de comunicación define y construye un asunto o controversia pública.

3. Estrategias para crear alarma

La crisis actual, dicen los expertos, es insólita, cambiante y persistente; dura ya cinco años y no parece que vaya a remitir hasta dentro de otros tres o cuatro, según reconoce el propio gobierno de España. La burbuja inmobiliaria ha agravado la crisis en nuestro país de modo que encabezamos el *ranking* del paro en Europa, la brecha de desigualdad entre ricos y pobres y la falta de expectativas cercanas para salir de la recesión. Es una crisis, pues, muy grave, muy profunda y con múltiples frentes; el actual gobierno lleva menos de un año gestionándola a partir de programas de recortes que se han cebado, sobre todo, en la educación y la sanidad. Muchos creen que el Estado de bienestar está sentenciado y que las privatizaciones, la subida de impuestos, la incertidumbre de las pensiones y la bajada de salarios configuran el marco del modelo productivo que se quiere instalar.

Los medios han abordado la crisis de modo desigual y variable, antes y después del cambio de gobierno, igual que lo han hecho los dos principales partidos políticos según han pasado del gobierno a la oposición y viceversa. Lo que antes eran recortes ahora son reformas; la subida del IVA ahora es ponderación de impuestos; el gobierno que antes era campeón del paro ahora, con casi un millón más de desempleados, pide paciencia hasta ver resultados; los mismos que atacaban a una ministra que veía brotes verdes, ahora los ven; la prima de riesgo en 400 se llamaba Zapatero y este verano, con más de 600 puntos de prima, se miraba hacia otro lado... No importa el desconcierto y la confusión que esto pueda causar en la ciudadanía.

Tras un análisis del diario *El País* durante los meses de julio a octubre de 2012 podemos determinar las estrategias de cobertura de la crisis que este diario ha seguido. Hay que recordar que es el diario más leído, según el Estudio General de Medios, y que se sitúa en una línea de oposición ideológica respecto al gobierno. Cuenta con un *Libro de Estilo* en el que se recogen las pautas de redacción y tratamiento que sus profesionales deben seguir, pero no aparecen las que realmente siguen. Podemos destacar las siguientes estrategias de cobertura de la crisis:

3.1. Titulares

Encontramos una abundancia llamativa de titulares a cinco columnas, de cuerpos grandes y gran mancha de tinta. El diario suele reservarlos para ocasiones excepcionales con noticias sobre hechos de gran trascendencia. En los meses analizados, el porcentaje de titulares a cinco columnas era casi diario. Ni la celebración de los Juegos Olímpicos en Londres sirvió para desplazar los titulares económicos.

Es reseñable también la utilización de titulares valorativos que encabezan textos informativos: "Rajoy subirá el IVA en 2013 tras hacer campaña en contra y negarlo".

O titulares en futuro con previsiones casi siempre negativas respecto a medidas tomadas en el presente: "El tijeretazo de 65.000 millones agravará la recesión hasta 2013".

Uso de cintillos como: "El mayor ajuste de la democracia", "El mayor recorte de la democracia", "El recrudecimiento de la crisis", "El agravamiento de la crisis", que parecen ir *in crescendo* para, de pronto, desaparecer y volver a la información cotidiana.

3.2. Portadas

Las noticias económicas han tenido un protagonismo también casi diario en la portada; sólo los Juegos Olímpicos de Londres desplazaron mínimamente estos contenidos algún día, y no del todo y, a partir del 11 de septiembre, el discurso soberanista de Artur Mas.

3.3. Transversalidad

La crisis económica ha sido tema transversal por cuanto han aparecido piezas en todas las secciones, no sólo en la de Economía.

Por ejemplo, el 13 de julio se aborda la crisis en la portada : "El miedo lleva a los mercados a abrir una brecha en la zona euro"; en Internacional hay textos bajo un cintillo "Europa convulsa" y la opinión de José Ignacio Torreblanca "Fracasos colectivos" en el que habla de la crisis española; en Nacional aparecen títulos como "Rebelión entre las comunidades del PP ante el nuevo objetivo de déficit", "Rajoy rebaja el 7,1% de su sueldo, el de los ministros y ex presidentes", "El Gobierno da nuestro dinero a los banqueros", "Las asociaciones profesionales se quejan por la subida del IVA", "La presidenta argentina se mofa del rescate de España"; en Economía encontramos a cinco columnas "Los mercados parten a Europa en dos", "El Gobierno ofrece a las eléctricas más años de negocio nuclear e hidráulico"; en Opinión, el primer editorial, "Doble debilidad", se dedica a los recortes en dependencia; hay dos artículos de opinión sobre el tema. En Vida y Artes un reportaje informe "Pobre puede ser cualquiera o casi", con subtítulos como "La pérdida de empleo acarrea impagos, incluida la vivienda y pone en el disparadero a millones de personas", "El tobogán de la pobreza se acelera".

3.4. Opinión

El primer editorial se ha dedicado a la crisis, además de los comentarios de los periodistas de plantilla expertos en economía, textos de colaboradores, firmas de expertos y viñetas. Ha aumentado el número de textos de opinión, no sólo en esta sección, sino prácticamente en todas las secciones y la mayoría de los textos han abordado alguna dimensión de la crisis.

3.5. Aumento del número de páginas de la sección de Economía

Y más significativamente en los meses de verano cuando, en general, el periódico suele publicarse con menor número de páginas.

3.6. Los textos informativos aparecían con background habitualmente en forma de despieces con datos antecedentes o explicativos

Por ejemplo, cuando en abril el gobierno anunció, sin nombrarla, la subida del IVA, el diario publicó un despiece titulado "Las promesas incumplidas de Rajoy" con una relación muy detallada de frases rotundas que, en el pasado, Rajoy y otros miembros del PP habían pronunciado en público: "No subiremos los impuestos", "No habrá copago", "No abarataremos los despidos", "Le voy a meter la tijera a todo salvo las pensiones públicas, la sanidad y la educación", "Yo no soy como usted... le subió el IVA a la gente y no lo llevaba en su programa. Yo lo que no llevo en mi programa, no lo hago", "decir siempre la verdad, aunque duela".

Un despiece parecido lo volvió a publicar el diario en el mes de julio cuando el gobierno tomó nuevas medidas contra la crisis entre las que estaba la subida del IVA.

3.7. Desarrollo de un mismo asunto a lo largo de varios días

El viernes 13 de julio, tras el Consejo de Ministros, comparece la vicepresidenta y anuncia los acuerdos tomados. El titular de la pieza principal el sábado 14 es "Se trata de salvar al país". El gobierno apela a la situación límite.

El cintillo común es "El mayor ajuste de la democracia" pero cada página se dedica a alguna de las medidas tomadas: fiscalidad, funcionarios, comercio... y así desde la página 16 a la 26.

El domingo 15 las páginas de Economía vuelven a utilizar el cintillo "El mayor recorte de la democracia" y a dedicar 11 páginas a desarrollar diferentes aspectos de las medidas: los efectos sociales, los más perjudicados, las cuentas reales, la reacción alemana.

El lunes 16 se aborda de nuevo con títulos muy valorativos: "El ajuste de Rajoy da un duro golpe a las empresas en plena recesión," "Montoro tendrá sus hombres de negro", "Empleo cortará ya en agosto el pago de bonificaciones ahora en vigor". Llama la atención el uso del futuro en el titular.

3.8. Las series

El propio diario llama "serie" a la estrategia de abordar en días sucesivos un asunto. El miércoles 29 de agosto –cuando la crisis ya no parecía tan grave como en julio o mediados de agosto– *El País* publica la primera entrega de una serie titulada "La subida del IVA en una economía en recesión" para analizar, al detalle, cómo afectará la subida del IVA a la hostelería, el turismo, la luz, el gas, el teléfono, el material escolar, la cultura... y así hasta cinco entregas (2 de septiembre).

3.9. *Las fotografías también se han seleccionado como apoyo del encuadre elegido*

Aparecen Guindos, Montoro o Rajoy con semblantes serios, preocupados, con las manos en la cabeza, es decir: en gestos que están seleccionados intencionadamente para reforzar el enfoque que tiene el conjunto de la página.

3.10. *En las páginas de Economía se han publicado textos de análisis firmados por expertos con mayor profusión que la habitual*

Ha habido una voluntad clara de ofrecer datos, explicaciones y valoraciones acerca de las medidas, pero también para reforzar el encuadre elegido por el medio.

3.11. La sección España se ha utilizado muchos días para abordar el tema de la crisis

Sobre todo cuando el presidente del gobierno fue al Congreso de los Diputados a explicar las medidas de recorte.

3.12. El suplemento dominical llamado "Negocios" ha servido también para abordar la crisis desde una perspectiva más internacional y desde el análisis y la opinión de los expertos como Paul Krugman, profesor de Economía en Princeton y Premio Nobel 2008

Las portadas recogían titulares como los siguientes:
- "La era de la desigualdad. La crisis agranda la brecha entre ricos y pobres".
- "El ocaso del euro".
- "Una salida, por favor. Los líderes europeos buscan desesperadamente una solución al embrollo del euro".
- "Y ahora, ¿qué hacemos?".
- "La City en la picota".
- "Las cajas, acorraladas".
- "¿Hora de hacer las maletas?".
- "Preparados para lo peor".
- "Llega el banco malo".
- "La austeridad asfixia Portugal".
- "Jaque a la economía mundial".

3.13. Suplementos especiales

Como Extra Formación y Empleo titulado "Tijeretazo en las aulas" sobre los recortes en educación, o las entrevistas de la revista del domingo *EPS* como la realizada a Joseph Stiglitz, antiguo economista del Banco Mundial y Nobel de Economía en 2001, con respuestas destacadas como: "La austeridad va a tumbar la economía, además acrecienta la desigualdad y la desigualdad es una de las razones de la debilidad de la economía actual".

El suplemento interior titulado "Domingo" también se ha ocupado de la crisis en gran medida; en uno de ellos, aparece Rajoy como "el presidente perplejo", que no entiende cómo no funcionan sus medidas y que no logra afianzarse por la falta de apoyo y por la presión.

3.14. Utilización de un campo semántico de palabras que remiten a emergencia y casi a apocalipsis

Se utilizan términos que describen un panorama desolador y sin remedio. Sin embargo, pasadas unas semanas, todo parece volver a su cauce y al lenguaje más contenido y ajustado.
- El déficit *detona* la subida del IVA.
- Dada la *grave* situación de la economía española...
- La *precaria* situación de la economía...
- Aplazar el rescate equivale a *condenar* a España...
- Rajoy trata de evitar el *derrumbe* con el mayor recorte de la democracia.
- España alarga su *recesión* a 2013 mientras la UE crece.
- El *desplome* esperado es el mayor de las grandes economías.
- El *acoso* de los mercados aumenta tras los últimos recortes.
- La presión de los mercados *hunde* la Bolsa española.
- En el *peor* momento.
- El *vendaval* financiero sobre España amaina con un solo gesto del BCE (27 julio).
- Combinación *nefasta*. El aumento del IVA y la subida de los carburantes aplazan la recuperación económica.
- El *desplome* del empleo pone las cuentas públicas contra las cuerdas.
- El gobierno se *desploma* en medio del desánimo de la ciudadanía.
- España sufre la mayor *caída* de poder adquisitivo en 27 años.
- La mora se dispara y el crédito se *hunde*.
- *Déficit record* en la Seguridad Social.

3.15. La discontinuidad

Tras unos días en los que se han utilizado gran parte de las estrategias mencionadas y se ha creado una alarma por el lenguaje excesivo (del 1 al 12 de agosto) viene otra semana de calma en la que el protagonismo de la crisis se esfuma y parece que todo ha pasado ya, para volver a arremeter con titulares como (20 de agosto): "El presidente aborda decisiones clave para la economía española, Rajoy se prepara para más ajustes ante la proximidad de otro rescate". Despiece recordatorio sobre "Ocho meses de ajustes", y cintillo "Semanas clave para la economía Española".

A partir del 11 de septiembre, el protagonismo de las portadas pasa a Artur Mas y su discurso soberanista. El cintillo en Economía es "La crisis del euro" y, aunque la prima de riesgo ha bajado hasta los 400 puntos, El País sigue hablando de rescate, de caída del crédito, de banco malo y de deuda, pero ya no en portada y sin grandes despliegues informativos. El mes de septiembre cierra con un cintillo ya nada alarmista: "Las cuentas del Estado para 2013" y el anuncio de nuevos recortes. Incluso vemos algún título alentador: "Hay esperanza, aunque no brotes verdes".

3.16. Utilización de marcos o encuadres de significación e interpretación

En los medios analizados se observa la intencionalidad de los cintillos a lo largo de las páginas de Economía: "El recrudecimiento de la crisis".
Encuadre de una España tutelada:
- "España, cobaya de las medidas de ajuste".
- "El FMI se fija en la economía española como laboratorio de la política de austeridad".
- "Bruselas, el FMI y el BCE presionaron a España para subir el IVA".
- "Europa da un ultimátum al Gobierno de Rajoy para que apruebe nuevos ajustes".
- "La UE pone bajo tutela a España".
- "Rajoy se pone bajo el paraguas de Monti para buscar cómo reducir la prima".
- "El BCE empuja a España a otro rescate".
- "El BCE pide a España nuevas medidas para bajar más los salarios".
- "El Gobierno retrasa la reforma financiera por exigencia de Bruselas".
- "Bruselas enfría la posibilidad de un rescate inminente a España".
- "La España intervenida".

Encuadre de urgencia o emergencia:
- "Intervención urgente para banca en apuros".
- "España entra en situación límite" (21 de julio) y el editorial de ese día: "Situación crítica".
- "El rescate total ya no es inconcebible".
- "Los mercados acorralan a España".
- "Presión insostenible". "El paro desborda a España" (28 de julio) y el editorial "Depresión social".
- "La economía española afronta semanas clave tras cinco años de crisis".

- "Callejón sin salida".

Encuadre de gobierno desbordado y presidente sin liderazgo:
- El presidente perplejo. "Rajoy, en desgaste por la crisis, está sorprendido por la falta de apoyo a sus medidas".
- Creadores de escasez. "Dos años después del inicio de las políticas de austeridad extrema, el panorama es desolador: ningún problema se ha resuelto, a la vez que se multiplica el paro y la exclusión, las clases medias se empobrecen y mueren centenares de miles de empresas".
- Silencioso Rajoy. "La desaparición pública del presidente incumple la obligación de rendir cuentas a los ciudadanos".
- "El desconcierto, versión rescate español".
- "El presidente no asistió al debate".

Encuadre de gobierno alejado de la ciudadanía:
- "Urge dotar de mayor claridad a los mecanismos de toma de decisiones".
- "Rajoy debe explicar hoy la situación y trazar un plan de estabilidad
- "Las protestas en la calle crecen y acaban con cargas policiales".
- "Castigo a los empleados públicos milagros".
- "El Gobierno endurece en el BOE el recorte a funcionarios y parados. Rajoy: 'No tenemos de qué avergonzarnos. No prometimos milagros'".
- "El Gobierno sigue el método habitual: ocultar datos de la reforma hasta publicar el BOE".
- "Rajoy aprueba el recorte con la prima de riesgo disparada y la calle en contra".
- "Centenares de miles de personas se manifiestan contra el ajuste".
- "El PP se queda solo en la aprobación del mayor tijeretazo de la democracia".
- "El enroque de Rajoy. El Gobierno se resiste a debatir salidas a la crisis pese a los pobres resultados de su gestión".

3.17. Diferencia en el tratamiento del mismo hecho –en el fondo, de encuadre-, según quién sea el protagonista

El 29 de agosto, el diario titula en portada, a cinco columnas "Cataluña pide un rescate sin condiciones"; el viernes 31 de agosto, también en portada y a cinco columnas, el diario titula "Andalucía se ve abocada al rescate ante el cierre del crédito bancario".

4. Conclusiones

Como conclusiones, diríamos que el diario *El País* ha realizado un tratamiento muy duro de la crisis y de su gestión por el gobierno actual, con un léxico muy negativo y pesimista, con casi ninguna concesión a la esperanza y con un gran despliegue de tipos de Periodismo, géneros, expertos y datos. Ha habido información, análisis y opinión, pero ¿es esto suficiente?

El 27 de septiembre, Javier Valenzuela firma en la sección Vida y Artes un largo texto titulado "Nos miran mal" tras la publicación de un reportaje en *The New York Times* sobre la España en crisis que causó gran impacto porque incluía fotografías de personas buscando comida en los contenedores de basura. Valenzuela reconoce que España se ha convertido en fuente de malas noticias para la prensa global aunque muchos se indignaran con la imagen que se daba de España en el citado reportaje. Y no hay que buscar teorías conspirativas –como hacen algunos–: la crisis es tan real y tan grave que Cáritas habla de millones de pobres y en aumento, el paro crece cada mes, los desahucios dejan en la calle cada día a más de 500 familias, la corrupción queda impune, el crédito no fluye, la deuda se ha multiplicado al asumir la de los bancos.

La crisis no es una plaga bíblica o una fatalidad sino el resultado de malas políticas y malos gestores. Por eso, la política también es la salida, decía el diario *El País* en un editorial titulado "España ante sí misma". La acumulación de malas noticias genera malestar y pesimismo que, desde luego, contribuye al desánimo sobre todo cuando los políticos que gobiernan ahondan en la desafección de los ciudadanos hacia la política y cuando profundizan en la falta de cohesión social. Durante los meses de verano de 2012, cuando la crisis más arreciaba y el paro seguía creciendo incontrolable, los ciudadanos situaban a la clase política como su principal preocupación, a veces por delante de la propia crisis. Y sin embargo, el diario aboga por una salida política a partir del diálogo, el consenso y la cohesión social, con palabras esperanzadoras:

"La economía española está padeciendo las consecuencias de una frenética burbuja inmobiliaria con cuyo espejismo de abundancia todos los Gobiernos prefirieron convivir en lugar de corregir. Pero no todo en estos años ha sido furor especulativo: hay empresas españolas que han logrado consolidar posiciones internacionales de primer orden [...]Crisis como la que hoy atraviesa el mundo, y ante la que España está resultando especialmente vulnerable, provocan ganadores y perdedores. El ventajismo de quienes tienen más posibilidades de medidas que impidan ganar sólo provocará el resentimiento de quienes las tienen de perder. Sólo el poder político puede arbitrar el desencadenamiento de esa espiral tan destructiva como incontrolable [...] España está ante sí misma y podría fracasar una vez más si sus instituciones y sus ciudadanos olvidan los recursos de los que dispone para no hacerlo".

El dato, de todos modos, es que todo esto lo decía en abril y luego, en verano, ya hemos visto las estrategias de tratamiento que utilizó.

5. Referencias

Arrese, A. (2006). Periodismo económico, entre la simplificación y el rigor. *Cuadernos de Información* (19), 42.

Bouza, F. (1998). La influencia política de los medios de comunicación: mitos y certezas del nuevo mundo. En J. Benavides Delgado. *El debate de la comunicación* (pp. 237-252), Fundación General de la Universidad Complutense. Ayuntamiento de Madrid.

Mateos Martín, C. Teoría de la segregación de públicos al servicio de la propaganda política. *Revista Latina de Comunicación Social*, 5(52).

Ortega, F. y Humanes, M. L. (2000). *Algo más que periodistas*. Barcelona: Ariel.

Sádaba Garraza, M. T. (2004). Enfoques periodísticos y marcos de participación política. Una aproximación conjunta a la teoría del encuadre. *Política y Sociedad*, 41(1), 65-76.

Política y economía en la información sobre la crisis. El papel del periodista especializado

MARITZA SOBRADOS LEÓN
Universidad de Sevilla
sobrados@us.es

Cuando estalló la crisis norteamericana en 2007, el gobierno español mostraba su confianza en la economía del país. El 22 de agosto de ese año, el entonces presidente, José Luis Rodríguez Zapatero, defendía con contundencia la solidez de la economía en un artículo que *El País* titulaba: "Zapatero garantiza que España está a salvo de la crisis financiera"; el 11 de septiembre, todos los periódicos recogían una optimista afirmación del ex presidente utilizando un símil futbolístico: "España ha entrado en la Champion League de economía mundial".

Durante 2008, la oposición increpó constantemente al gobierno para que reconociera que el país estaba en crisis. El 3 de julio *El Mundo* publicaba: "Toda la oposición critica que Zapatero continúe sin admitir la crisis económica", y es que el ex presidente hablaba de desaceleración, empeoramiento, serias dificultades o debilidades de la economía pero rehuía mencionar la palabra crisis, hasta que el 8 de julio en una entrevista para una televisión nacional Zapatero dijo por primera vez la palabra crisis: "En esta crisis, como ustedes quieren que diga, hay gente que no va a pasar ninguna dificultad".

No se trataba únicamente de una cuestión terminológica, durante varios meses Zapatero había negado la crisis y se resistía a reconocerla explícitamente. "La crisis es una falacia, puro catastrofismo", afirmaba el 14 de enero de 2008; en una entrevista a *Punto Radio*. El 7 de febrero, volvía a negar que hubiese crisis y restaba importancia a la bajada de la bolsa; varios meses después, el 29 de junio, Zapatero declaraba a *El País:* "Es opinable si hay crisis".

La negación de la crisis no es una buena estrategia, mucho menos cuando hay otras fuentes interesadas en dar a conocer la situación real. Al respecto, Corbacho y Rúas (2005) afirman: "El silencio nunca es rentable. El hecho de no comunicar también comunica, y, en este caso, no precisamente a favor del emisor. Un gobierno, o por extensión la Administración, no se puede permitir el lujo de no comunicar [...] siempre conviene hablar antes de que alguien lo haga por uno. Todas las instituciones, incluso las más consideradas, deben ser permeables a la opinión pública".

Aunque en este caso no había exactamente un silencio sobre el tema, sí había una negación de la dimensión del problema; el gobierno evitaba la palabra crisis por su impacto y respondía a los ataques de la oposición tranquilo y confiado, con datos y previsiones positivas aunque otras fuentes y la propia oposición barajaban cifras más alarmantes. El 4 de abril de 2009, por ejemplo, el Banco de España daba a conocer sus previsiones para ese año y el siguiente, estimaciones que no coincidían con las que el gobierno había ofrecido días atrás. Mientras que para el Banco de España, el país sufría "una profunda recesión" y preveía una caída de la economía del 3% para ese año y del 1% para 2010, el gobierno apuntaba a una caída del Producto Interior Bruto del 1,6% en 2009 y la vuelta al crecimiento, del 1,2%, en 2010. Ante la evidencia, el entonces Ministro de Economía, Pedro Solbes, reconocía que la economía no había tocado fondo pero que las previsiones del Banco de España eran "un indicador de por dónde pueden ir las cosas".

Las divergencias entre las previsiones económicas que ofrecía el gobierno y las de otras instituciones, unidas a las contradicciones entre miembros del Ejecutivo, fueron continuas desde el inicio de la crisis. Por ejemplo, mientras desde el Ministerio de Economía se defendía que la reducción del déficit público del 11% al 3% podría llevarse a cabo sin grandes complicaciones, Zapatero señalaba la complejidad de que fuese así: "Reduciremos el déficit cuando la economía se recupere de forma activa" (*Expansión*, 19/02/2010).

La repetición de este tipo de situaciones fue creando una imagen de descoordinación y falta de coherencia del gobierno, que no hizo más que sembrar la desconfianza y la incertidumbre en la población y los agentes económicos. La asociación empresarial catalana, Círculo de Economía, criticó duramente las contradicciones y mensajes ambiguos del gobierno.

El 27 de mayo de 2010, el diario *El Mundo* recogía estas declaraciones del presidente del Círculo de Economía: "La sensación de los empresarios es de abatimiento colectivo. El riesgo no reside tanto en la gravedad de los sacrificios que conllevará la salida de la crisis, sino en la sensación de incertidumbre que estamos viviendo [...] la acción del Gobierno resulta central e insustituible y, sin embargo, los rumores, preanuncios y mensajes contradictorios deben dar paso a un guión claro [...] Sin guión entendible y creíble no puede haber proyecto colectivo".

Dos días antes, el mismo diario titulaba: "Nueva rectificación del Gobierno 'Donde dije digo...'". Este elocuente titular daba cuenta de varios casos en los que el Ejecutivo se contradecía o rectificaba sus anuncios y/o declaraciones, como la prohibición para los ayuntamientos de pedir préstamos, la subida de impuestos "para los que más tienen" o la ayuda extra de 420 euros para los parados. Esta última medida fue decepcionante para miles de personas que pensa-ban cobrar esa ayuda que iba dirigida a desempleados desde el 1 de agosto, algo que se dio a conocer el primer día en el que se podía solicitar dicho subsidio. Entonces el Gobierno afirmó que se esforzaría en "hacer una información mejor".

"El gobierno ha mostrado en los últimos tiempos cierta manga ancha a la hora de anunciar medidas económicas que más tarde ha tenido que rectificar o, al menos, concretar de otra manera [...] Otra gran marcha atrás del Ejecutivo en esta crisis tuvo lugar en febrero de 2010. El Gobierno mandó a la Comisión Europea su Actualización del Programa de Estabilidad 2009-2013 con un párrafo sobre la reforma del sistema de pensiones en el que se contemplaba ampliar de 15 a 25 años su tiempo de cálculo. El Gobierno tardó pocas horas en rectificar con un nuevo texto para Bruselas: 'Dado que dicha simulación ha podido interpretarse como una propuesta concreta, se ha eliminado el ejemplo del documento, y así se ha comunicado a la Comisión Europea', recogía un comunicado de Moncloa" (*El Mundo*, 25 de mayo de 2010).

Pero la crítica no sólo venía de los periódicos con una línea editorial contraria a la ideología socialista, sino también de diarios cercanos al gobierno como *El País*. Por ejemplo, en el editorial del 10 de marzo de 2010, titulado "Oportunidad perdida", se reprocha la falta de coherencia en el mensaje presidencial: "Si el presidente del Gobierno se proponía ofrecer las claves para entender sus últimos meses de gestión, la entrevista de una hora concedida a TVE fue una ocasión perdida [...] La concreción y pertinencia de los asuntos suscitados por los entrevistadores acabaron por poner en evidencia un discurso del presidente genérico y rutinario, que daba la impresión de querer ocultar tras largas parrafadas la falta de congruencia entre las respuestas y las preguntas [...] no reconoció más error que el retraso en advertir su magnitud, pero siempre escudándose en que fue compartido por las instituciones económicas internacionales y los dirigentes de los principales países. No dio razón alguna, sin embargo, de por qué continuó negándola o relativizando su alcance cuando para todos ellos era ya una evidencia [...] El presidente se refirió a las 137 medidas adoptadas para justificar que entre tantas se haya deslizado alguna contradicción. Sin embargo, el número no explica que se pase en pocas horas de estar a favor a estar en contra de la revisión del acuerdo salarial con los funcionarios, por ejemplo, o de cambiar el sistema de cálculo de las pensiones".

Según el Diccionario de la Real Academia Española de la Lengua, "crisis" significa situación dificultosa o complicada, pero también significa cambio, dificultad o mala situación económica según la definición del diccionario de María Moliner. Wilcox, Ault, Agee y Cameron (2001, 191) entienden por crisis "un acontecimiento extraordinario, o una serie de acontecimientos, que afecta de forma diversa a la integridad del producto, la reputación o a la estabilidad financiera de la organización; o a la salud y bienestar de los trabajadores, de la comunidad o del público en general".

No es la primera crisis económica que afronta un gobierno español; además, en los últimos años, ha tenido que enfrentarse a momentos críticos de diferente origen, como el incidente de la isla de Perejil en julio de 2002 o el que ocurrió a finales de ese mismo año cuando el petrolero *Prestige* vertió miles de toneladas de fuel en las costas gallegas. En un interesante análisis sobre el caso del *Prestige*, Corbacho y Rúas (2005) señalan que el desastre ecológico puso de relieve que la información y el impacto de los medios son un elemento fundamental en la propaganda política, teniendo en cuenta que estaban próximas las elecciones municipales de 2003.

Dice Villafane (1999) que "el mejor escudo contra la crisis lo constituye una buena reputación corporativa". Construir una buena reputación no es fácil y el riesgo que se corre ante la mala gestión informativa de una crisis es caer en el descrédito generalizado y el desgaste de la imagen institucional. Por el contrario, una buena gestión puede garantizar la continuidad e incluso reforzar el estatus de la institución o empresa. Aquí los medios de comunicación tienen un papel fundamental, la sociedad forja sus opiniones e imágenes a través de ellos.

Su importancia es tal que, como señalan Corbacho y Rúas (2005), "los contenidos transmitidos por los medios de comunicación pueden llegar a ser tan importantes o más que las propias acciones destinadas a combatir la catástrofe". Y llegan a afirmar que la gestión de una crisis equivale a la gestión informativa de modo que la opinión pública no reconoce una buena gestión de crisis si no se produce una adecuada gestión informativa.

Conseguir y mantener una buena imagen y credibilidad ante la sociedad es el principal objetivo de cualquier gobierno y para ello necesita de los medios de comunicación. La forma en que se gestionó la crisis económica por el gobierno de Zapatero desestabilizó la imagen del gobierno y llevaría al Partido Socialista a la derrota electoral de 2011. Lo que cuentan los medios es lo que se convierte en debate social y también lo que quedará en la memoria de lo que fue la crisis y lo que hicieron sus gobernantes.

1. Actores políticos en la información económica

Mientras en Estados Unidos quebraban varias entidades financieras relacionadas con el mercado de las hipotecas, que arrastraría más tarde al sistema financiero mundial, en España la prensa se centraba en la polémica entre Zapatero que no reconocía la crisis y la oposición que instaba al gobierno a reconocerla. El análisis económico, de los factores que habían llevado a la crisis, el debate de cómo se estaba fraguando un problema estructural de nuestra economía se dejó de lado y paso inadvertido para la sociedad.

Los actores políticos están muy presentes en el tratamiento de la crisis desde sus inicios, la crítica no siempre procede de los medios, muchas veces estos se limitan a recoger declaraciones de políticos u organismos que alimentan el debate. Más que nunca el protagonismo es de los políticos que, favorecidos por su situación privilegiada como fuentes imprescindibles, aprovechaban esta situación para sus intereses partidistas.

Zeller (2001) afirma que en el Periodismo se "han establecido unos límites muy estrechos para el debate público en el terreno económico", que ha quedado constreñido fundamentalmente a las élites económicas y políticas.

En el caso de la crisis española, el líder de la oposición por entonces, Mariano Rajoy, aprovechó la mala gestión informativa del gobierno para construir un discurso basado en la crítica y el descrédito. La situación comenzó los meses previos a las elecciones generales de marzo de 2008 y durante la campaña. Entonces Zapatero y Rajoy, además de críticas mutuas, iniciaron una serie de ofrecimientos relacionados con el bienestar económico.

- "Zapatero promete suprimir el impuesto de patrimonio si gana las elecciones" (*El Mundo*, 04/12/07).
- "El PSOE se compromete a devolver 400 euros a todos los contribuyentes" (*El País*, 27/01/08).
- "Rajoy promete elevar de 9.000 a 16.000 euros la cantidad mínima para pagar IRPF" (*El Mundo* 18/11/07).
- "Rajoy promete subir 150 euros las pensiones mínimas si gana las elecciones" (*El País*, (12/12/07).

Según un estudio de la Universidad de Navarra[1] a partir del análisis de las noticias aparecidas en los principales medios de comunicación españoles, el terrorismo y los asuntos económicos fueron los principales temas de la campaña electoral del PSOE y del PP. El terrorismo, la economía, el paro y la inmigración, en ese orden, fueron los temas más abordados en la campaña y la cobertura mediática que se les dio correspondía en grandes líneas a las preocupaciones de los españoles, según los datos del Barómetro del Centro de Investigaciones Sociológicas, CIS, del mes de octubre de 2007.

Lo cierto es que desde que se empezó a hablar de crisis económica a finales de 2007, el tema no ha abandonado las agendas de los medios de comunicación españoles, por el contrario su cobertura ha ido en aumento a la vez que ha ido creciendo la preocupación de los españoles por las consecuencias de la crisis.

El año 2009 empezaba con la noticia de que el paro rompía la barrera de los tres millones, la peor cifra desde 1987, y la situación no parecía que iba a mejorar. En abril de ese año, el Banco de España daba a conocer unas previsiones desoladoras a corto plazo, un 20% de paro en 2010, lo que a la larga sería una realidad. Con este panorama la percepción de la población no podía ser menos pesimista.

---

[1] Estudio recogido en "El terrorismo y la situación económica, temas estrella de la campaña electoral", publicado por *El Mundo*, el 09/03/08

La gestión de la oposición ante la situación económica se centró en la crítica, discurso nada ilusionante para una población preocupada por el desempleo en alza y que pedía soluciones efectivas a corto plazo. Desde entonces el enfrentamiento verbal entre los líderes políticos ha sido continuo y ha creado un ambiente desfavorable no sólo para el gobierno sino para la clase política en general. A mediados de 2009 "la clase política y partidos políticos" se situaban como el tercer problema con un 12%, después del paro y los problemas de índole económica, según las encuestas del CIS. En junio de 2010 la cifra alcanzaba el 20,7%.

Pasados unos años, la situación no ha cambiado, el malestar generalizado de la población ante los políticos ha ido en aumento. El 27,6% los ve como un problema (Barómetro del CIS de julio de 2013), y se han ido sumado nuevas preocupaciones como la corrupción y el fraude, segundo problema para los españoles según el CIS. Es significativa también la valoración que la población hace de la gestión del gobierno del PP, muy mala para la mayoría (38,8%), y del PSOE como oposición, mala para el 36,1%.

Desde que se iniciara la crisis, los medios de comunicación la han abordado repitiendo procedimientos instituidos en el Periodismo político, es decir, muy condicionados a las actividades del gobierno y partidos políticos, fundamentalmente. Más que nunca el discurso político alimenta la información económica; si algo diferencia a ambos tipos de información es precisamente que mientras uno, el político, es eminentemente discursivo y persuasivo, el económico se basa en el dato que se debe analizar. Esto no quiere decir que no haya debate en torno a las cifras, índices, etc., pero debe prevalecer el dato sobre la ideología.

Este tratamiento se ha podido observar no sólo en diarios de información general sino también en diarios económicos en los que sus portadas poco se diferencian de los generalistas; ambos delimitan la economía a escenarios, protagonistas y temas políticos. Hay, sobre todo, debate político de los temas económicos, incluso el dar elementos de juicio a la sociedad sobre la actuación del gobierno parece un objetivo secundario ya que destacan las informaciones sobre los enfrentamientos partidistas y hay una especie de pugna entre los medios por ofrecer noticias y denuncias de casos de corrupción, fraudes, y previsiones catastrofistas. El sensacionalismo vende aunque tome nuevas formas. Así, la economía sigue siendo materia reservada para los entendidos.

Arrese (2004, 297) señala que "normalmente los medios no sólo dedican más atención a las malas noticias –problemas económicos, previsiones no cumplidas, crisis, etc.– sino que además tienden a dramatizar en exceso la realidad". Con respecto a esto último, afirma que "se refiere más a los medios generalistas que a los especializados, aunque en todos la necesidad de captar la atención de lector lleva casi necesariamente a procesos de simplificación y exageración de los temas de actualidad".

2. ¿Es tan difícil informar de economía?

Cuando se empezó a hablar de crisis económica, dentro del contexto de la crisis económico-financiera mundial, los medios de comunicación fueron informando puntualmente del desarrollo de la misma. Estos son algunos titulares de los diarios *El País* y *El Mundo* de 2008, año en que se dieron a conocer muchos datos negativos y la población comenzó a tomar consciencia de la verdadera dimensión de la crisis, según se puede inferir de las encuestas del CIS.

El País:
- "La crisis obliga a cerrar 40.000 agencias inmobiliarias en un año" (17/01/08).
- "El paro registra su peor mes de enero del último cuarto de siglo" (04/02/2008).
- "El mercado inmobiliario se desploma" (27/03/08).
- "La facturación del comercio registra su mayor caída desde 2002" (16/05/08).
- "La caída del 72% en las ventas de pisos arrastra a las inmobiliarias" (16/05/08).
- "Martinsa-Fadesa anuncia la mayor suspensión de pagos de la historia en España" (14/07/08).

El Mundo:
- "La economía se estanca en el segundo trimestre con un crecimiento cero" (09/07/08).
- "La caída de la construcción en España continúa siendo la mayor de la UE" (20/08/08).
- "El turismo podría tener una aportación negativa al crecimiento del PIB" (17/10/08).
- "El Ibex cierra por debajo de los 8.000 puntos y se asoma a los mínimos del año" (20/11/08).

La mayoría de la población se vio inmersa en una situación desconcertante y no era capaz de comprender cómo de pronto había pasado de la prosperidad del "milagro económico español" a este escenario de precariedad. Después de cinco años recibiendo información sobre la crisis a todas horas, los ciudadanos se han familiarizado con algunos términos que se han incorporado al debate de la calle, como prima de riesgo, inflación, etc. A pesar de ello, se trata de un conocimiento muy superficial casi siempre vinculado a una situación informativa concreta: declaraciones de un miembro del gobierno, informes del BCE, del INE, etc. que marcan los temas de actualidad y los medios van pasando de una información a otra. Si bien ha habido una incipiente labor divulgativa de los medios, la explicación, el análisis sigue siendo tarea pendiente. Se pierde el contexto necesario para entender lo que está ocurriendo y poder emitir opiniones con fundamento.

A menudo, los periodistas económicos olvidan que deben informar para un público que necesita, además del dato, la explicación de este, del contexto, de la interpretación. Es decir necesita del periodista especializado en economía para que le ayude a comprender una situación que afecta directamente a su economía y que no sabe cómo afrontarla.

Pero, ¿qué es lo que hace tan complicado informar sobre economía? ¿Por qué los medios no fueron capaces de predecir la verdadera dimensión de la crisis? La propia naturaleza de la economía, abstracta y compleja, sin duda facilita el desinterés de la población y dificulta la labor divulgativa del periodista económico. Sin embargo, hay otras cuestiones nada insignificantes abordadas por diversos autores como causas del desinterés de la prensa por alertar a la población de los efectos de la burbuja inmobiliaria; por ejemplo, la relación entre el poder político y económico ante el que han sucumbido los medios, algunas veces por desconocimiento, por lo que no podemos pasar por alto la necesidad de una adecuada formación del periodista económico, y otras porque se ve obligado a responder al interés del medio para el que trabaja.

Pascual Serrano (2009) afirma que los grandes medios de comunicación son corresponsables de la crisis económica actual, en la medida en que forman parte de la macro estructura económica y financiera mundial. Para el autor los elementos que explican esta implicación son: el silenciamiento de los especialistas críticos, que el mensaje de los medios está siendo utilizado para crear condiciones de alarma que permitan aplicar medidas de recorte social y de los derechos de los trabajadores, y el silenciamiento de los medios ante cualquier propuesta que suponga una ruptura con los principios económicos dominantes. Al respecto, advierte que "mientras se reconoce la falta de competencia de las entidades de crédito para atender las necesidades de consumidores y pequeños empresarios, se obvia el debate en torno a la creación y puesta en marcha de una banca pública, una figura existente en Europa y en España hasta hace veinte o veinticinco años que comenzaron las privatizaciones".

Sobre el primer elemento, Serrano dice que "cada ciudadano puede comprobar cómo, en su país, los analistas que anunciaron y advirtieron sobre las políticas de especulación y descontrol financiero fueron ignorados en los grandes medios, en España el catedrático Juan Torres lo recogió en su libro *Coge el dinero y corre* (Icaria 2006). Las grandes empresas de comunicación forman parte de los grupos económicos que se beneficiaron con los diferentes *booms* especulativos, desde los puntocom al inmobiliario".

En un artículo sobre la adquisición de cabeceras regionales por parte de constructores, el periodista económico Fernando Barciela (2007) señala que "tenemos ya en España como media docena de grupos de prensa controlados por este tipo de empresarios, promotores inmobiliarios ávidos de recalificaciones, constructores dispuestos a todo para conseguir el contrato de su vida...". El periodista explica que en el sector de la prensa han incursionado seriamente antiguos constructores e inmobiliarios y han hecho de ella su principal actividad, pero que otros "con una visión puramente instrumental del negocio" lo han convertido en "un medio para presionar a los poderes regionales y locales –con mayor o menor sutileza– y lograr así que sus verdaderos negocios vayan lo más posible sobre ruedas".

También parece pertinente recoger la reflexión de Concha Mateos (2002) sobre "el gran éxito neoliberal" de la segregación interesada del público con el fin de controlar el conocimiento y con ello la crítica.

"[...] Lograr que cada uno se quede donde y como estaba. Que todo siga sin ser cuestionado: que los que saben acudan a las páginas que saben y las puedan leer al completo; y que los que no saben, se queden en las páginas 'para todos los públicos' –páginas de las que no saldrán seguramente nunca, porque están diseñadas como alimento de fácil digestión y sin efectos secundarios propiciatorios de pensamiento crítico–. El poder conservador siempre ha soñado con dispositivos de exterminio selectivo intelectual de este tipo. Si confirmásemos que tal situación se está produciendo, delataríamos un estado de máxima gravedad, porque equivale a decir que podemos estar permitiendo un sistema de información con prensa libre que sirve para que los ciudadanos no se enteren, y, lo que es peor, que tengan cada día más difícil enterarse. Informar para desinformar y deformar".

3. Informar para la gente común

De una mala información económica salen perjudicados los ciudadanos. La sociedad necesita de profesionales bien formados, que sepan explicar los efectos de la crisis y su contexto, lo que exige una preparación constante. Hay que preguntarse el porqué de los hechos y buscar respuestas, preguntando a los expertos, investigando lo que no se quiere dar a conocer, buscando más allá de lo que nos quiere contar el político de turno… es el buen Periodismo en suma, el de calidad, el que requiere de vocación, de formación, de ética y de vocación de servicio a toda la sociedad.

Sin embargo, no podemos pasar por alto la situación de precariedad que se vive en las redacciones. ¿Cómo se puede investigar o contrastar fuentes cuando apenas hay tiempo porque se exige productividad? La investigación seria no interesa a la mayoría de los medios y tampoco está al alcance de cualquier periodista que, además de mal pagado, debe resignarse a ser mero reproductor de discursos de políticos que ni siquiera aceptan preguntas en las ruedas de prensa. Es la perversión del Periodismo, una profesión nacida para servir a la sociedad a través del control de las élites del poder.

No es de extrañar que el Periodismo haya perdido credibilidad ante la sociedad. Así, el barómetro del CIS de febrero de 2013 la situaba como la segunda profesión peor valorada por los españoles.

El periodista Fernando González Urbaneja (2008), en un artículo sobre la credibilidad de los medios, exponía los tres riesgos principales del Periodismo actual:
- La tentación por el espectáculo y la confusión de los géneros.
- La debilidad del relato y el sometimiento a las fuentes.
- La desmovilización de los propios periodistas, la falta de debate, el aumento de periodistas que no dejan oír su voz.

Volviendo al Periodismo Económico y a la necesidad de mantener bien informada a la sociedad desde el punto de vista de esta y de lo que le afecta de forma directa, puede resultar ilustrativa la experiencia de *La Gaceta*[2], diario de la provincia argentina de Tucumán, ante la crisis económica que estalló en 2001 en el país sudamericano. José Pochet, gerente general del diario, relata en un artículo (2004) cómo habían afrontado la crisis, a partir de preguntarse: ¿seguimos siendo verdaderamente necesarios? ¿En un país hoy más empobrecido como el nuestro, ¿somos lo suficientemente atractivos para motivar el esfuerzo de compra en nuestros lectores? Mientras muchos diarios disminuyeron páginas, periodistas, colaboradores y corresponsales, *La Gaceta* apostó por mantener los niveles de calidad periodística y diseño. "En primer lugar sentimos que la crisis no sólo había que contarla sino también explicarla. Abrimos nuestras páginas a todo tipo de reflexiones que sirvieran a nuestros lectores para comprender el drama de lo que estaba ocurriendo. Convocamos a las mejores plumas, filósofos, historiadores, economistas, sociólogos, etc. y los invitamos a reflexionar en una sección semanal que llamamos 'Reflexiones sobre la crisis'".

El diario decidió profundizar en la información local para adaptarse a las necesidades de sus lectores y también de sus anunciantes. "Apuntamos hacia una prensa de mayor servicio". La información se hacía pensando "tanto a un empresario abrumado por la caída de sus ventas como al padre que perdió su trabajo o al ama de casa que debía acudir al supermercado y comprobar que el dinero ya no le alcanzaba como antes".

A pesar de que la crisis afectó a las ventas, Pochet asegura que el número de lectores se mantuvo porque la gente se las ingeniaba para compartir la lectura de un mismo ejemplar del diario, en las oficinas, entre los vecinos… "mientras hiciéramos un buen producto, estábamos convencidos de poder recuperar a nuestros lectores una vez aclaradas las perspectivas económicas del país. De hecho es lo que ha comenzado a ocurrir".

Pochet reflexiona sobre las lecciones que les dejó la crisis. La primera es que "las prioridades deben apuntar a sostener una capacitada, eficiente y creativa redacción. La segunda lección es tener claro la importancia de apostar toda la energía a interpretar la necesidad de los lectores, brindando cada vez mejor información".

Aprender de la experiencia de otros es una de las claves que debemos tener en cuenta. Podemos tomar ejemplo de este diario de la provincia

---

[2] *La Gaceta*, fue fundada en 1912 y es el diario de mayor tirada de la provincia de Tucumán. Su liderazgo se ha mantenido pese a la aparición de nuevos diarios locales. Desde 1997 tiene una edición en internet.

más pequeña de Argentina, que apostó por la calidad y por mantener al público común como objetivo principal de su trabajo acercándole información útil y necesaria.

Como dice Pochet: "Debemos cuestionarnos permanentemente nuestro rol en la sociedad [...] El camino recorrido pasa por abandonar el vicio de transformarnos exclusivamente en un 'pizarrón de mensajes' entre los distintos factores de poder, para inmiscuirnos de lleno en los temas que de verdad interesan a la gente".

4. Referencias

Arrese, A. (2004). Información económica y de negocios. En J. Fernández del Moral (Coord.). *Periodismo Especializado* (pp. 285-315). Barcelona: Ariel.

Barciela, F. (2007). A los constructores les va la prensa regional. *Cuadernos de Periodistas*. (10), Abril 2007, 17-24. Madrid: Asociación de la Prensa de Madrid.

Corbacho, J. M. y Rúas, J. (2005). La comunicación de crisis. El caso del Prestige. *FISEC-Estrategias* (11), 1-11. Facultad de Ciencias Sociales de la Universidad Nacional de Lomas de Zamora. Disponible en: http://www.fisec-estrategias.com.ar/1/fec_01_com_corbacho.pdf [Consultado el 23/08/2011]

González Urbaneja, F. (2008). La credibilidad de los medios. *Cuadernos de Periodistas*. Madrid: Asociación de la Prensa de Madrid. Disponible en: http://www.apmadrid.es/content/view/1239/283/ [Consultado el 18/03/2013]

Pochet, J. (2004). Cómo *La Gaceta* de Tucumán afrontó la crisis. *Cuadernos de Periodistas* (0), julio de 2004, 98-100. Madrid: Asociación de la Prensa de Madrid.

Serrano, Pascual (2009). Los medios y la crisis mundial. Intervención en el *Forum Mundial de Midia Livre,* Belem do Pará, Brasil: 26 de enero de 2009. Disponible en http://pascualserrano.net/noticias/los-medios-y-la-crisis-mundial/ [Consultado el 07/02/2013]

Soros, G. (2008). *El nuevo paradigma de los mercados financieros*. Madrid: Taurus.

Villafane, J. (1999). *La gestión profesional de la imagen corporativa*. Madrid: Pirámide.

Wilcox, D., Ault, P., Agee, W. et al. (2001). *Relaciones públicas. Estrategias y tácticas*. Madrid: Pearson Educación.

Zeller, C. (2001). Los medios y la formación de la voz en una sociedad democrática. *Analisi*, nº 26, 121-144. Barcelona: Universidad Autónoma de Barcelona y Universitat Oberta de Catalunya.

Los blogs de nuestra clase política como modelo de comunicación e información

SANTIAGO MARTÍNEZ ARIAS
Universidad Complutense de Madrid
santiagomarias@ccinf.ucm.es

Mª MERCEDES ZAMARRA LÓPEZ
Universidad Complutense de Madrid
mzamarra@ccinf.ucm.es

1. Introducción

Internet ha revolucionado muchos sectores y, sobre todo, el de la comunicación. Nosotros, como periodistas, estamos viviendo un momento de profundos cambios que nos empujan a la necesidad de modernizar nuestro entorno profesional y laboral, o por lo menos, adaptarlo para sobrevivir eficazmente a todas las novedades que nos están introduciendo de lleno en una época totalmente diferente de todas aquellas que nos han precedido.

La era digital ha modificado nuestro ámbito, pero también ha supuesto una ruptura con la manera tradicional de elaboración del producto informativo y su posterior colocación en el mercado de la comunicación.

Pero, ¿ocurre lo mismo con la institución política? ¿Se está adaptando al nuevo entorno digital también? ¿Está aprovechando las oportunidades que le brinda la Red para situarse en un plano de mayor proximidad con los ciudadanos y, en definitiva, para ser más democrática? Todas estas cuestiones nos incumben y preocupan como ciudadanos que ejercen unos derechos políticos y, sobre todo, como profesionales de la información y la comunicación.

A lo largo de las últimas décadas, muchos estudiosos y teóricos de las diferentes ramas sociales, humanísticas e incluso científicas, han demostrado que la interactuación que se produce entre el Periodismo y la Política, es vital para ambos sectores.

El mundo de los medios y el de los gobernantes se necesitan y sostienen el uno al otro, pero esta dependencia es arriesgada ya que puede desembocar en una situación problemática en la que las fronteras que separan a ambos sectores se vuelvan difusas o, en el caso más extremo, lleguen a desaparecer.

En este sentido, no es de extrañar que, aunque lo hayan hecho de un modo más paulatino y sereno, los políticos se estén incorporando al mundo virtual para lograr una mayor eficacia en sus tareas democráticas y de gestión de la cosa pública, o por lo menos, para llegar al ciudadano con mayor rapidez y lograr así su necesaria y vital aceptación.

Pese a ello, en su contra diremos que, realmente, no han innovado nada, ya que, con notable anterioridad, los medios de comunicación se habían adaptado a estos cambios y habían rentabilizado sus labores informativas y de proximidad con los ciudadanos gracias a las enormes posibilidades que les ofrecía Internet.

¿Podríamos decir que el político, consciente de estas ventajas, se vuelve un poco periodista? No del todo, pero ello no quita que debamos considerar que, con su incorporación a plataformas digitales concretas, como la de los blogs, por ejemplo, se convierte en un gestor y administrador de sus propios contenidos. Y esto, en un medio plazo, puede llegar a ser revolucionario, sobre todo desde el punto de vista democrático.

Todas estas ideas que acabamos de mencionar constituyen un cúmulo de consideraciones puntuales pero estrechamente interrelacionadas entre sí. Partiendo de ellas, proponemos estudiar el impacto y la influencia que presentan los blogs de algunos de los protagonistas de nuestra política nacional.

De este modo, no sólo nos limitamos a adentrarnos en la parte de los contenidos y su correspondiente impacto en los usuarios, sino que también nos ocupamos de los aspectos formales. Nos interesa mucho el modo en el que los políticos utilizan o, mejor dicho, aprovechan los distintos recursos técnicos y herramientas que les proporcionan todos estos avances de los que venimos hablando, y más concretamente, aquellos que están estrechamente relacionados con el mundo de la blogosfera.

Partiendo de la base de que la mayoría de estos políticos prescinde de este tipo concreto de plataforma digital y suele optar por otras más rígidas (como la página web de su partido político, por ejemplo), nos interesa mucho observar cómo, mediante sus blogs, estos pocos personajes públicos van más allá y buscan la interactividad con el usuario, con todo lo que ello puede llegar a conllevar. Así, para la consecución de este objetivo, más bien pocos de ellos estarán dispuestos a colaborar con este acercamiento y no dudarán en proporcionar sólo contenidos de carga ideológica y/o política a sus seguidores, sino que llegarán a aventurarse mostrando aspectos de su vida personal.

2. El Periodismo en Internet, situación actual: un nuevo entorno

Desde hace no muchos años, estamos asistiendo a una rápida continuación de cambios y avances muy significativos. Esta evolución parte del ámbito estrictamente tecnológico pero es capaz de llegar a afectar hasta la propia mentalidad de los sujetos.

Como decíamos antes, el mundo de la comunicación no es ajeno a esta irrupción digital, sino que, todo lo contrario, es una de las instituciones sociales que más afectada se ha visto por ella. Esta idea está respaldada por el periodista digital norteamericano Mark Briggs (2007, 3):

"Internet ha estremecido los cimientos económicos de los medios tradicionales, pero además –en esencia– ha abierto a la sociedad, en general, y a los periodistas, en particular, nuevas posibilidades y formas de contar historias. De paso, ha roto el paradigma de la comunicación unidireccional de 'nosotros hablamos, ustedes escuchan'. Pero esas nuevas formas de contenido requieren el desarrollo de nuevas habilidades […]".

Por tanto, siguiendo con el planteamiento de Briggs, coincidiremos con él en que Internet ha modificado sustancialmente el quehacer periodístico que hasta fechas recientes se mantenía como el tradicional. Así, la red nos ha inmerso en un nuevo entorno, en un mundo digital radicalmente diferente al que estábamos habituados. Esta realidad, nos puede conducir a sostener que el periodista de hoy en día no desarrolla su trabajo sólo con la información.

La esencia de la profesión, su materia prima sigue y seguirá siendo la misma y no es otra que esa información. Del mismo modo, el objetivo del Periodismo se mantiene inalterable: contar historias. Ahora bien, con los avances tecnológicos y digitales, el periodista es capaz de trabajar con un concepto más amplio: el de la comunicación.

Y este fenómeno es posible gracias al final de lo que Briggs llama "comunicación unidireccional", ya que la inmensa mayoría de los productos informativos que han sido elaborados por profesionales de los medios y que se presentan en Internet, posibilitan la capacidad de respuesta de los usuarios que a ellos accedan.

Esta interactuación entre el medio de comunicación y sus lectores, oyentes o televidentes, abre a su vez un inmenso abanico de posibilidades muy positivas para ambos. Ahora bien, también conlleva efectos perniciosos para nuestra actividad profesional, ya que, tanto estos usuarios como otros sectores sociales, terminan utilizando también las nuevas plataformas digitales comunicativas para aprovechar las oportunidades que les brindan y se ven tentados a actuar como si fueran periodistas, lo que nos perjudica muy considerablemente.

Como consecuencia, aparecen nuevas realidades como, por ejemplo, el Periodismo Ciudadano, mediante el cual, en casos extremos, se llega a permitir que el usuario de los medios digitales elabore noticias que, evidentemente, no han pasado antes por la criba del discernimiento que posee un verdadero profesional cualificado, capaz de preparar y distinguir la información de calidad de aquella que no lo es.

Así, para muchos sectores el mantener una comunicación organizada y efectiva que ofrezca información de calidad al resto de la sociedad puede acabar siendo un sacrificio económico considerable o un lujo, en el caso de que ni siquiera puedan permitírselo. Sin embargo, en la mayoría de los casos, el propio periodista ha acabado viviendo esta crisis con una mayor crudeza, ya que las empresas y los medios cuentan con menos recursos para ofrecer una remuneración a su desempeño laboral. Como resultado, nos encontramos con una considerable cantidad de profesionales de la comunicación que engordan las listas del paro o que se mantienen en su puesto a duras penas y con unas condiciones salariales penosas.

La comunicación es un factor fundamental para la perdurabilidad en el tiempo y el sostenimiento de cualquier grupo humano, cuanto más para nuestra sociedad, que forma parte de un entramado mayor y de carácter global. Así, adquiere una relevancia aún mayor en el contexto de la Sociedad de la Información. Por ello, estas organizaciones se ven entre la espada y la pared: entre la necesidad o, mejor dicho, obligación de comunicar para justificar su existencia, y entre una situación de grave crisis económica que les empuja a reducir sus gastos muy considerablemente para poder sobrevivir a esta tempestad.

Pero en este estudio podemos ir más allá y así nos daremos cuenta de que, conscientes de lo esencial que resulta esta comunicación y aprovechando, por otra parte, todas las oportunidades que ofrecen las nuevas plataformas de Internet, los medios y las empresas no han renunciado a esta actividad. Todo lo contrario, han hallado el modo de mantenerla pero prescindiendo de la figura del profesional de la información. Se ha caído así en el craso error de considerar que cualquier otro trabajador puede desempeñar una labor informativa. Por tanto, el único requisito para ello sería poseer los conocimientos técnicos necesarios para la utilización óptima de herramientas como los blogs, que trataremos a continuación.

Empujadas por las exigencias de la supervivencia o aprovechando las circunstancias, en el peor de los casos, las organizaciones restan importancia a las habilidades insustituibles de los verdaderos profesionales de la comunicación, aquellos que saben reelaborar una simple información para hacer de ella un producto de calidad, un elemento que incluso es totalmente fundamental para el desarrollo democrático.

2.1. La blogosfera

Entendiendo todas las consideraciones iniciales a las que nos acabamos de referir, nos iremos centrando a partir de ahora poco a poco en el tema central de nuestro trabajo. Así damos un paso más y procedemos al análisis de una nueva plataforma digital: los blogs o bitácoras.

En primer lugar, diremos que un blog es un espacio web periódicamente actualizado por su autor (o autores), quien redacta o recopila una información que se representa en forma de entradas ordenadas por orden cronológico. En la mayoría de los casos, estos textos se estructuran siguiendo el estilo propio de géneros periodísticos, siendo los más recurridos el artículo de opinión, la noticia o el reportaje.

Estos blogs han traído consigo un cambio radical, una revolución en el mundo de la información desde que comenzaron a aparecer las primeras bitácoras en la década de los 90. Por primera vez en la historia, cualquier persona sería capaz de publicar aquello que deseara. El único requisito para ello sería disponer de un ordenador con conexión a Internet.

Esta tendencia se sigue manteniendo y es cada vez mayor no sólo el número de personas particulares que sostienen con publicaciones periódicas sus blogs, sino que también el de personajes conocidos (políticos, deportistas, famosos…) que recurren a estas plataformas.

Los periodistas y los medios de comunicación no se han quedado atrás en esta carrera. Es más, podíamos llegar a decir que se han constituido como los pioneros blogueros hasta el punto de que, en la actualidad, tal vez nos resultaría complicado concebir un Periodismo sin blogs.

Tal y como apunta Briggs en su ya citado manual (2007, 62):

"[...] Muchos analistas de nuevos medios han sugerido que cada reportero debería tener un blog. Eso podría no ser factible (o sensato), pero decenas de blogs exitosos de periodistas están actualmente en línea, permitiendo a los blogueros/reporteros cultivar una comunidad con los lectores para poner a prueba ideas, recibir retroalimentación temprana y directa y publicar en la forma más oportuna posible.

Un buen blog ayuda al bloguero/reportero a mejorar su autoridad en un tema al agregar la posibilidad de publicar información fuera del tradicional ciclo noticioso y formato de historia. Ayuda además a la organización periodística a establecer una relación más profunda con los lectores y apalancarse en la sabiduría de la multitud para beneficio de la cobertura de los reporteros [...]".

Pero además, los blogs no sólo han revolucionado el concepto tradicional de información publicada en este sentido. Y es que, aprovechando las características propias de Internet como una red de redes, nos han presentado un nuevo modo de contar historias, en el que el hilo conductor deja de ser sólo lineal. La información digital que consultamos ahora en nuestros ordenadores, tabletas o dispositivos móviles está compuesta por un entramado de hipervínculos que la respaldan y complementan, y que, a la vez, permiten que sea más personalizada y multimedia gracias a la unión de texto, imágenes, audio y vídeo en un mismo medio.

Así, como ya hemos sugerido en contadas ocasiones a lo largo de este trabajo, los blogs dan lugar a una nueva relación entre los usuarios de los medios de comunicación y los periodistas. Esta correspondencia se ha hecho más estrecha gracias a la interactividad que posibilitan estos formatos. Las personas que siguen estas publicaciones suelen tener un sentido de participación, lo que les satisface y realiza en cierto modo.

Esta proximidad ha sido admirada por los partidos políticos, entre otras organizaciones sociales y personajes públicos, que no han dudado en aprovechar también estos nuevos espacios virtuales para acercarse más a las personas que conforman el grueso de la población y de las que necesitan su respaldo o aceptación positiva para justificar su existencia.

Conociendo ya lo que es un blog y el modo en el que ha modificado el mundo del Periodismo, nos ocuparemos ahora de desarrollar lo que constituye el tema central de nuestro trabajo y procederemos al análisis de la adaptación y el manejo de algunos de los personajes de la política nacional española.

3. Los blogs de los políticos. Aspectos formales

Para poder referirnos a los aspectos comunicativos e informativos que suelen caracterizar a estos blogs tan concretos, es necesario que primero analicemos profundamente todo lo que concierne a la apariencia formal y técnica.

Para realizar este trabajo, hemos elaborado su desarrollo y objeto de estudio seleccionando a cuatro personajes –y sus respectivos blogs– que ocupan importantes puestos dentro de los partidos políticos más representativos de nuestro panorama nacional. Los presentamos a continuación, dispuestos por el orden alfabético de sus apellidos:

- María Dolores de Cospedal García (Partido Popular).
- Rosa María Díez González (Unión Progreso y Democracia).
- Cayo Lara Moya (Izquierda Unida).
- María Elena Valenciano Martínez-Orozco (Partido Socialista Obrero Español).

Hemos de señalar, que aunque conseguimos dar con estos blogs, en un principio fue muy costoso encontrarlos. Por ejemplo, nos hubiese gustado analizar los de los dirigentes del PP y del PSOE, Mariano Rajoy y Alfredo Pérez Rubalcaba, pero nos fue imposible puesto que no tienen. De este modo, nuestra tarea se complicó un poco más.

Esta carencia no deja de ser relevante y significativa, además, nos ayuda a ratificarnos en una conclusión a la que hemos llegado después de elaborar este estudio, y es que, por lo general, nuestros políticos se han inmiscuido tardíamente en el nuevo entorno de la blogosfera, y los que lo han hecho han pecado de tímidos o inexpertos en muchas ocasiones, tal y como veremos a continuación.

Entrando ya en materia, a continuación pasaremos a desgranar los diferentes tipos de elementos que aparecen en estos blogs seleccionados para ser nuestro objetivo de análisis y descripción. Pero en absoluto será una visión superficial y rápida tanto a nivel estético como técnico, sino que pretenderemos la conjunción de ambas para entender la condición de los blogs como un medio para la transmisión de los mensajes e imágenes de estos políticos. En sus diferentes diseños y percepciones podremos apreciar la diversidad que les identifica y caracteriza.

3.1. María Dolores de Cospedal García

Nacida en Madrid en el año 1965. Actual Secretaria General del Partido Popular y Presidenta de la Junta de Comunidades de Castilla-La Mancha, número dos de su partido. Su blog se encuentra en la dirección mdcospedal.es.

Con una coloración más bien simplona y nada agresiva que facilita su lectura y alude a la calma subconsciente: blanco como cuerpo central, tonalidades de azul tanto en el título como el fondo del blog y las diferentes columnas (verticales u horizontales), y gris para el encabezamiento de las entradas publicadas.

Formado por encabezamiento y dos columnas, siendo la izquierda de mucho mayor tamaño que la derecha, múltiples enlaces y *add-ons* a las principales redes sociales y herramientas web (Facebook –cuenta con 21.018 me gusta–, Twitter –tiene 43.904 seguidores–, Flickr, Youtube, Slideshare, Linkedin o RSS) pueblan la web, tanto en los enlaces de cada entrada o el propio encabezamiento como en la columna de la derecha mostrando enlaces de las actualizaciones de Twitter (por poner un ejemplo).

También cuenta con enlaces a blogs y webs que Cospedal considera de interés para sus lectores. El cuerpo de la columna principal está cercado por cinco categorías que en la parte inferior de la página despliegan pequeños cuadros de texto, gráficos, formularios e imágenes con diferentes funciones: desde noticias institucionales de Castilla-La Mancha, pasando por ruegos y preguntas que pueden enviarse al blog, y terminando con un proyecto de "Prensa 2.0" aún sin finalizar. El contenido del blog en sí mismo constituye un pequeño acercamiento a la figura política de María Dolores de Cospedal: vídeos de entrevistas, opinión de cultura, sociedad y los logros de su partido.

La columna principal cuenta, de nuevo, con otra pequeña columna en su parte superior donde aparecen las diferentes categorías y contenidos recientes publicados: propuestas políticas se mezclan con aspectos personales y cercanos, pasando por un antiguo diario de campaña de las anteriores elecciones generales. No hay, sin embargo, un calendario o un archivo de entradas que facilite la navegación.

En cada entrada aparecen las clásicas opciones de compartir, pero no es posible realizar comentarios. Conocedores de la picaresca generalizada a nivel mundial que puebla Internet, usar tal recurso para una web de una figura política de primer orden en nuestro país quizá sirva para eliminar la posibilidad de enfrentamientos, discusiones efímeras, o directamente ciberacoso. Sin embargo, consideramos más recomendable la opción de moderar comentarios como mecanismo de filtración de lo que no pueda ser beneficioso, dando la opción, a aquellos que quieran aportar positividad de ver su esfuerzo recompensado con la aparición de su texto, y al mismo tiempo reforzar el espíritu propagandístico y publicitario de toda la web. Porque ese es su mensaje, y no se nos puede olvidar ni con este particular ni con los siguientes que iremos describiendo.

La redundancia y los errores clásicos aparecen (saturación de elementos que pueda agobiar al lector potencial, redundancia de aplicaciones y de conectividad web, problemas con los *gadgets*, fallos de traducción, errores de ortografía o de puntuación, etc.). Además, en todos los ordenadores en los que se ha visualizado esta web, y con varios navegadores también (Chrome, Safari, Firefox última versión, Opera, Explorer última versión) la web deja un gran espacio vacío en la derecha de la pantalla. No está centrado, lo cual causa extrañeza, pero en ningún momento trae ningún tipo de complicación más.

3.2. Rosa María Díez González

Nacida en Sodupe, Vizcaya, el año 1952. Es cofundadora, portavoz y diputada en el Congreso del Partido Unión Progreso y Democracia tras 30 años de militancia en el PSE-PSOE. Su blog se encuentra alojado en el dominio rosadiez.net y archivado en Wordpress.

Wordpress es el principal libre recurso para la elaboración de blogs y publicaciones en línea del mundo. Se calcula que uno de cada cinco nuevos blogs proviene de allí.

La presentación de esta web es básica, simple y anquilosadamente anárquica con arquetipos propios de otras redes sociales: dos columnas: izquierda, de tamaño superior que encabeza el cuerpo principal de los textos publicados, y derecha donde se agrupan los enlaces ya clásicos y que enumeraremos en orden descendente, según su colocación desde la cabecera de la página: enlace a su página de Facebook – tiene 32.932 me gusta–, publicaciones literarias, Twitter –donde cuenta ya con 49.878 seguidores–, consignas políticas relacionadas con la fomentación del voto útil en las elecciones generales del año pasado, suscripción por correo, selección de comentarios recientes en las publicaciones, más publicaciones literarias, enlaces a blogs recomendados por *blog roll*, barra de búsqueda en el blog y archivo cronológico ordenado por meses.

Rosa Mª Díez es veterana de uno de los períodos políticos más conflictivos de nuestra historia, y en la peor zona imaginable del conflicto terrorista relacionado con la lucha independentista vasca por parte de la banda terrorista ETA. Un simple vistazo superficial a la mayoría de sus publicaciones recientes justifica sus obsesiones y lugares comunes: la lucha por la persecución de sus miembros restantes, la memoria histórica ejemplificada en las víctimas y la represión terrorista, el aparente defecto endémico de gran parte de la clase política al no mostrar más dureza y medidas tras el cese de la banda, etc. Es un testimonio presencial, con el que se puede estar de acuerdo o no, pero netamente interesante y lleno de información precisa, técnica, política y personal. La otra cara de la moneda es UPyD, y su lucha por un imposible que ha acabado materializándose en la cuarta formación del país por número de votos, que no escaños, por los mecanismos polémicos de la Ley D'Hondt.

El blog permite la inclusión de comentarios por cada entrada, siendo así un mecanismo directo de debate y opinión. Su diseño sencillo y directo, carente de imágenes salvo en su propagandística columna izquierda, permite una visión más cercana de una de las figuras emergentes del panorama político español actual.

3.3. Cayo Lara Moya

Nació en Argamasilla de Alba, Ciudad Real ,en 1952, es el cuarto Coordinador General de Izquierda Unida, presidente, portavoz y diputado por Madrid del Grupo parlamentario IU, ICV-EUiA, CHA: la Izquierda Plural.

Su blog se encuentra acogido en el periódico virtual *La República* y está alojado en blogs.larepublica.es/cayolara.

La República intenta dar cobertura nacional e internacional a las noticias más relevantes de la actualidad. También promueve la memoria histórica y la Tercera República, asimismo confluye con elementos de lucha y activismo ciudadano como el 15M y otras plataformas de indignados.

Su blog está estructurado en una básica y, a estas alturas, anticuada estructura de blog dentro de una web: *banner* simple sin siquiera elementos definitorios como fotos, imágenes corporativas/identificables, etc. Es difícil describir este blog y sus elementos sin repetir sistemáticamente las palabras "simple o pobre".

Encabezamiento en color azul donde aparece el nombre de su autor, resaltando su apellido con letras mayúsculas sobre el enlace del propio blog. Ambas líneas están situadas a la izquierda de una pequeña imagen de un lápiz sobre un bocadillo de texto, ambos apuntando en direcciones opuestas. En la parte lateral derecha e inferior del encabezamiento aparecen enlaces para diferentes páginas: "Home", como "Principal" que ni siquiera ha sido traducida al español; "Contacto", para enviar emails al autor de dicho blog; e "Ingresar", para poder acceder al blog como administrador. El diseño de los enlaces y sus botones tiene una estética más bien primitiva.

El cuerpo central de la página lo forman dos columnas que, de nuevo y de forma previsible, está dividido en una columna izquierda que forma el cuerpo principal de las publicaciones y una lateral derecha con enlaces informativos. De forma desoladora, nos encontramos con que en esta ocasión no hay excesiva información ni datos al respecto: tres simples epígrafes con las categorías de lo publicado, un *blog roll* de las propias noticias del periódico virtual, y un enlace RSS con el texto sin corregir. Todo esto bajo una frase con la descripción del cargo de Lara, Coordinador General de Izquierda Unida, y un anuncio de Google Ads. Es obvio que este aspecto ha sido considerablemente descuidado.

El cuerpo principal está formado por un bloque de artículos que analizan la actualidad y muestran ensayos políticos. No hay archivos cronológicos ni las entradas están fechadas debidamente, y es difícil saber a ciencia cierta la antigüedad de los post publicados. No se permiten comentarios en las publicaciones. Lara exhibe un discurso firme y potente, cargado de pasión y sentimentalismo pero también de doctrina y racionalidad.

Es una lástima que la carencia generalizada de elementos y la pobreza de estos pueda entorpecer o desvirtuar su figura en un momento en el que todos somos marcas comerciales y la semiótica juega un papel fundamental más que otras muchas cosas. Es bien sabido que IU apuesta por la participación popular mediante las nuevas tecnologías, como ya hicieron los colectivos de indignados tras los sucesos históricos del 15M, con lo cual resulta increíblemente paradójico que su propio Coordinador General no cuente con una presencia en línea más visual cuanto menos.

3.4. *María Elena Valenciano Martínez-Orozco*

Natural de Madrid (año 1960). Vicesecretaria General y diputada por Madrid del Partido Socialista Obrero Español (PSOE). Su blog se encuentra alojado en el dominio elenavalenciano.com y está elaborado en Wordpress.

Respecto a la presentación del blog, tiene una estética sencilla usando un fondo blanco, siendo el negro otro color predominante. En el encabezamiento se muestra una foto de la autora, que va cambiando en cada nueva conexión con el blog.

Sobre este encabezamiento hay situados tres enlaces a páginas diferentes: portada, que aparece por defecto en la página principal; biografía, recortada para una lectura escueta, se recomienda recurrir a fuentes externas para conocer más detalles; y televisión, con enlaces a su canal de Youtube. Al final de esta línea aparece un comando RSS.

Bajo estos elementos se encuentran tres columnas, siendo la situada más a la izquierda la de mayor tamaño y la que incluye el cuerpo principal del texto. Las otras dos acarrean y lucen elementos promocionales e informativos: la "central" cuenta con un vídeo de entrevista y un *blog roll* donde los blogs que sigue Valenciano se agrupan y renuevan según actualizan a tiempo real; en la columna de la "izquierda" aparece un *timeline* de su Twitter –que cuenta con 42.777 seguidores–; un buscador para el contenido del blog, un link a la Fundación Ideas (de la que forma parte Valenciano), un apartado de artículos recientes archivados por categorías, una cronología, y un acceso al administrador del sitio web.

Con respecto a su temática, incluso tratándose de un blog de figuras políticas, no tiene que ser este exclusivamente su carácter o contenido, ni mucho menos sus intenciones o mensajes mostrados. Cabe también la multiplicidad de ideas y de propósitos, las muchas intenciones y publicaciones. Este blog es un caso arquetipo de temática política, pero mucho más desde un enfoque social.

Mezclando testimonios e historias, que Valenciano no corrobora en todos los casos como veraces, resaltan mensajes de esperanza y lucha política. La continua lucha política de la izquierda.

Esta y otras virtudes exhibe este blog, que tiene mucho más que ofrecer de lo que en un primer vistazo pueda parecer. Por ejemplo, los curiosos *Add-ons* –Facebook, Twitter, Google Buzz, Bitácoras, Menéame, Delicious– que ofrece al final de cada entrada y que aparecen medio enterrados, o escondidos, hasta que se les pasa el ratón por encima.

4. Aspectos comunicativos del Periodismo

Habiendo observado ya detallada y particularmente las características más técnicas formales de los blogs de los personajes de la política nacional que hemos seleccionado para el desarrollo de nuestro trabajo, nos corresponde centrarnos en todos aquellos aspectos comunicativos, sobre todo en los que conciernen a nuestra profesión periodística.

En este apartado, enriqueceremos nuestro análisis considerando también las conclusiones del estudio *Cuánto, cómo y de qué escriben nuestros políticos en sus blogs*, sobre los artículos escritos por 126 políticos en sus blogs durante dos meses, publicado en noviembre de 2011, por Daniel Álvarez, autor del blog *Crónicas desde Mallorca*.

En primer lugar, podemos decir que estamos muy de acuerdo con Álvarez cuando señala que:

"Los políticos, en términos generales y salvando algunas excepciones [...] no acaban de entender la filosofía del blog: comunicarse con las personas".

Esto nos puede resultar alarmante y hasta paradójico si tenemos en cuenta que las encuestas de los últimos años no dejan de alertar a los políticos ante la desafección que causan entre el grueso de los españoles. Y es que la mayoría de la población se manifiesta preocupada por el carácter general que muestra la clase política de nuestro país, la cual se ha visto infestada en muchas ocasiones por preocupantes e intolerantes casos de corrupción.

Así, nos da la sensación de que estos políticos se valen de una herramienta tan útil y cercana a los usuarios como los blogs pero, sin embargo, la acomodan torpemente a su habitual y característica rigidez, para dejar a un lado y obviar todas las virtudes propias de las bitácoras.

4.1. Datos cuantitativos

Panorama de la blogosfera política estudiada

Partido	Nº Blogs	Blogs con artículos publicados	Total artículos publicados	Comentarios	Contestac. a comentarios
PP	25	18	177	103	13
UPyD	15	15	105	124	13
IU	1	1	19	0	0
PSOE	63	48	577	1698	78

Hemos extraído los datos del citado estudio anterior para quedarnos con los blogs de los partidos políticos que estamos analizando. Gracias a este gráfico de carácter cuantitativo, podemos llegar a las siguientes conclusiones:
- Los partidos con un mayor respaldo electoral en España son los que poseen un mayor número de blogs. Ahora bien, llama la atención que, por ejemplo, Izquierda Unida (IU) sólo tenga un blog –el de su dirigente, Cayo Lara, que ya hemos analizado previamente–. Además, nos puede resultar extraño que el Partido Popular (PP), a quien corresponde el gobierno, tiene sólo 25, mientras que el Partido Socialista Obrero Español (PSOE) cuenta con más del doble: 63. Por su parte, Unión Progreso y Democracia (UPyD), pese a que es un partido con una corta vida y, consecuentemente, con una representación no muy considerable aún, dispone de nada menos que 15 blogs.
- Con respecto al número de artículos publicados, esta cantidad mantiene un fiel porcentaje con el número de blogs que tiene cada partido. Así, el PSOE sería el partido que más artículos publica e IU el que menos.
- Refiriéndonos al número de comentarios de los usuarios, como respuesta a estas entradas, nos sorprende que IU no genere respuestas entre los seguidores de sus blogs, así como que el PSOE despunte con una cifra muy superior a la del PP, que a su vez, genera menos comentarios que el propio UPyD.
- Es muy importante tener en cuenta el número de respuestas que los políticos dan a los comentarios de los usuarios seguidores de

sus blogs. En este sentido, nos encontramos con unos datos que nos vuelven a sorprender, y es que, si partimos de la cantidad de comentarios que generan estas entradas, el PP sería el partido que más contestaciones ofrece a sus lectores y el PSOE el que menos. Este factor es tan relevante porque nos indica el grado de interactuación que se da entre el político y el ciudadano que visita su bitácora.

Pero para entender mejor esta situación, no podemos dejar de lado la frecuencia con la que los políticos escriben estas entradas en sus blogs. Para ello, nos seguiremos apoyando y adentrando en el estudio del bloguero Daniel Álvarez.

Panorama de la blogosfera política en España

Partido	Nº blogs	Blogs con artículos publicados	Total artículos publicados	Comentarios	Contestac. a comentarios
PP	25	18	177	103	13
UPyD	15	15	105	124	13
IU	1	1	19	0	0
PSOE	63	48	577	1698	78
CC	1	1	35	15	1
CIU	8	8	54	619	81
CIUTAD.	1	0	0	0	0
COMPR.	1	0	0	0	0
EAJ-PNV	3	2	45	423	1
EQUO	3	3	7	23	0
ERC	3	33	26	12	0
NBAI	1	0	0	0	0
PCAS	1	1	4	0	0
TOTAL	126	100	1049	3017	187

Examinando la totalidad del cuadro, para extraer los resultados de los cuatro partidos políticos que hemos analizado en nuestro estudio, nos encontramos con los siguientes reveladores datos.

• Al menos el 79% de los 126 blogs analizados publican al menos una entrada en un espacio de tiempo de dos meses.
• Del anterior porcentaje (79%), en el PSOE, de una presencia en la blogosfera de 63 políticos, 48 (76%) publican una entrada en estos dos meses. Mientras, de los 25 blogs del PP, 18 han sido actualizados

en este período (72%). Por su parte, IU y UPyD mantendrían un 100%, ya que la totalidad de sus blogs habrían publicado al menos un artículo en un espacio de dos meses.

• Si damos un paso más, en el mismo gráfico podremos relacionar el número de entradas publicadas con el número de blogs de cada partido que ha sido actualizado en este espacio de dos meses. De este modo, el PSOE habría publicado 577 artículos en sus 48 blogs activos. El PP, por su parte, habría presentado 177 entradas de entre sus 18 blogs, IU 19 entradas en su único blog y, finalmente, UPyD habría publicado 105 artículos en la totalidad de sus espacios.

Dejando a un lado ahora esta clasificación por partidos políticos, englobaremos estos datos para poder llegar a algún tipo de conclusión general. Así, veremos que en estos dos meses, de un total de 1.049 entradas publicadas, se generaron 3.017 comentarios, de los cuales, sólo 187 contaron con una respuesta posterior por parte de los políticos.

4.2. Consideraciones cualitativas

Habiendo ofrecido ya los datos de carácter cuantitativo, contamos con el respaldo de estas cifras numéricas para proceder a establecer las conclusiones que de las mismas extraemos y que nos ayudarán a ratificarnos en las ideas que ya hemos ido exponiendo a lo largo del desarrollo del trabajo.

Aunque hemos ofrecido muchos datos reveladores, el que más nos preocupa es el que se refiere a las respuestas o contestaciones que estos políticos ofrecen a los comentarios que sus seguidores escriben tras leer sus entradas.

No sabemos si será por falta de tiempo –tenemos que ser conscientes también de la dificultad que puede suponer el responder a una avalancha de comentarios–, de costumbre, de interés o por simple ignorancia, pero la verdad es que estos personajes no parecen hacer mucho por el fomento de la interactividad con los usuarios, ya que los índices de respuesta no son nada elevados.

En este sentido, los políticos, por lo general, caen en el craso error de considerar el blog como un simple medio de comunicación en el que publicar cualquier información. Ya hemos visto que los blogs son mucho más que eso. Son plataformas dinamizadoras que van más allá y logran una comunicación, un diálogo entre el bloguero y sus seguidores.

Parece como si nuestros políticos nacionales se hubiesen anquilosado equívocamente en la utilización de una simple herramienta técnica que, bien aprovechada, podía hacer mucho por el desarrollo y el progreso de nuestro sistema democrático. Así, podemos llegar a la conclusión de que su incorporación al mundo de los blogs, quizá tenga como principal objetivo el tranquilizar sus conciencias, que se mostrarían inquietas si no se adaptaran a las innovaciones digitales que parten del estricto ámbito técnico y que, sin embargo y a su pesar, pueden terminar arraigándose en la sociedad, siendo incluso capaces de provocar cambios en la mentalidad general de la misma.

Como decíamos, esta falta de interactuación puede deberse a varios motivos, como, por ejemplo, la falta de tiempo para gestionar todas las respuestas a tantos comentarios o las dificultades con las que estos políticos pueden encontrarse a la hora de adaptarse a este nuevo entorno. Pero dentro de estas posibles explicaciones, debemos incluir otra que suele dar lugar a muchos debates en el seno de la opinión pública: el miedo generalizado de la clase política a tratar ciertos temas conflictivos en los que se ven afectados.

5. Conclusiones

Como intentábamos especificar en nuestra introducción, hemos analizado los blogs de aquellos políticos que representan las fuerzas políticas con más peso en nuestra esfera interna. Todo ello, lo hemos hecho con intención de formular unas conclusiones de índole técnica que, indudablemente, nos conducirán a otras de carácter sociológico.

En un primer momento, intentamos acceder a los blogs de los principales representantes de cada partido, pero nos fue imposible, ya que estos ni siquiera existen. Así, inicialmente, nos ha llamado la atención que Mariano Rajoy, Soraya Sáez de Santamaría, Alfredo Pérez Rubalcaba o Carmen Chacón, por ejemplo, no cuenten con este tipo de plataformas como una eficaz herramienta para acercarse a la población.

Sin embargo, hemos de decir que estos no permanecen ajenos a la Red, ya que optan por otros mecanismos para estar presentes en ella. En su mayoría, se valen de las ya tradicionales páginas web, así como de las redes sociales, que, en la actualidad gozan de una gran acogida entre los internautas, sobre todo entre los jóvenes.

A nuestro juicio, esta postura puede resultar equivocada, ya que Twitter o Facebook, por ejemplo, no pueden actuar como sustitutivos de un blog. Las primeras presentan un tipo de características que las constituyen como rápidas y fáciles vías de comunicación hacia el público, mientras que en los blogs pueden explicar más detalladamente sus ideas, propuestas y opiniones. Ofrecen una mayor profundidad y reflexión, así como el punto de vista más personal de los políticos que en ellos escriben. Y en este sentido, pueden resultar muy interesantes y atractivos para los lectores *online*, sobre todo para los más jóvenes que, en general, presentan un considerable interés por el devenir político.

Por tanto, y superando estas dificultades iniciales, hemos encontrado el blog de cuatro políticos: María Dolores de Cospedal (Partido Popular), Elena Valenciano (Partido Socialista), Rosa Díez (Unión, Progreso y Democracia) y Cayo Lara (Izquierda Unida).

A grandes rasgos, podríamos decir que los cuatro poseen también sus respectivas cuentas en Facebook y Twitter, siendo la representante socialista la que está adscrita a más redes sociales y a otras herramientas como Menéame o My Delicious, entre otras. Por su parte, Cayo Lara sería el ejemplo de todo lo contrario, ya que no aparece suscrito a ninguna red social, sólo al Canal RSS.

En este sentido, vemos claramente cómo todos ellos unen la técnica informática a la estrategia política. Al estar presentes en varias plataformas y entrelazarlas entre sí, consiguen llegar a un mayor número de usuarios de Internet y se adecuan a los diferentes perfiles de navegantes que frecuentan cada sitio web.

También tenemos que mostrar una postura algo crítica al mencionar que, pese a estos intentos de modernizarse, a veces no hacen un uso del todo adecuado de la blogosfera. Y esto ocurre sobre todo en los casos de Rosa Díez y Elena Valenciano que escriben en sus entradas del mismo modo en el que lo harían en un medio impreso, cuando conviene recordar que en Internet es más adecuado redactar textos breves y concisos. Los usuarios nunca van a leer los contenidos como si de un periódico se tratara, se centran más bien en lo llamativo, en el titular y, sobre todo, en los recursos audiovisuales y fotográficos.

Sin duda, lo principal en los blogs es el concepto hipermedia, que es el resultado de la combinación de hipertexto y multimedia. En general, no hemos visto que se aproveche esta faceta de los blogs, ya que no abundan por ejemplo los vídeos o los links. Además, precisamente los vídeos, imágenes y enlaces externos son fundamentales en la web porque, si no, resulta tediosa, ardua y monótona para el lector. Introduciendo vídeos creas algo más personal y enriquecido. Existen numerosas razones para incluir material multimedia. Para empezar, una de las ventajas es que mejora el posicionamiento en la web (SEO), también con la incorporación de vídeos es posible llegar a otro tipo de público que prefiera y utilice a menudo estas herramientas en lugar de un lenguaje escrito, por ejemplo los jóvenes, ya que requiere menos esfuerzo. Otra ventaja importante es que los links y vídeos se comparten más que un texto escrito y esto ayuda a su difusión.

Resulta curioso también observar cómo cada una de las tres políticas parece perseguir un fin diferente con su blog. Así, por ejemplo, Cospedal se centra en contenidos de carácter político, en su mayoría, pero también recurre en ocasiones a un ámbito más personal, pero sin adentrarse demasiado en él. Y esto lo podemos observar en su *blog roll*, donde se nos permite adivinar algunos de sus gustos y preferencias personales. Cospedal en el mes de abril de 2012 publicó dos entradas. En una de ellas se refiere a sus lectores del blog dejando una entrevista que le hicieron que, como ella dice, responde a comentarios que le dejan a menudo.

Mientras tanto, la socialista Elena Valenciano combina casi por igual ambos estilos, incluyendo posts de claro significado político y otros referentes a algunas de sus experiencias personales. Quizás en este sentido, consiga hacerse más cercana e incluso amigable para los internautas. Elena Valenciano en el mes de abril de 2012 publicó sólo una entrada.

De Rosa Díez –recordemos que cofundó UPyD hace no muchos años– podríamos decir que parece valerse de su blog con el objetivo de captar a más personas que, atraídas por sus ideas, conozcan mejor qué fines persigue esta nueva fuerza. Esto, sin duda, a la larga podría traducirse en un mayor apoyo electoral. Por su parte, Rosa Díez en el mismo mes publicó cuatro entradas.

En último lugar, del blog de Cayo Lara destacaremos fundamentalmente su llamativa sencillez y obsolescencia, en cierto modo. No sabemos si esto es así porque este blog personal se conforma como una especie de "sección de opinión" de la versión digital del periódico *La República*. Quizás también por ese motivo, el blog es el que contiene una mayor carga ideológica.

Por lo tanto, podemos decir que actualizan muy poco sus blogs al mes, siendo Rosa Díez quien suele publicar con mayor frecuencia.

A modo de conclusión general, consideramos que estamos asistiendo a un momento que puede derivar en un cambio radical. Hace unas décadas se produjo un avance tecnológico sin precedentes que no ha hecho más que avanzar desde entonces, ofreciéndonos nuevas oportunidades: Internet. Y este desarrollo técnico es tal que está cambiando también las herramientas utilizadas por los políticos, aunque con un poco de atraso, para alimentar uno de los pilares de la democracia: la opinión pública. Sin embargo, es importante que los políticos utilicen adecuadamente sus blogs, es decir, que no se limiten únicamente a publicar entradas, sino que fomenten la interrelación con el ciudadano mediante los comentarios, ya que esta es precisamente la función principal de un blog. Si tienen un gran número de ellos, se entiende que no puedan contestar a todos pero sí es necesario ver esa voluntad y, por ello, que contesten a una gran parte de ellos.

6. Referencias

Briggs, M. (2007). *Periodismo 2.0. Una guía de alfabetización digital para sobrevivir y prosperar en la era de la información.* Austin (Texas): Centro Knight para el Periodismo en las Américas, Univ. Texas.
Crucianelli, Sandra. (2010). *Herramientas digitales para periodistas.* Austin (Texas): Centro Knight para el Periodismo en las Américas, Univ. Texas.

6.1. Referencias digitales

Álvarez, D. (2011). Cuánto, cómo y de qué escriben nuestros políticos en sus blogs. *Crónicas desde Mallorca.* Disponible en: http://cronicasmallorca.blogspot.com.es [Consultado 7 de octubre de 2012]
Blog de Cayo Lara: http://larepublica.es/firmas/blogs/index.php/cayolara/
Blog de Elena Valenciano: http://elenavalenciano.com/
Blog de María Dolores de Cospedal: http://www.mdcospedal.es/
Blog de Rosa Díez: http://rosadiez.net/
McAdams, M. (2009). *Guía de Habilidades Multimedia para Periodistas.* Disponible en: http://mindymcadams.com/tojou/2009/rgmp-ahora-en-espanol/
Página web oficial del Partido Popular: http://www.pp.es/
Página web del periódico *La República*: http://www.larepublica.es/
Twiter de Mariano Rajoy: http://twitter.com/#!/marianorajoy
Twiter de Soraya Sáez de Santamaría: http://twitter.com/#!/Sorayapp
Web del Congreso de los Diputados: http://www.congreso.es/portal/page/
Wikipedia: http://www.wikipedia.org/

Informe final

Informe del Instituto de Estudios de Comunicación Especializada

JAVIER FERNÁNDEZ DEL MORAL
Presidente IECE

Universidad Complutense de Madrid
jfmoral@ccinf.ucm.es

Más de medio centenar de profesores de Periodismo Especializado de diferentes Universidades españolas, tanto públicas como privadas, se han reunido en la Universidad Complutense de Madrid y en el CEU San Pablo con motivo del X Encuentro del Instituto de Estudios de Comunicación Especializada (IECE) los días 23 y 24 de noviembre de 2012. Desde su creación en 1993, el IECE ha reunido a investigadores y docentes de la materia troncal que se ha venido impartiendo en nuestras Licenciaturas y ahora en los Grados de Periodismo, con el nombre de Periodismo Especializado o Información Periodística Especializada y que, desde su origen, tuvo una significación epistemológica propia, lejos de la mera yuxtaposición de las diferentes especializaciones. En esta ocasión, el Encuentro se ha vertebrado sobre cuatro temáticas que han dado lugar a sendas secciones con un ponente y varios comunicantes, una conferencia inaugural y otra conferencia de clausura, según el programa que se puede consultar en nuestra página web: www.iece.es. Como consecuencia de las informaciones, deliberaciones e iniciativas surgidas de este X Encuentro, el IECE plantea las siguientes propuestas:

1. La Información Periodística Especializada en titulaciones de Grado y Postgrado

En estos momentos, con excepciones como la de la Universidad Complutense de Madrid, se observa la ausencia de la asignatura obligatoria genérica que estudie los fundamentos de la especialización periodística, apareciendo sólo algunas asignaturas optativas sobre diferentes áreas de especialización. Consideramos que esta ausencia priva a los alumnos de los necesarios conocimientos, técnicas y habilidades que se le deben aportar para afrontar con eficacia su posterior especialización temática. Introducirse en las diferentes áreas sin un criterio previo sobre la especialización, la función social del conocimiento experto, y la obligada deontología periodística, plantea el riesgo que se observa en estos momentos del predominio de la función de la fuente frente al interés y la necesidad de las audiencias.

Por otra parte, y pese a que uno de los principales objetivos marcados en el Real Decreto 56/2005 para los cursos de postgrado en la EEES es la especialización del estudiante en su formación académica, profesional e investigadora, tras la experiencia de los últimos años de implantación de estos nuevos planes en la mayoría de nuestras Universidades, se observa una escasísima oferta de másteres auténticamente especializados en sus temáticas, solapándose una y otra vez –incluso dentro de los mismos centros– másteres sobre Periodismo general. En el conjunto de todas las Universidades españolas, el panorama es idéntico, distribuyéndose la carga docente de los Másteres Oficiales entre los mismos profesores del Departamento o la Unidad Docente que lo implanta, sin que los diferentes especialistas que están en estos momentos representando la innovación profesional puedan participar.

Según este diagnóstico y para paliar estos problemas, el IECE sugiere las siguientes medidas:

- La incorporación de la *asignatura obligatoria* de Periodismo Especializado en los Grados de Periodismo, que proporcione al alumno los fundamentos teóricos y los principios prácticos de cualquier especialización periodística y un conocimiento mínimo de la realidad de cada una de las áreas de especialización. Junto a esto, la oferta de optativas debería permitir orientar al estudiante hacia algún contenido de su preferencia, para poder entrar en los cursos de postgrado o másteres especializados con una mayor y mejor información.
- El IECE propone la elaboración de un *mapa de titulaciones de postgrado* de Periodismo a nivel estatal, que permita una oferta más racional, equilibrada y ajustada a las necesidades reales de la profesión y de la sociedad española, tratando de evitar duplicidades innecesarias,

ofertas idénticas para mercados similares y ausencias fragrantes de temáticas con demanda profesional e interés social. Se propone igualmente la creación de un *Observatorio de Seguimiento* de los diferentes Másteres oficiales de Periodismo de todas las Universidades españolas, públicas y privadas, para buscar la coherencia de los programas y que evite que dos Universidades cercanas, sean de la misma o de diferente Comunidad Autónoma, ofrezcan cursos similares si no idénticos. El Instituto pondría estos instrumentos a disposición de ANECA o de los correspondientes organismos acreditadores para transferir las conclusiones de su seguimiento.

• Consideramos necesario igualmente establecer una normativa que facilite la *movilidad interdepartamental e interuniversitaria* del profesorado en nuestras Facultades, lo que permitiría la configuración de claustros para postgrados especializados, o incluso materias especializadas de grado, que permitieran justificar cargas docentes impartidas en diferentes centros sin que por eso se incurriese en incompatibilidad alguna, permitiendo que se pudieran cumplir los objetivos marcados en el punto anterior. Esta posibilidad por otra parte ya quedaba recogida en el Real Decreto 1393/2007, en cuya parte introductoria se especifica: "La acreditación de un título se basará en la verificación del cumplimiento del proyecto presentado por la Universidad y facilitará la participación en programas de financiación específicos como, por ejemplo, de movilidad de profesores y estudiantes". Sin embargo, el actual encorsetamiento administrativo ha impedido por completo su realización.

2. El Periodismo Especializado ante la crisis de los medios de comunicación

En la actual situación de crisis económica que estamos viviendo, se comprueba de forma alarmante una crisis mediática que está afectando de forma grave a la calidad de los contenidos y a la credibilidad de las informaciones. De hecho, se observa que el tratamiento dado por los medios de comunicación a la crisis económica no está siendo neutral ni objetivo, obedeciendo en la mayoría de las ocasiones a criterios ideológicos o de intereses económicos, que se suelen constituir en juez y parte de los criterios informativos, desechando la profesionalidad y la independencia de los periodistas especializados que son los únicos capaces de mantener los criterios de veracidad y autoridad moral frente a la audiencia.

El IECE se une así a las declaraciones de la presidenta de la Asociación de la Prensa de Madrid, con motivo de la celebración del Día Mundial de la Libertad de Prensa el 3 de mayo de 2012, para defender la profesión manifestando que: sin periodistas no hay Periodismo y sin Periodismo no hay democracia. Porque para nosotros, los periodistas especializados son, en primer lugar y antes que ninguna otra cosa, *periodistas*. Y representan, sobre todo, y por encima de todo el interés general aunque su actividad profesional esté identificada con un ámbito especializado. Por eso entendemos que, ante el creciente deterioro de la actividad periodística, el Periodismo Especializado aparece como el único instrumento capaz de llevar a la sociedad de la información hacia la sociedad del conocimiento, asumiendo profesionalmente la gestión social del conocimiento experto.

Estamos convencidos de que, tanto la necesaria asumpción de responsabilidad social de los diferentes ámbitos de la actividad y del saber, como la urgente respuesta a la crisis de credibilidad de los medios de comunicación, son dos coordenadas fundamentales de los nuevos paradigmas sociales que nos permitirán salir de la crisis, de una crisis que ya es mucho más que una crisis económica. Y ambas están claramente identificadas con nuestra disciplina. Por eso entendemos que en la formación de los futuros profesionales de la información, hay que poner cada vez más el acento en la capacitación de aptitudes periodísticas orientadas a la divulgación. Nos corresponde a los investigadores y a los docentes de la Información Periodística Especializada asumir el reto de la formación de los futuros periodistas, tratando de que nuestras líneas de investigación y nuestra estrategia pedagógica resulten coherentes, racionales, eficaces y contundentes a nivel nacional. El carácter específico y experimental de nuestros planes de estudio, uniendo desde el principio teoría científica y práctica profesional, nos puede dar una ventaja competitiva a nivel internacional, de la que nuestras autoridades no deberían estar tan ajenas o desinformadas.

3. Presencia del Periodismo Especializado en los medios generalistas

El auge del infoentretenimiento en los medios de información generalistas, combinado con la persistente presencia del Periodismo de Declaraciones y la aparición de nuevos formatos en el medio televisivo, está consiguiendo desplazar el Periodismo Especializado del espacio público para el que fue pensado originalmente. A las dificultades iniciales que frenaron su presencia en la prensa de información general se une ahora la crisis estructural que afecta a todos los sectores laborales y que empuja a las empresas a aplicar políticas de supervivencia, dejando a un lado los marcadores de calidad de los productos que ofrecen. Esto implica, en pocas palabras, posponer el desarrollo de un Periodismo Especializado que explique e interprete la realidad social.

En este contexto, estamos asistiendo en los últimos años a un desplazamiento del Periodismo Especializado desde las páginas diarias de información general de la prensa generalista hacia, por un lado, los nuevos espacios virtuales –tanto los administrados por periodistas como los que alimentan los propios ciudadanos– y hacia los nuevos formatos televisivos que combinan la crítica satírica con el entretenimiento y la presencia de fuentes expertas, por otro. La novedad de este planteamiento dificulta visualizar con claridad la presencia del Periodismo Especializado en estos nuevos formatos; también, el hecho de que aparezca en espacios distintos a los estrictamente informativos. Sin embargo, en los actuales momentos de cambio, la forma que adopte resulta irrelevante, siempre que se mantengan los objetivos de la modalidad: la explicación en profundidad de cuantos hechos sean de interés público, contribuyendo con ello a un mejor conocimiento de nuestra sociedad.

En el X Encuentro del IECE se debatió sobre la necesidad de repensar el papel que debe jugar el Periodismo Especializado en la sociedad de la comunicación hacia la que necesariamente debemos tender como paso previo a la sociedad del conocimiento.

4. La aplicabilidad del Periodismo Especializado

A lo largo de todo este Encuentro del IECE, se ha visto como una necesidad creciente la de preparar a los futuros periodistas especializados para una mayor y mejor aplicabilidad de su ejercicio profesional en una sociedad cambiante con nuevas necesidades y nuevos retos. Nuestra sociedad de la información está en un momento crítico y sólo llegará al conocimiento si lo hacemos todos juntos de forma global, profesionalizada, ética y coherente. Ya no nos sirven los conocimientos para unos pocos, administrados socialmente por los intereses de turno. El Periodismo, por lo tanto, no puede seguir siendo exclusivamente un divertimento, un notariado de la actualidad, debe asumir su sentido finalista, su función pedagógica, su teleología. Esa nueva sociedad, por tanto, nos obliga a ser muy precisos y rigurosos en la aplicabilidad social de nuestra función, interpretando y contextualizando los conocimientos especializados. Es precisamente en ese sentido cuando insistimos en la preparación del periodista en su labor divulgadora, acercando ese conocimiento experto a los receptores más alejados mediante la utilización de herramientas adecuadas de verificación de fuentes, de contraste, de contextualización, de argumentación, de análisis, poniendo metodologías e instrumentos precisos a su disposición para lograr el objetivo.

En ese sentido, y buscando la mayor aplicabilidad de los contenidos para la nueva sociedad, los miembros del Instituto consideran la necesidad de definir y potenciar áreas emergentes de contenidos cuya presencia actual es nula, escasa o inadecuada. La estructura hemerográfica o de bloques en los medios actuales deja mucho que desear, conservando cajones de sastre como "sociedad", "sucesos", etc. que confunden, malinterpretan y no orientan la información. Por ese motivo, proponemos una detenida reflexión sobre las siguientes áreas de contenidos emergentes:

- Periodismo de Innovación. Según el *Manual de Oslo*, elaborado por la OCDE, la innovación se estructura en innovación de producto, de proceso, de mercadotecnia y de organización. La relevancia informativa de la innovación y su presencia en la agenda de los medios crece de manera constante desde hace unos años, pero todavía no se han fijado los criterios y requisitos básicos para establecer el Periodismo de Innovación como nueva disciplina. Los medios de comunicación tienen la obligación de estimular y gestionar el flujo de conocimiento, ciencia, tecnología, etc. entre Universidades, instituciones de investigación, empresas y mercados, sectores que conforman una parte fundamental de la sociedad. Además, la difusión de la actividad innovadora que se genera en estos centros, muchas veces sufragada con fondos públicos, lo que le confiere una mayor obligación de transparencia, requiere del desarrollo de esta disciplina, al objeto de que los periodistas cuenten con las herramientas necesarias para realizar su trabajo en el ámbito de la especialización.
- Periodismo de Servicio Social. En esta área nos encontramos con contenidos inadecuados basados exclusivamente en los paradigmas

clásicos del Periodismo generalista de actualidad, sensacionalismo, sensiblería o espectáculo, sin que existan normas, secciones o bloques informativos adecuados para su tratamiento, ni periodistas especializados que hagan un trabajo riguroso y adecuado, tratando de actuar en la motivación y en la creación de una conciencia más solidaria y justa. Por otra parte, las constantes limitaciones y agresiones a los Derechos Humanos, o también llamados Derechos Civiles, convierten a esta área informativa en nuevo campo de especialización que precisa un mayor y mejor tratamiento informativo.

• Periodismo Especializado en Información Jurídica. La progresiva judicialización de la política, el deporte, o de otras parcelas de la actividad, está afectando gravemente a la legitimación democrática del Estado de Derecho y, como consecuencia, a los propios derechos de los ciudadanos. Se hace necesario, por lo tanto, un tratamiento más especializado de estos contenidos, que precisan, según nuestro criterio, una atención específica y diferenciada por parte de los medios de comunicación, con la consiguiente necesidad de periodistas especializados en estos contenidos.

www.ingramcontent.com/pod-product-compliance
Lightning Source LLC
Chambersburg PA
CBHW050117170426
43197CB00011B/1616